CUADERNOS DE DIBUJO

© Sergio Altesor Licandro
Julio 2020 Montevideo – Uruguay
Diseño: maca
Tipografía: Rambla (© Martín Sommaruga)

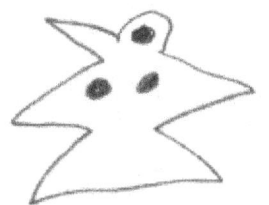

cuadernos
de dibujo
(1978–1993)

sergio altesor licandro

A modo de introducción. **Los dibujos de otro**

Podría decirlo de la siguiente manera: los dibujos que aquí se publican fueron realizados por otro hombre. Ese hombre no soy yo a pesar de que ambos llevamos el mismo nombre y tenemos el mismo número de pasaporte. Digamos que soy una especie de albacea de una persona que al cerrar su taller y abandonar su trabajo como artista visual me dejó en custodia 25 cuadernos de bocetos como si fueran reliquias. Lo hizo con un gesto de dolor, como si estuviera obligado a desprenderse de algo en lo que había depositado no solo mucho tiempo de trabajo, sino también una parte esencial de su vida.

Esos cuadernos me quemaron las manos desde entonces. Ser responsable de una reliquia no es una minucia, y a pesar de que metí los cuadernos en una caja de cartón que ubiqué en el fondo de algún estante, y de que allí permanecieron intocados durante muchos años, continuaron quemándome las manos. Durante largos períodos logré olvidar su existencia, pero su presencia siempre estuvo conmigo como un coro de gritos que no podía acallar, como una serie de imágenes que aparecían a veces en mis sueños para reclamar algo que no podía entender. Para peor, durante todo ese tiempo en que los dibujos, en sus 25 cuadernos, vivieron encerrados en la caja de cartón, me mudé muchas veces, no solo de apartamento, sino también de país. Y como responsable de aquella reliquia, por respeto a aquel hombre que había depositado en mí toda su confianza, me vi siempre obligado a cargarla conmigo. Los cuadernos me acompañaron desde Suecia a Uruguay en 1998, desde Uruguay a España en el año 2000, desde España a Suecia en 2001 y desde ese país a Uruguay otra vez en 2009. Y dentro de cada uno de esos países cambié de residencia innumerables veces, siempre cargando la caja de cartón, reforzada con cinta adhesiva a causa del desgaste y las roturas que ocasionaban las mudanzas. La llevaba a todas partes como se lleva la urna de un ser muy querido cuya muerte no podemos aceptar, alguien que nos negamos a dar sepultura y a dejar atrás.

Durante los últimos diez años la caja permaneció en paz, en la casa de un lugar tranquilo donde también he vivido en paz durante ese tiempo. Casi sin darme cuenta, aquel hombre que veinticinco años atrás me entregó estos cuadernos se ha vuelto para mí una figura lejana y comprensible a la vez, hasta el punto de que he podido permitirme utilizar mi conocimiento de su experiencia como artista para crear personajes de ficción en las tres novelas que he escrito desde que guardé sus cuadernos. Quiero decir con esto que mi responsabilidad frente a aquel hombre ha perdido dramatismo, entre otras cosas porque sé que su reliquia no forma parte de ninguna ambición de hacer carrera en el mundo del arte. Es indudable que aquel gesto con el cual me entregó los cuadernos –lo veo claro ahora– contenía su imposibilidad de competir en un mundo signado por estrategias mercantiles. Pero ese es otro tema.

Los dibujos, sin embargo, su presencia en esos cuadernos, dentro de la caja que ahora permanecía en relativa paz en el estante del guardarropa de un pequeño dormitorio que ha venido a fungir como desván, continuaban en mi inconsciente quemándome las manos. Sucedía a veces que entraba a esa habitación a buscar alguna ropa o algunos documentos y me veía obligado a mover las cosas en los estantes. Veía entonces la caja, me decía ah, son los dibujos de aquel artista, ¿qué voy a hacer con ellos?, ¿irán a parar a un contenedor de basura si yo desaparezco? Pero luego la movía a un lado, tomaba lo que necesitaba y la olvidaba otra vez.

Hasta que un día mi amigo Marcos Ibarra me escribió para pedirme unos poemas para una revista digital. En su carta agregó que le gustaría que también le enviara unos dibujos que ilustrarían ese número de la revista. El único lugar de esta casa en donde había dibujos era aquella caja y me dirigí a ella sin pensarlo dos veces. Limpié el polvo que la cubría y desgarré sin dificultad una cinta adhesiva resecada por los años. Al hojear los cuadernos se desplegaron frente a mí una gran cantidad de historias, desde apuntes de viajes con personajes y paisajes urbanos de lugares diferentes (París, Managua, Copenhague, México, Estocolmo) hasta ciudades y selvas fantásticas, pasando por escenas eróticas, bosques y plantas llevados hasta la abstracción, madonas inspiradas en imágenes religiosas, gatos, desnudos, celdas de cárceles, prisioneros y retratos de amigos o de desconocidos, entre muchas otras cosas. Iban desde el detalle casi naturalista hasta la abstracción más esquemática, y de la violencia más cruda a la ternura más serena. Estuve horas hojeando aquellos dibujos como si nunca los hubiera visto antes, entretenido como si leyera una historieta que describía el mundo y entusiasmado con una vitalidad cuyos registros emocionales iban, como en un tren andino, del vértigo a la contemplación.

Recién entonces entendí qué cosa reclamaban las imágenes que aparecían en mis sueños y decidí de inmediato publicar estos dibujos. Pensé en el hombre que me había dado los cuadernos e imaginé que en vez del gesto de dolor, esbozaba ahora una sonrisa. Comprendí que el sacrificio de haber llevado tanto tiempo esa caja por el mundo había tenido un sentido. Si nunca había sepultado la urna era porque su interior estaba lleno de vida. Sacar esos cuadernos de la caja y publicar los dibujos para compartir esa vida con los demás cerraba un gran círculo hecho de las piezas sueltas de un rompecabezas que por fin caían en su lugar.

Para terminar, debo aclarar que este libro no pretende ser un libro de arte en el sentido en que tal cosa funciona como escaparate de la obra terminada de un artista. Los cuadernos no tuvieron nunca una pretensión artística final, sino que fueron el lugar donde anotar un torrente de ideas visuales, un lugar de ensayo y experimentación donde, por lo mismo, muchas veces se incubó la obra plástica. Fueron siempre una compañía permanente en los viajes, y como tal, instrumentos de documentación. También fueron un ámbito de reflexión personal, a veces una combinación de diario visual y diario escrito, como podrá verse en algunas páginas. En síntesis, que estos dibujos no se hicieron para mostrar en una galería, y ni siquiera para ser impresos en un libro. Muchos de los cuadernos no son de buena calidad y sus hojas transparentan el dibujo que hay al dorso. No se cuida en ellos la presentación, sino que albergan lo esencial de la expresión visual. Es justamente ese carácter «desprolijo» de los cuadernos, propio del torbellino de la creatividad, el que me ha interesado conservar a la hora de publicarlos.

Sergio Altesor Licandro
Río Escondido, Parque del Plata, agosto de 2019

Los cuadernos de dibujo según Pedro Fontana

Era como si su obra se formara con la combinación de signos que extraía de un depósito en donde los había tenido almacenados, un depósito que se encontraba fuera de su interior y que había ido llenando durante mucho tiempo con todo aquello que le atraía de otros artistas. Fue así que sus dibujos y pinturas dejaron de tener sentido. Cada vez que hacía un trazo lo reconocía como un recurso cuyo origen había olvidado, y las imágenes así creadas se le tornaron un producto artesanal despegado de su alma. Cada vez que tomaba un lápiz y dibujaba, su mano sabía hábilmente lo que tenía que hacer sin necesidad de que él estuviera presente, sin necesidad de que tuviera que creer en lo que hacía. Hasta que un día sintió asco de todo aquello y abandonó el trabajo. Recurrió, en cambio, a los cuadernos que desde aquella época llevaba consigo a todos lados. Con ellos había querido iniciar un proceso de purificación, de humildad y apertura hacia el mundo visual que lo rodeaba de manera directa. A partir de aquella crisis se había dedicado a observar lo que tenía a su alrededor y a anotarlo consecuentemente como si lo viera por primera vez. Se acostumbró para ello a llevar siempre consigo un pequeño cuaderno de dibujo que sacaba disimuladamente en trenes, autobuses, parques, cafés, salas de espera, aviones o barcos. Durante mucho tiempo evitó hacer otra cosa que ver y anotar, como en una especie de celibato creativo, obligándose a no tener interpretaciones propias de nada y absteniéndose de cualquier manipulación. Era un constante ejercicio, una disciplina anónima en la que no existía el autor, el yo, sino solo el trabajo de un humilde intermediario entre el mundo circundante y la hoja de papel.

Gatos

Desde que tengo memoria, el momento en que un gato aparece frente a mis ojos tiene, antes de la ternura o de la admiración, una carga mágica. Es un instante arrebatador en que una fuerza me transporta a otra edad del mundo y de mí mismo. Quien soy, quien creo ser en el presente, en la vida cotidiana, deja por un momento de tener sentido y me domina la emoción de un encuentro que no acontece en la dimensión de los seres humanos: ese ser me subyuga porque lo reconozco en el fondo de mí mismo como si alguna vez yo hubiera sido él y miles de años en la evolución del *Homo sapiens* me hubieran borrado la memoria hasta ese instante. Pero en la fruición de una rara alegría y en la seguridad de que podría comunicarme con él, la memoria aún permanece viva. Quizás no la memoria de que he sido un gato en otra vida, sino más bien la de un período de mi humanidad en que ambos compartimos la vida en los bosques. Algo se ablanda en mí, se vuelve permeable, y hago con mayor o menor eficacia un esfuerzo por abandonar la pose del hombre cuando intento ir a su encuentro. Humildad y retorno a un momento en que fuimos iguales y nos respetamos. Y entonces sí, admirar su elástica elegancia, su curiosidad alerta, su belleza, su capacidad de vivir el presente. Los gatos, aun los que viven encerrados en los apartamentos, deambulan con la entereza de llevar viva aquella edad del mundo y con la dignidad de no haber sucumbido al dominio del hombre.

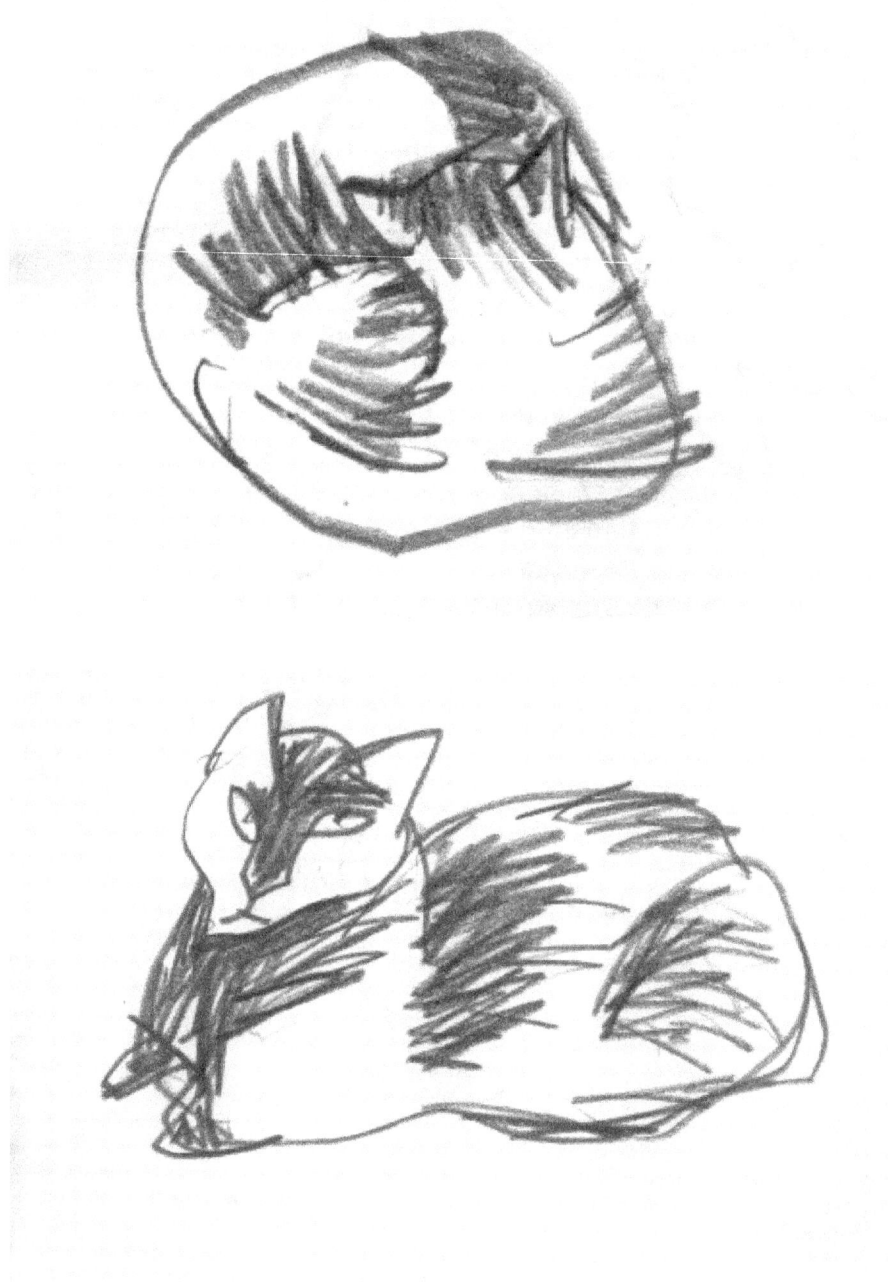

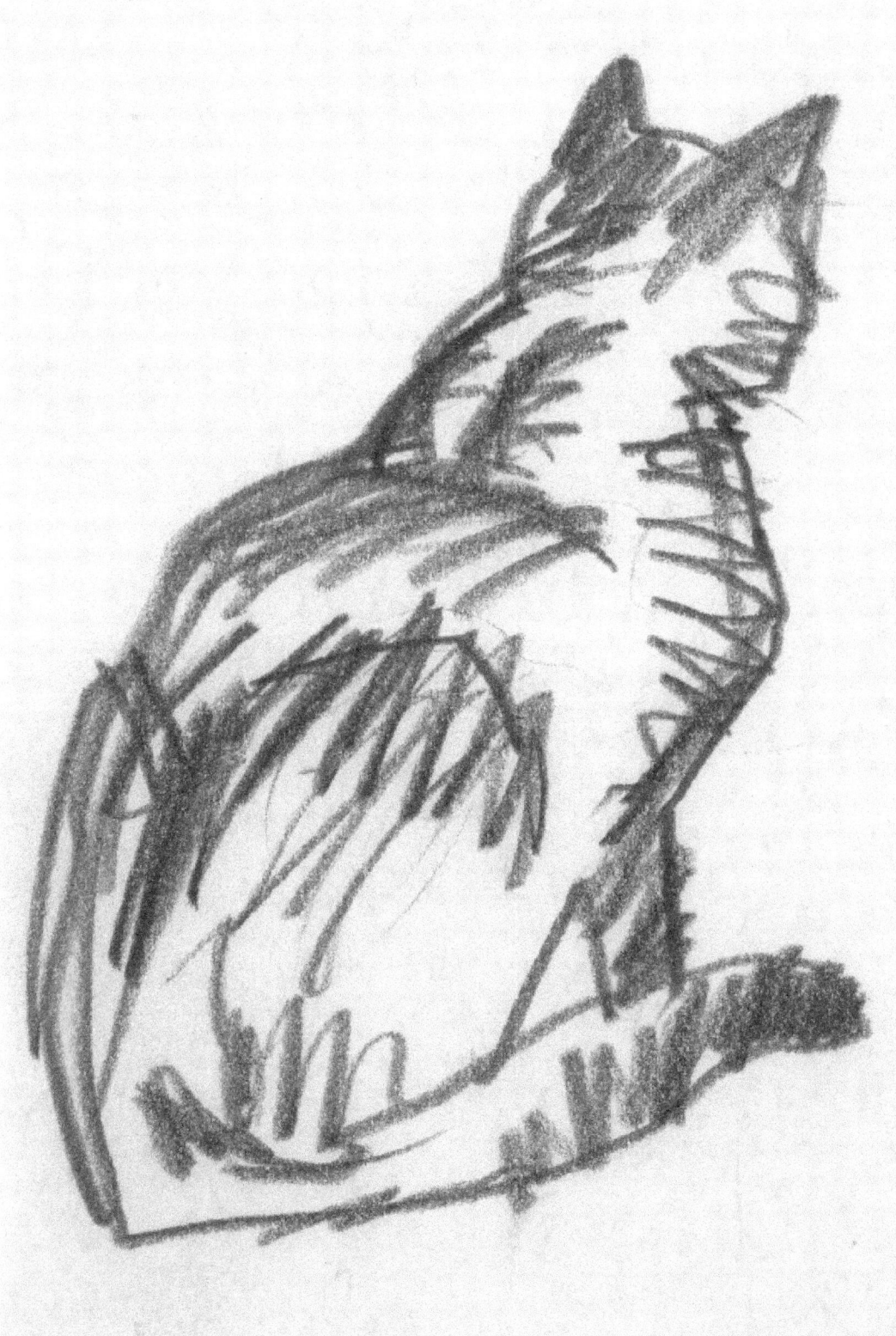

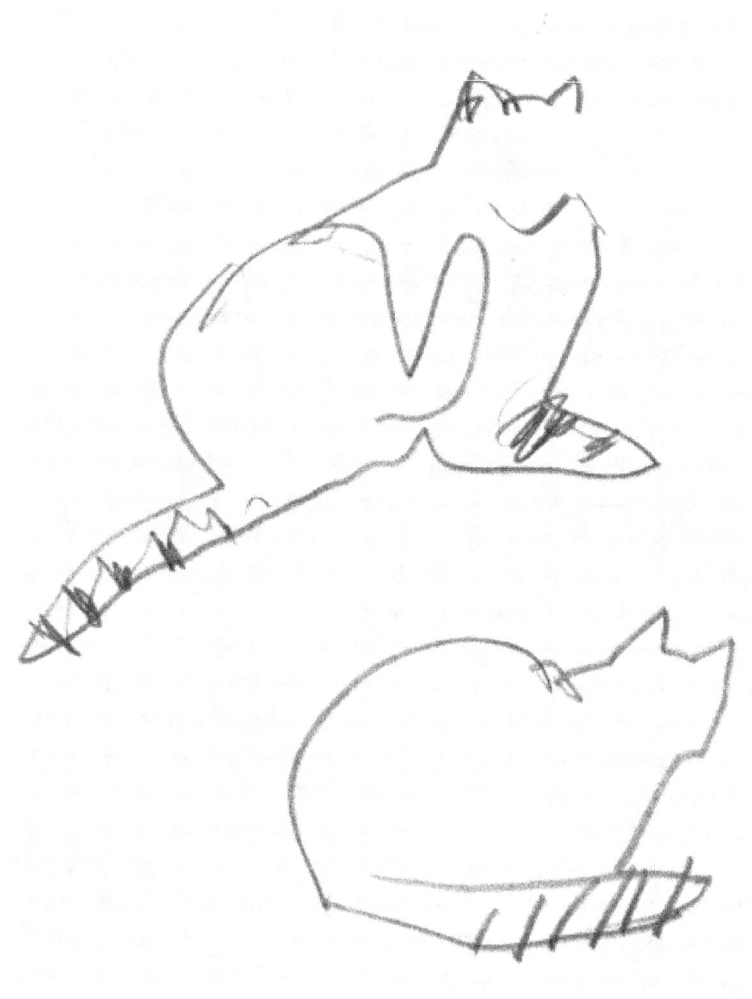

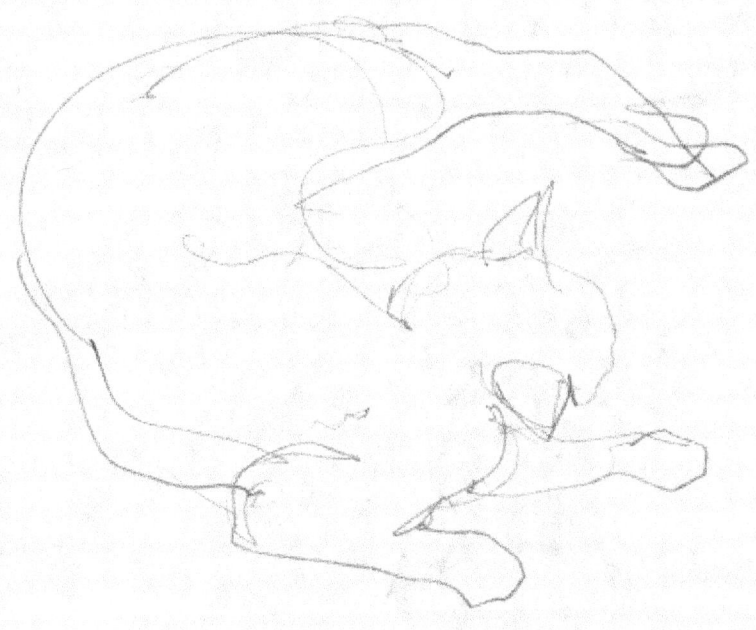

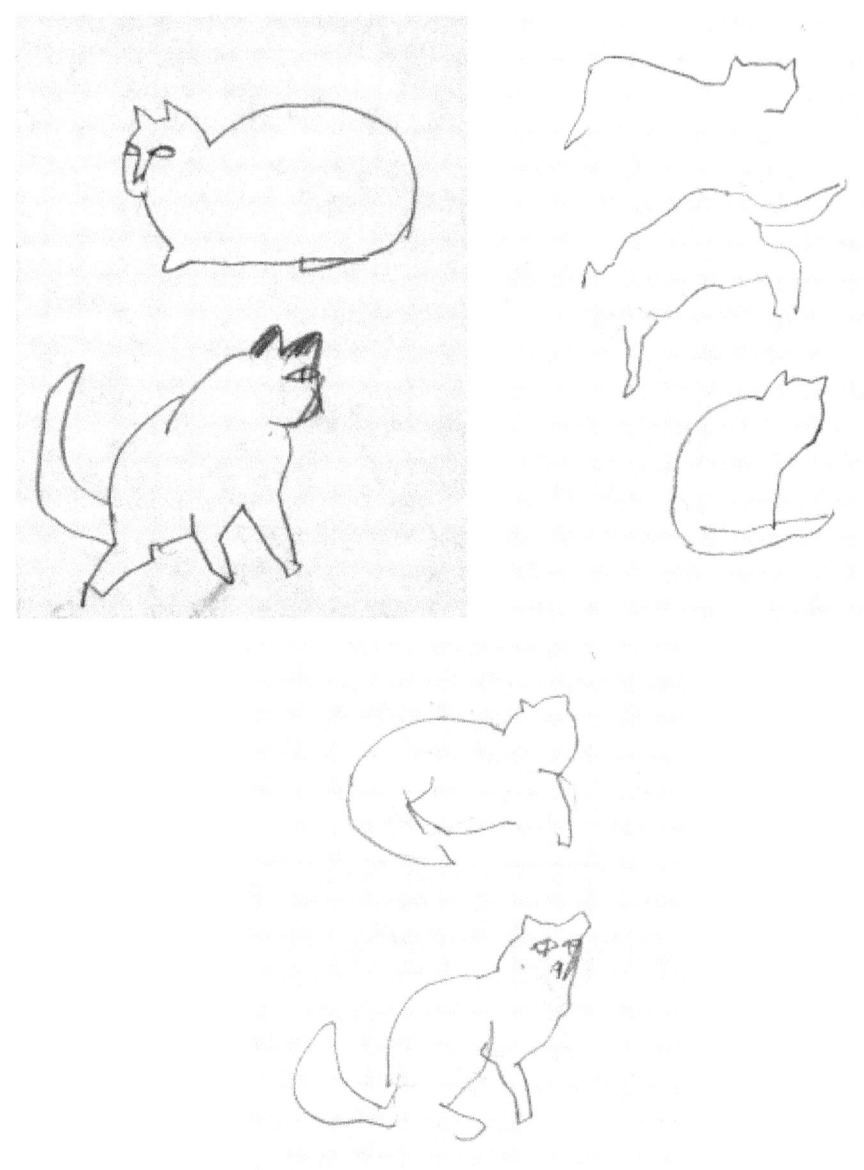

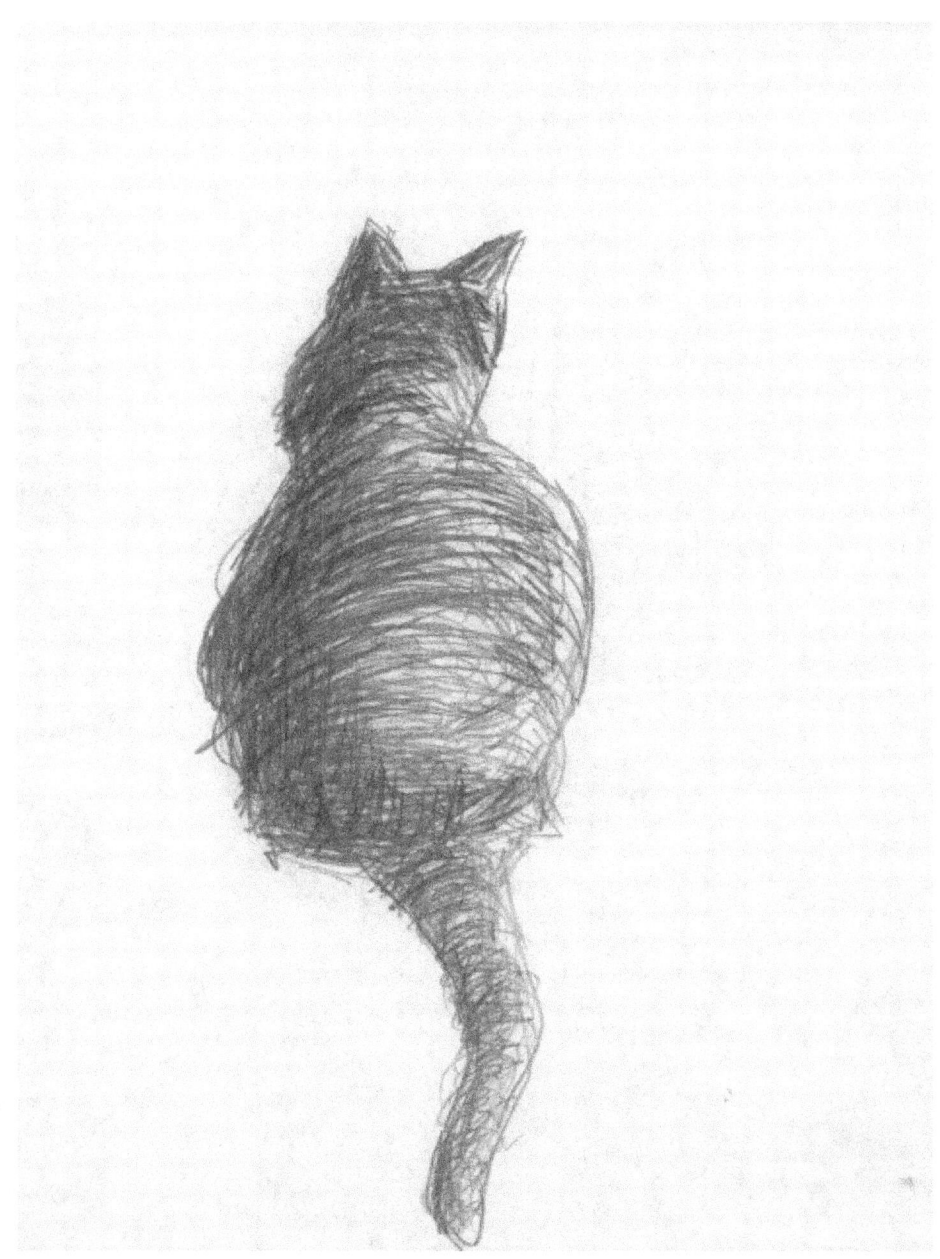

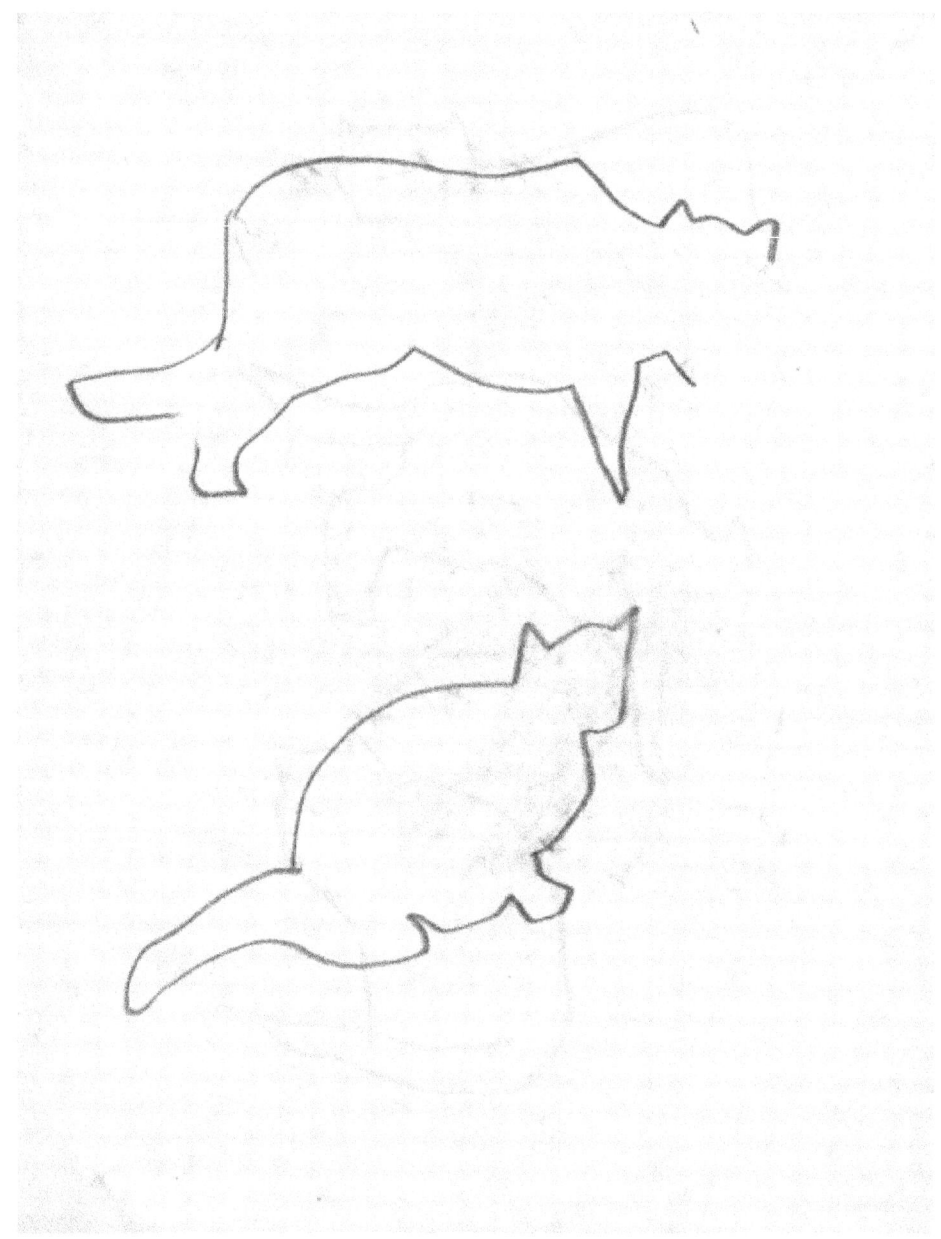

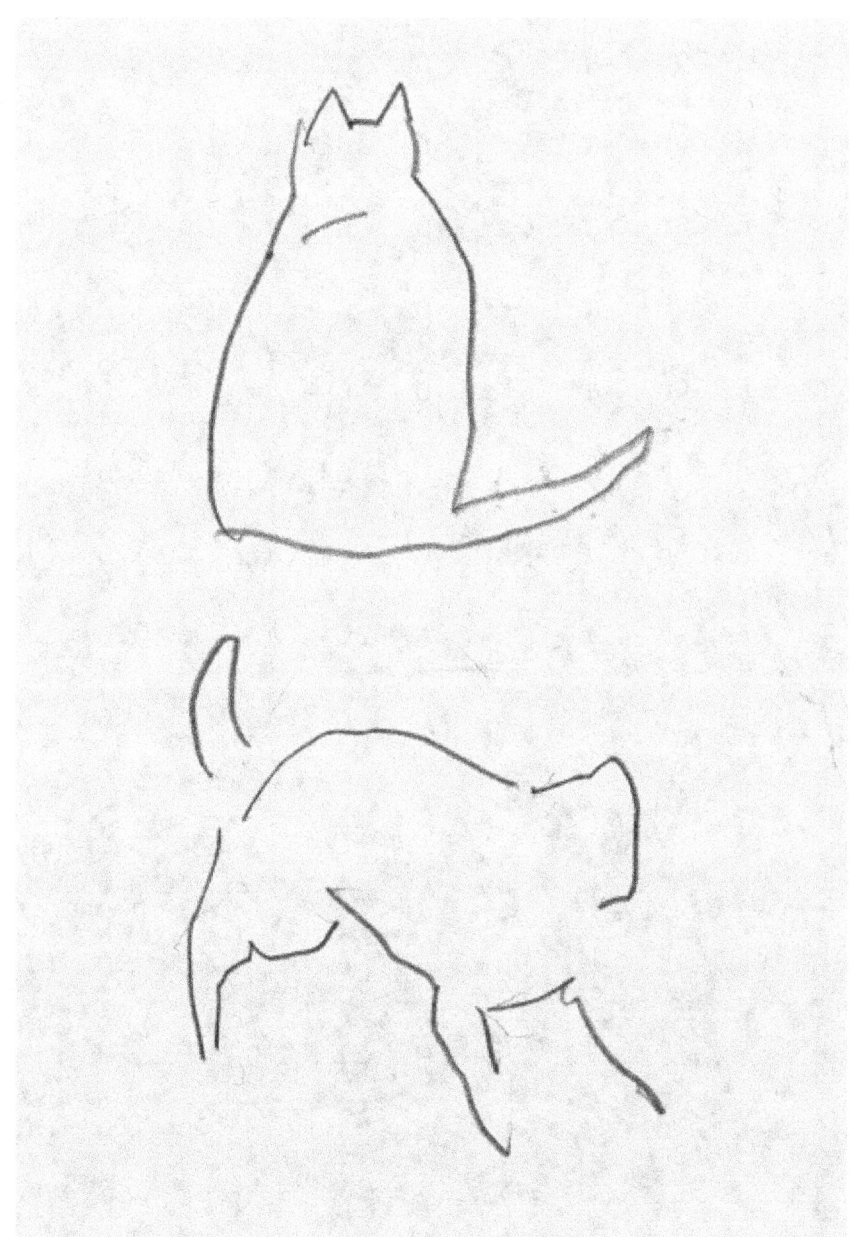

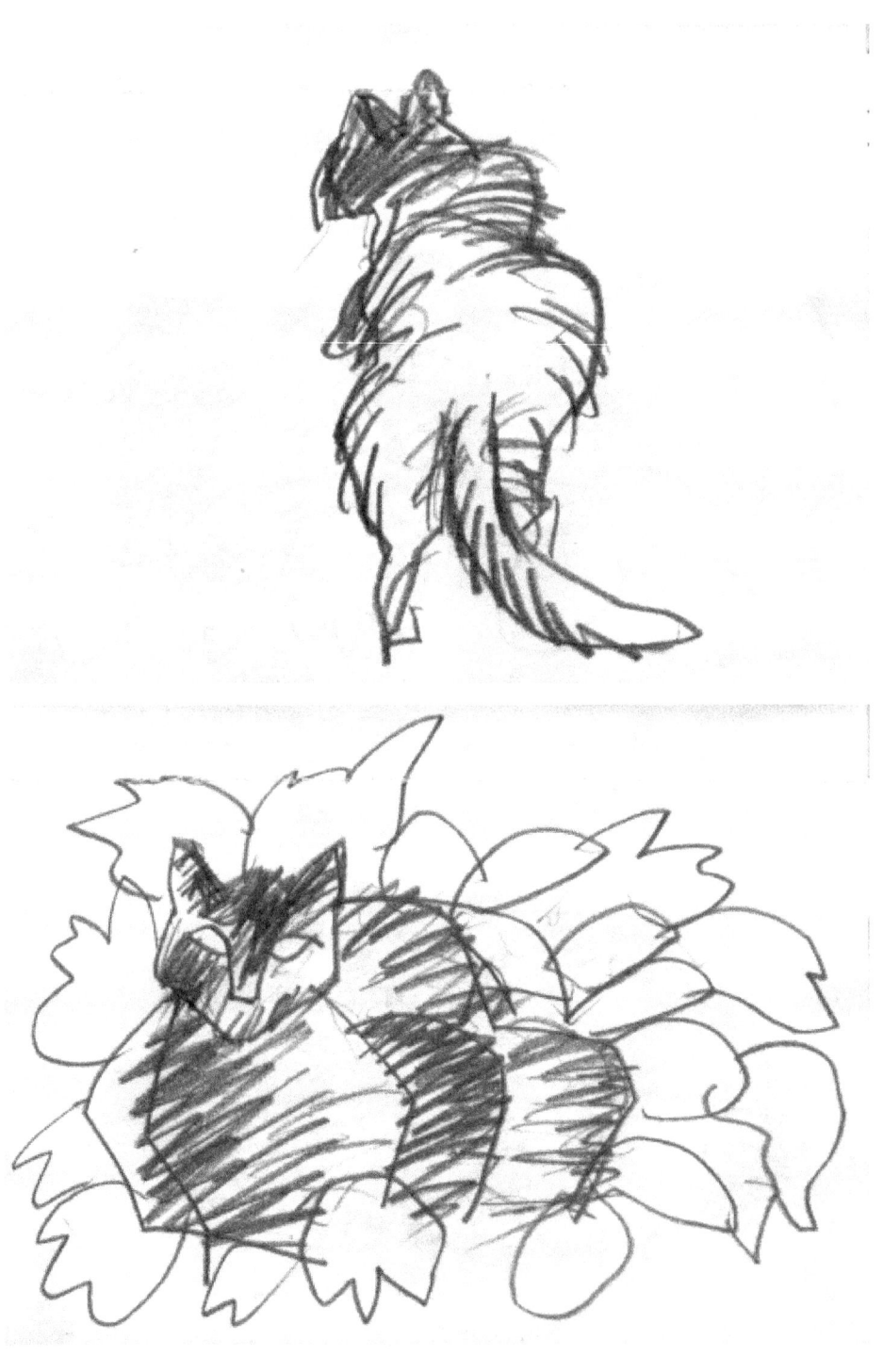

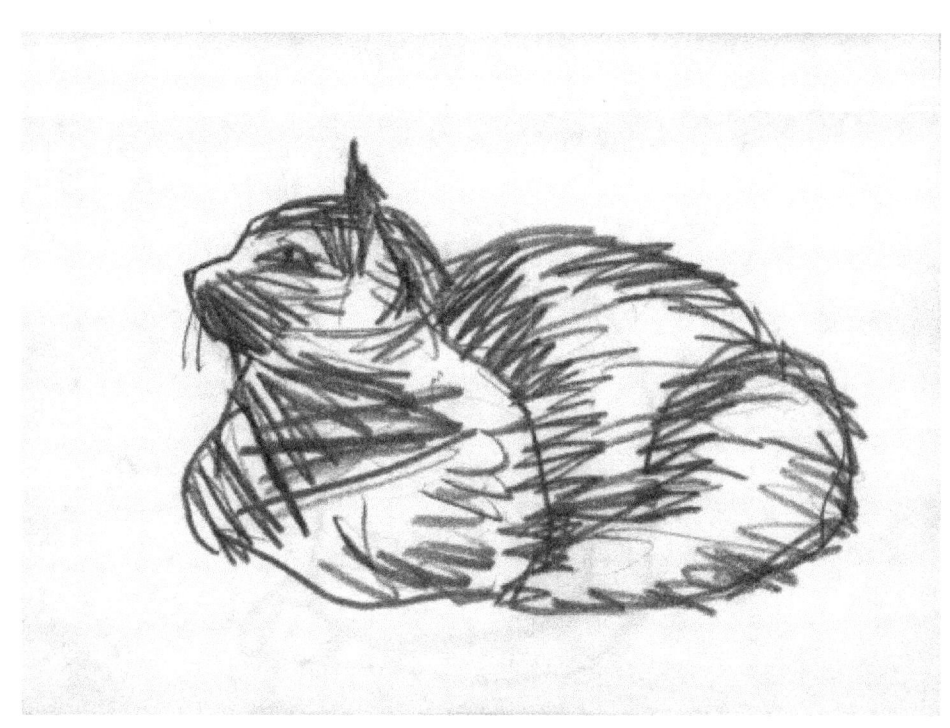

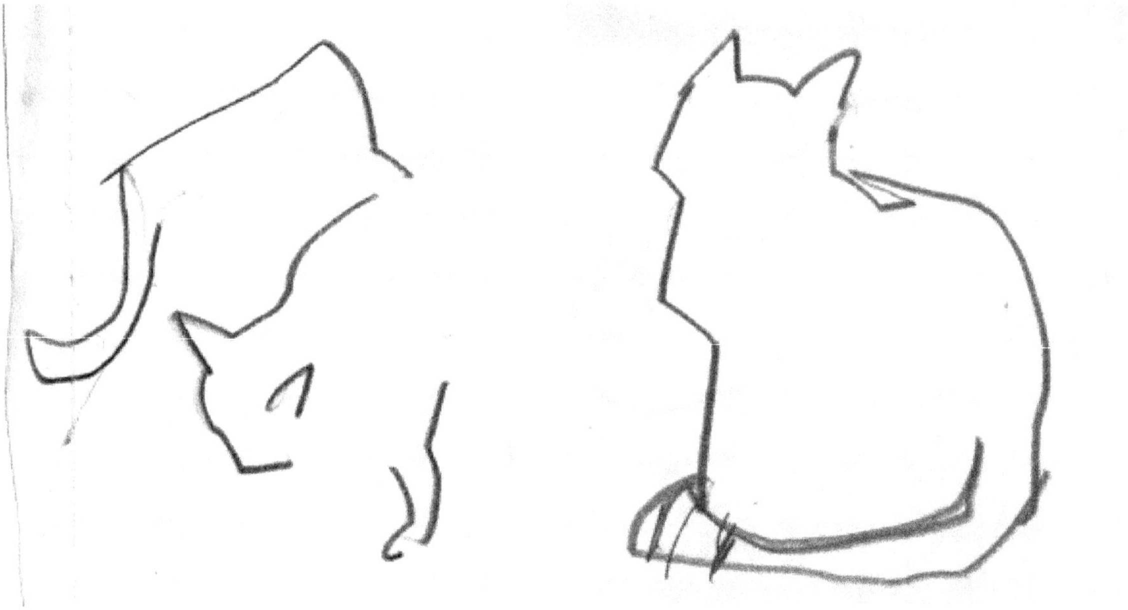

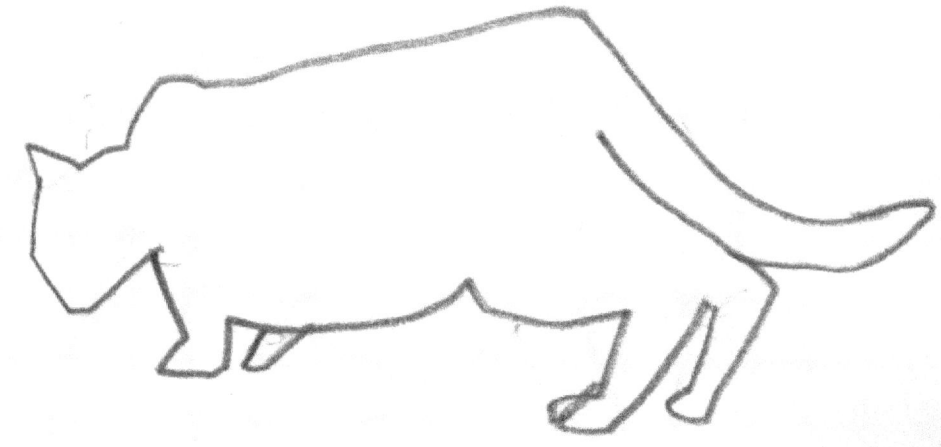

Gatos del Parque de la Ciudadela
Barcelona

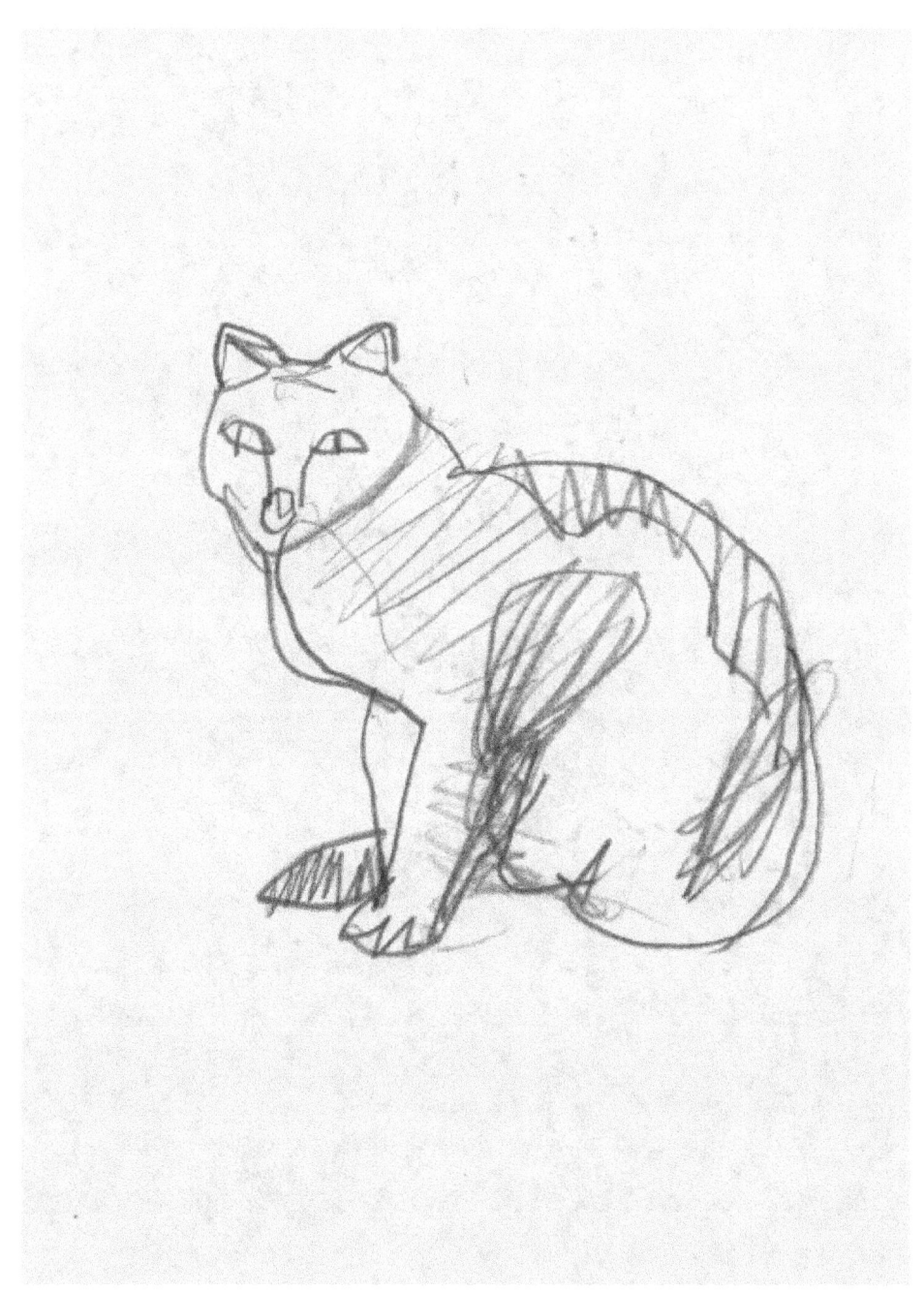

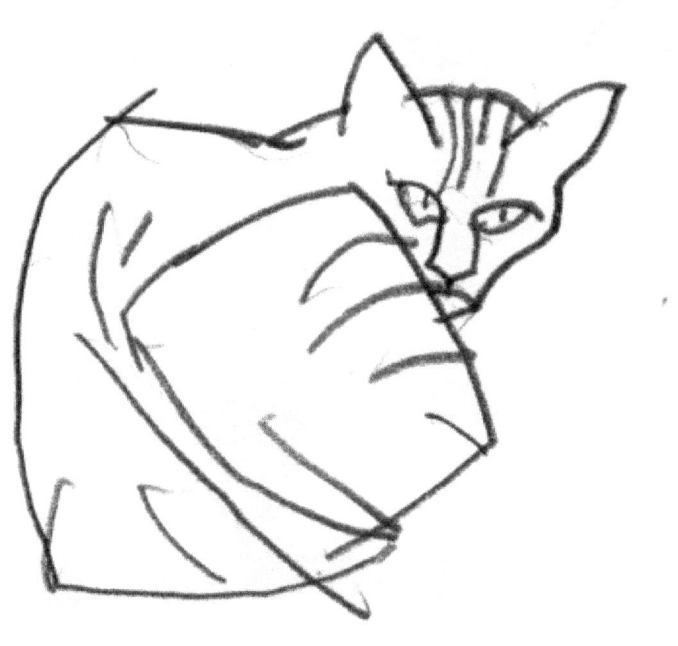

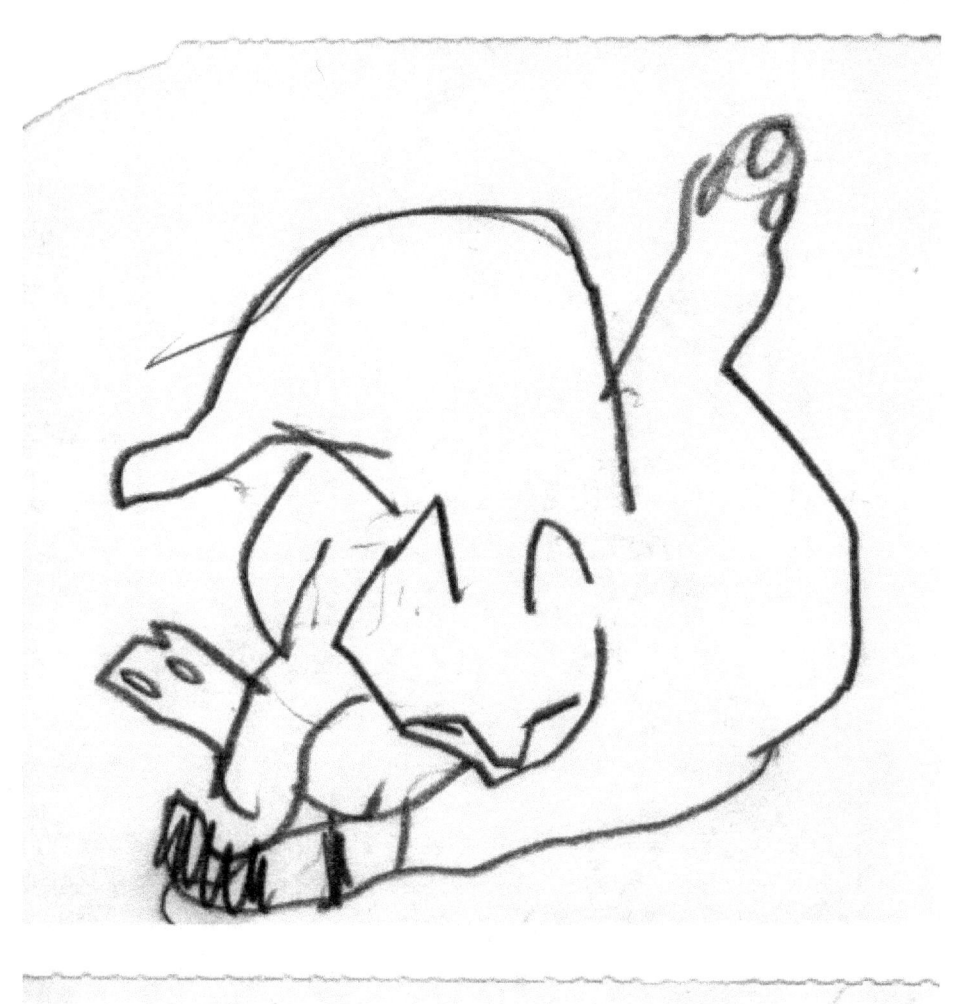

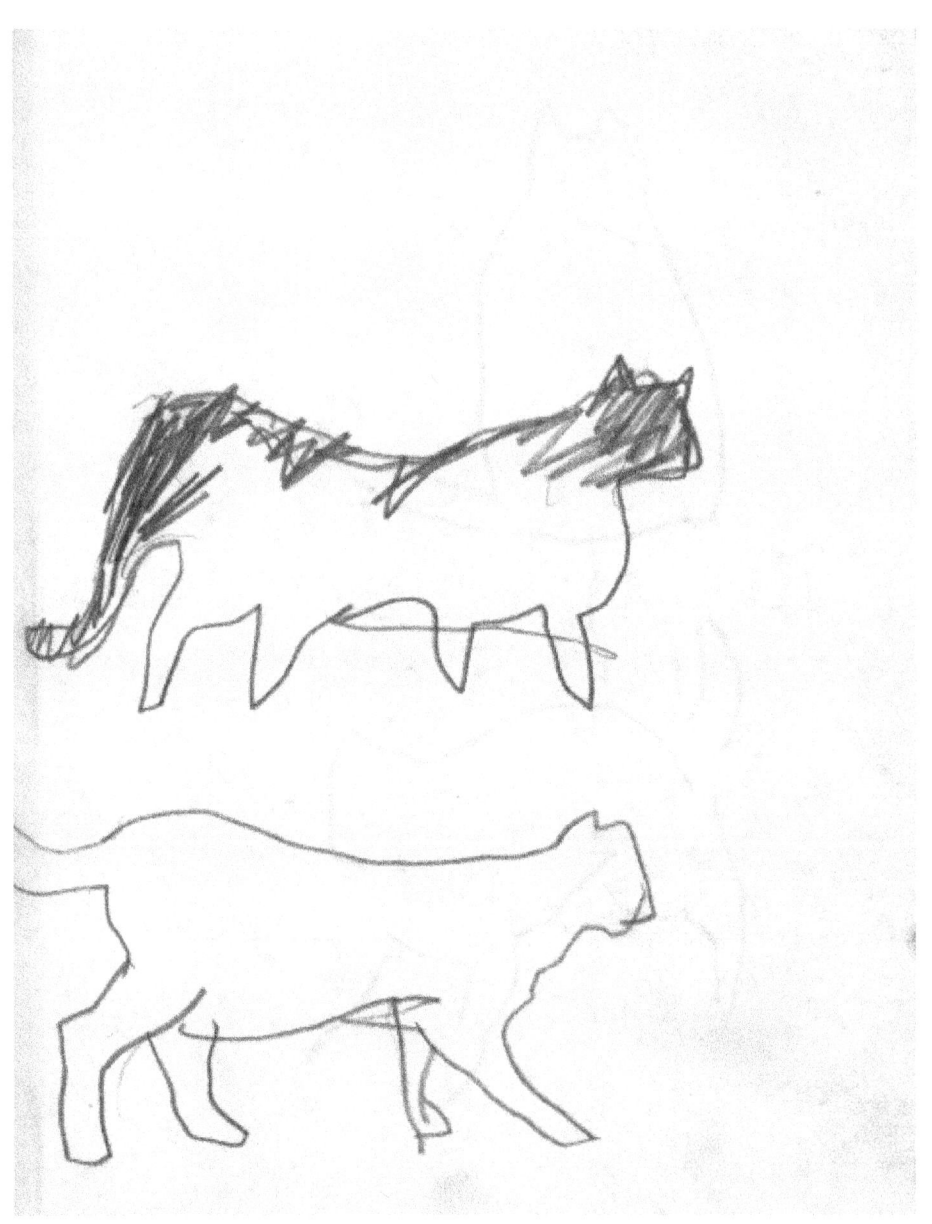

30-12-82

Manolo Valdés.
Galería Maeght
Equipo crónica.
(Rafael Solbes y Manolo Valdés)
(Picasso - Klee - Miró - Mondrian
Malevich)

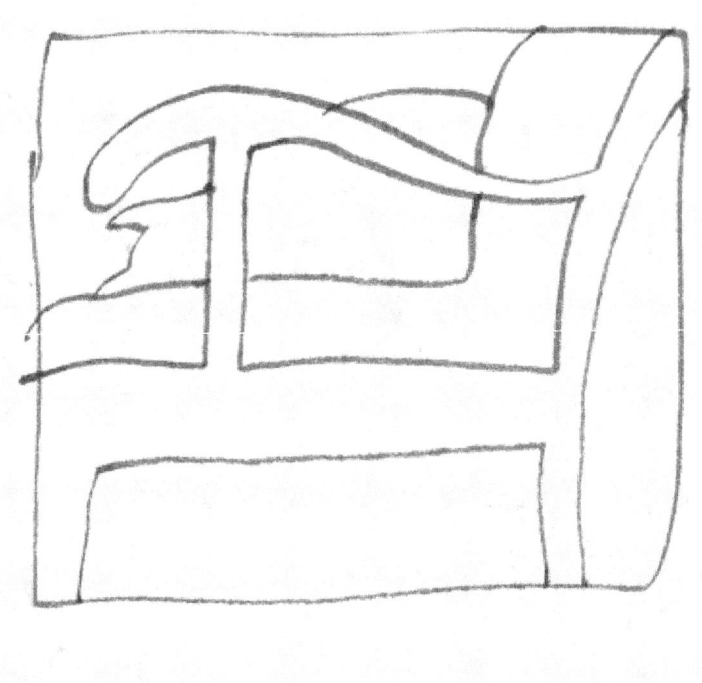
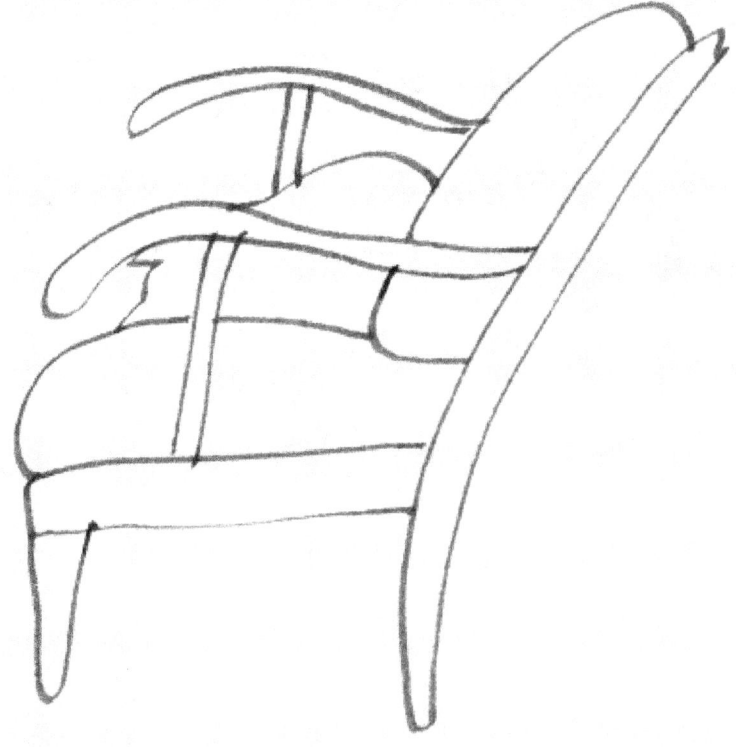

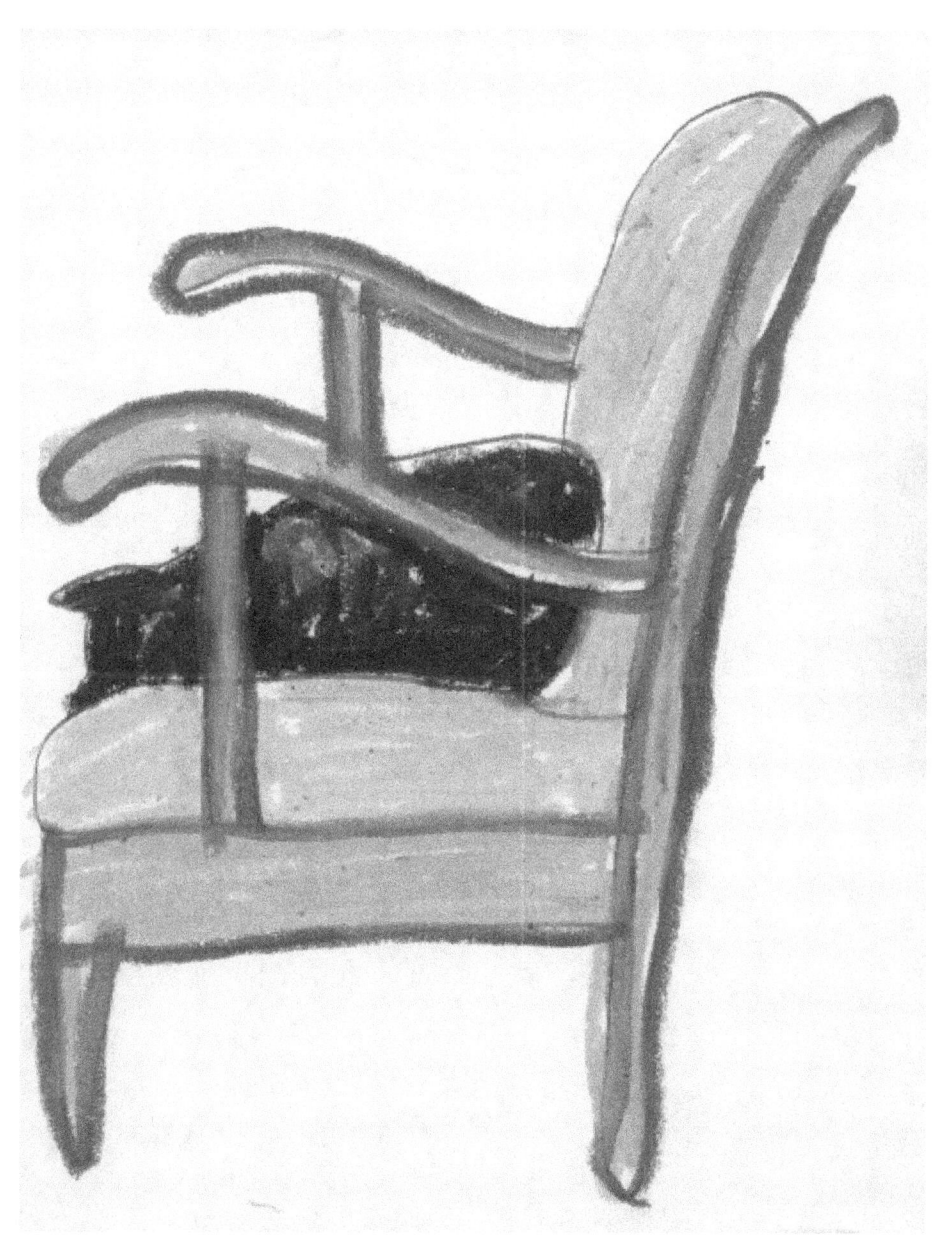

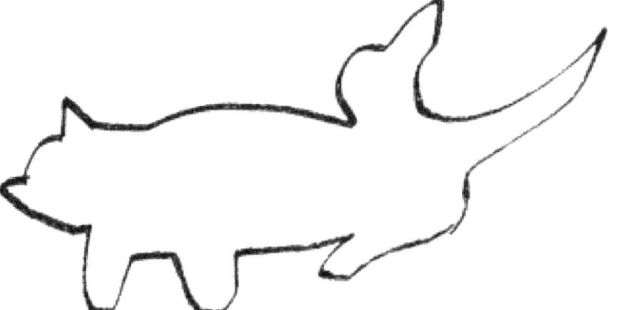

Fontana dibuja la estructura del caos

La idea naturalista de la selva extraída de sus bocetos había empezado a dar lugar a otra donde lo esencial era el lenguaje del caos. Ya no era la representación de la selva lo que le interesaba, sino esa estructura que no podía encontrarse en una visión racional. Su excitación se había vuelto mucho más definida porque Fontana, a lo largo de esa noche, fue dejando atrás el mundo exterior normativo para entrar como un caballo salvaje en el mundo de su subjetividad. Allí encontró una puerta abierta de par en par y comprendió —es más, tuvo la absoluta y total seguridad— que la estructura del caos estaba en su interior. Con esa iluminación repentina empezó a traspasar todo el orden visual figurativo. Dejó de lado su cuaderno de dibujo manteniendo algunas formas elementales que se transformaron simplemente en recursos de la composición, pero persistió y desarrolló el método de componer que había encontrado espontáneamente desde el principio. O sea, dadas dos figuras en los extremos de un plano rectangular, investigar las relaciones y el espacio interior que ellas creaban. Ese espacio poblado de misterio alojaba una incógnita entre dos especies de polos, una tensión que iba de un lado a otro de la hoja y que sólo su locura, su propio caos, podía esclarecer. Por eso cada nueva imagen, cada nuevo planteo del problema se le volvía un desafío, y ese espacio central se vio atravesado, a lo largo de la noche, por líneas, signos y manchas que unían y desunían a las figuras. A medida que el problema en sí se definía, fueron surgiendo nuevas dimensiones del mismo, como la relación entre las manchas y las líneas, el centro y la periferia, o lo móvil y lo estático. Las imágenes se volvieron una lucha, una armazón abierta e infinita donde todo estaba en relación y en dependencia porque la mancha no era tal sin la existencia de la línea y los signos dinámicos carecían de movimiento sin la presencia de figuras estáticas. En el transcurso de la noche llegó a sentir que estaba ante las puertas de la totalidad: un universo donde todo se atraía y se repelía, se destruía y se creaba de forma constante. Trabajaba rápidamente y a la vez fuera del tiempo. Su cuerpo se había convertido en espíritu puro, olvidado completamente de sí mismo, como un instrumento del universo cuya función fuera darle forma a la materia.

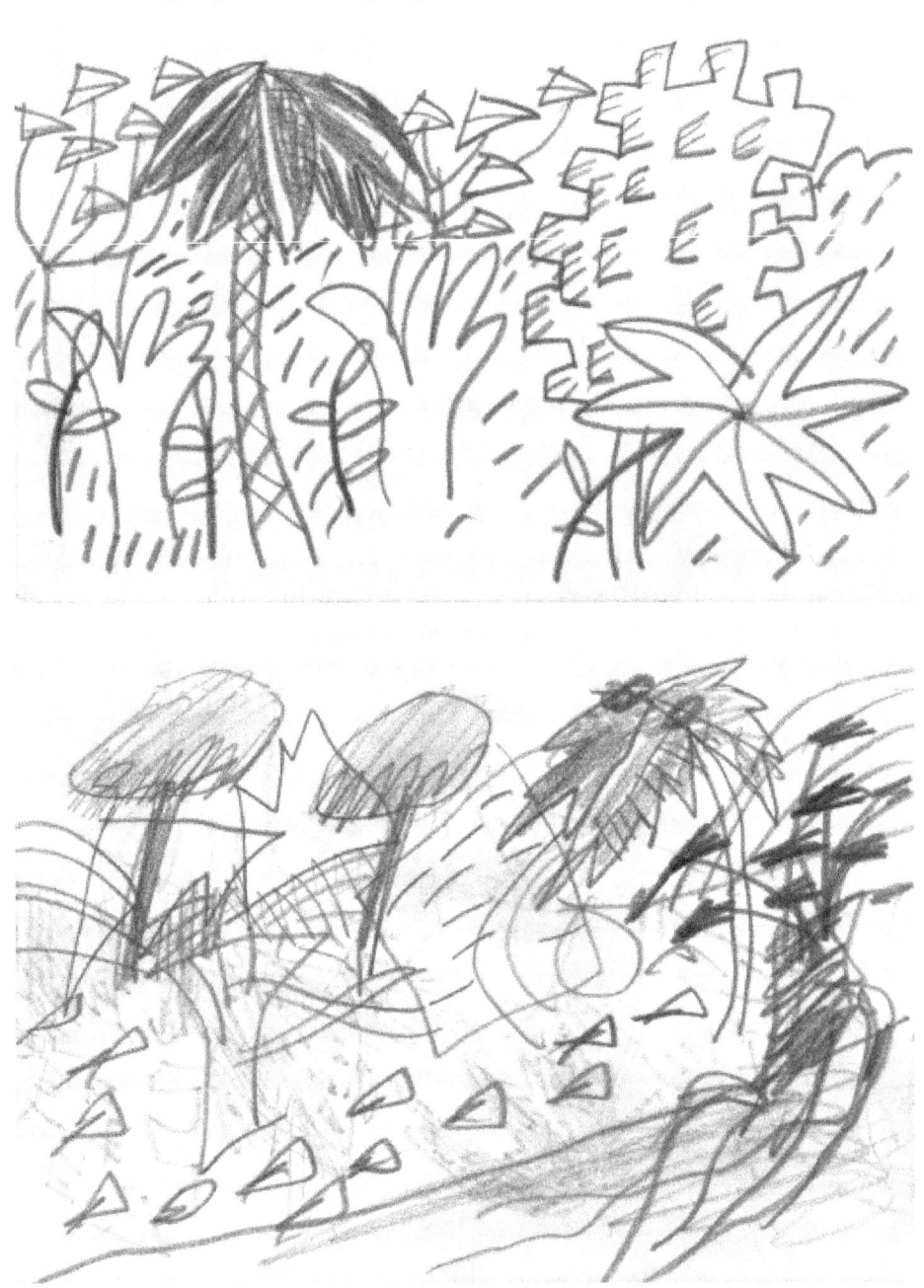

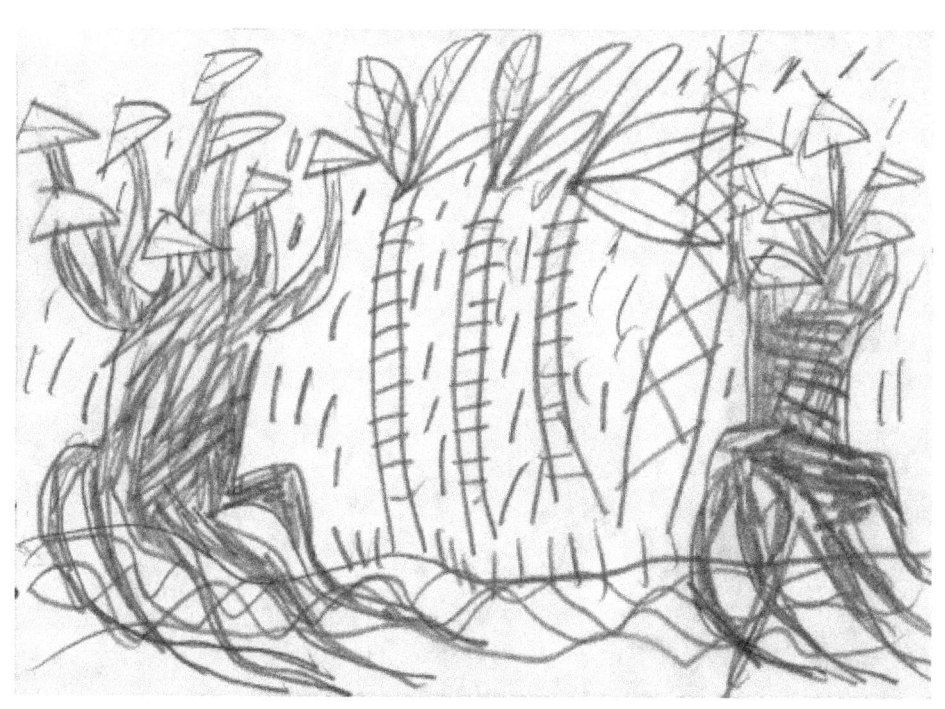

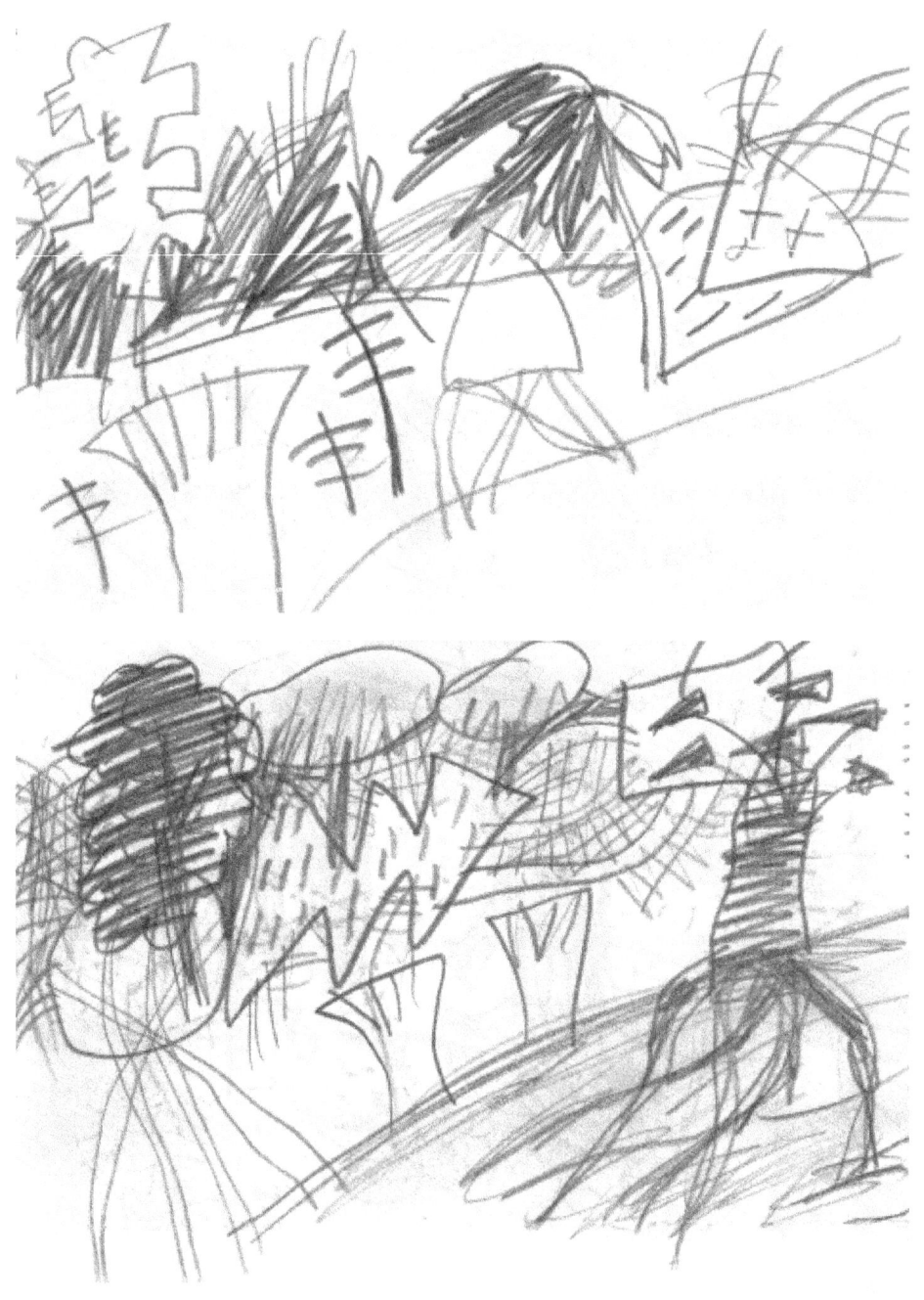

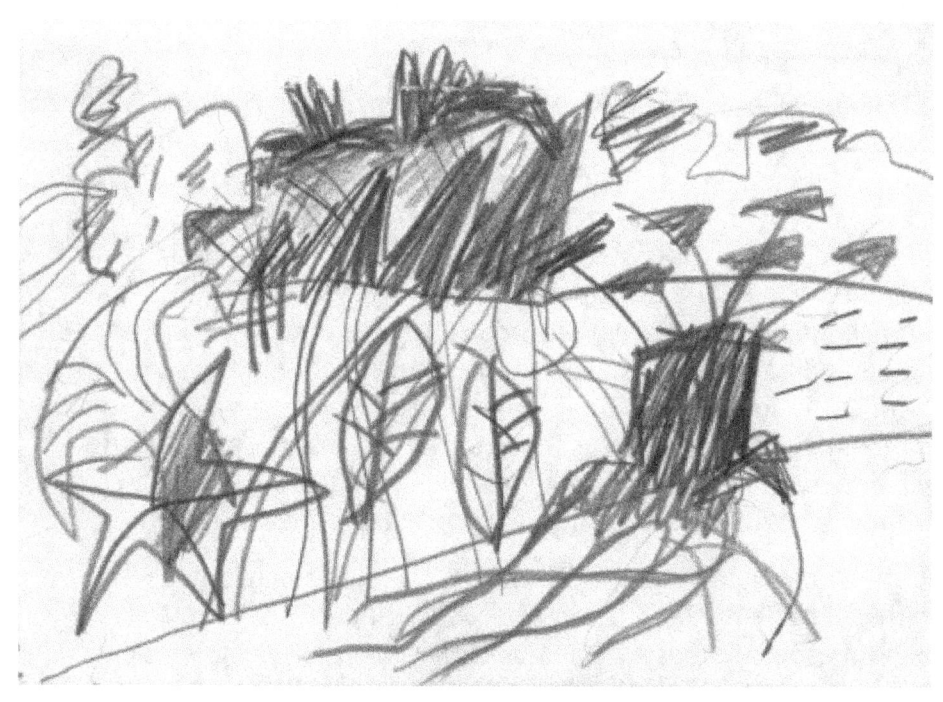

La selva y la ciudad

En medio de la selva había un triángulo y un círculo. Navegando aguas abajo por el Río Escondido en camino hacia Bluefields, me preguntaba por qué la naturaleza era allí tan desconcertante. No tenía ningún frente ni fondo, ningún horizonte…, solo caos y movimiento. Pero a pesar de eso podía percibirse un cierto orden, un orden irracional y nuevo, o mejor dicho un orden primitivo con la dinámica y la fuerza de un tiempo anterior al hombre. De pronto me encontraba en el pasado y la selva era un pedacito intocado del mundo primigenio que podía desaparecer en cualquier momento. Yo era su último testigo y para atrapar mi visión descubrí, entre otras cosas, el triángulo y el círculo.

Las ciudades de México tenían colores intensos y variados: amarillo cromo junto a verde esmeralda, azul ultramarino junto a rosa mexicano y, por supuesto, mucho blanco de cal. París era gris clara, a veces casi blanca. Montevideo era gris verdosa y Estocolmo castaño clara. Pero no eran solo sus colores. La vivencia de las ciudades era abrumadora y estaba anclada en historias personales, gente que uno había conocido o añoraba, recuerdos, alegrías, miedos, etc. Allí también había caos, pero ese caos pertenecía al hombre y tanto su dinámica como su intensidad eran de otro tipo. Se trataba de una expresión del poder humano sobre la naturaleza de carácter autodestructivo. La ciudad se había vuelto el centro racional de la civilización y la naturaleza una rareza, un privilegio idealizado.

Frente a la selva existía una distancia. La selva se encontraba claramente fuera de mí y era posible verla. La ciudad, por el contrario, era como un espejo que estaba demasiado cerca, pero también una prolongación de mi interior. Conocía demasiado bien su lenguaje como para poder descifrarlo; yo mismo era parte de él. La ciudad nos hacía ciegos mientras la selva nos permitía ver nuestro paraíso perdido con nostalgia. No podía darle la espalda a esta dificultad. Hubiera sido como escapar, como negarme a ser. Pintar la ciudad era por eso inseparable de pintarme a mí mismo.

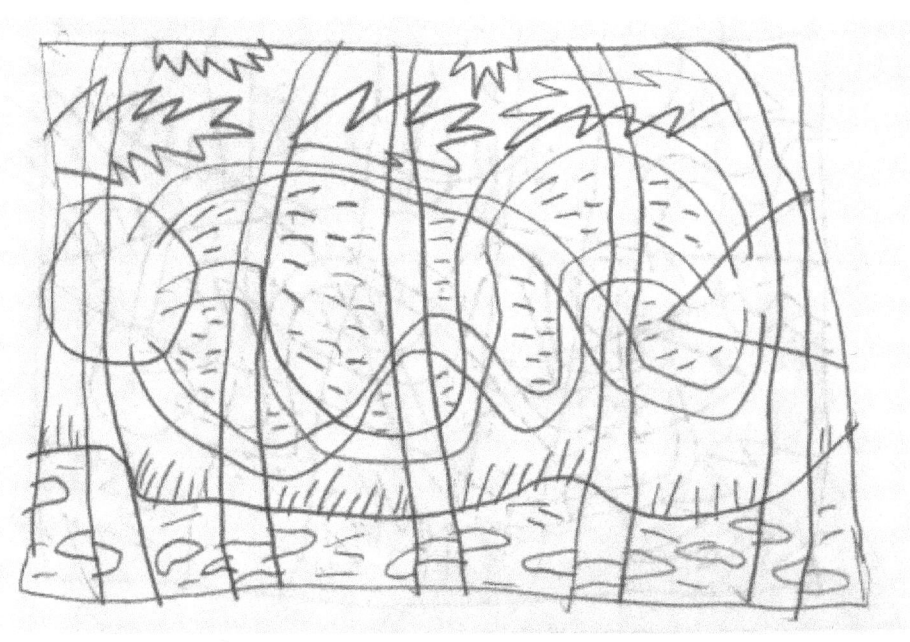

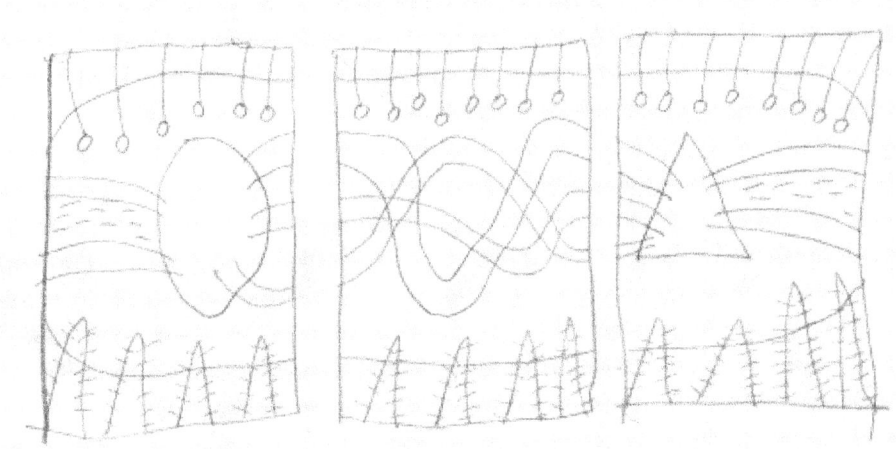

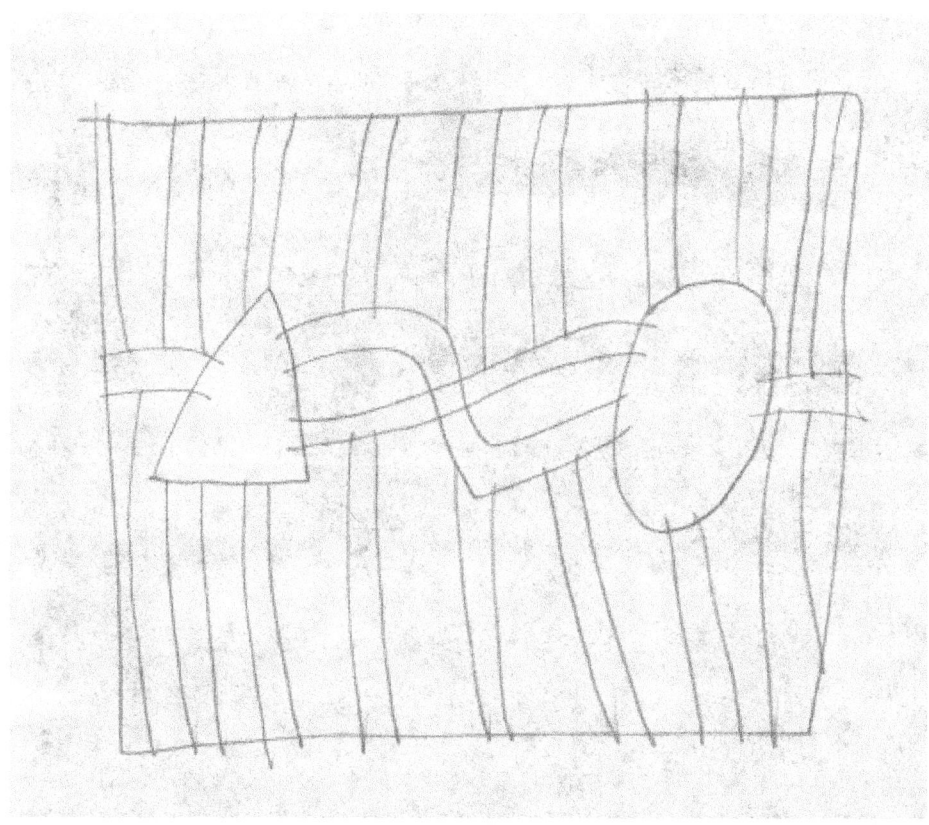

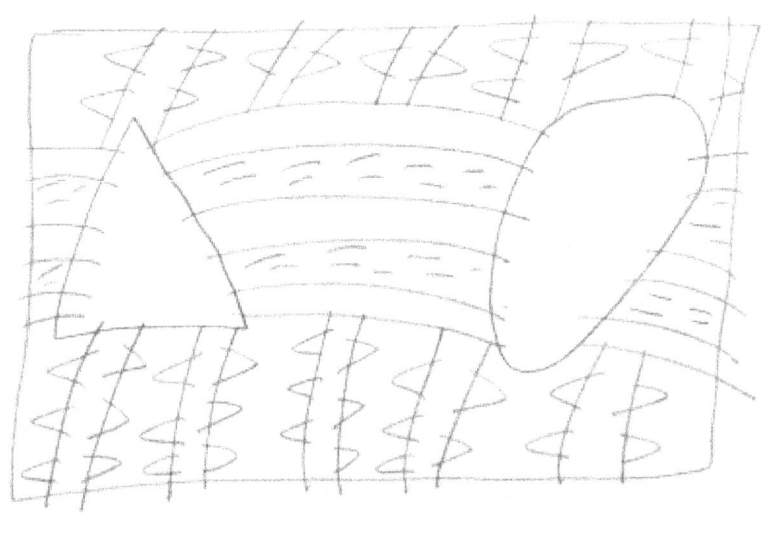
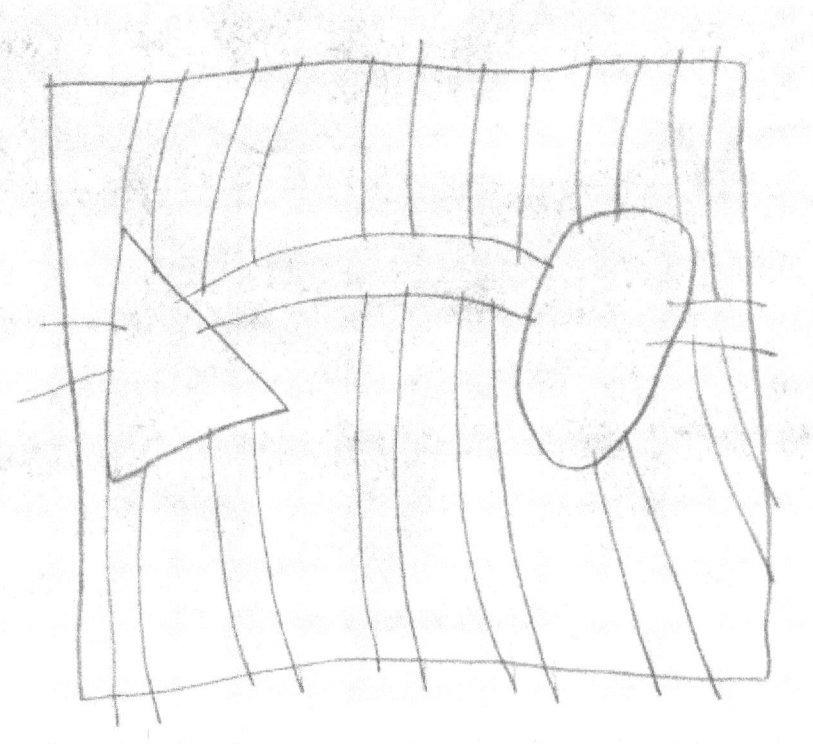

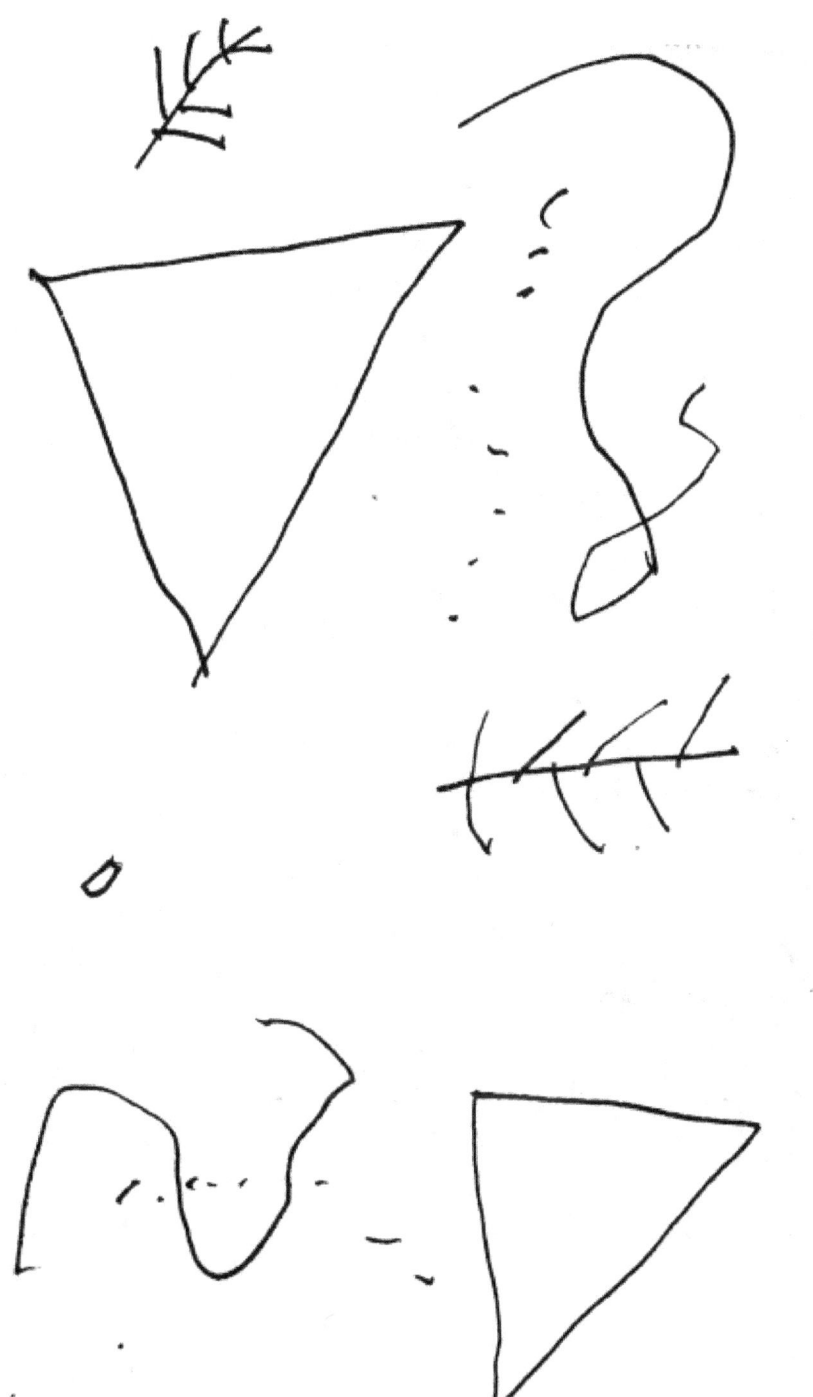

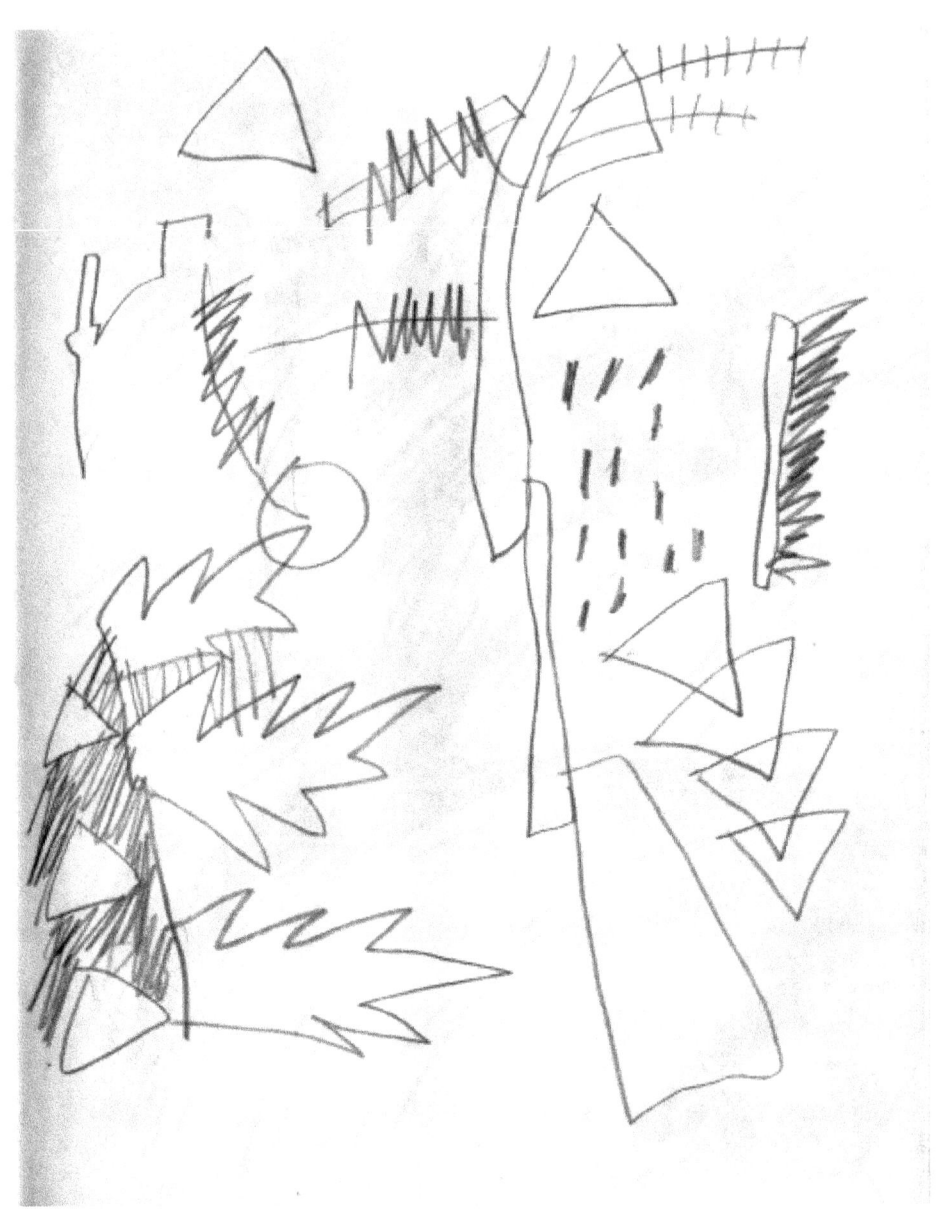

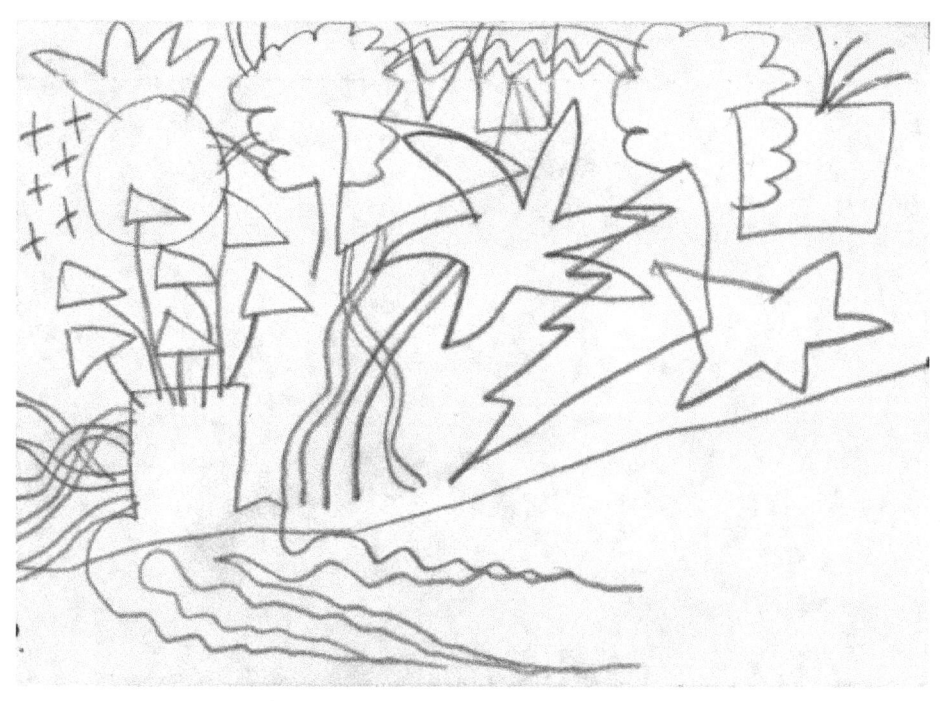

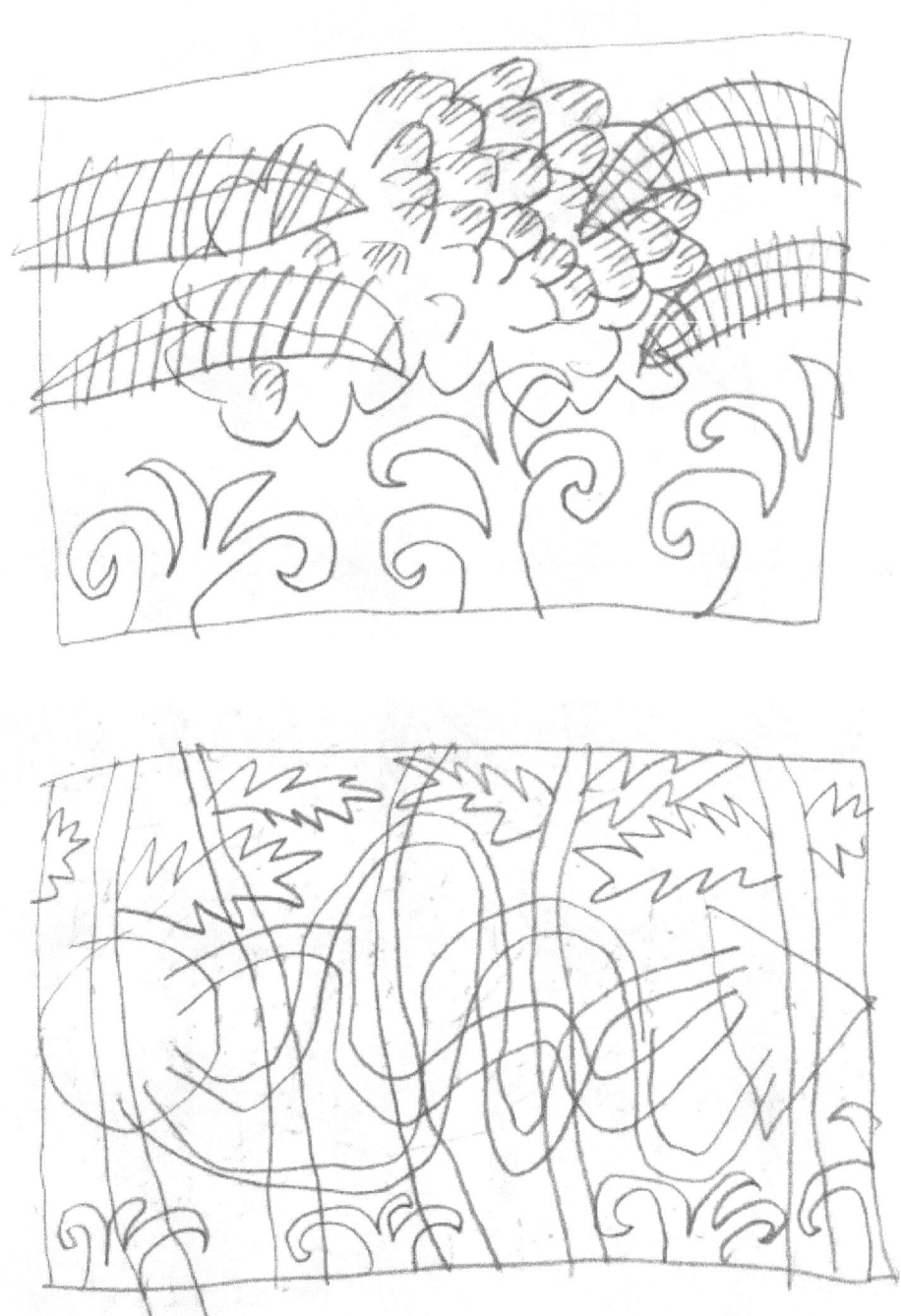

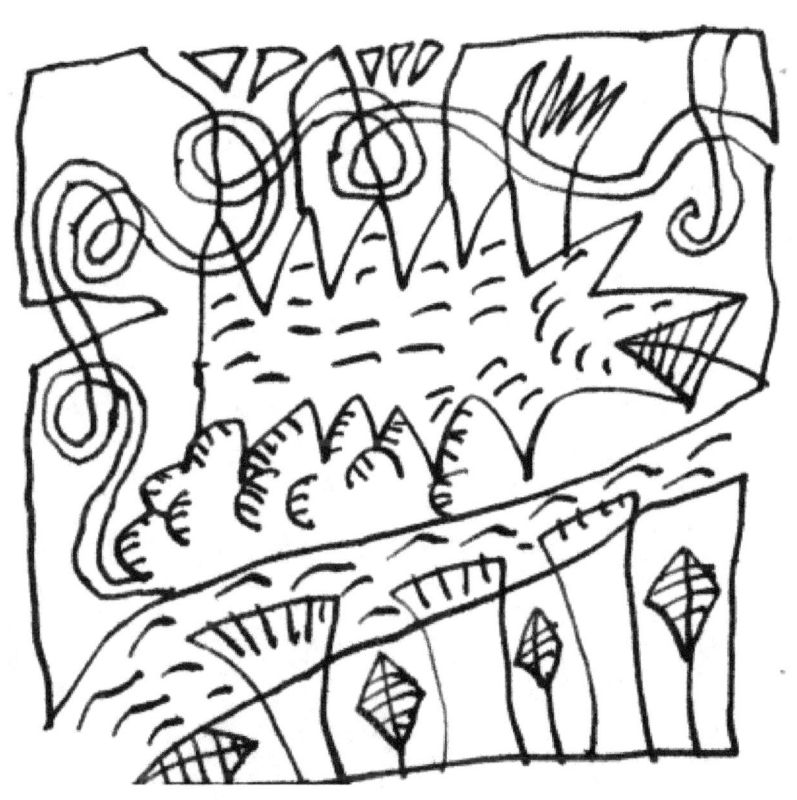

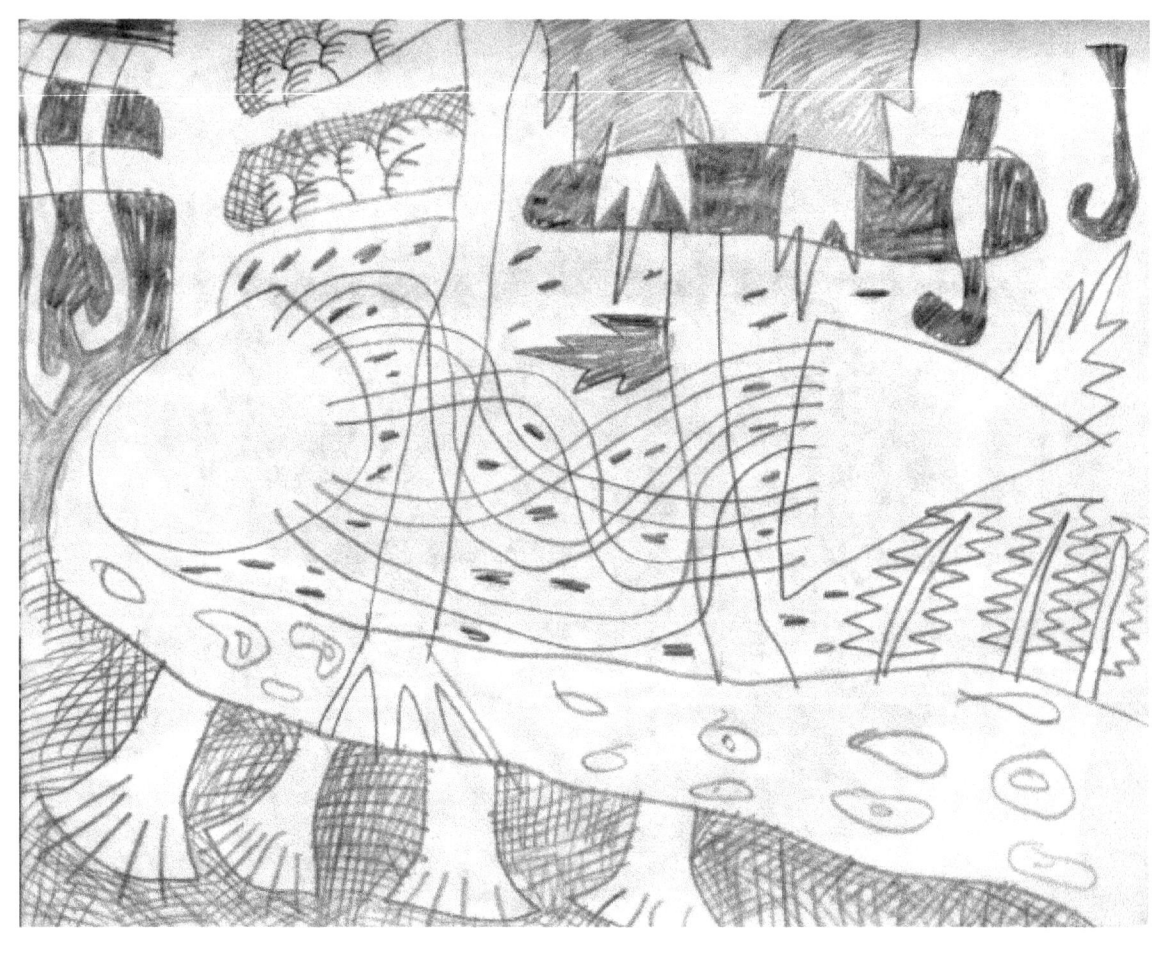

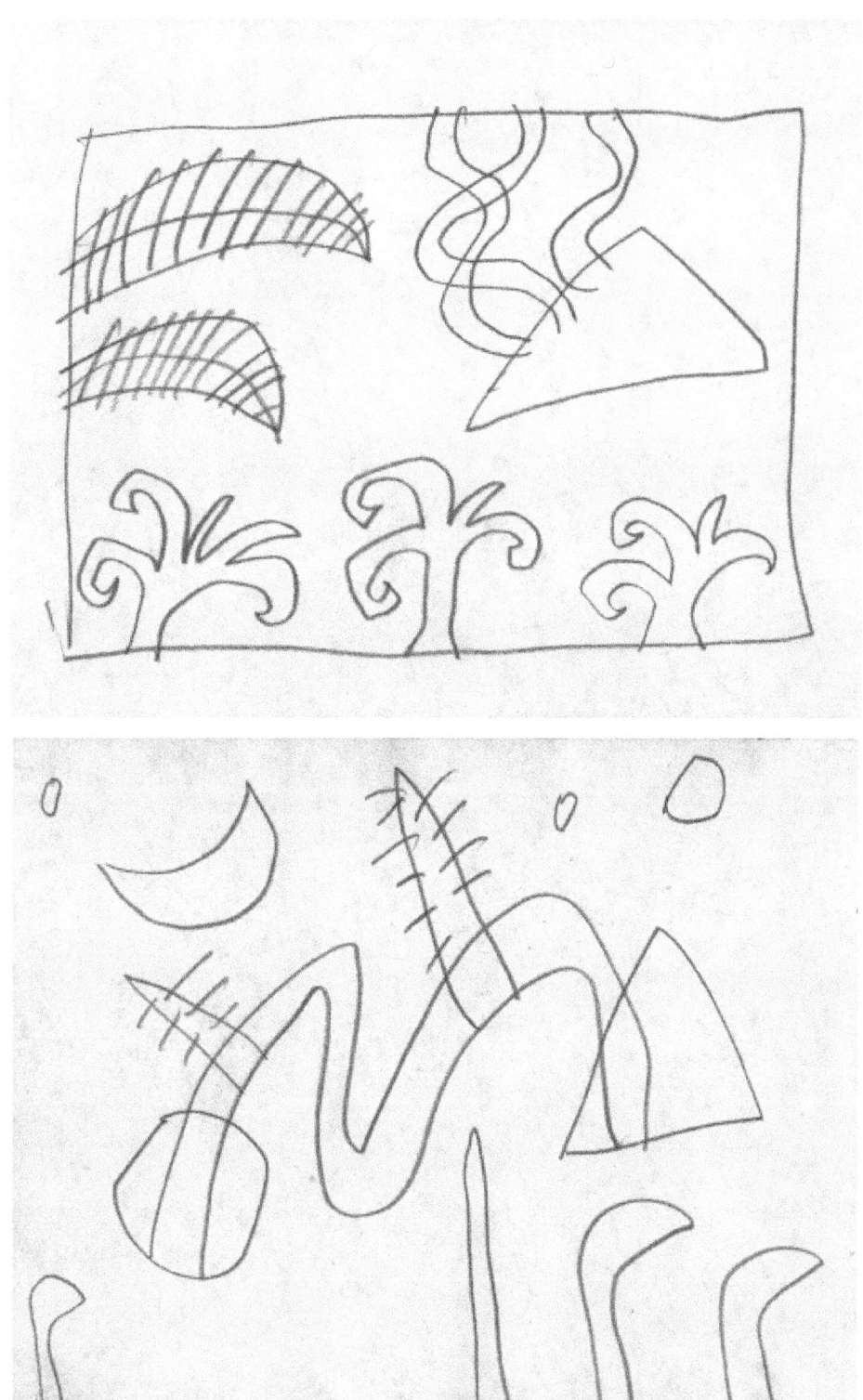

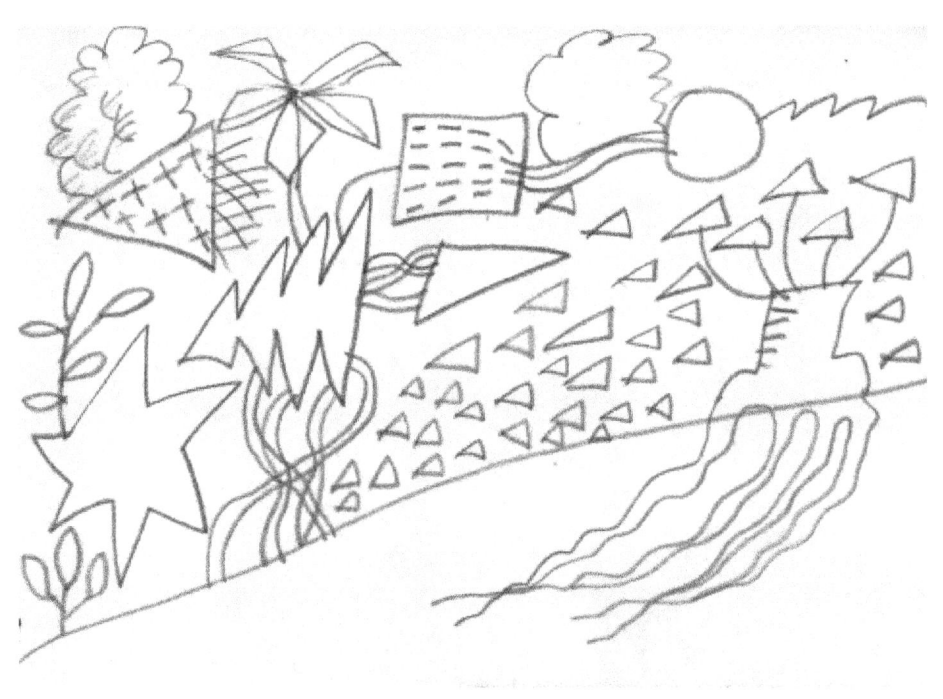

Manglares

Observó que la población de manglares en las riberas del río iba en aumento a medida que se acercaban a la costa. Sus larguísimas raíces se dejaban llevar por la corriente como oscuras cabelleras vegetales. Más adelante, donde el Escondido parecía querer abrirse como en una ensenada, se extendía de improviso un pantano de mangle frecuentado por garzas y flamencos.

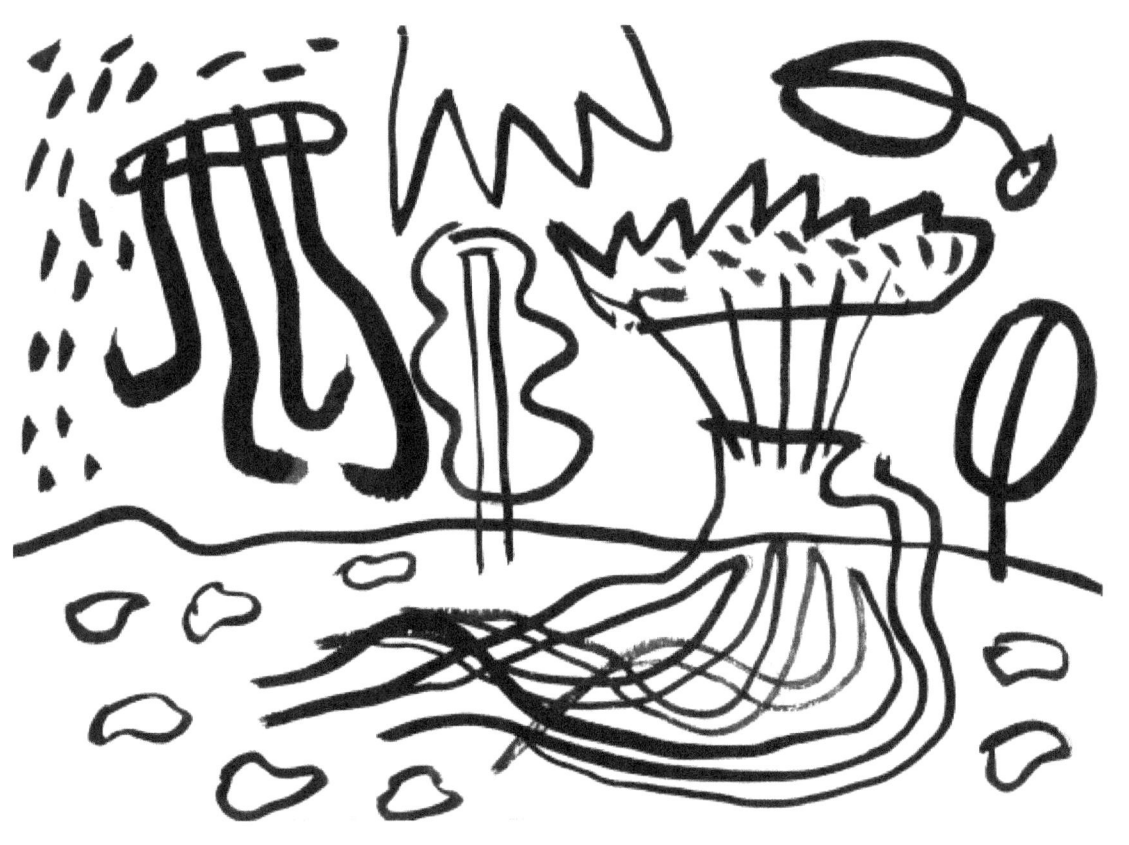

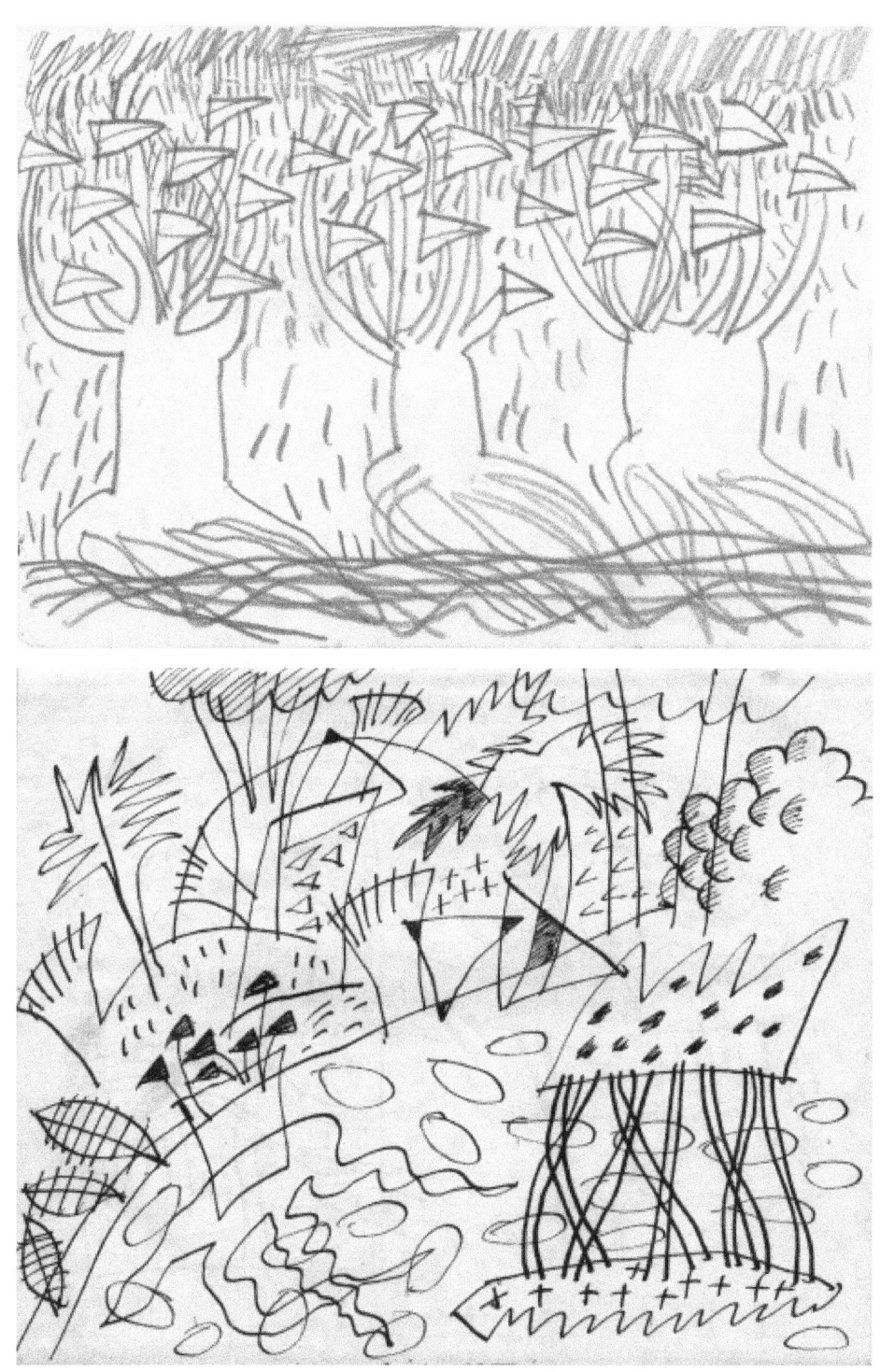

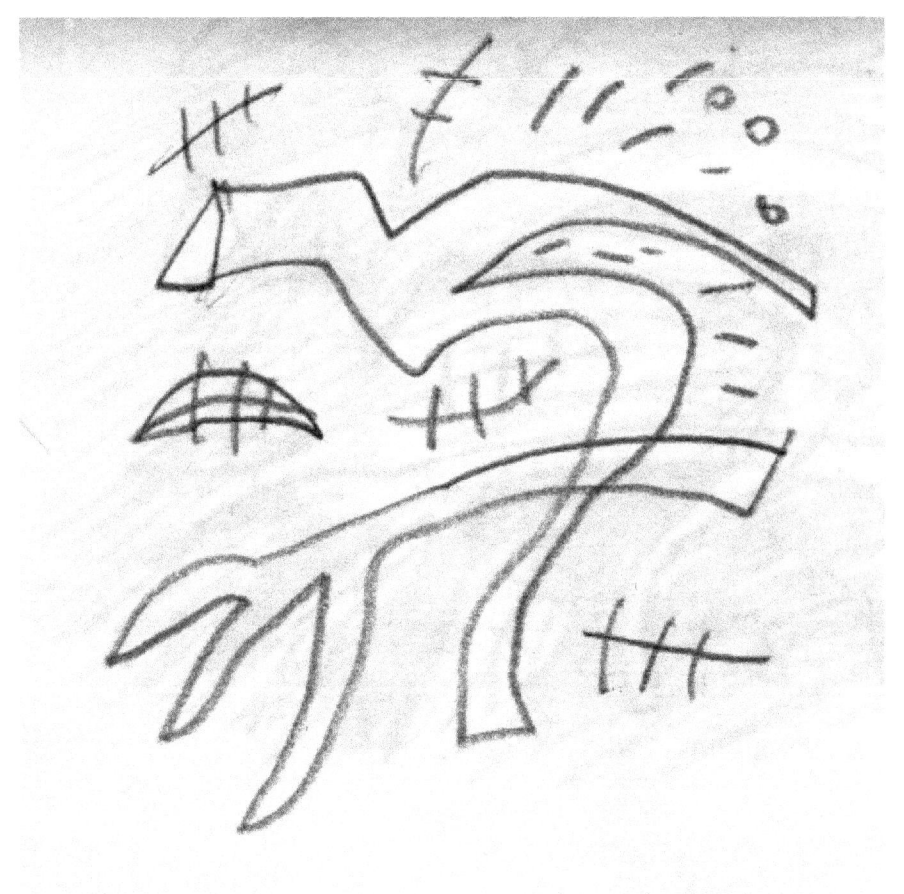

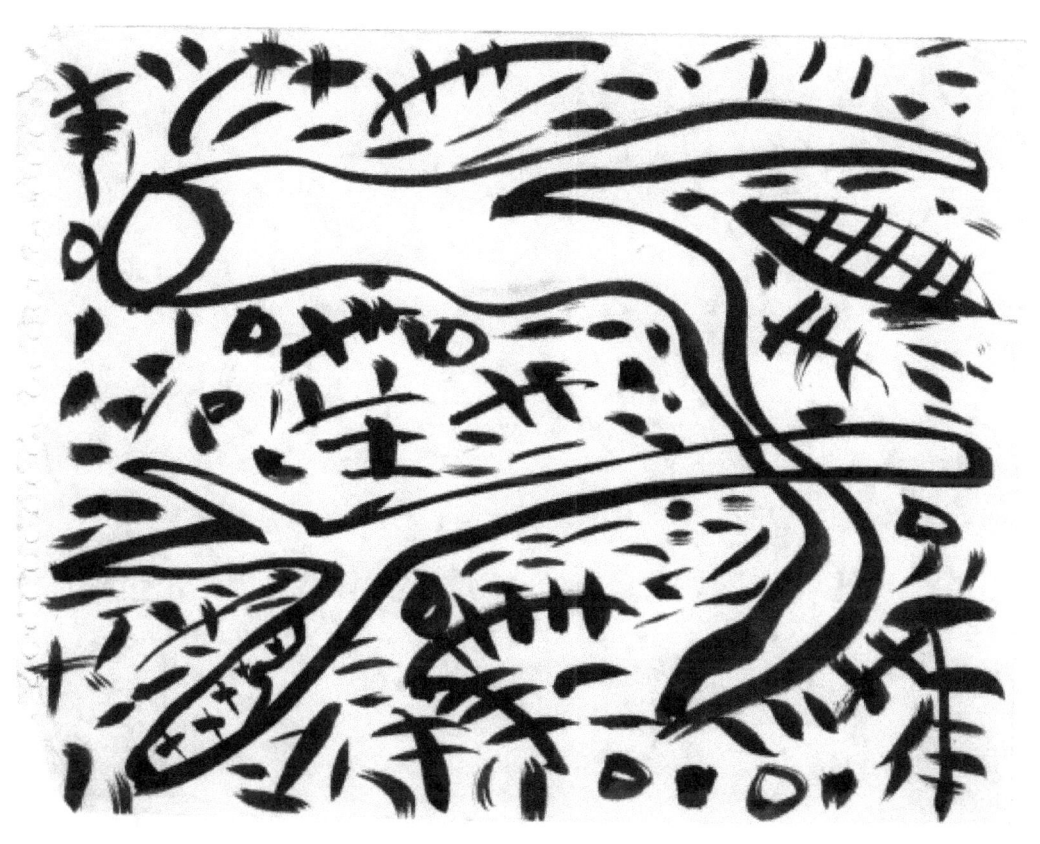

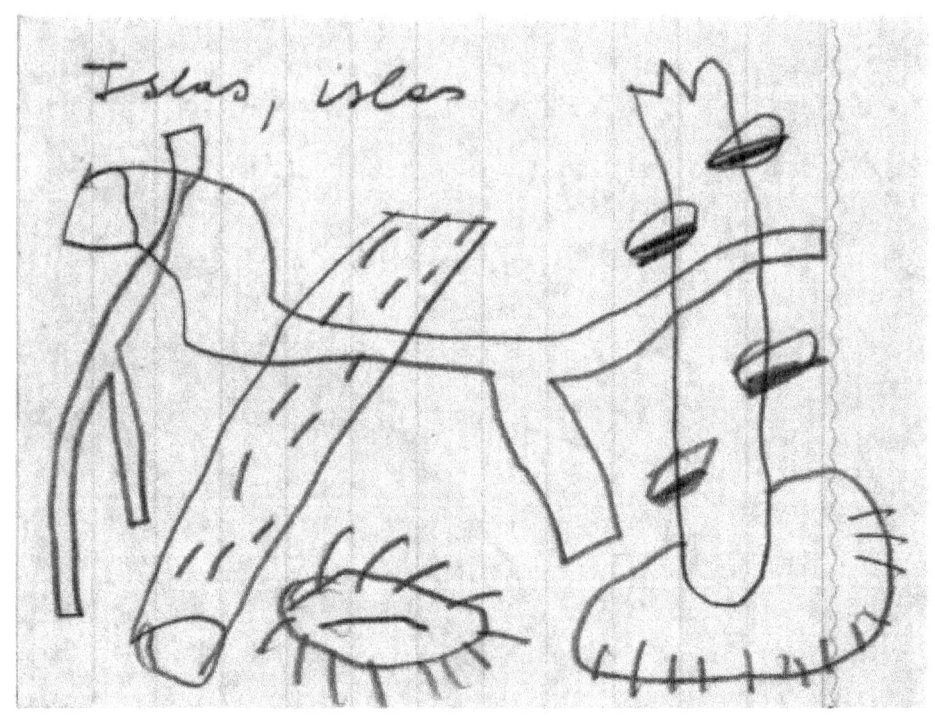

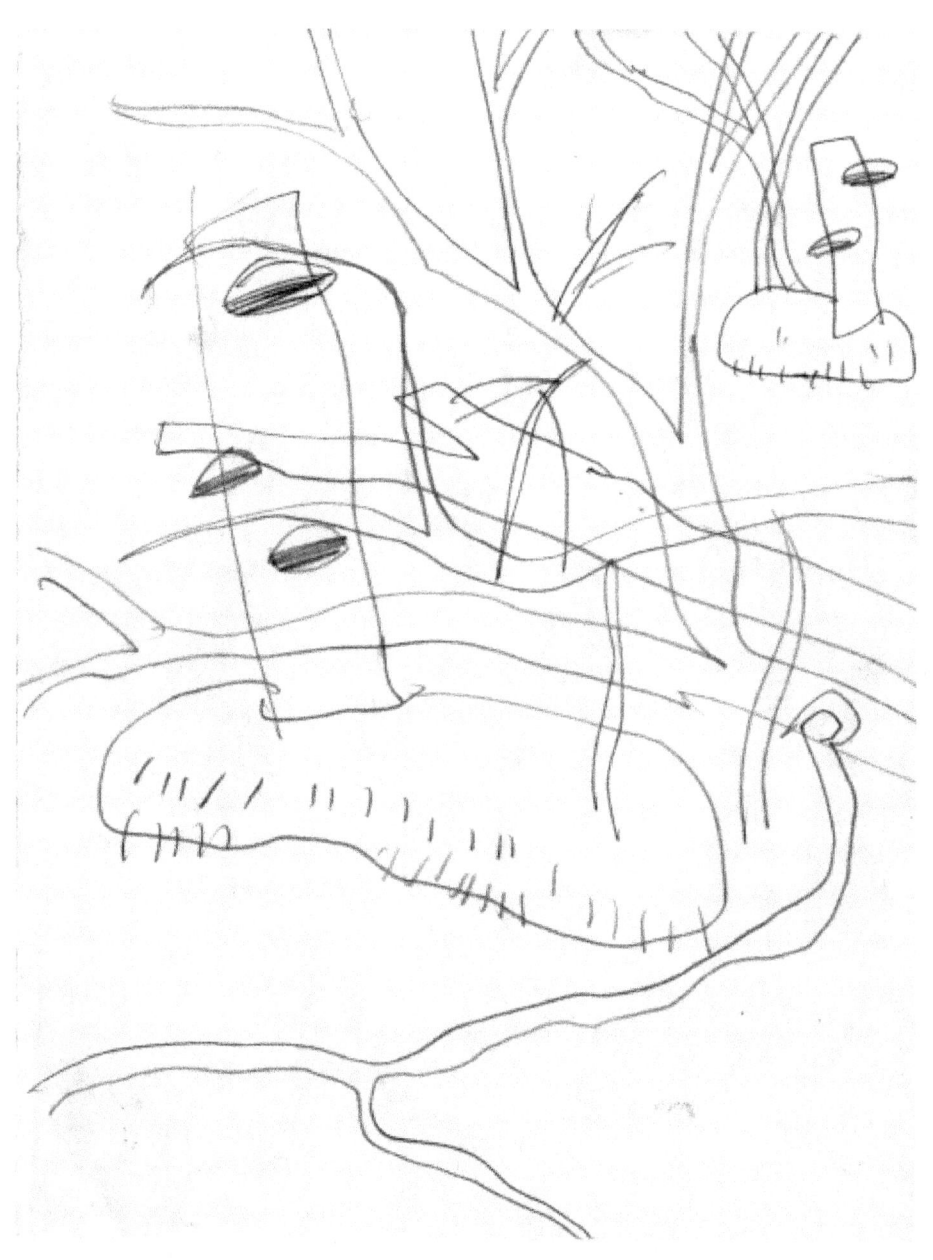

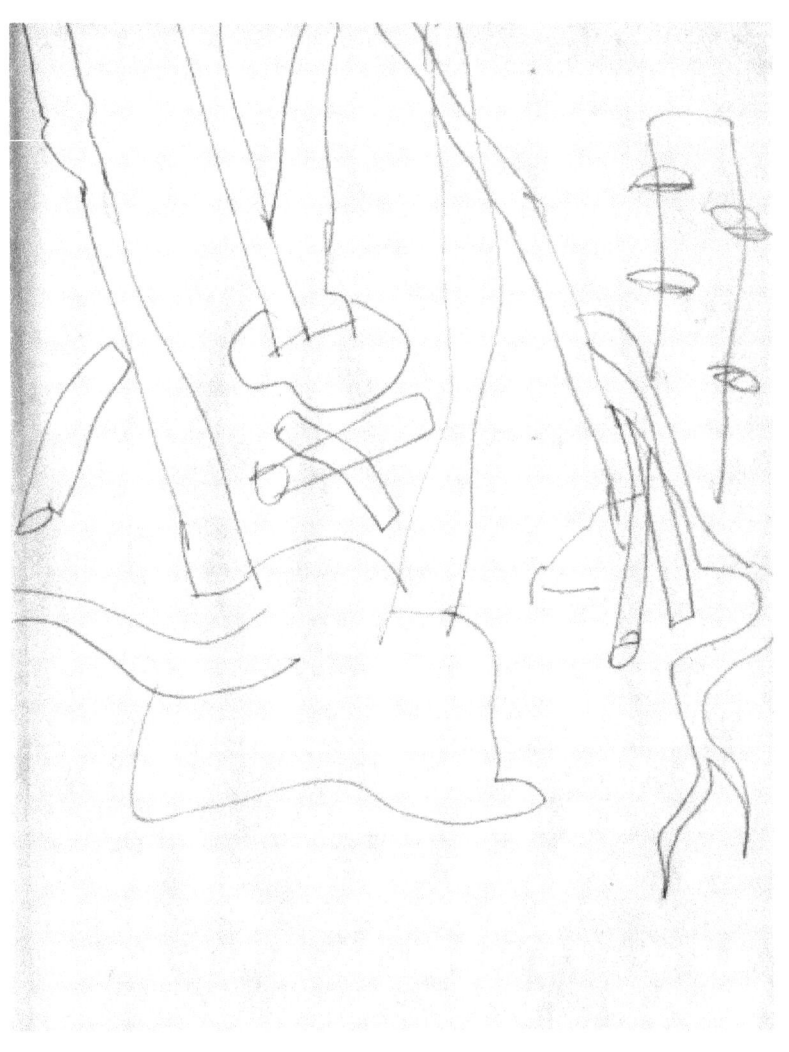

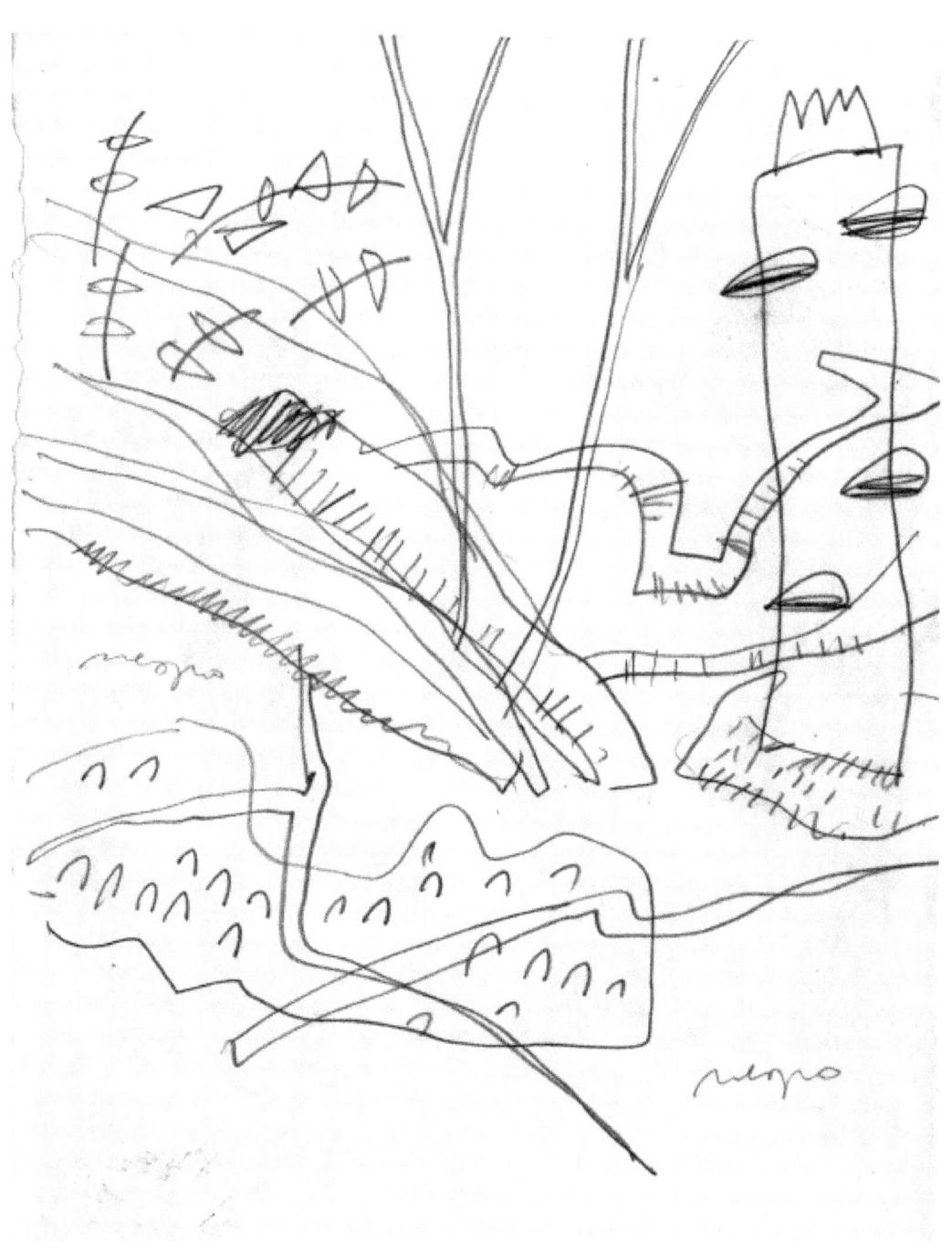

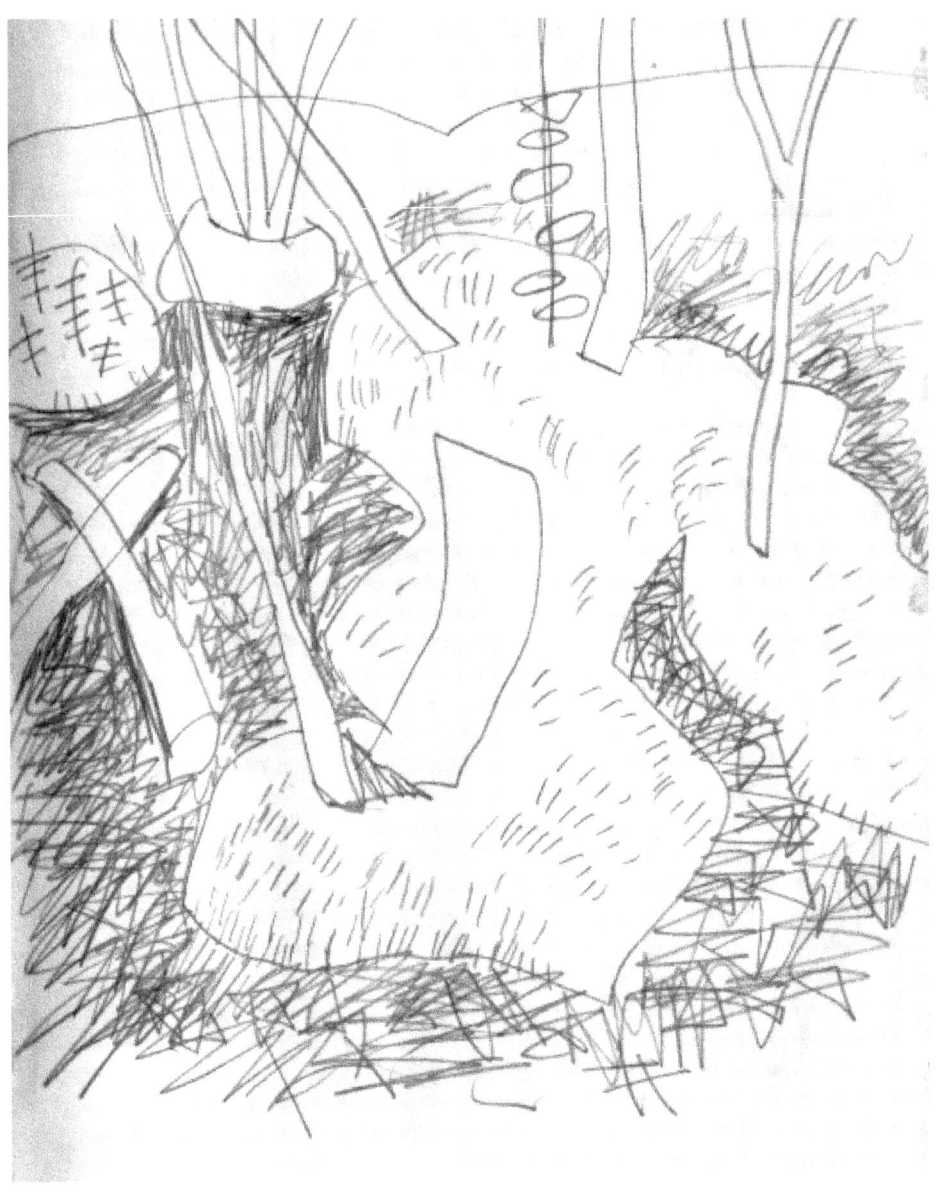

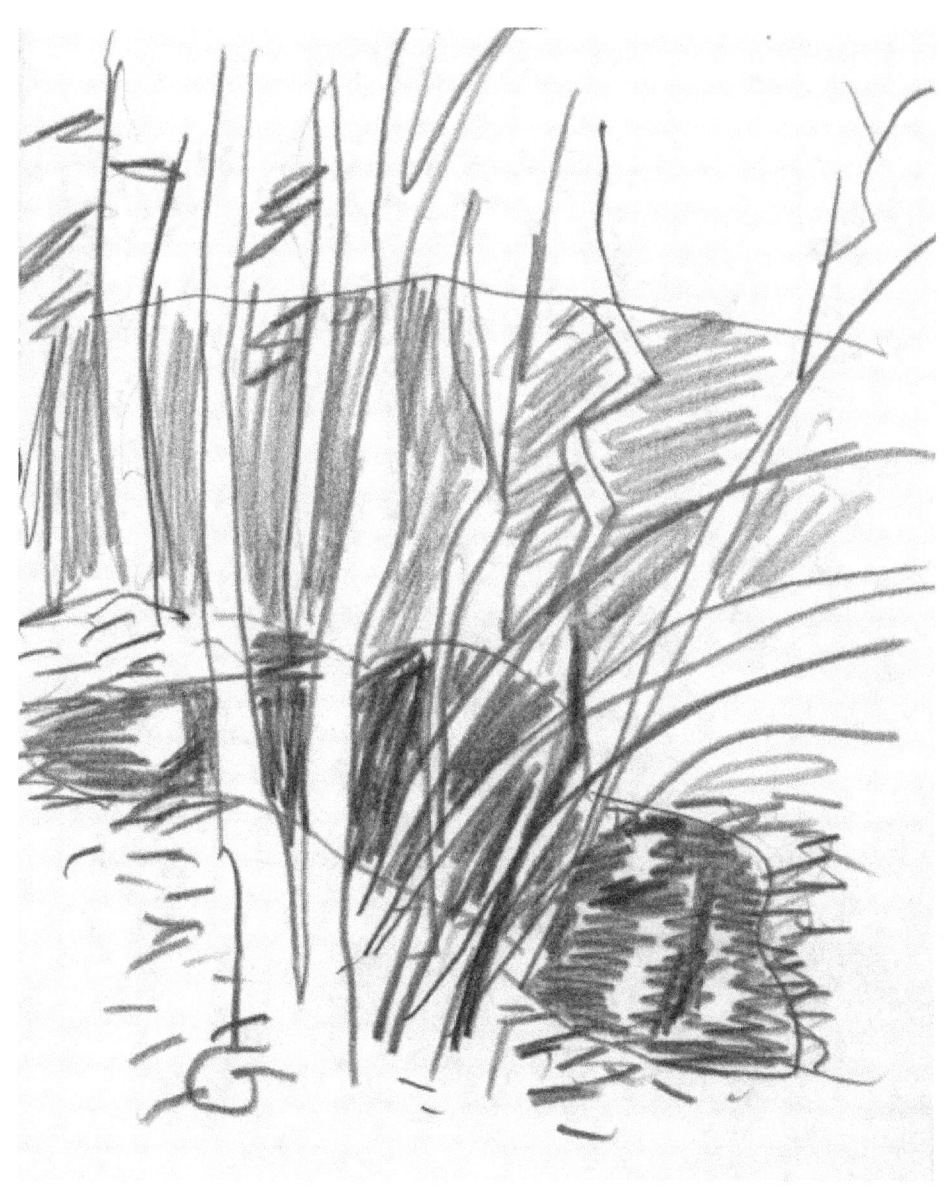

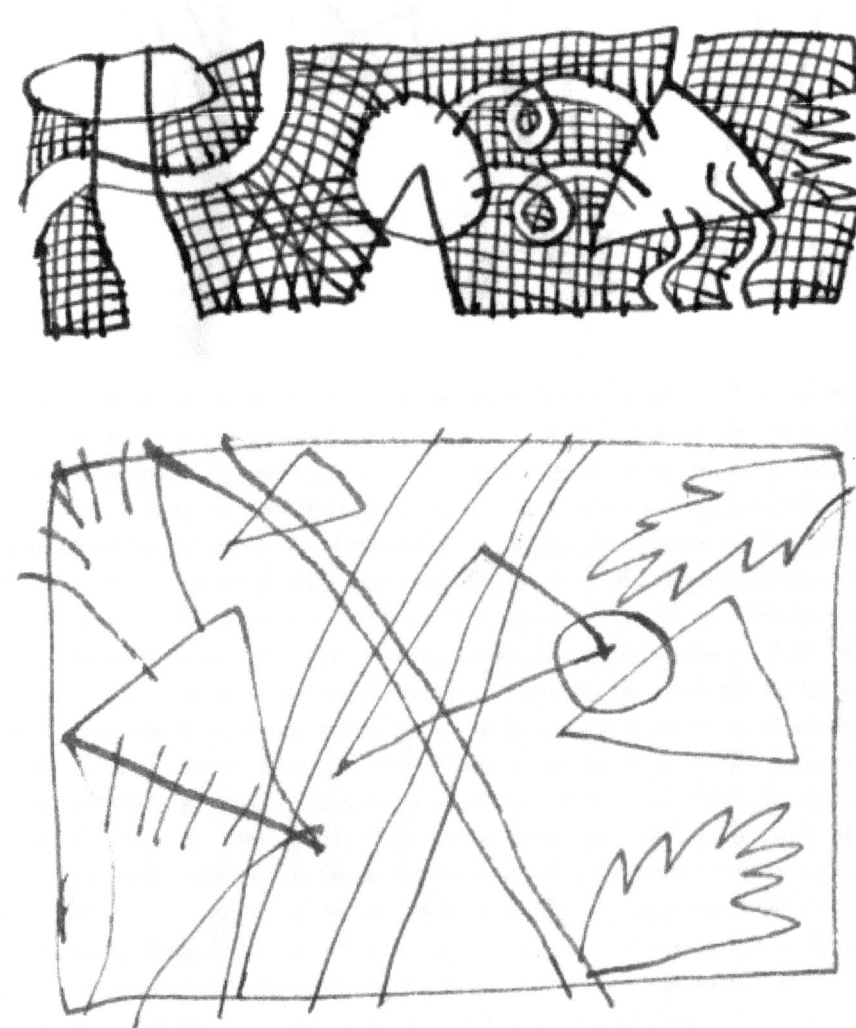

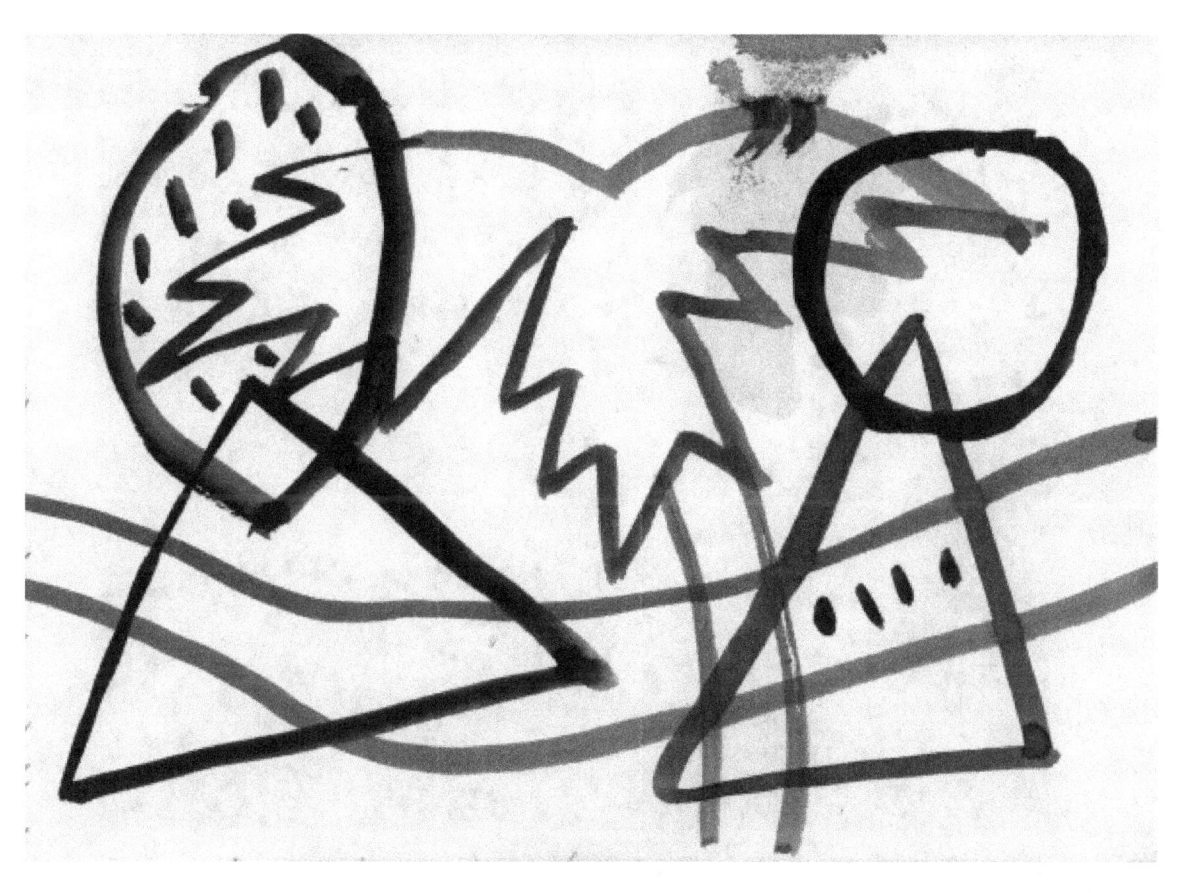

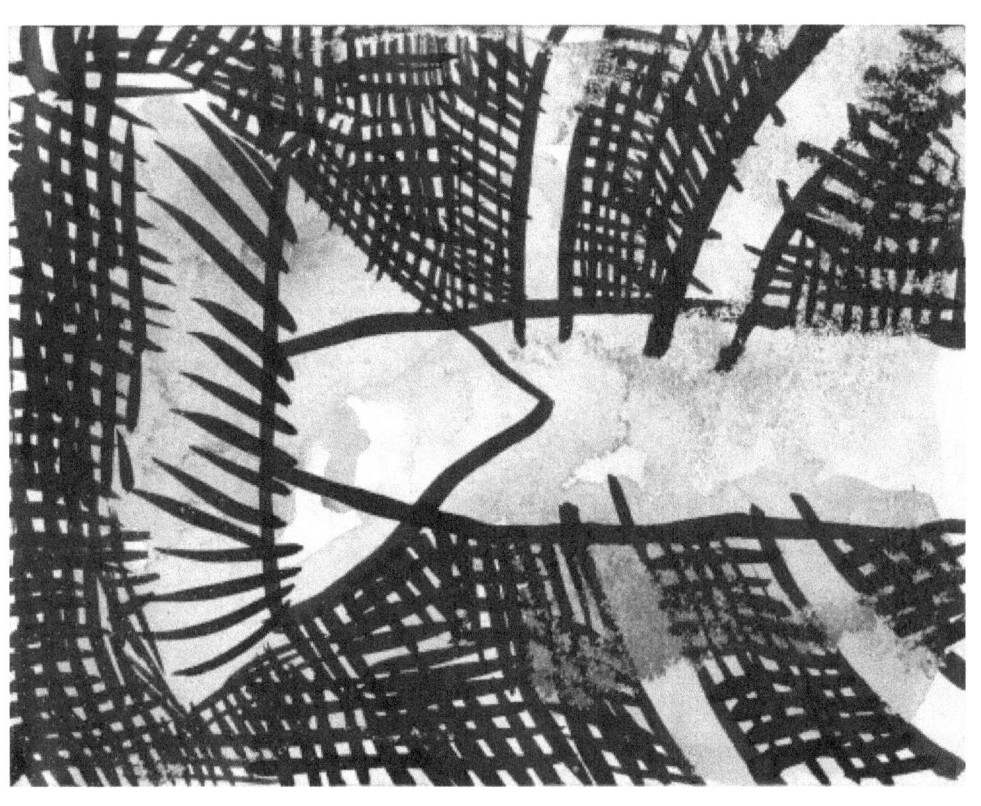

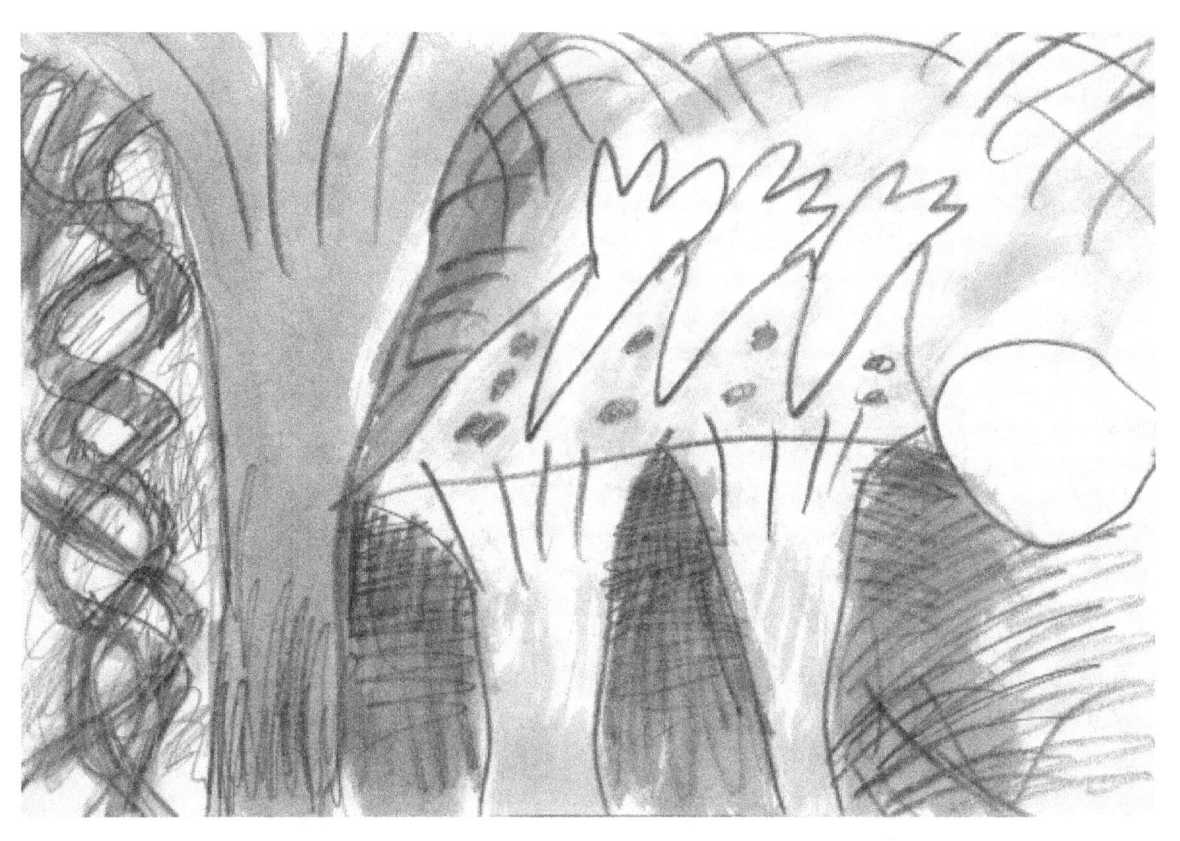

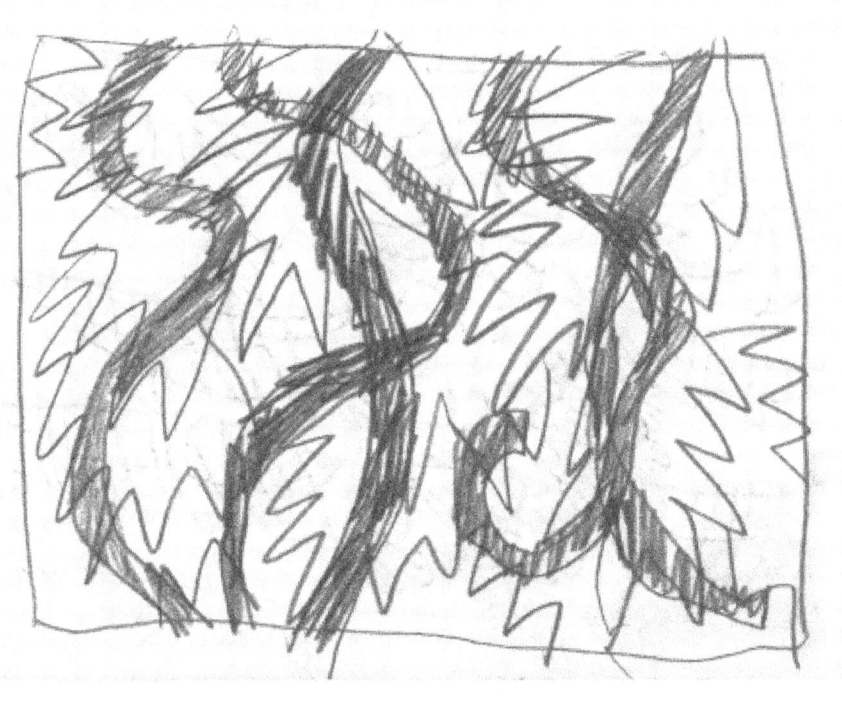

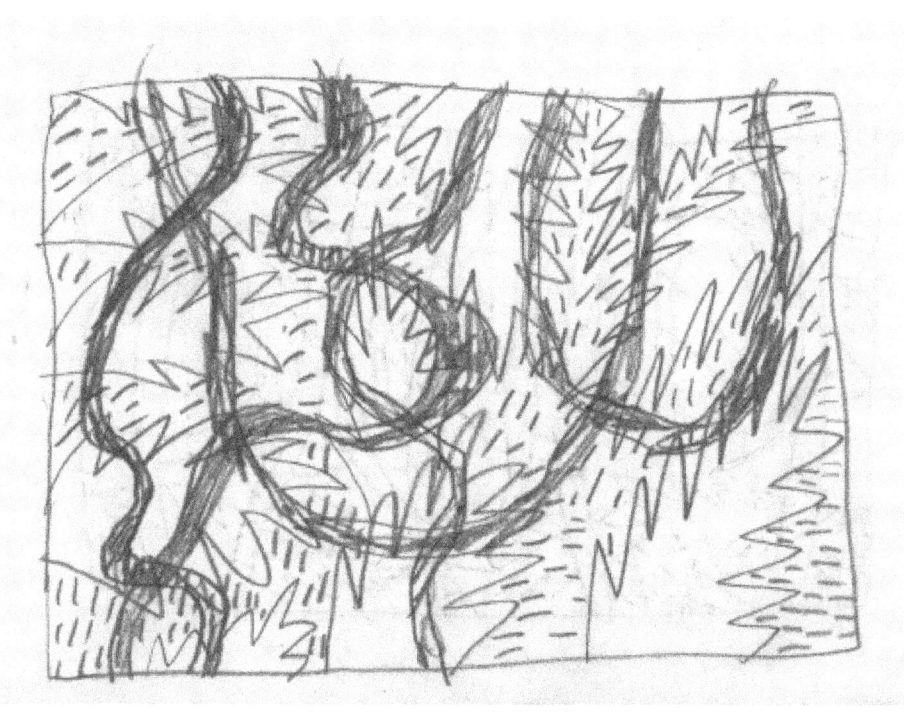

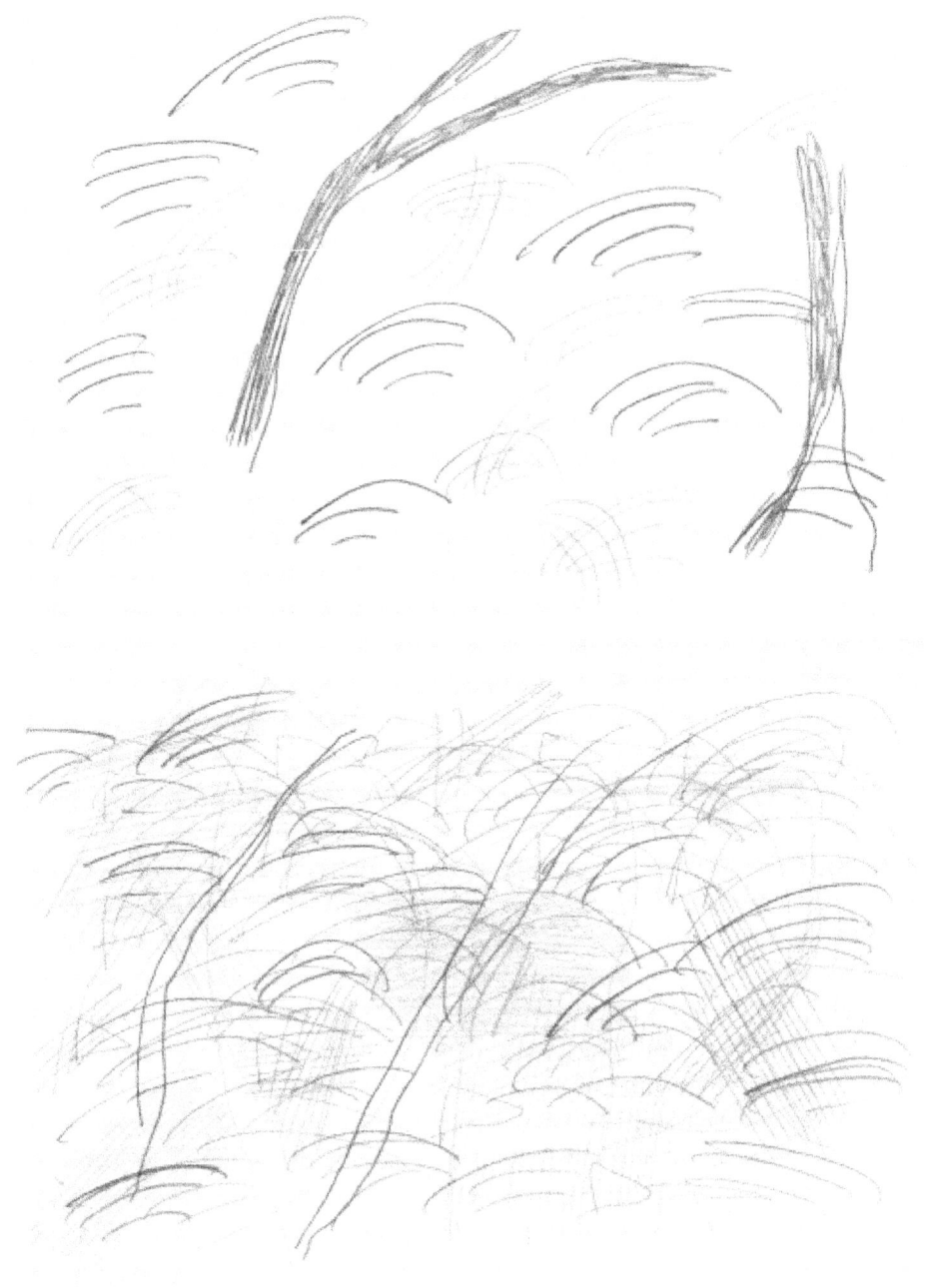

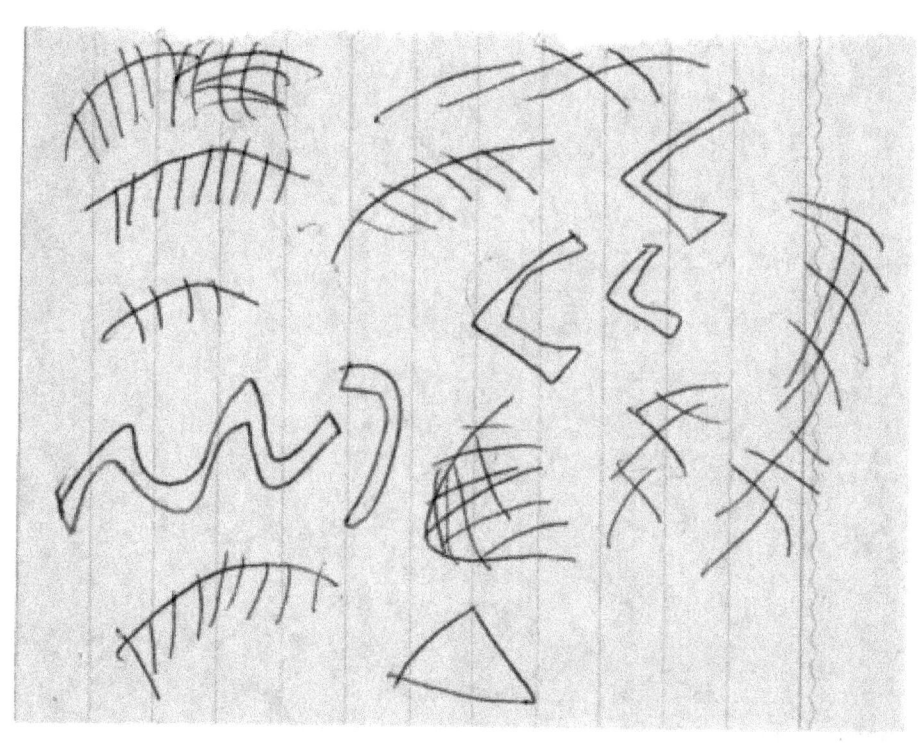

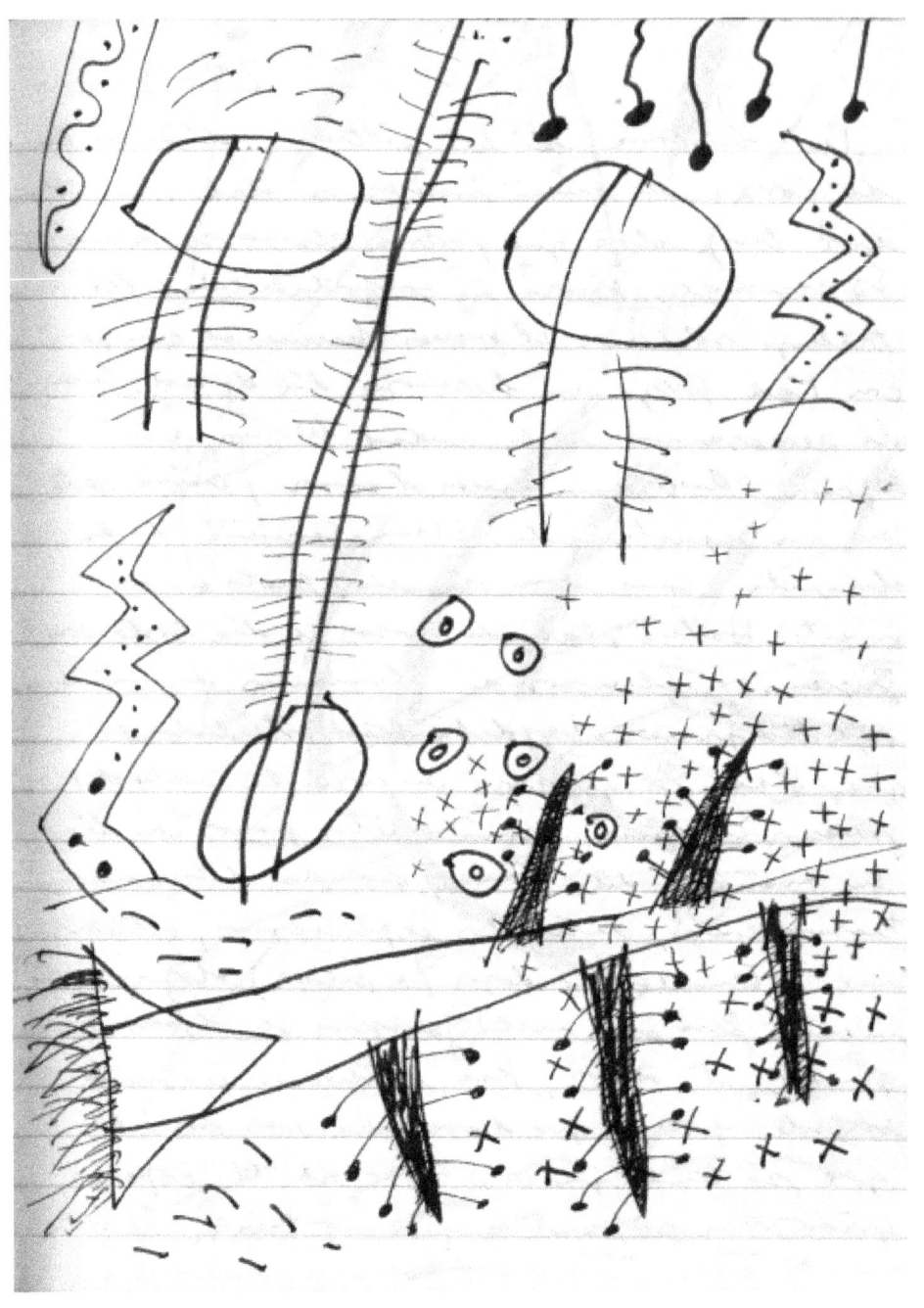

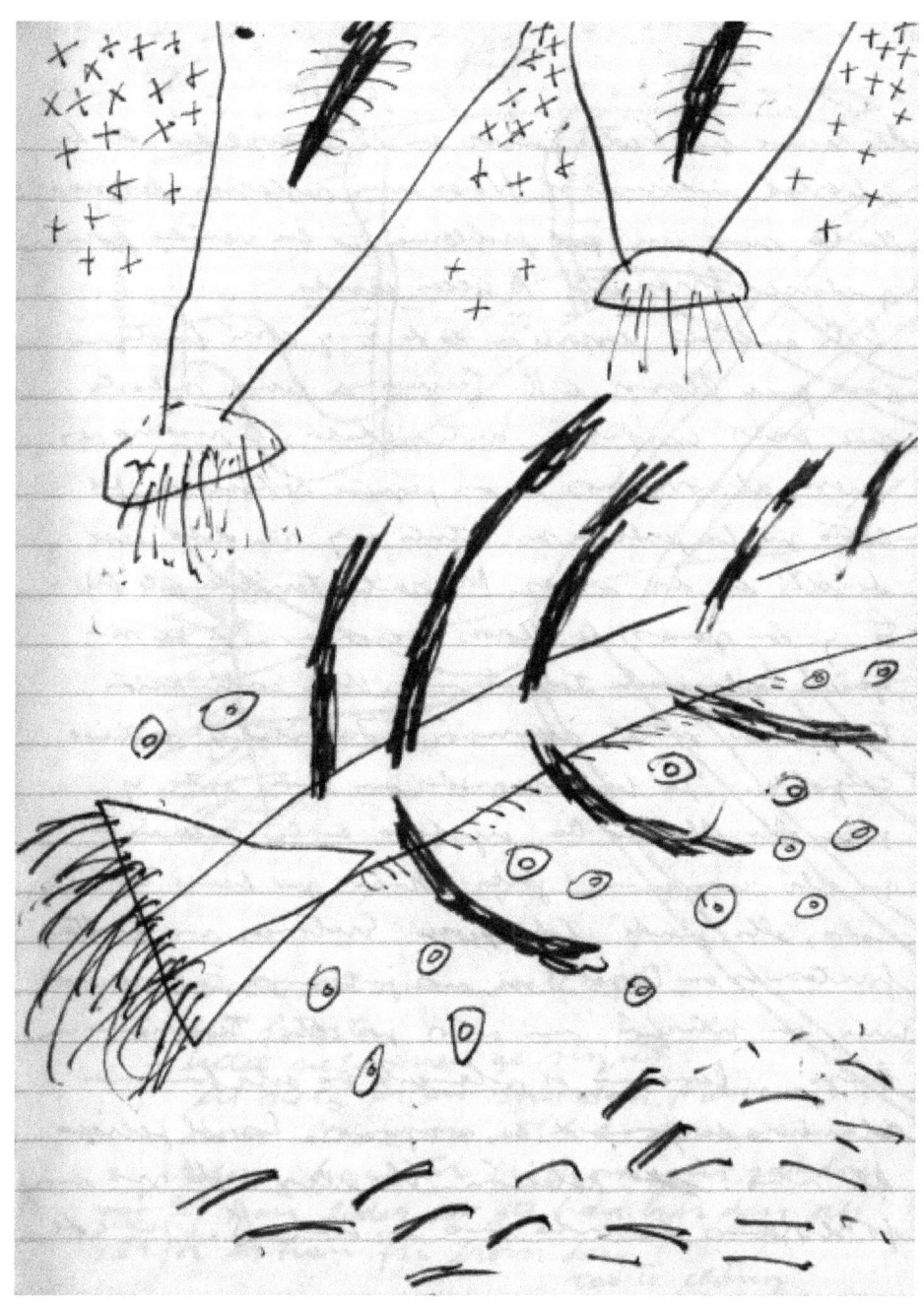

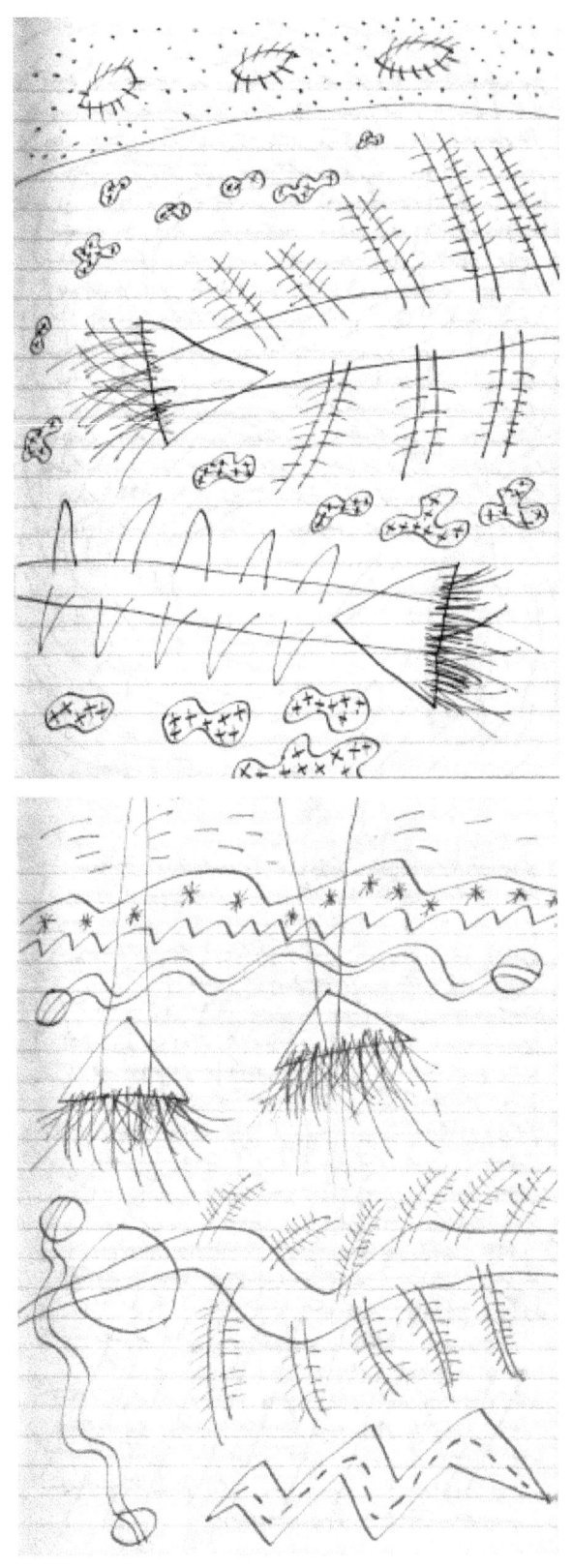

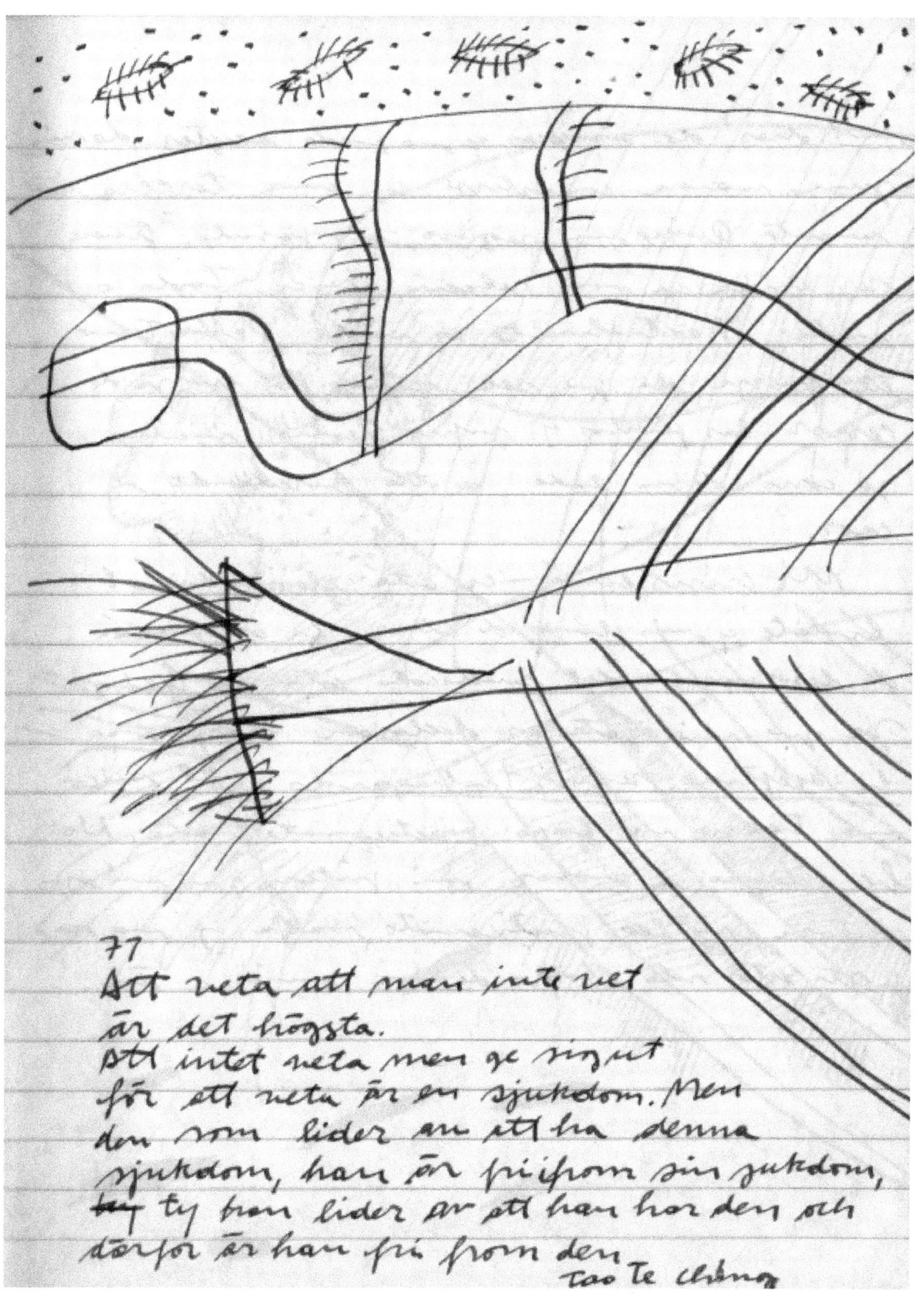

77
Att veta att man inte vet
är det högsta.
Att intet veta men ge sig ut
för att veta är en sjukdom. Men
den som lider av att ha denna
sjukdom, han är frisfrom sin sjukdom,
~~ty~~ ty han lider av att han har den och
därför är han fri from den
                    Tao Te Ching

Bosques y ciudades, dos entidades míticas

Los cuadernos funcionaron como diarios visuales y a la vez como laboratorio de ideas para el trabajo de taller. Entre otras cosas, en ellos desarrollé dos grandes series que fueron durante varios años los ejes principales de mi trabajo: la serie de los bosques y la de la ciudades. No hubo ninguna reflexión o programa previo que me llevara a esos temas, sino que ambos surgieron –primero los bosques y luego las ciudades– como desafíos del inconsciente que se volvieron verdaderas obsesiones. Como tal apelaban a «algo» que no podía explicar, pero que yo sentía tan imperativo como caminar hacia la luz que se vislumbra al final de una caverna.

Con el tiempo comprendí que los bosques y las ciudades estaban en mi interior como dos polos opuestos. En un pequeño afiche para mi exposición de pinturas en la *Nationalgaleriet* de Estocolmo del año 1990, escribí: *Frente a la selva* (es decir el bosque) *existía una distancia. La selva se encontraba claramente fuera de mí y era posible verla. La ciudad, por el contrario, era como un espejo que estaba demasiado cerca, pero también una prolongación de mi interior. Conocía demasiado bien su lenguaje como para poder descifrarlo; yo mismo era parte de él. La ciudad nos hacía ciegos mientras la selva nos permitía ver nuestro paraíso perdido con nostalgia.*

Mediante el uso de la primera persona del plural en esa última frase, comenzaba a descubrir que tanto el bosque como la ciudad eran entidades de carácter mítico, y que legadas de una generación a otra en nuestro inconsciente colectivo simbolizaban dos aspectos contrapuestos en el tiempo de la relación del ser humano con su ambiente y su historia

La atracción por el bosque tiene que ver con nuestra etapa de recolectores y cazadores, anterior a la agricultura y a la formación de las clases sociales. Un muy largo período (más del 90 % de la historia de la humanidad) en que el hombre vivió habitualmente en los bosques, fue parte inseparable de ellos y mantuvo una sensibilidad y un respeto frente a aquel entorno que luego perdería. Esa es la imagen más arcaica, anterior a la ambición de dominio sobre la naturaleza y sobre otros hombres, y por lo tanto la que ha dejado en nosotros, luego de una experiencia cruel de la humanidad, esa mirada llena de nostalgia que depositamos sobre bosques y selvas.

La ciudad es una entidad más reciente, piedra angular de la civilización en la que vivimos. Corresponde a un excedente material de la producción y a un alto grado de desarrollo cultural, pero también a un sentido avasallador del poder humano sin el cual no habría clases sociales, segregación, explotación, cárceles, tortura ni capitalismo. A la vez que ha albergado la multiplicación de la riqueza y del conocimiento, con la ciudad nos transformamos en dominadores, no solo de la naturaleza y de las demás especies, sino de otros hombres. Nuestra existencia en la ciudad, por tanto, transita por un desequilibrio esencial que hace de cada uno un victimario y una víctima.

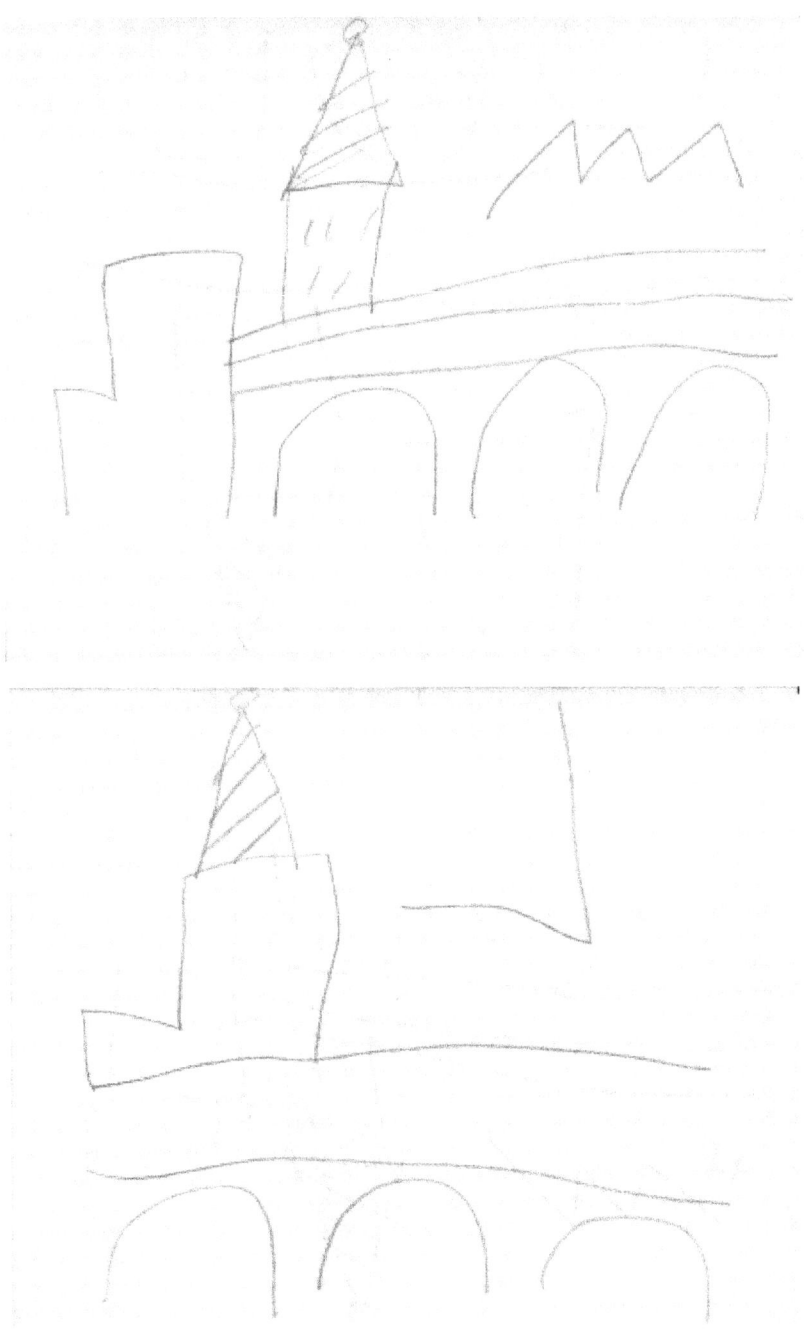

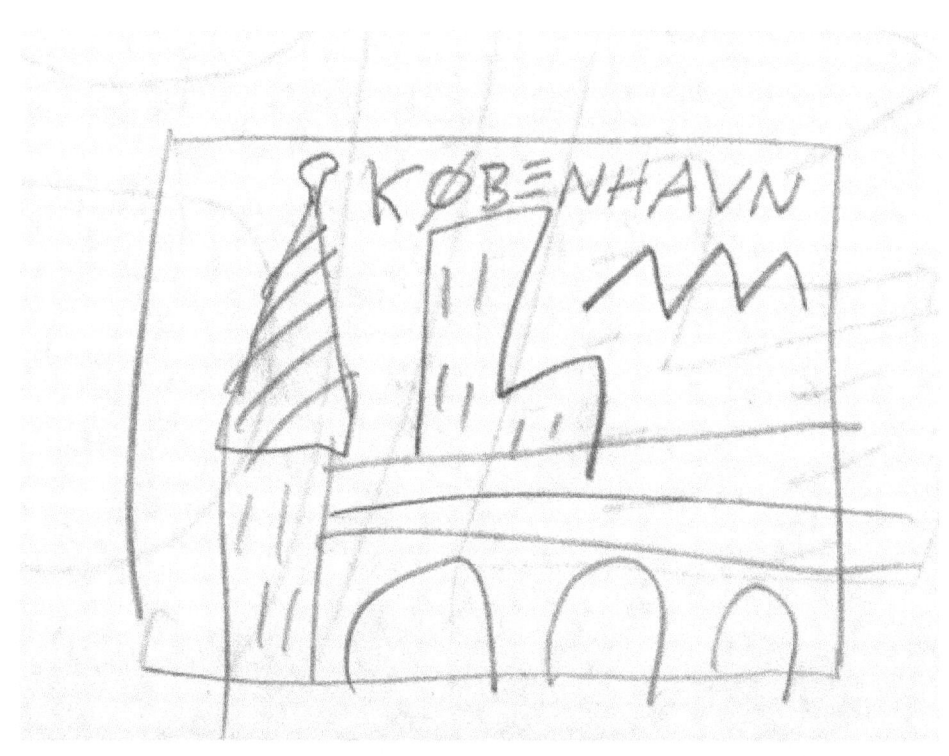

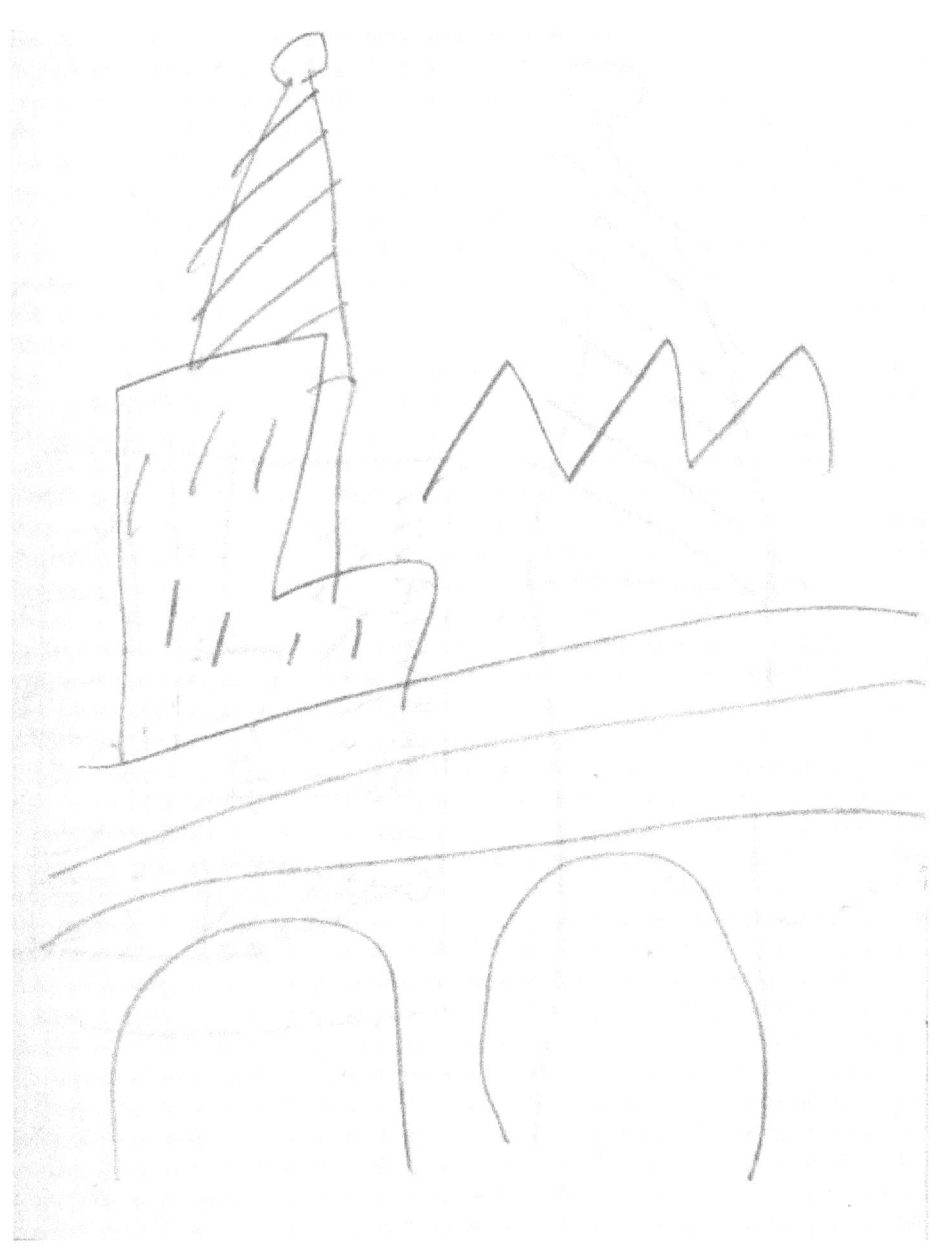

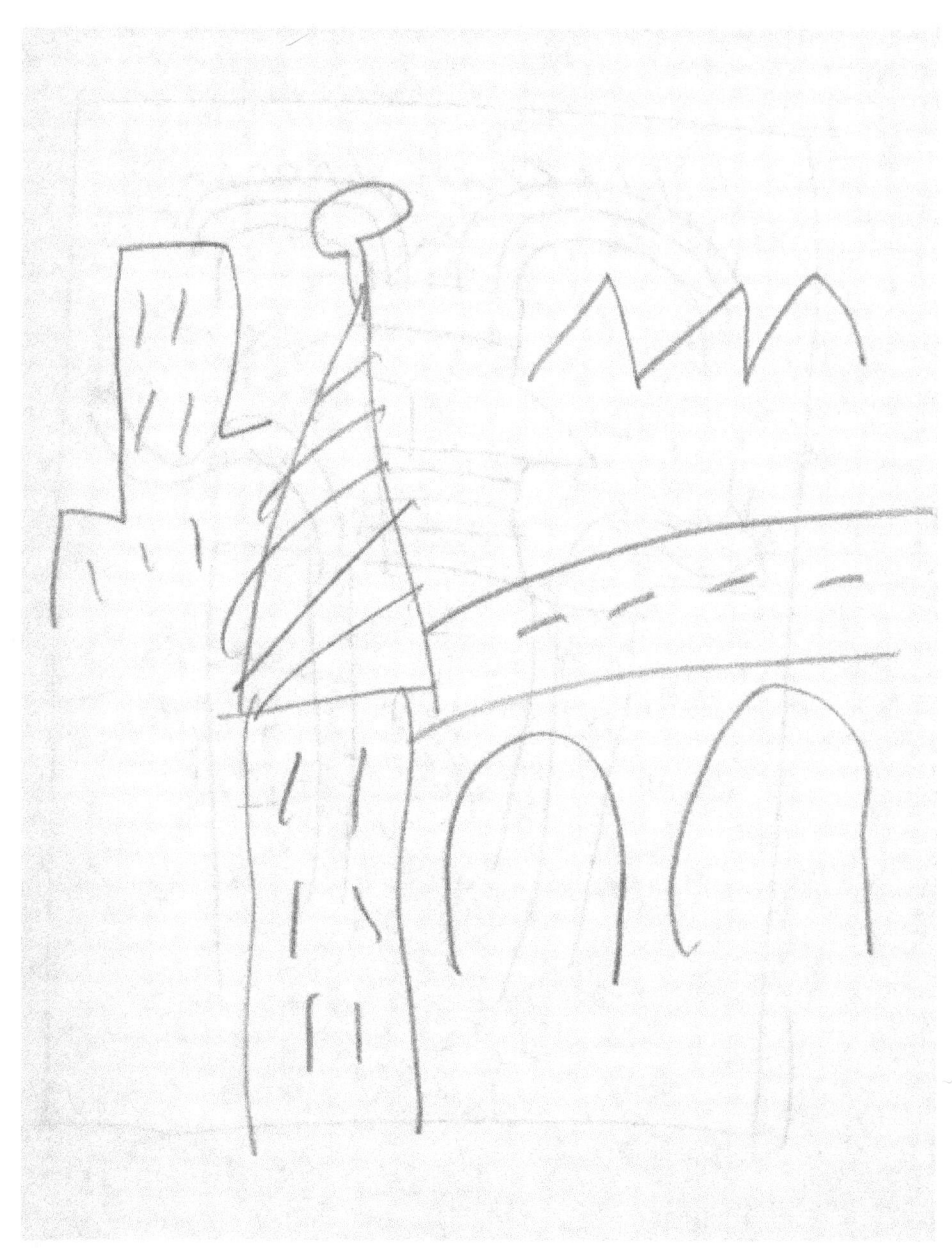

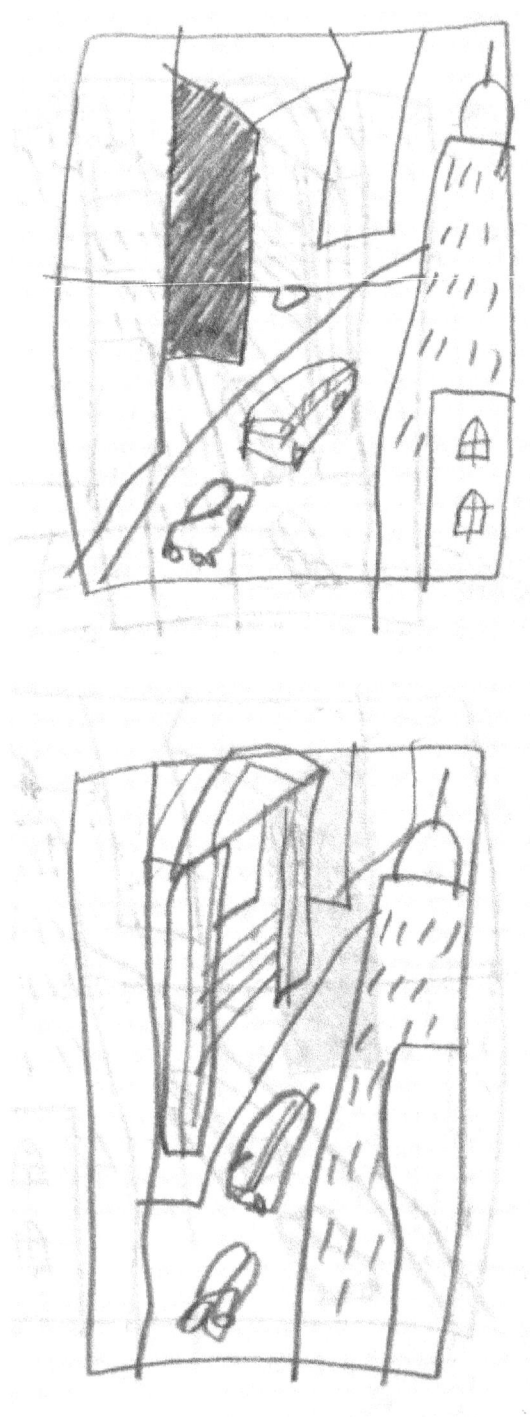

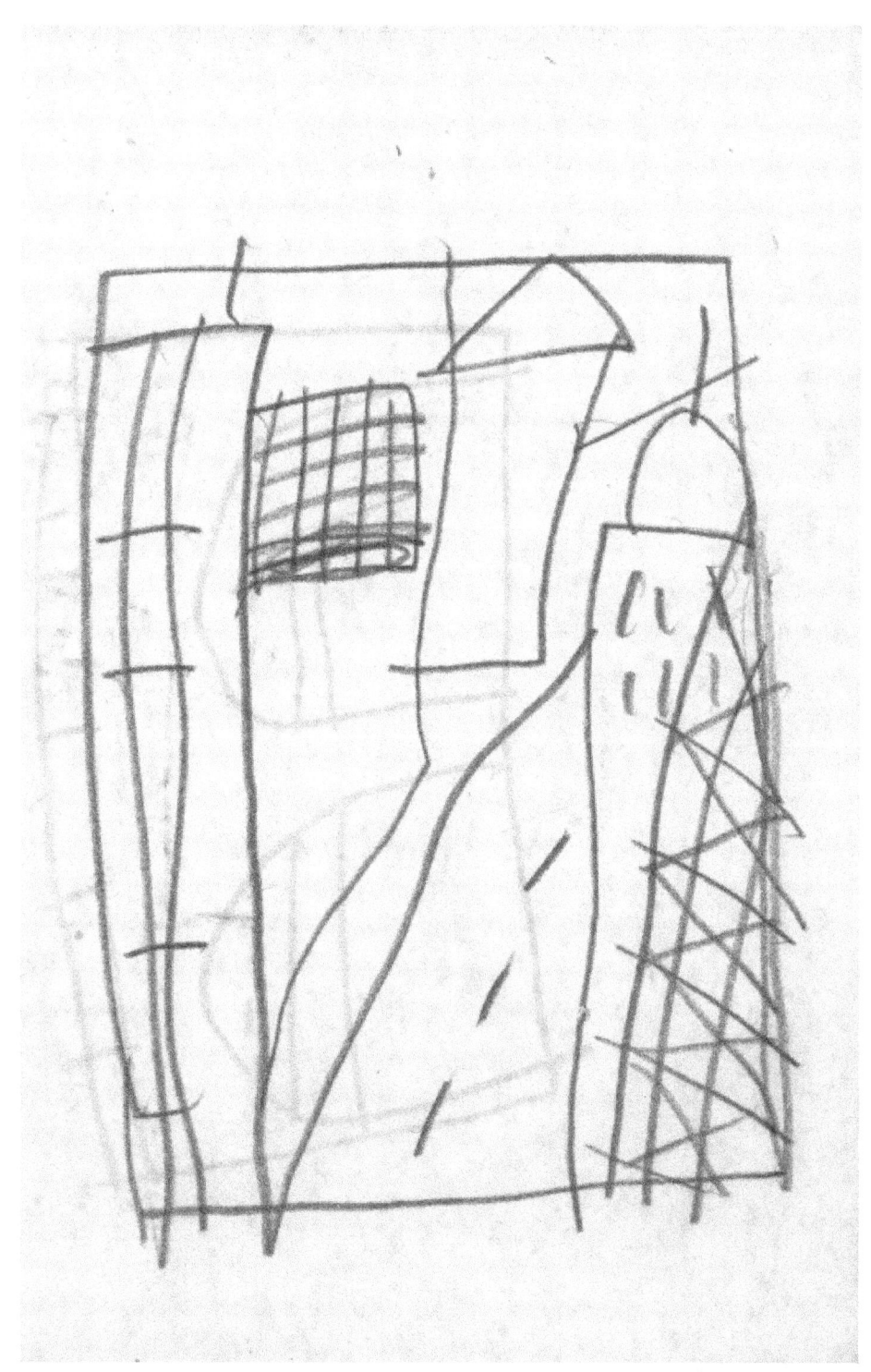

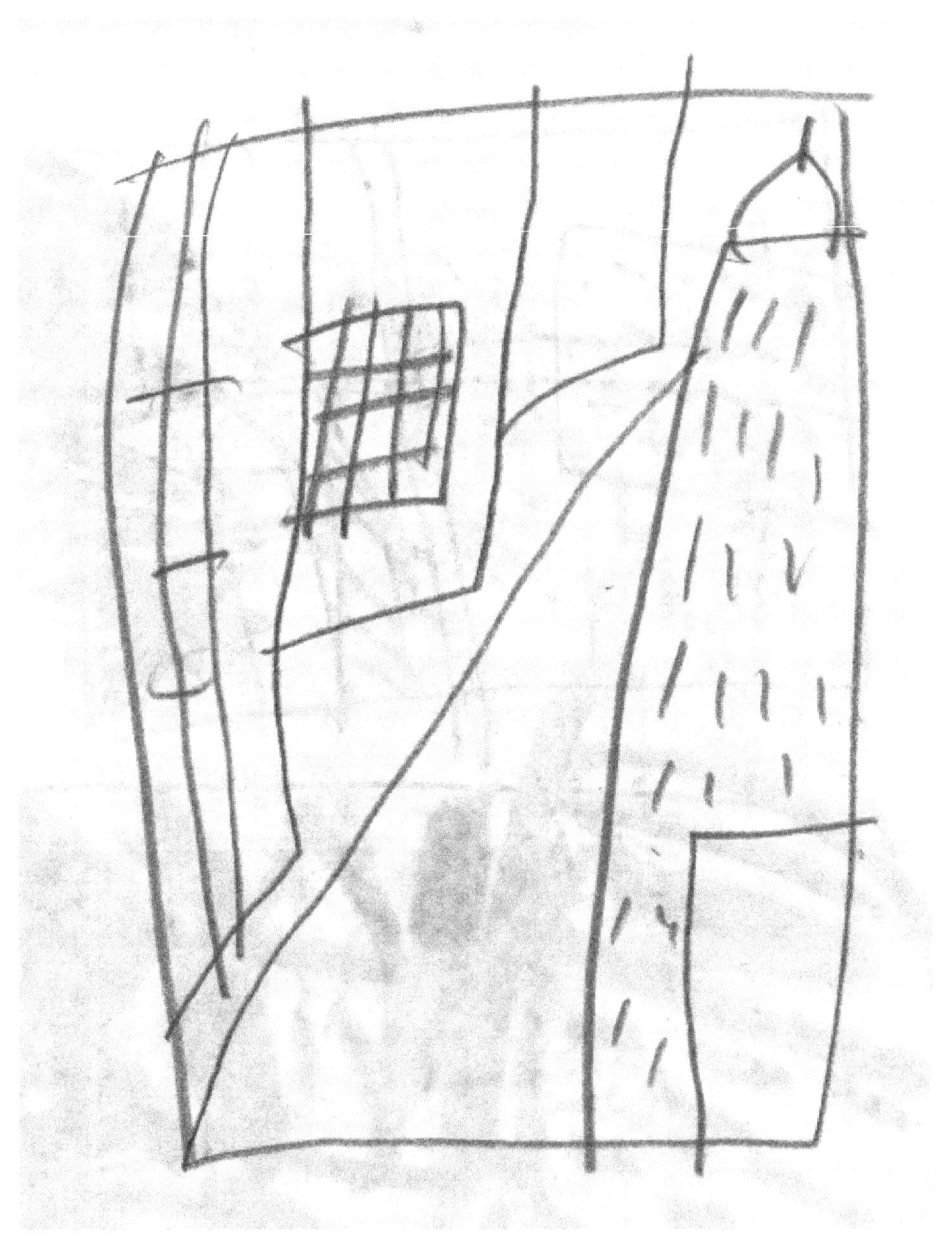

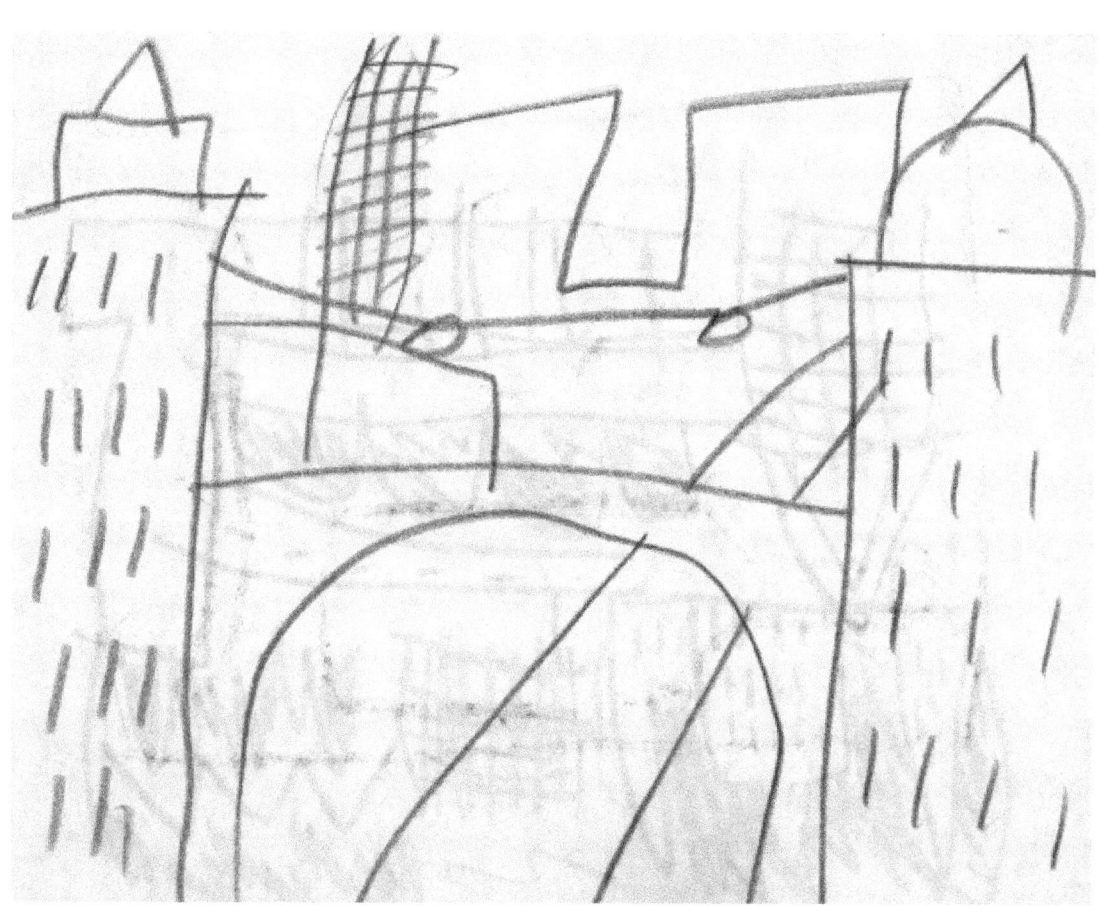

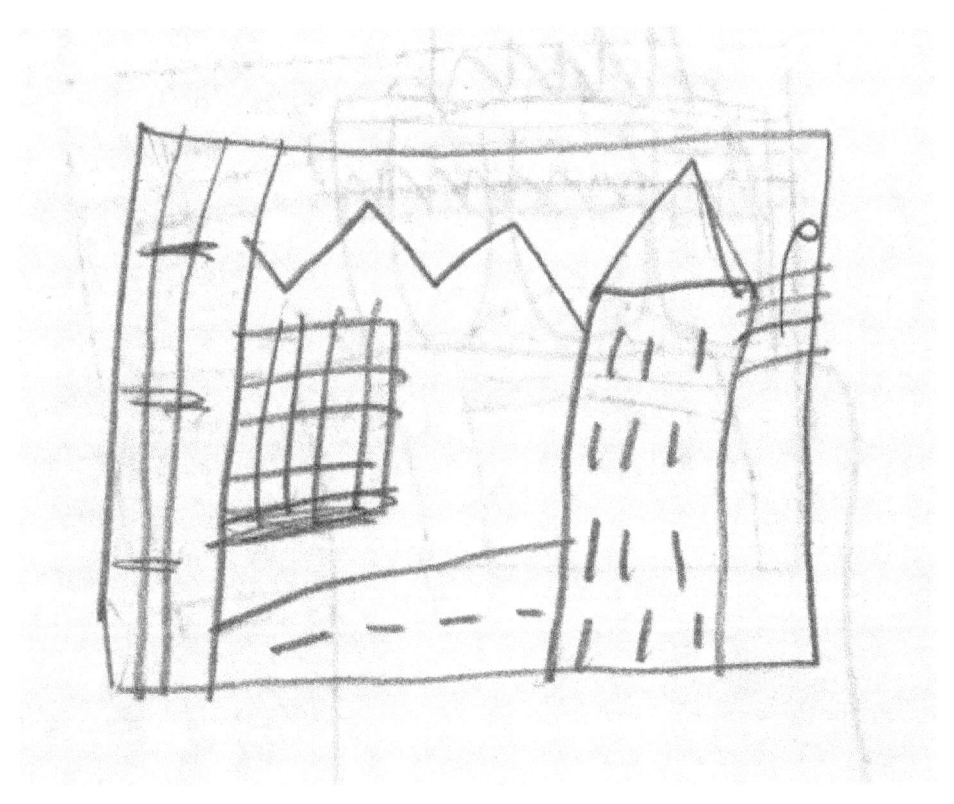

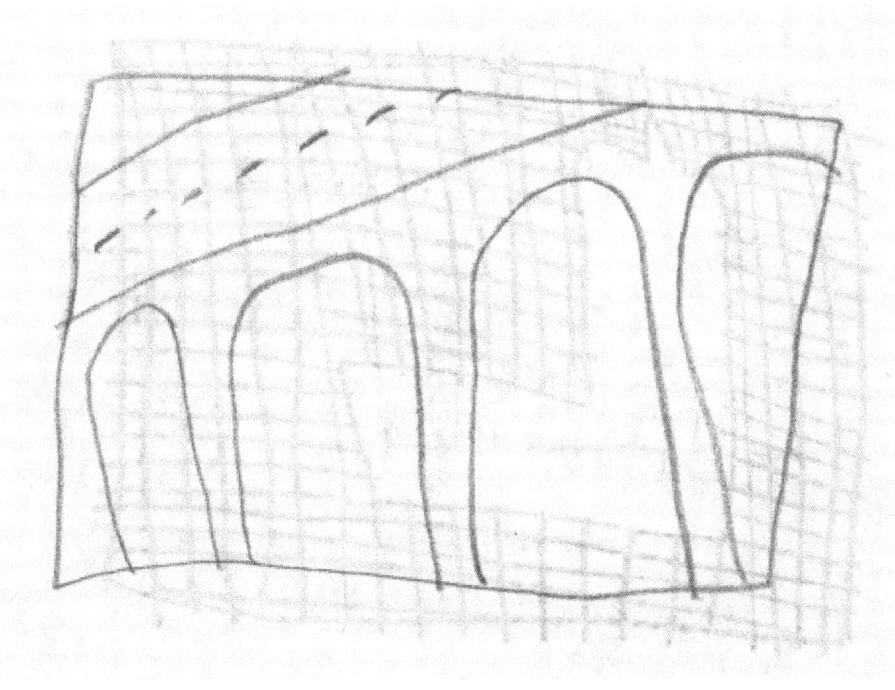

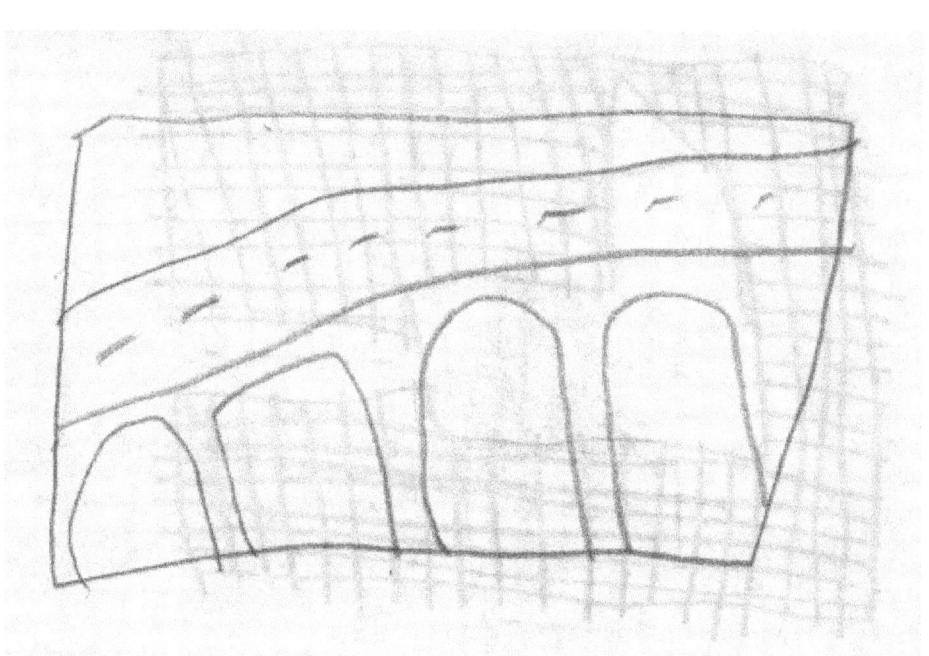

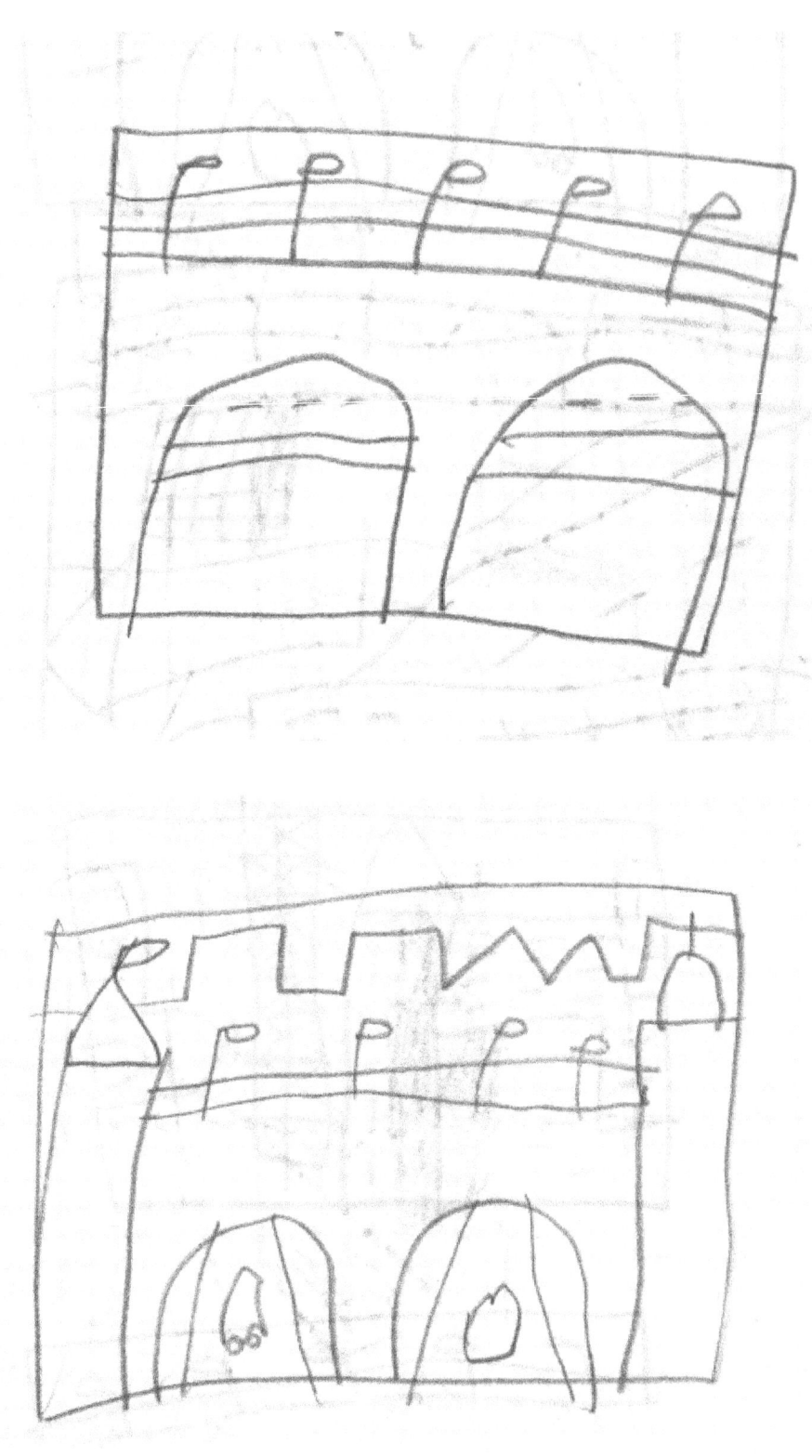

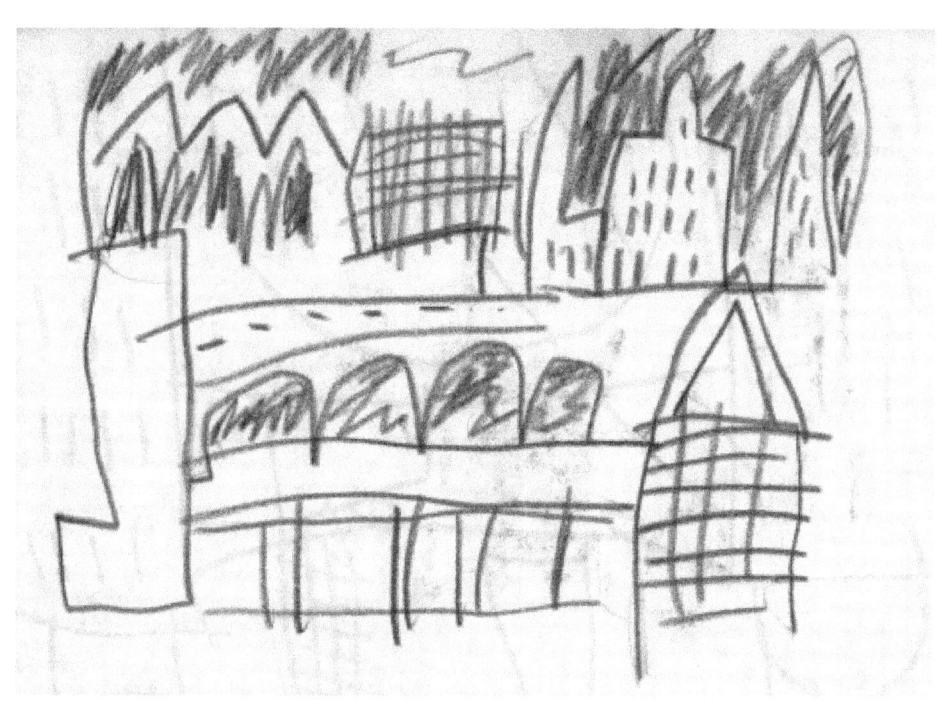

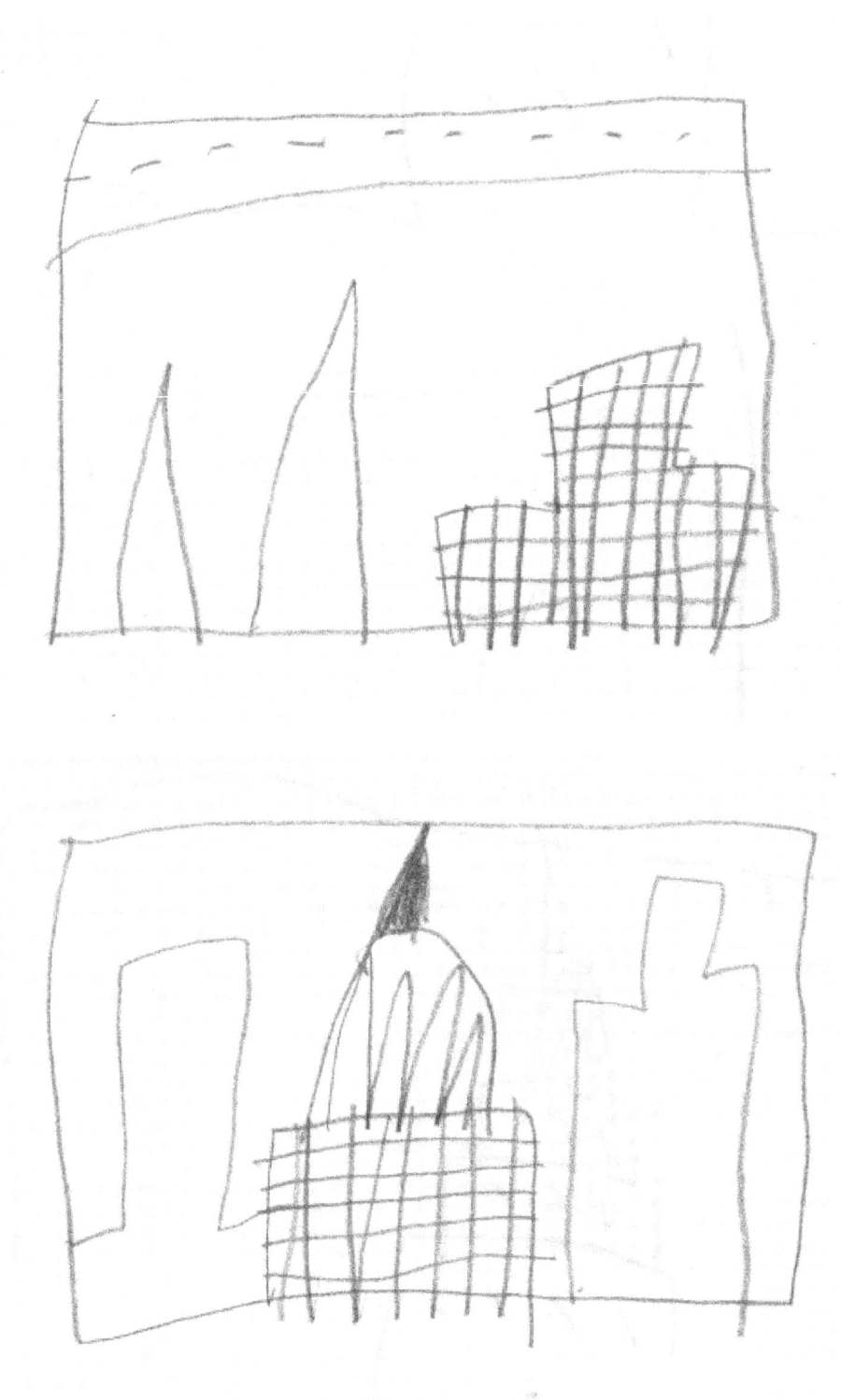

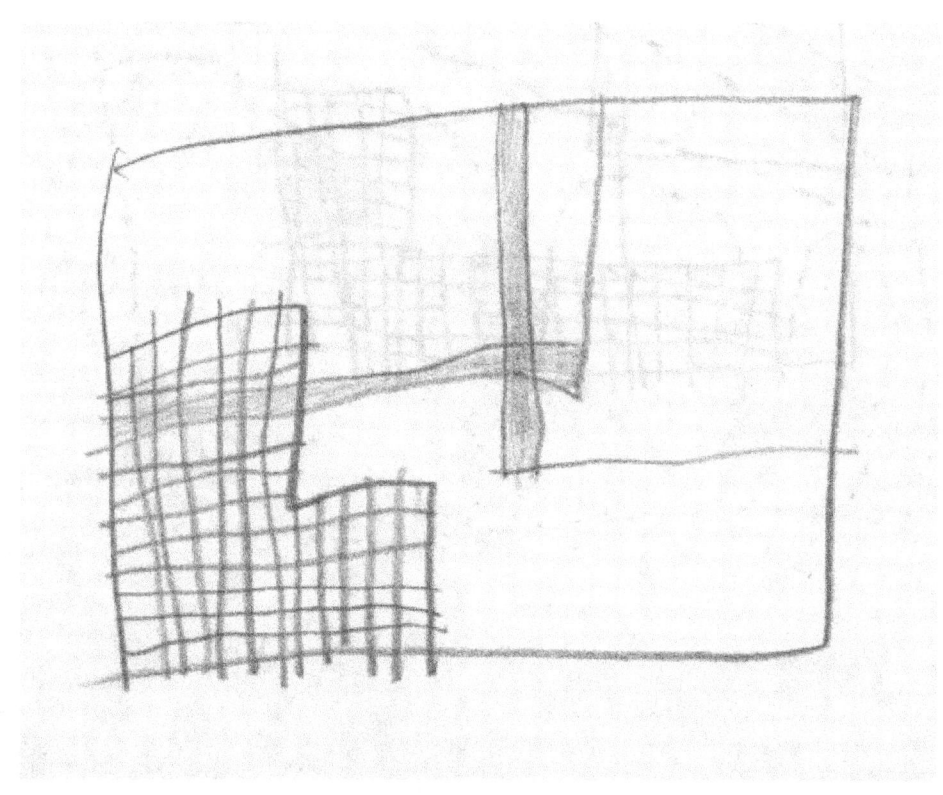

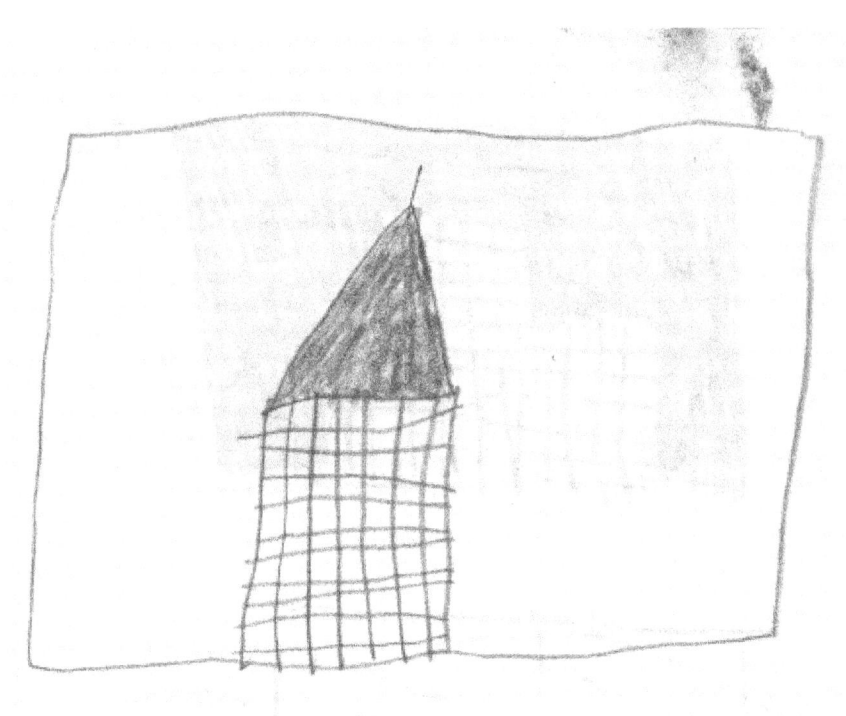

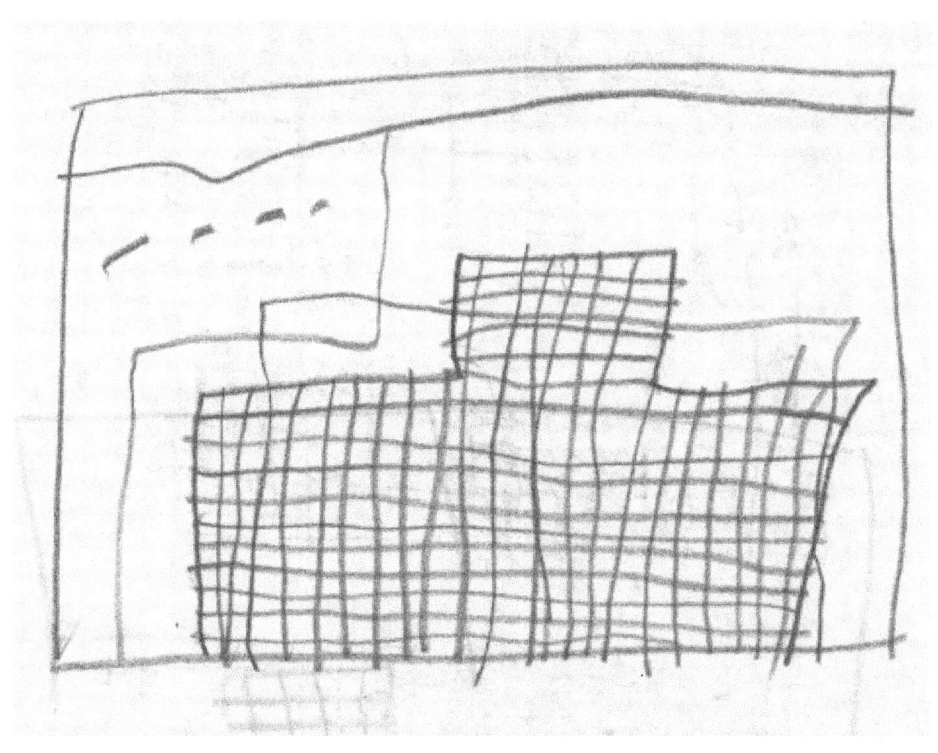

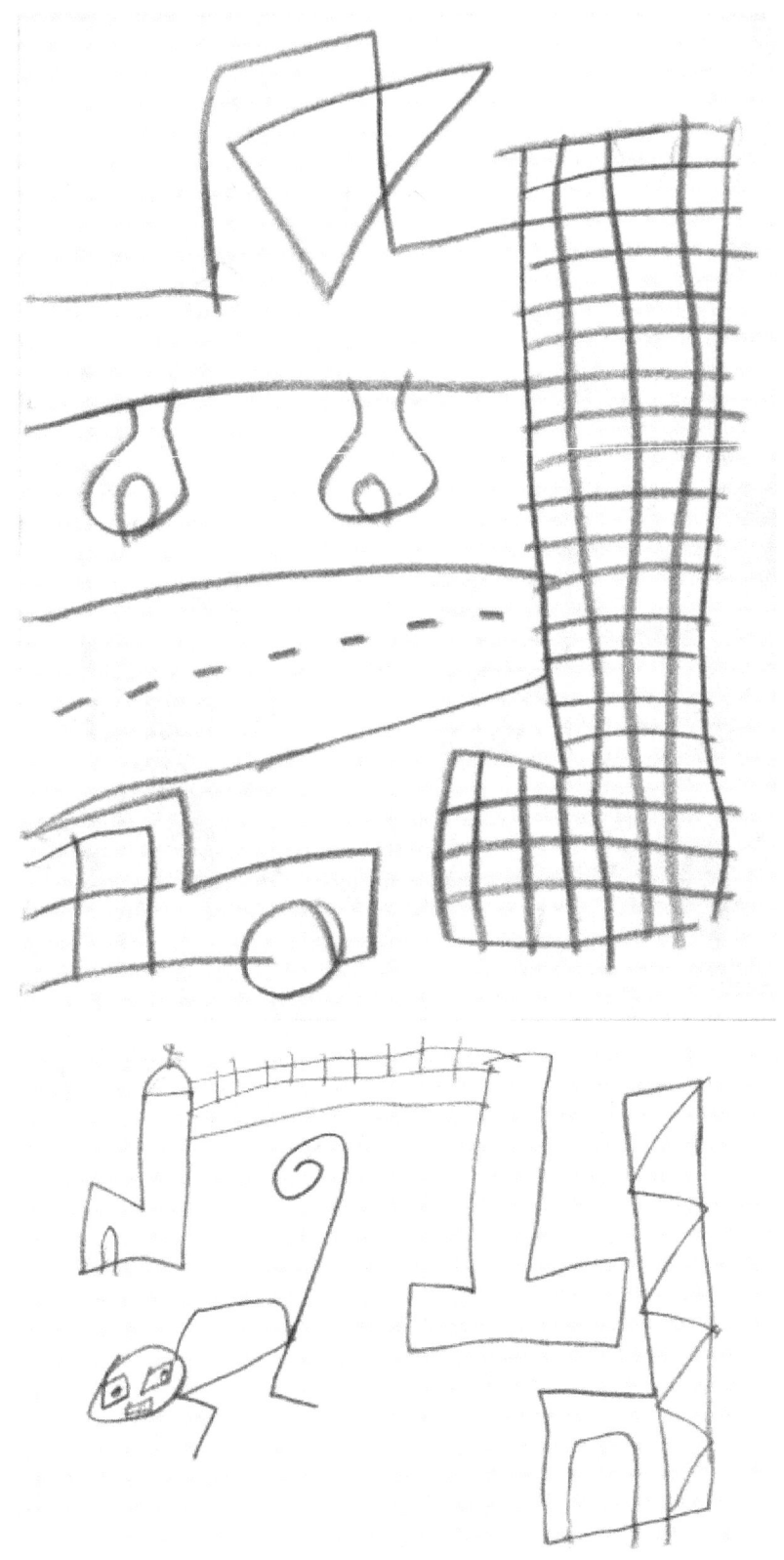

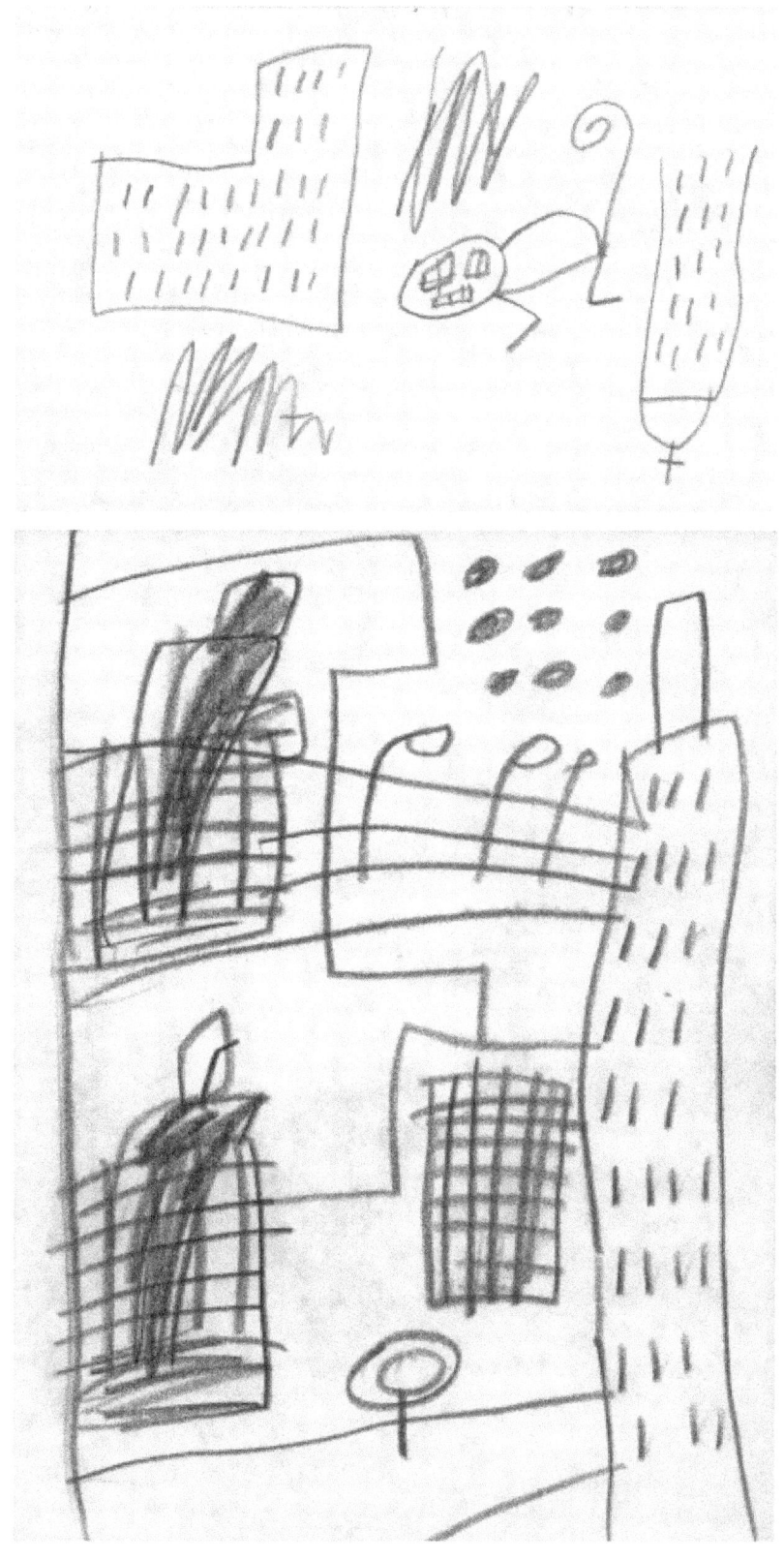

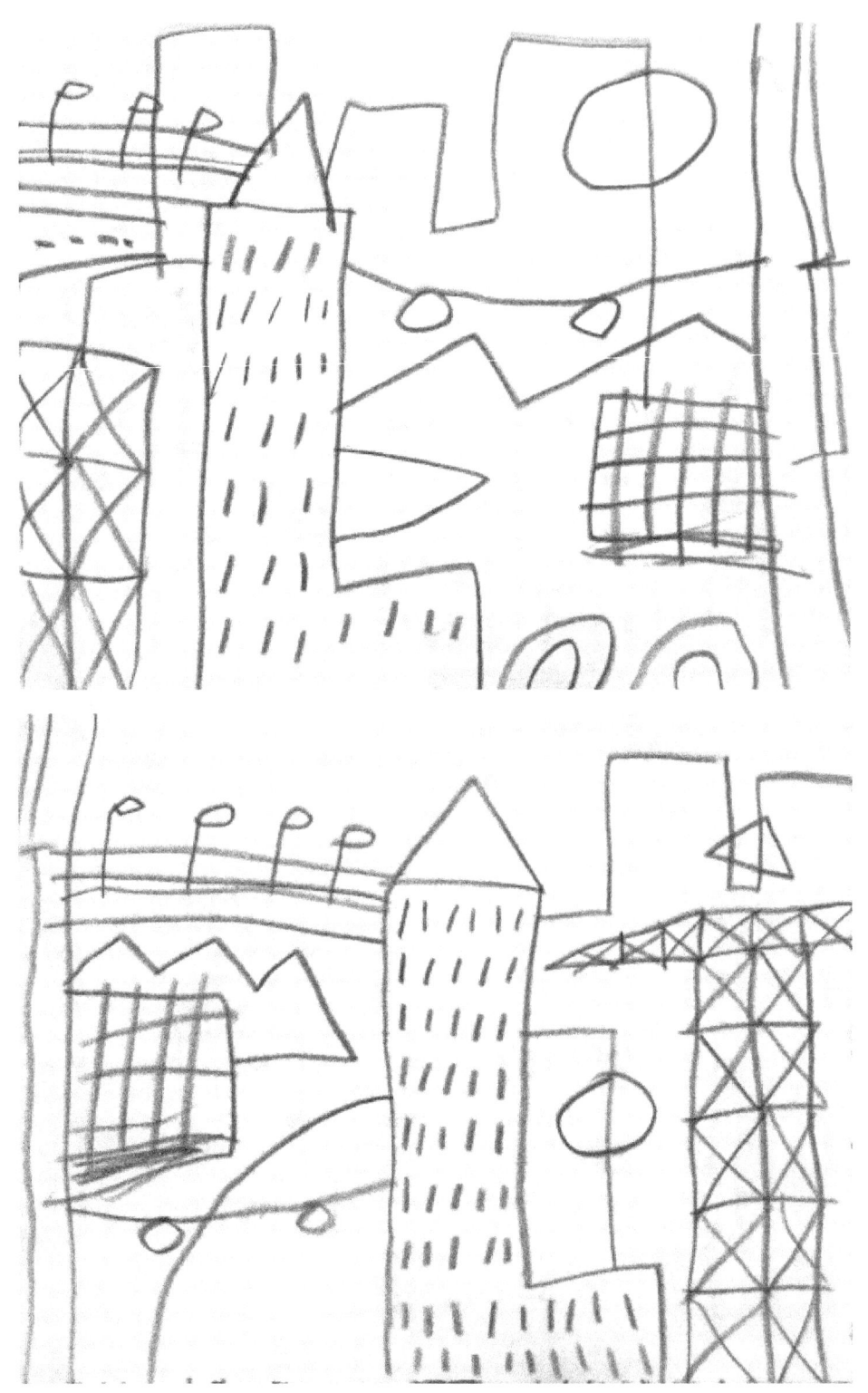

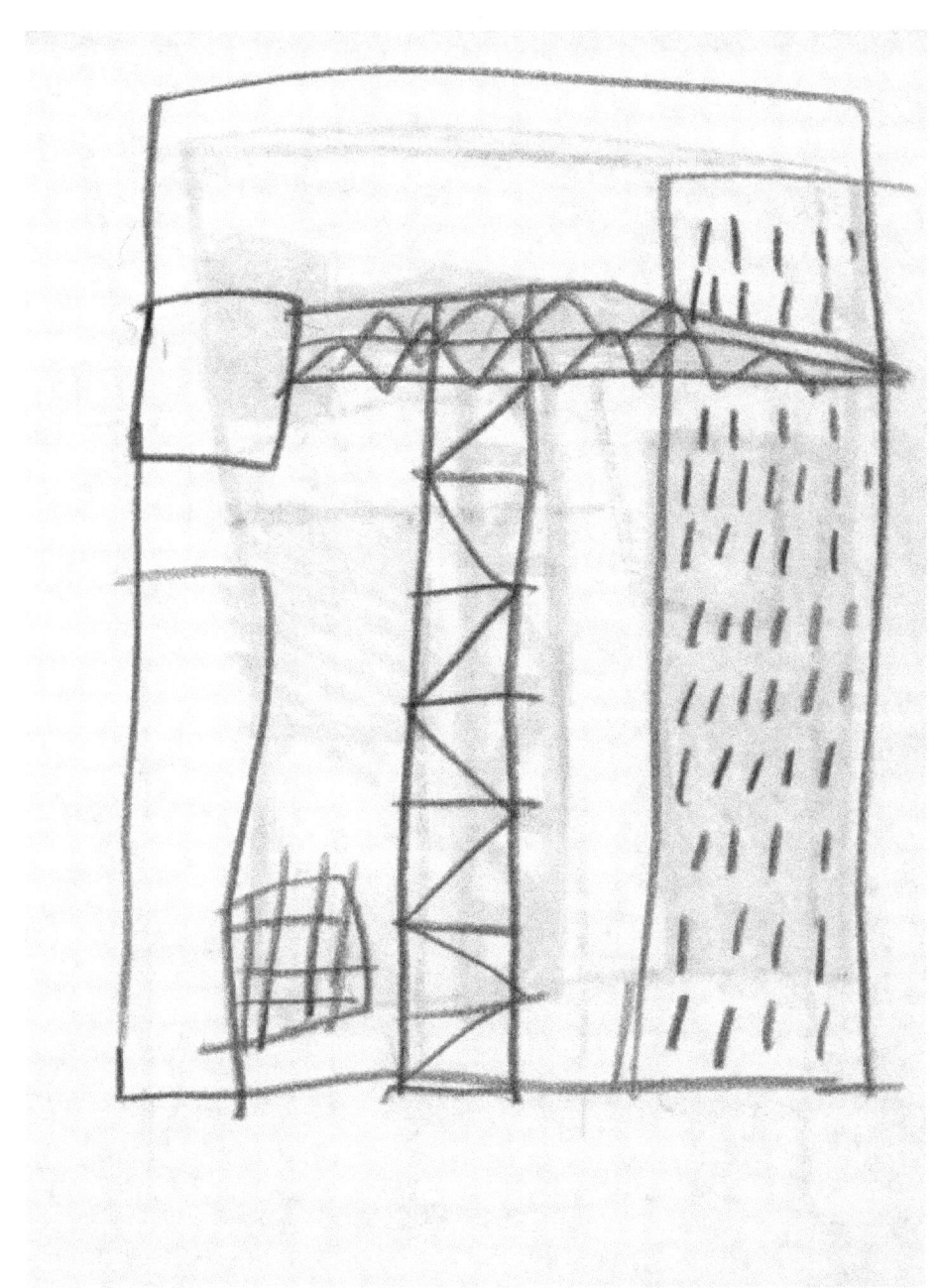

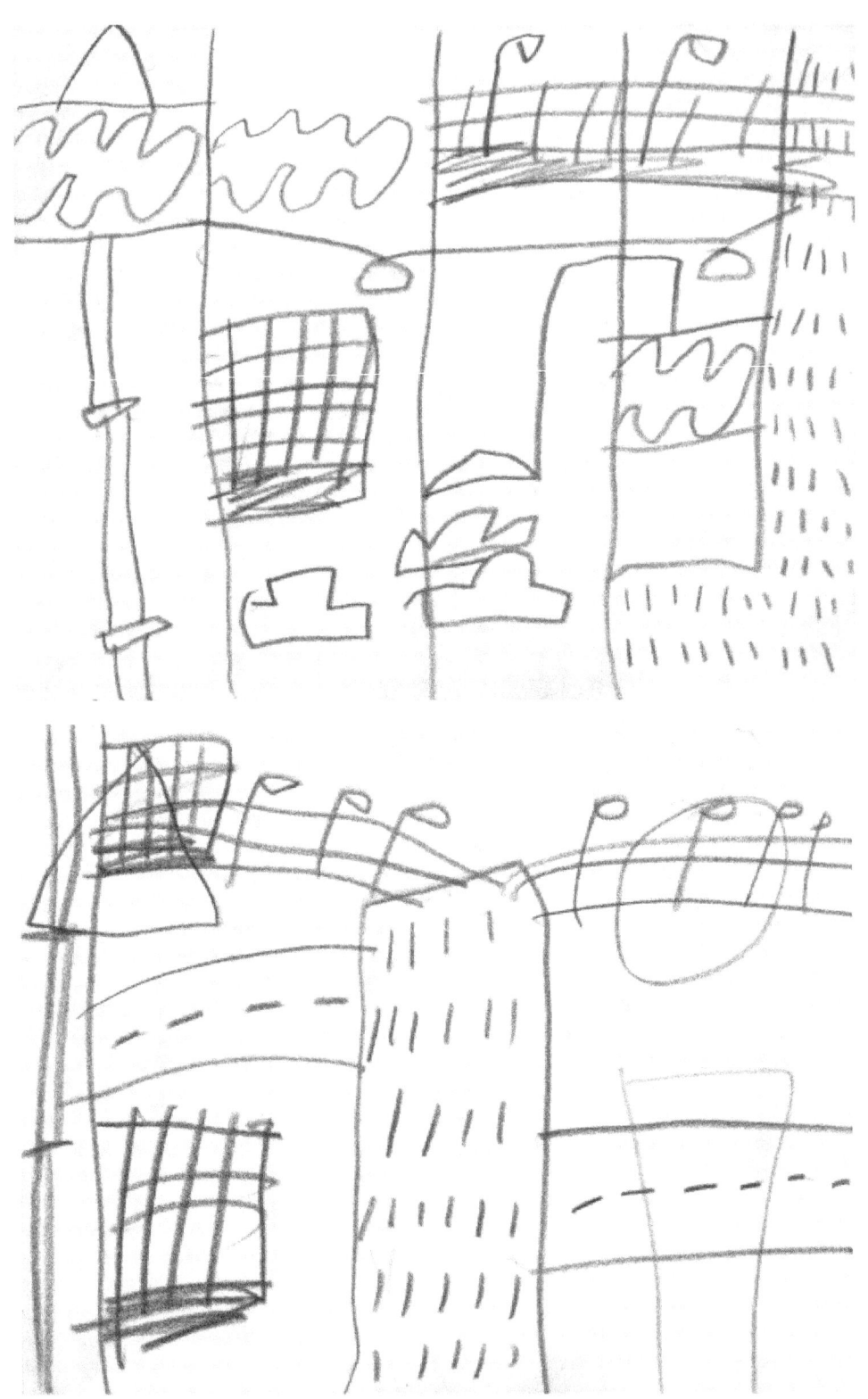

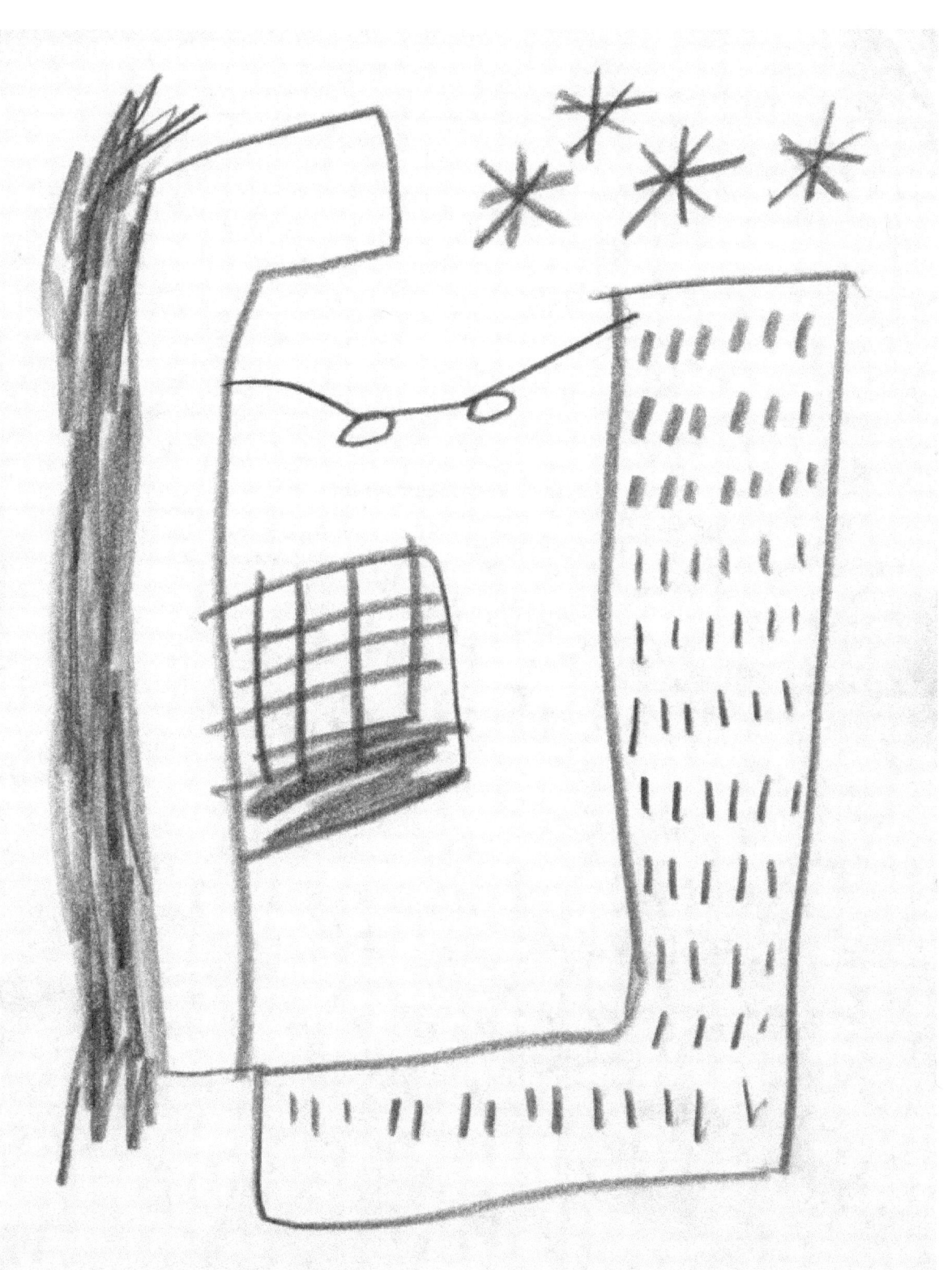

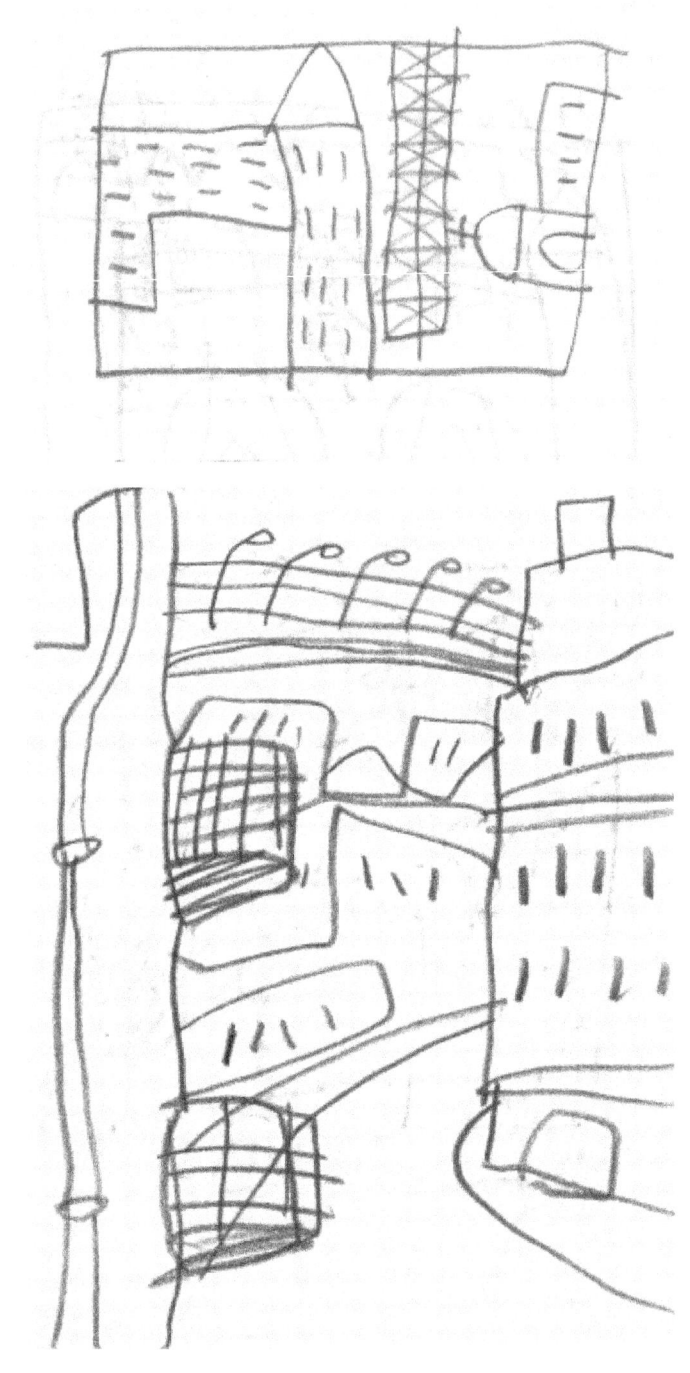

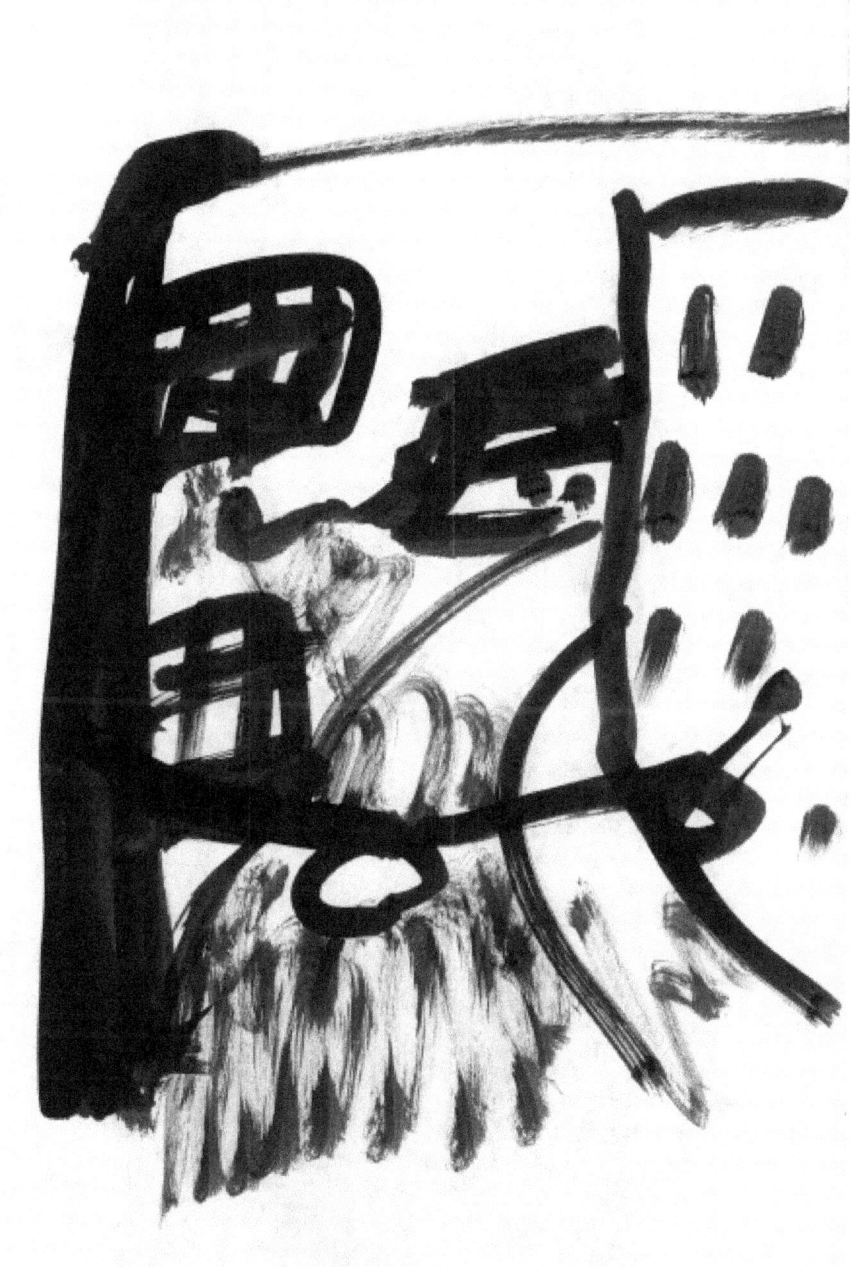

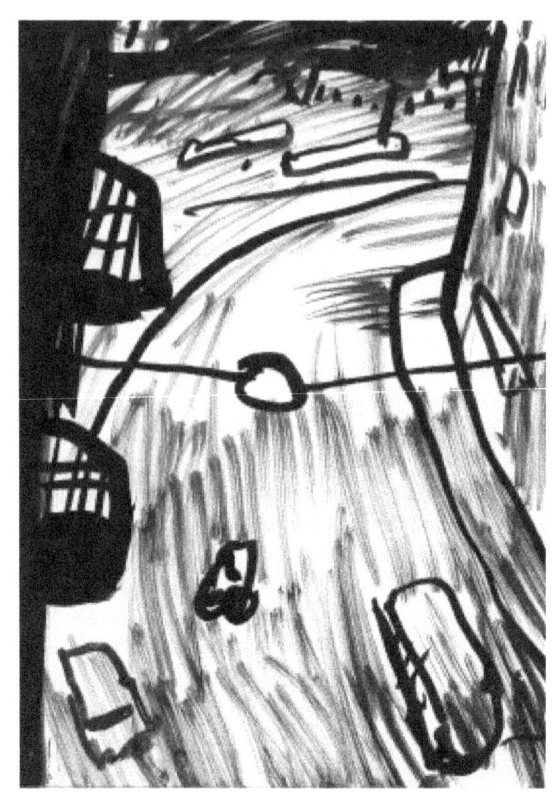
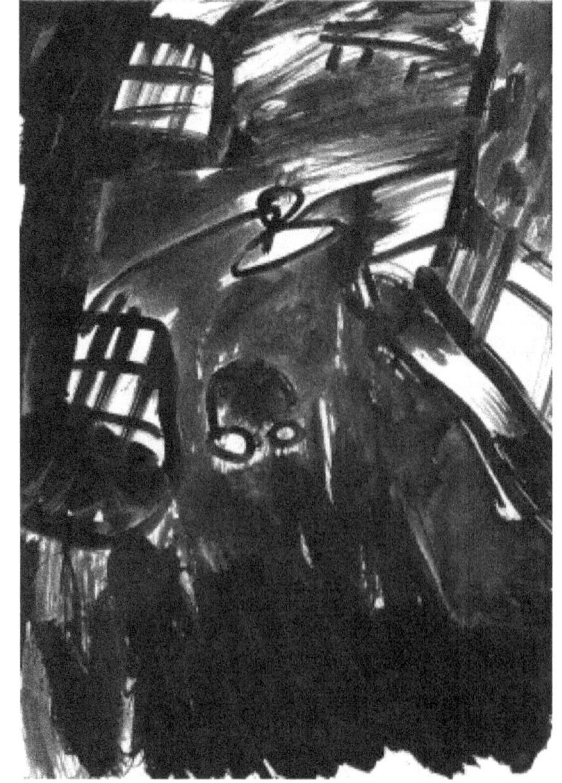

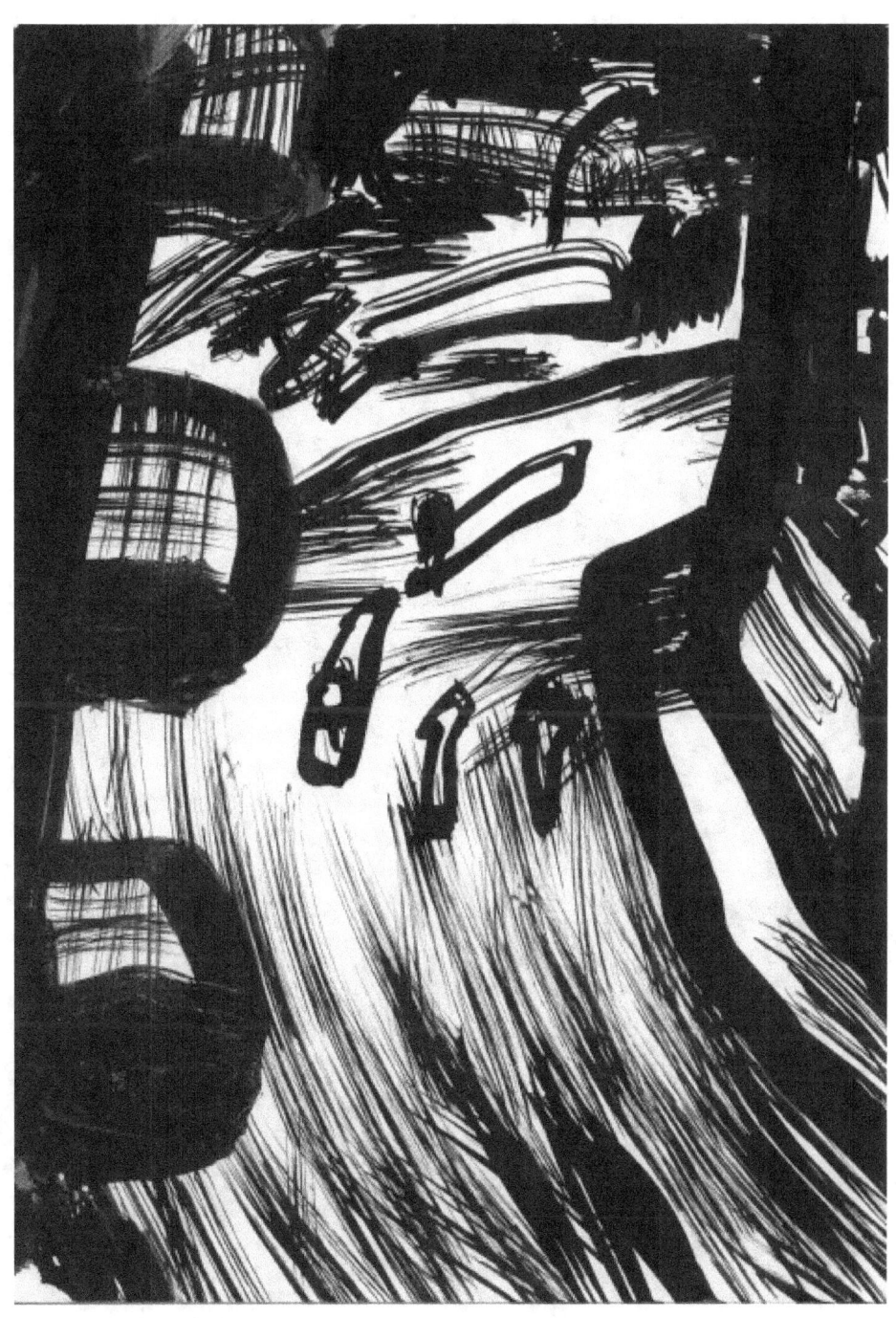

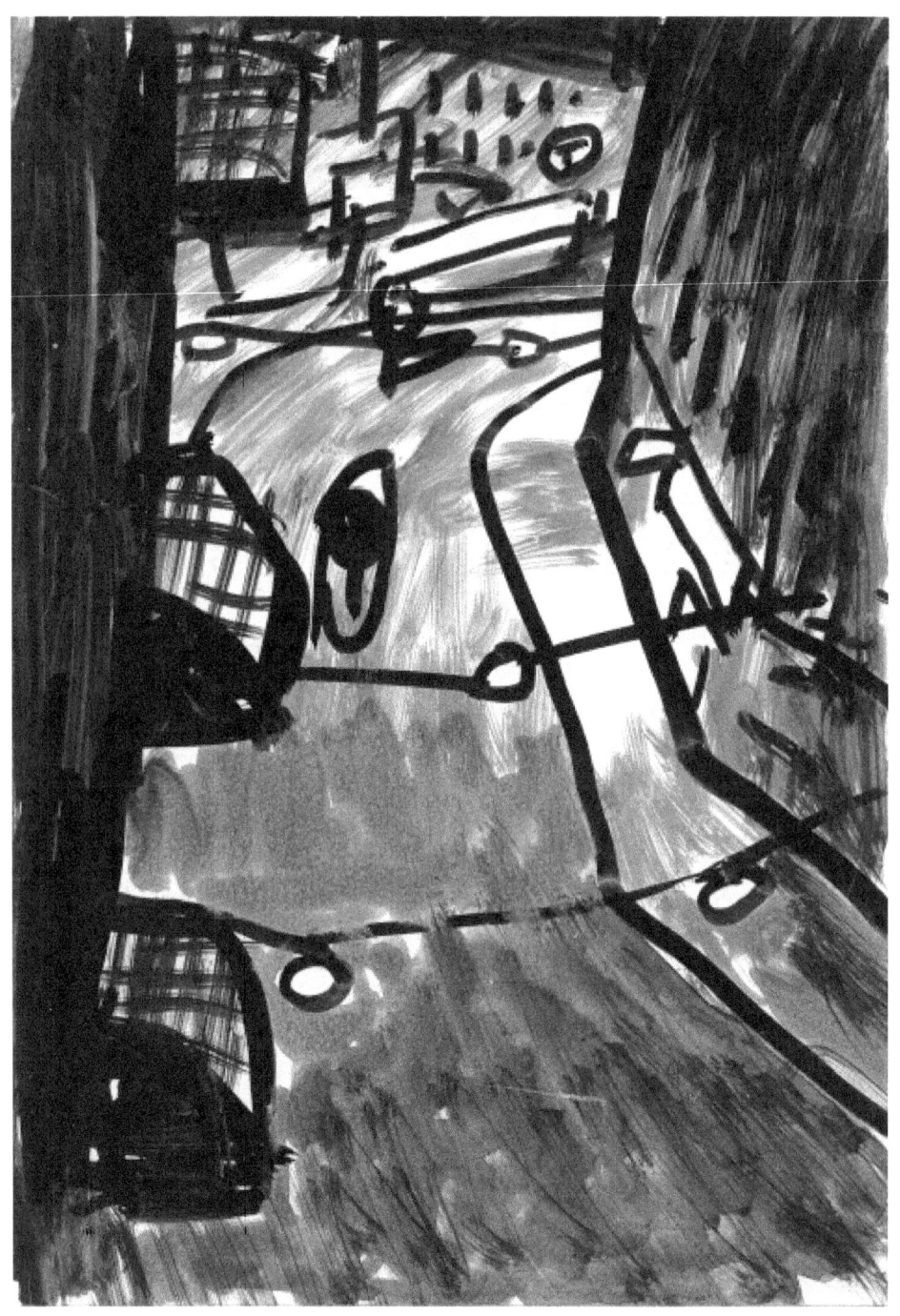

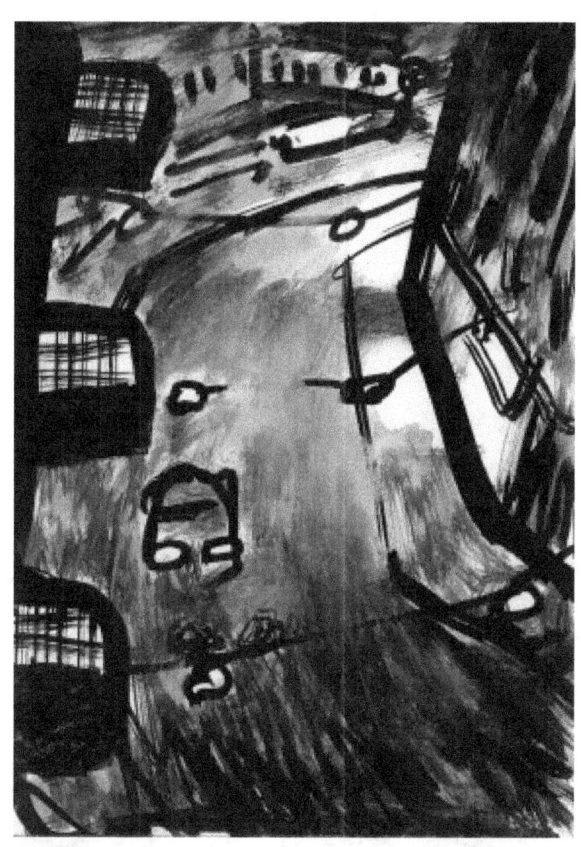
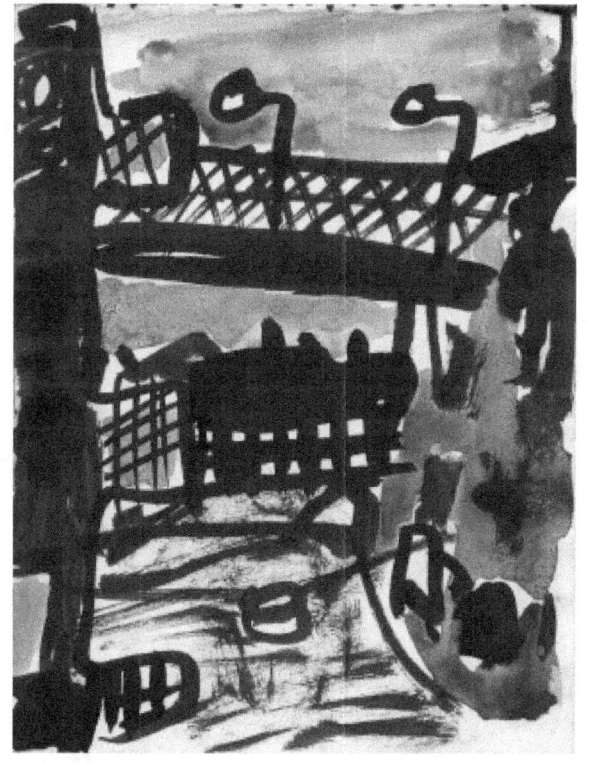

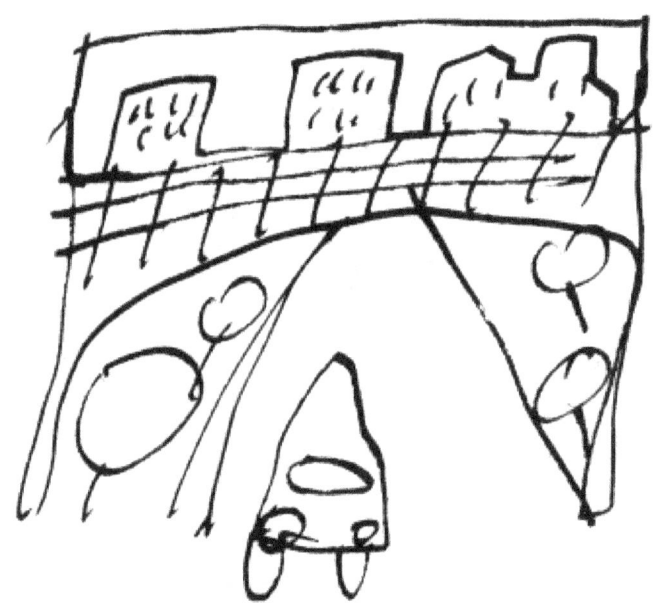

La ciudad

Tan poco orgullosa de sí misma, la ciudad es como un loco que se araña la cara una noche de verano. Si uno camina a lo largo de una calle, ve cómo las casas hacen un esfuerzo por morirse, por envejecer rápidamente y cubrirse de polvo, por llenarse de arrugas y cantar canciones monótonas cuando sus habitantes miran un clásico de fútbol a todo volumen en la televisión. Y la ciudad se esfuerza por arrastrar sus niños al interior de sus escombros, la ciudad envuelve al tiempo en la ceguera de sus maldiciones mientras la gente ceba mate, ve el fútbol, come asado.

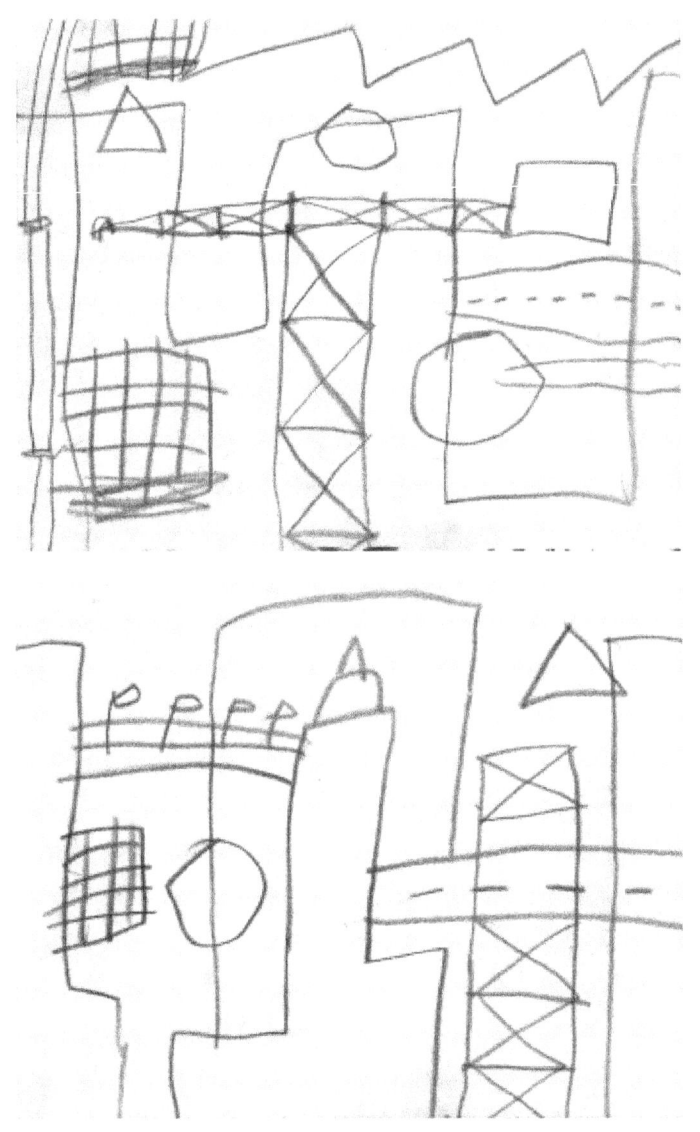

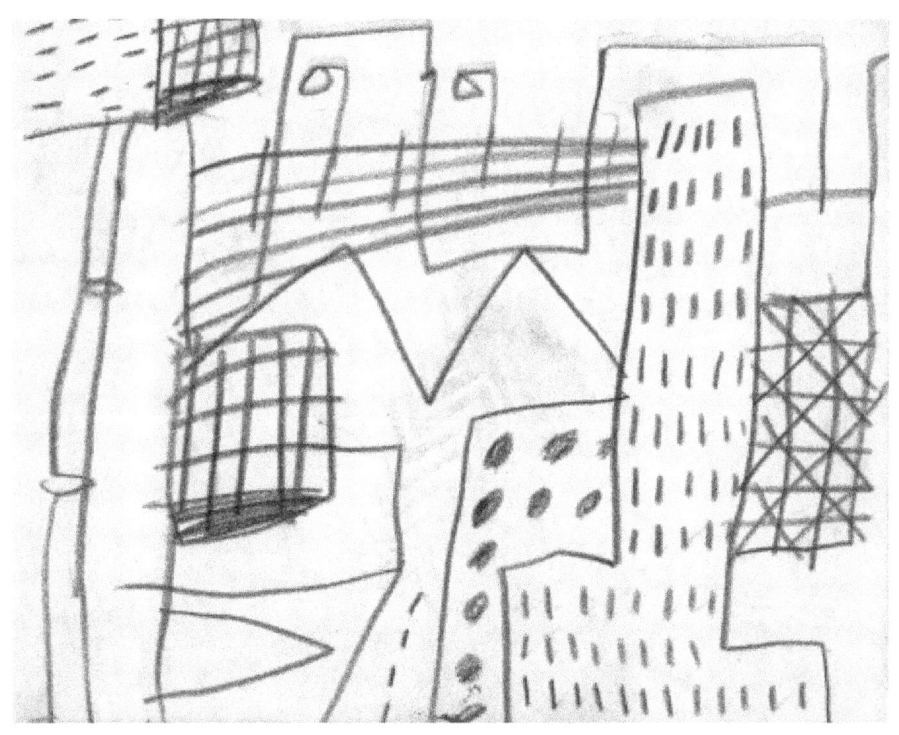

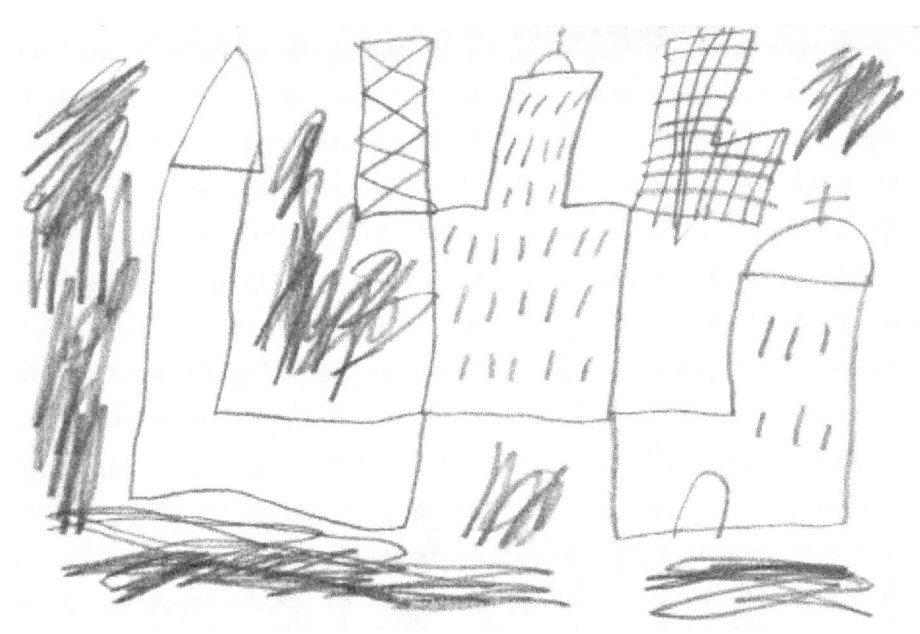

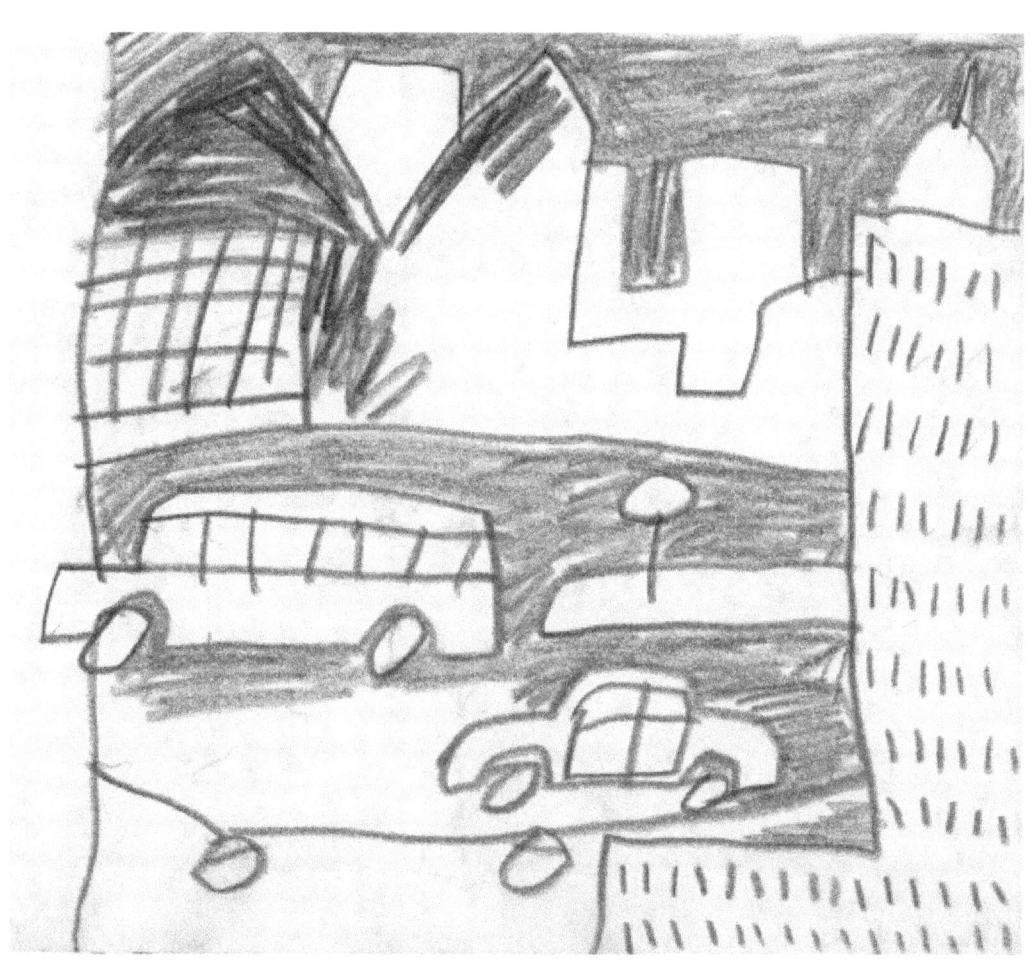

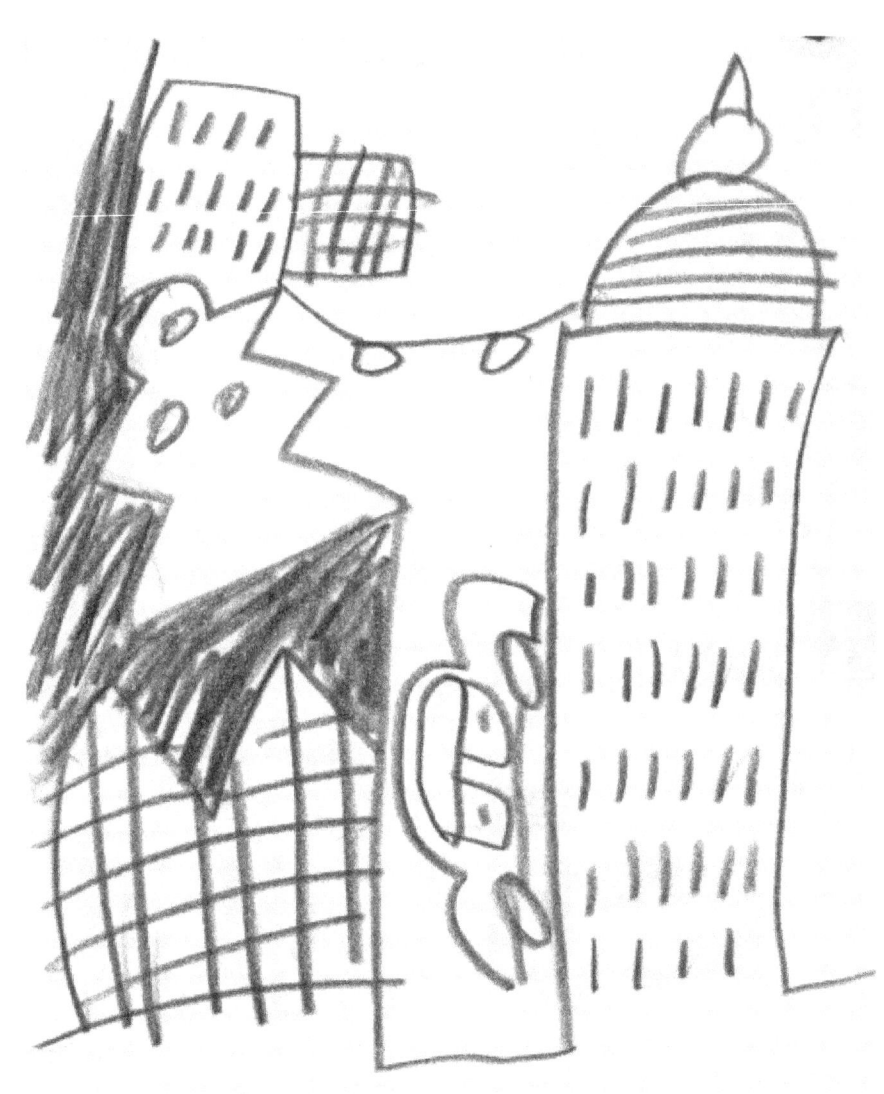

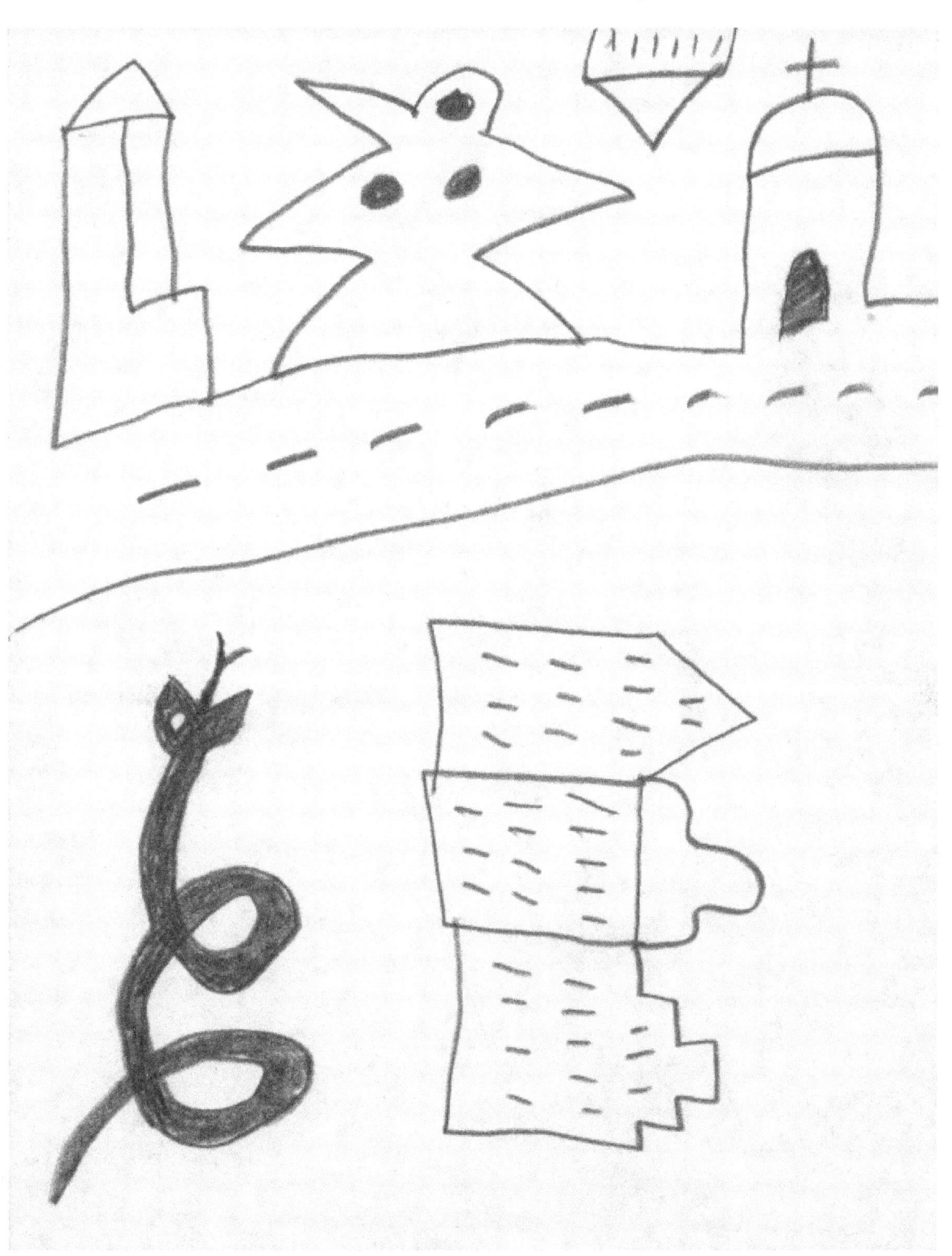

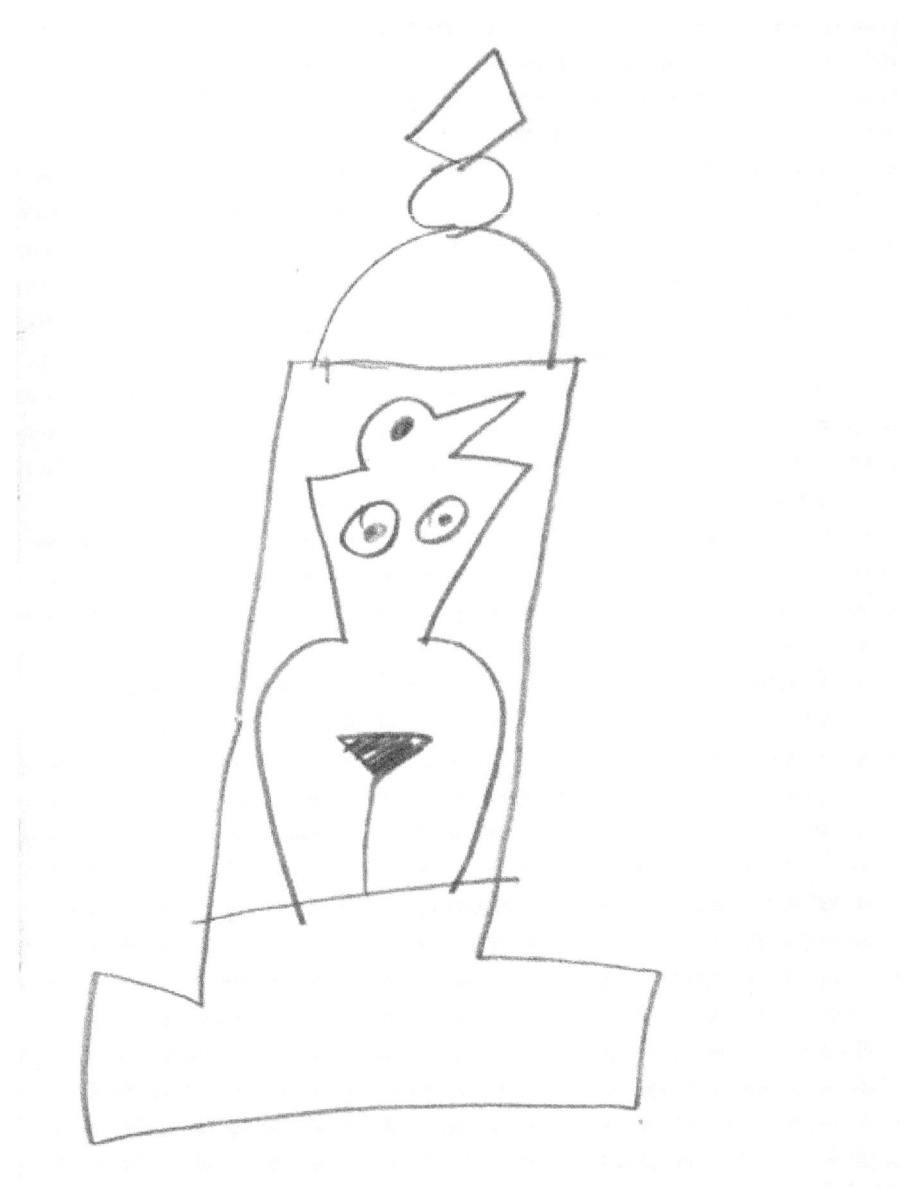

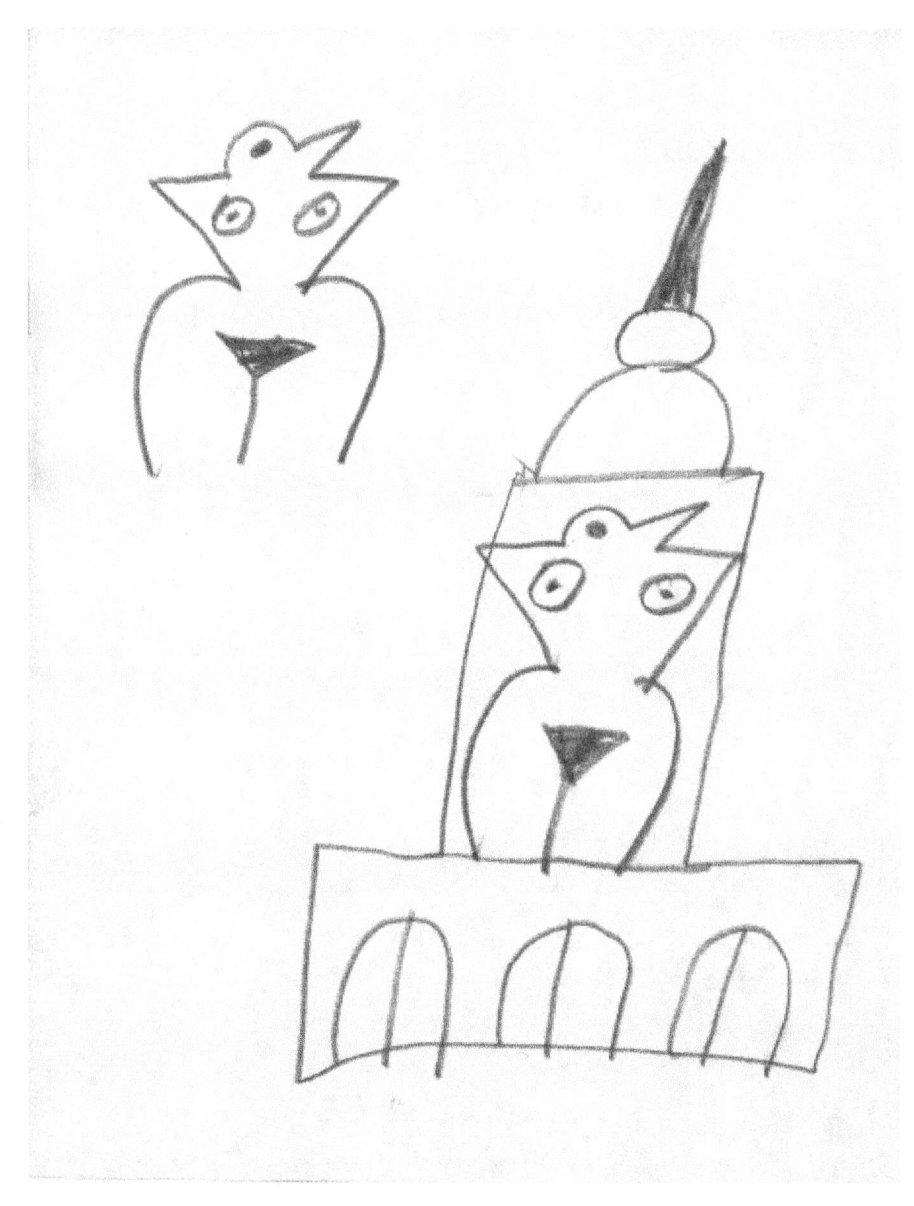

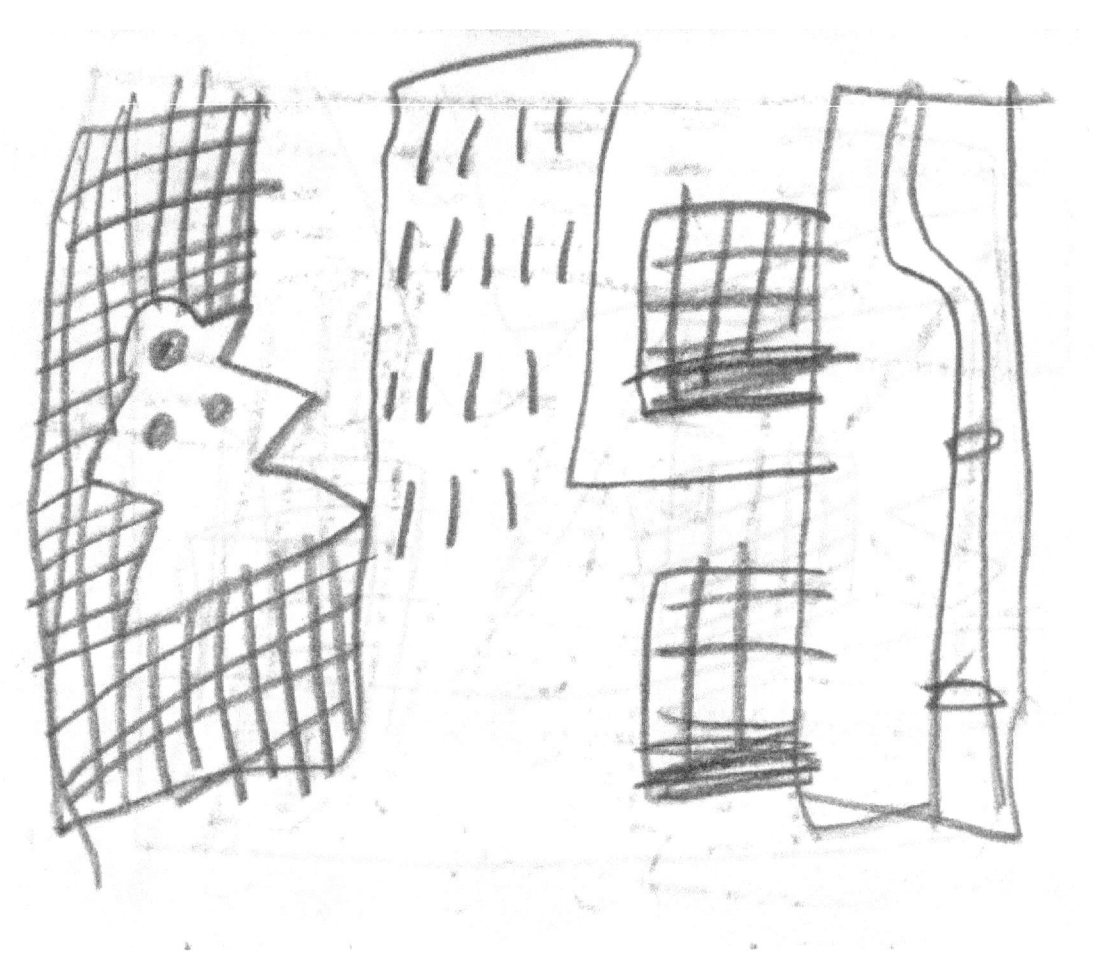

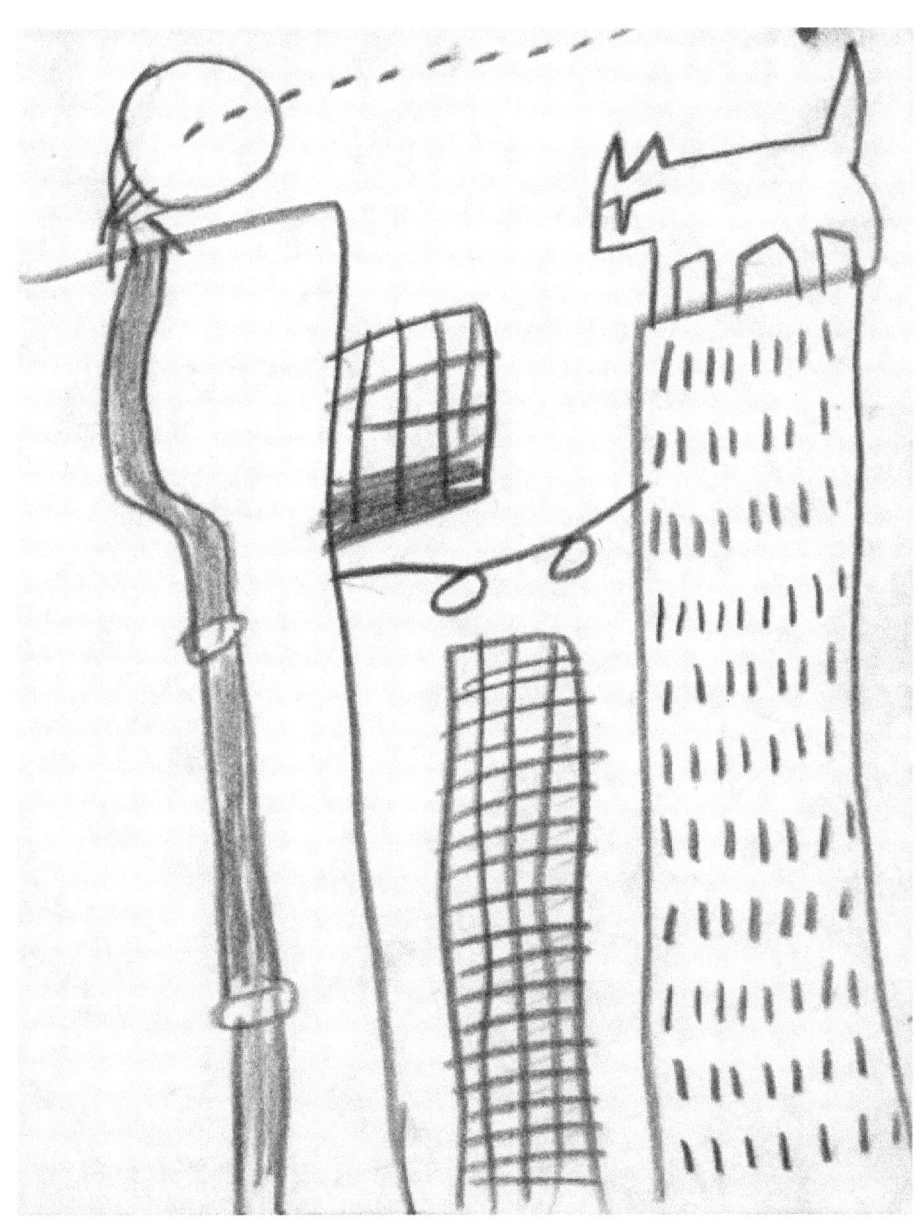

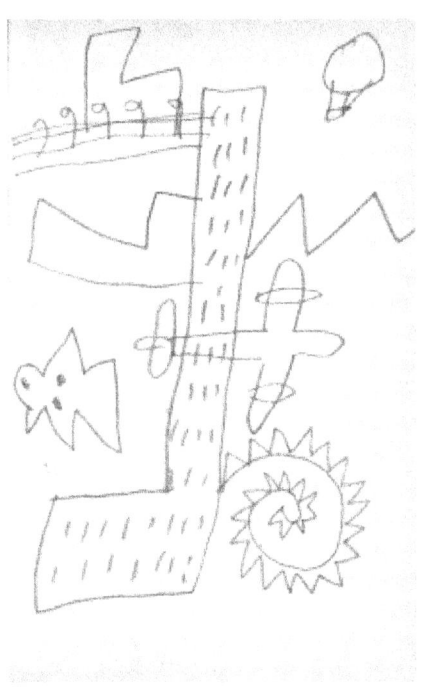
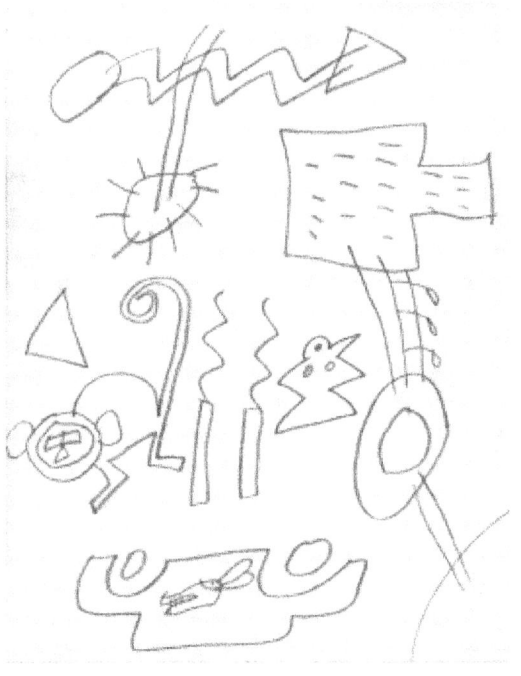

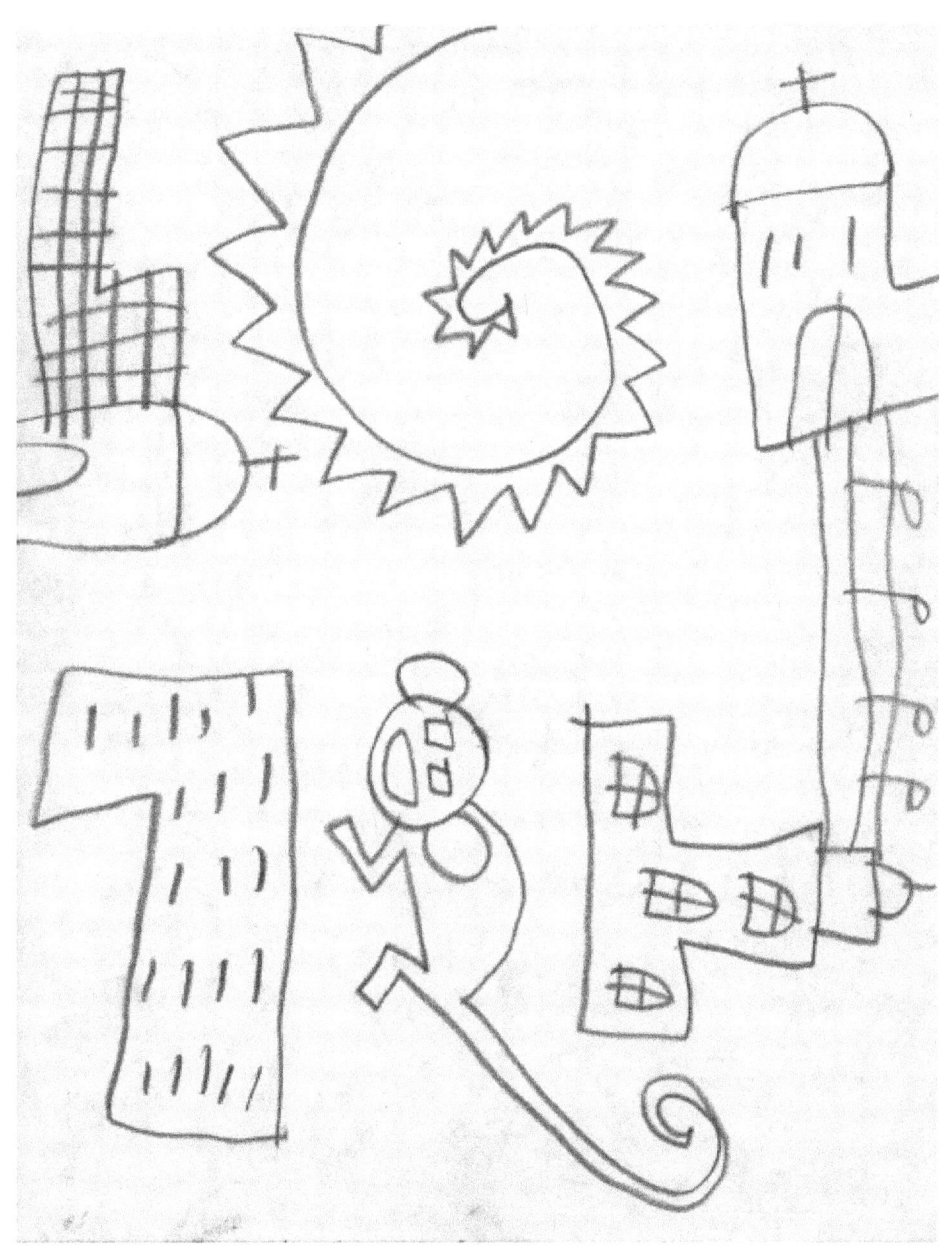

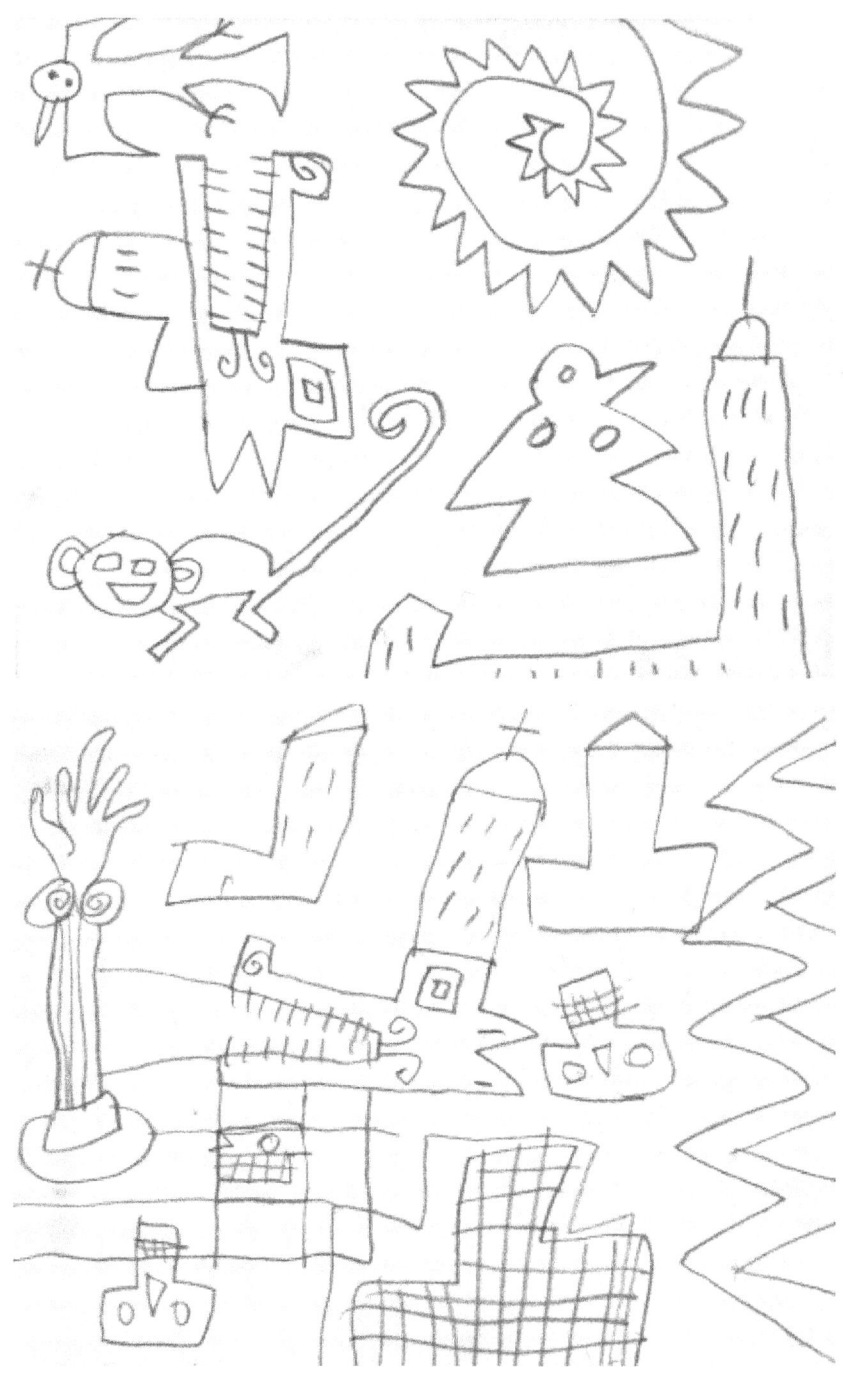

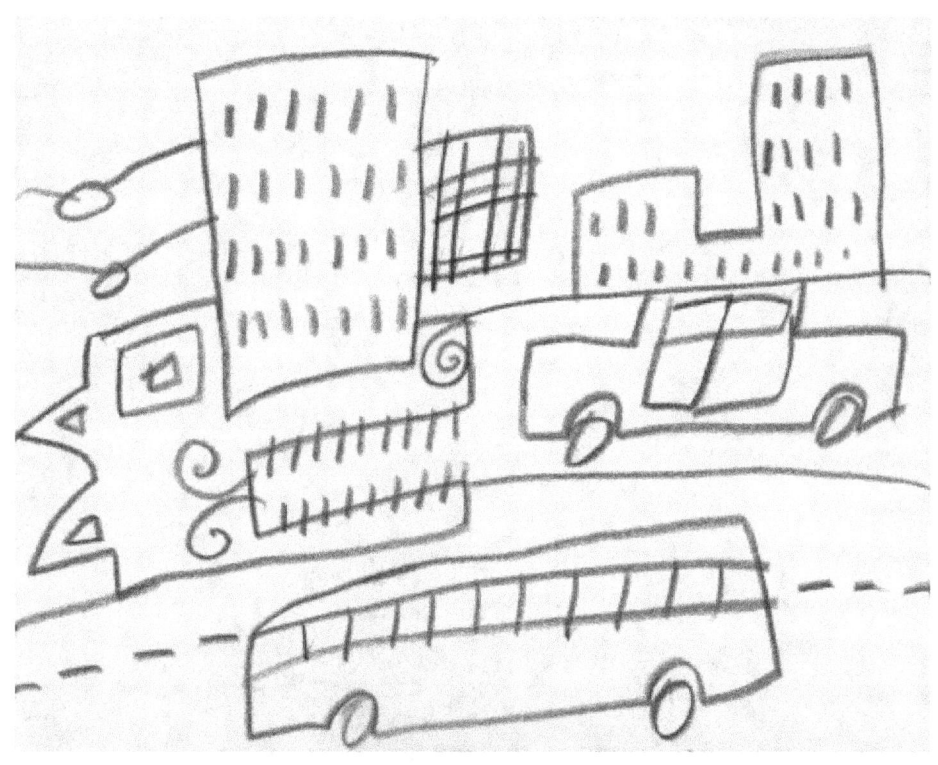

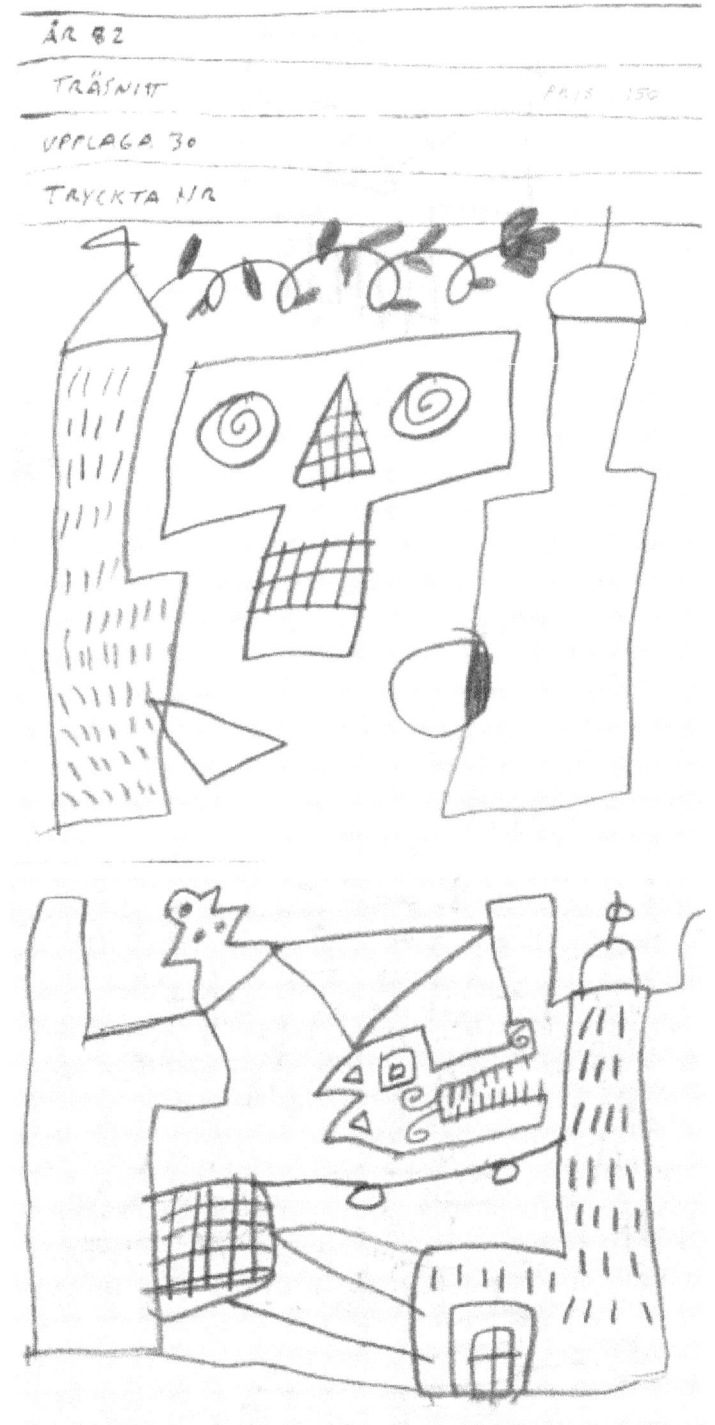

RÖSTEN OCH LAMPAN

ÅR 82

TRÄSNITT PRIS 150

UPPLAGA 30

TRYCKTA NR

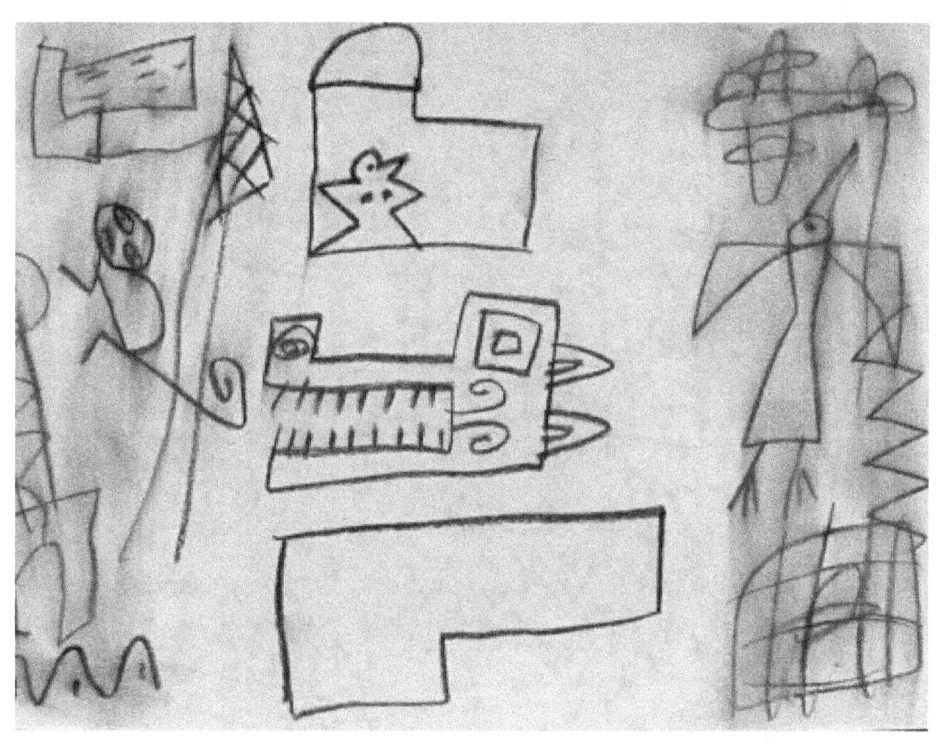

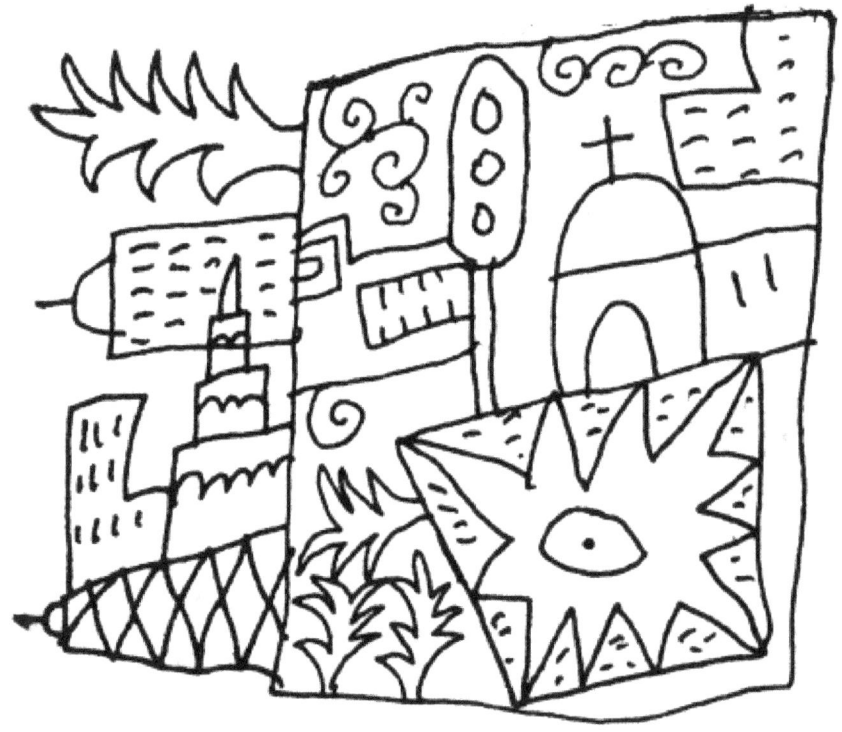

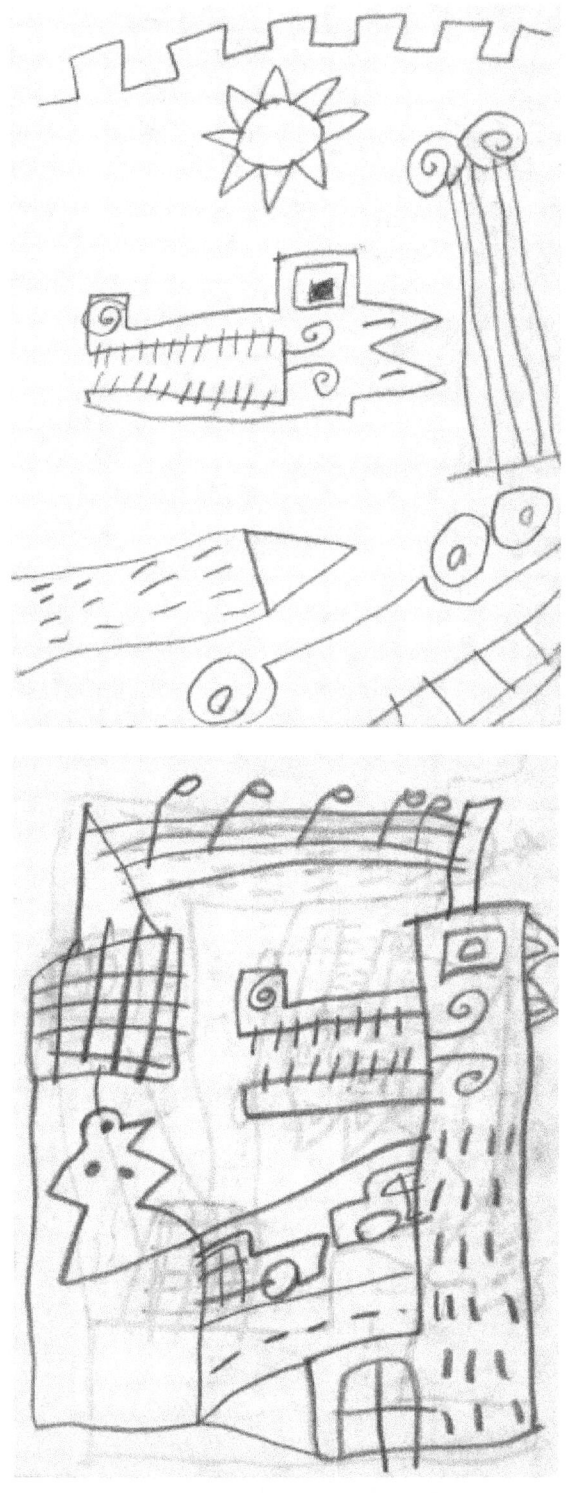

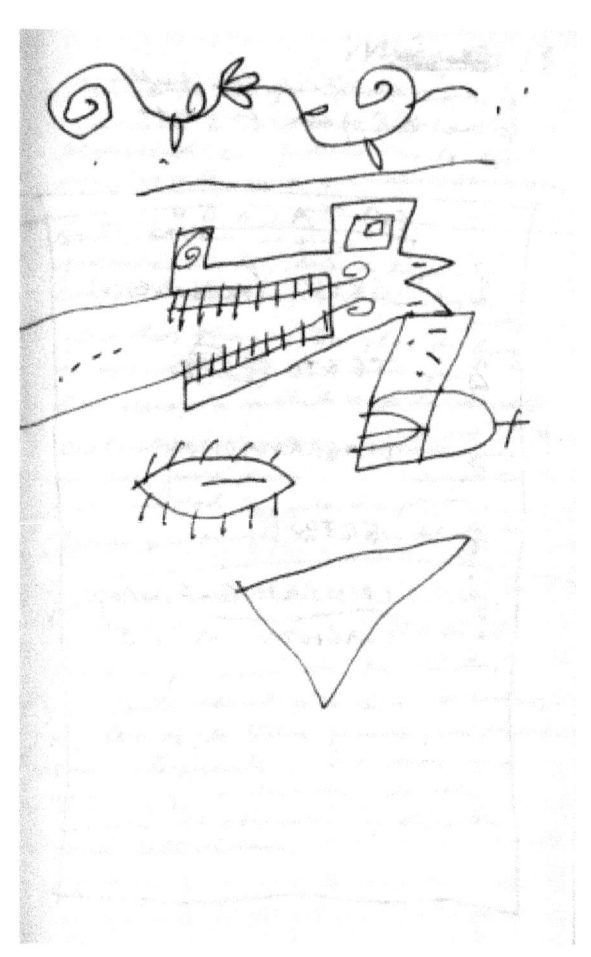
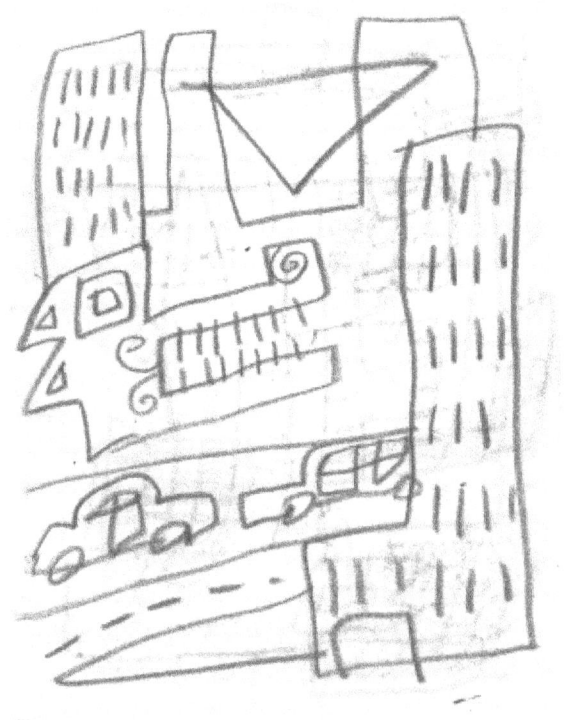

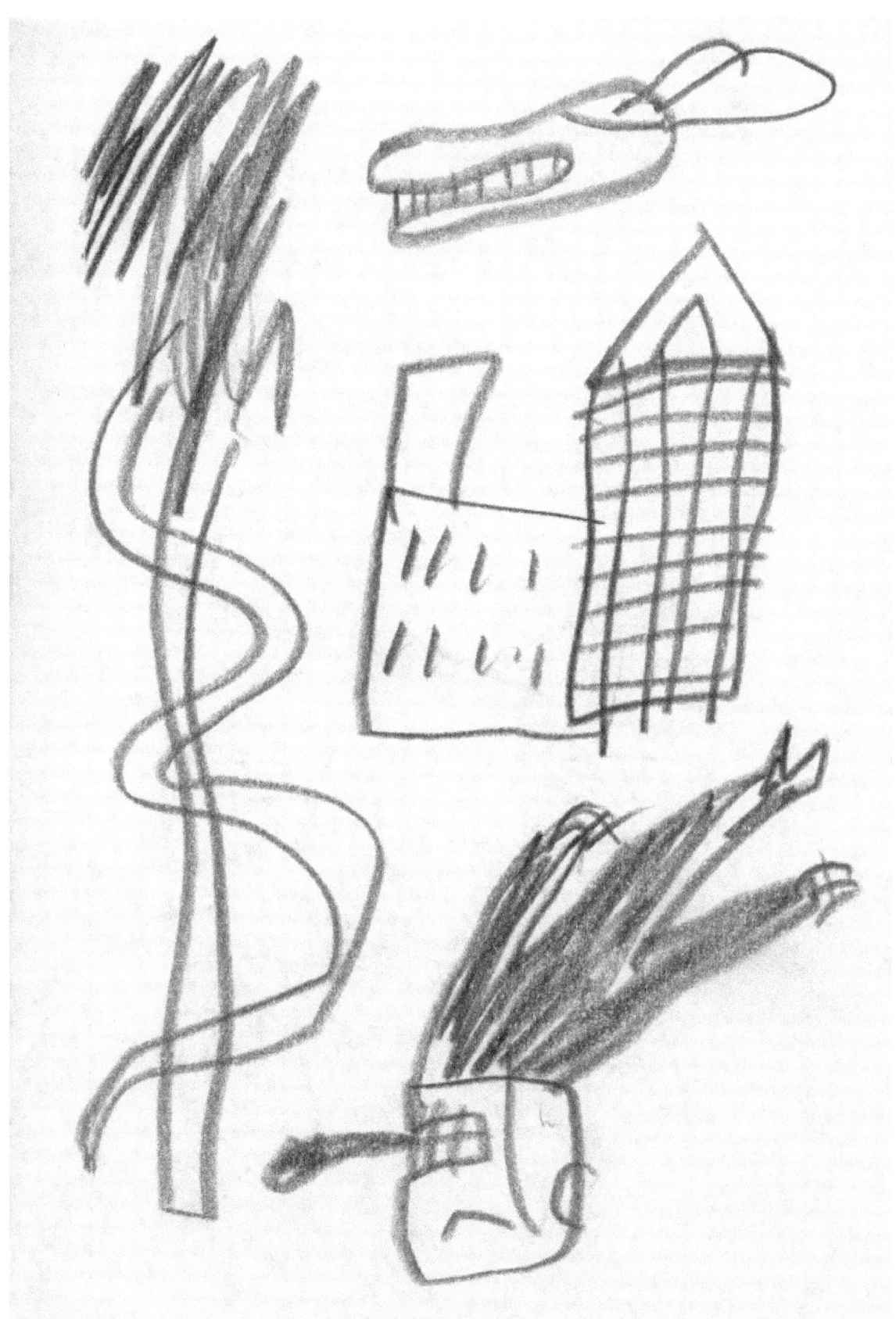

automóvil o una motocicleta x habitante. Los que manejan esos vehículos son en su mayoría hombres. El vehículo motorizado tiene que tener un "status" muy grande como para que se le use para tan cortas distancias. Caminar x las estrechas calles de la ciudad de Skiathos es casi peligroso, los hombres parecen niños jugando con sus automóviles y sus motocicletas.

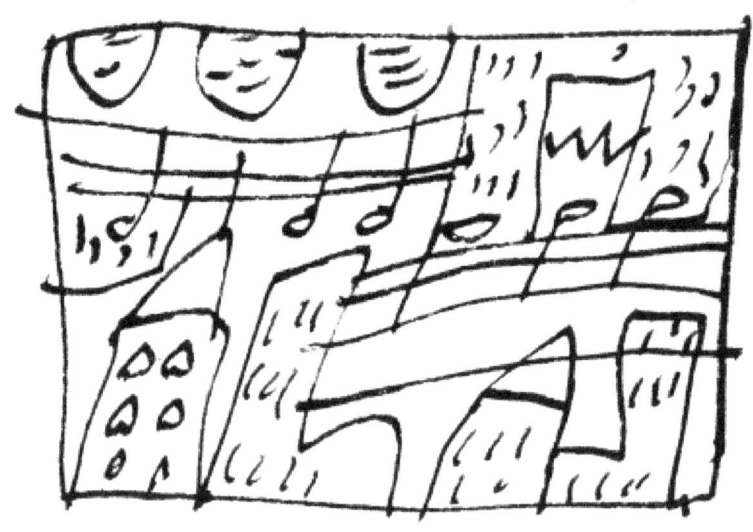

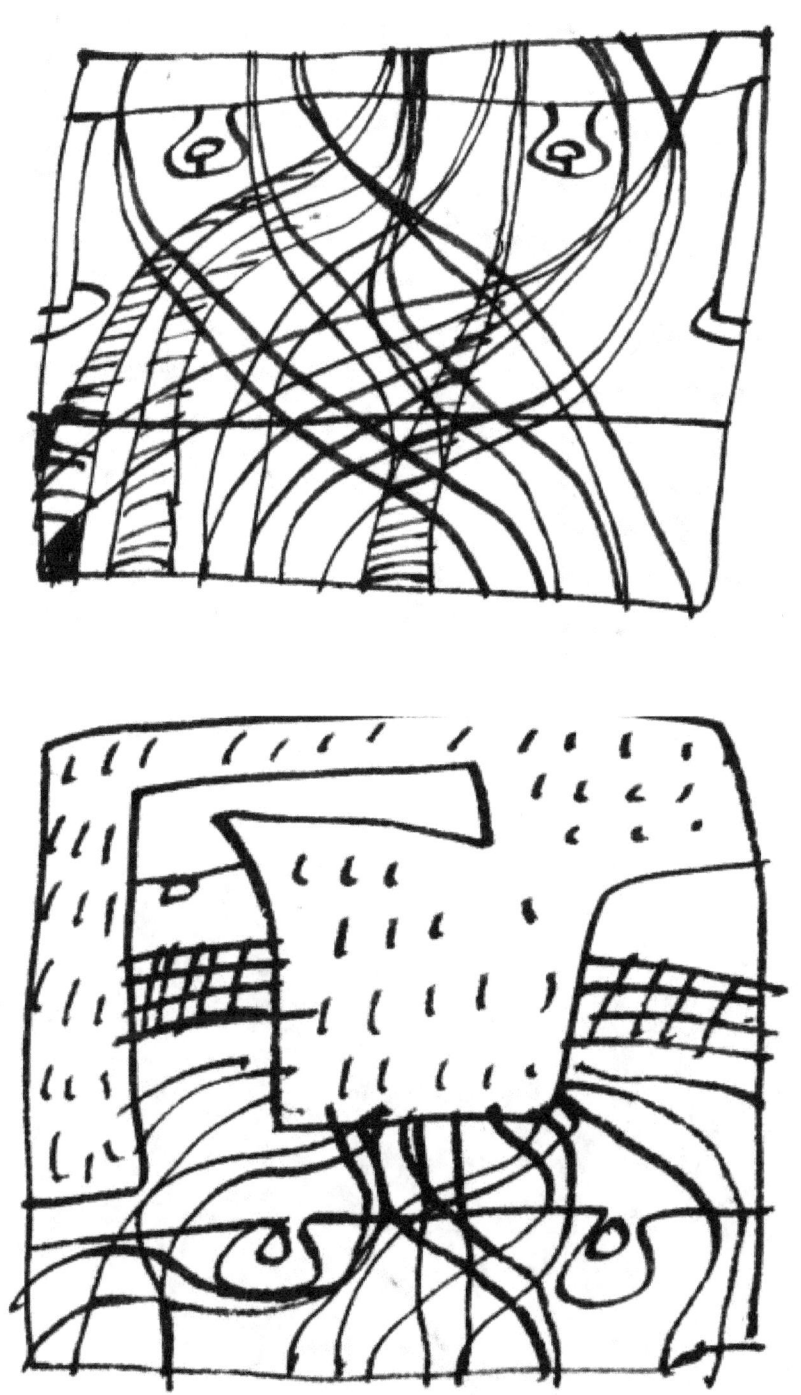

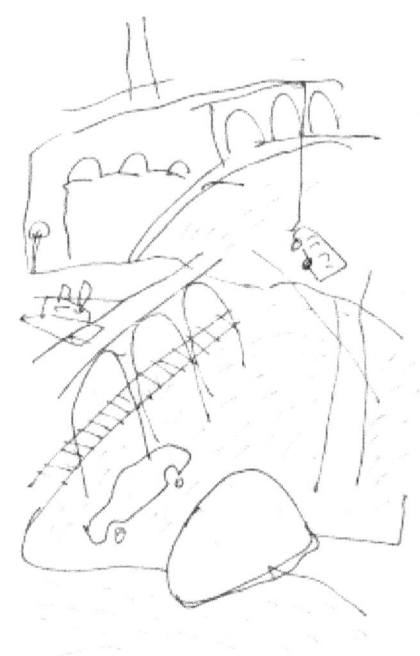

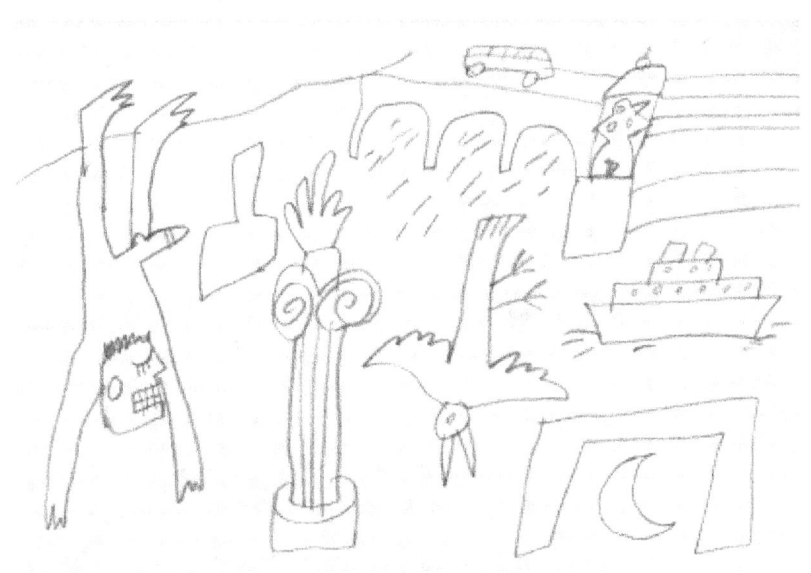

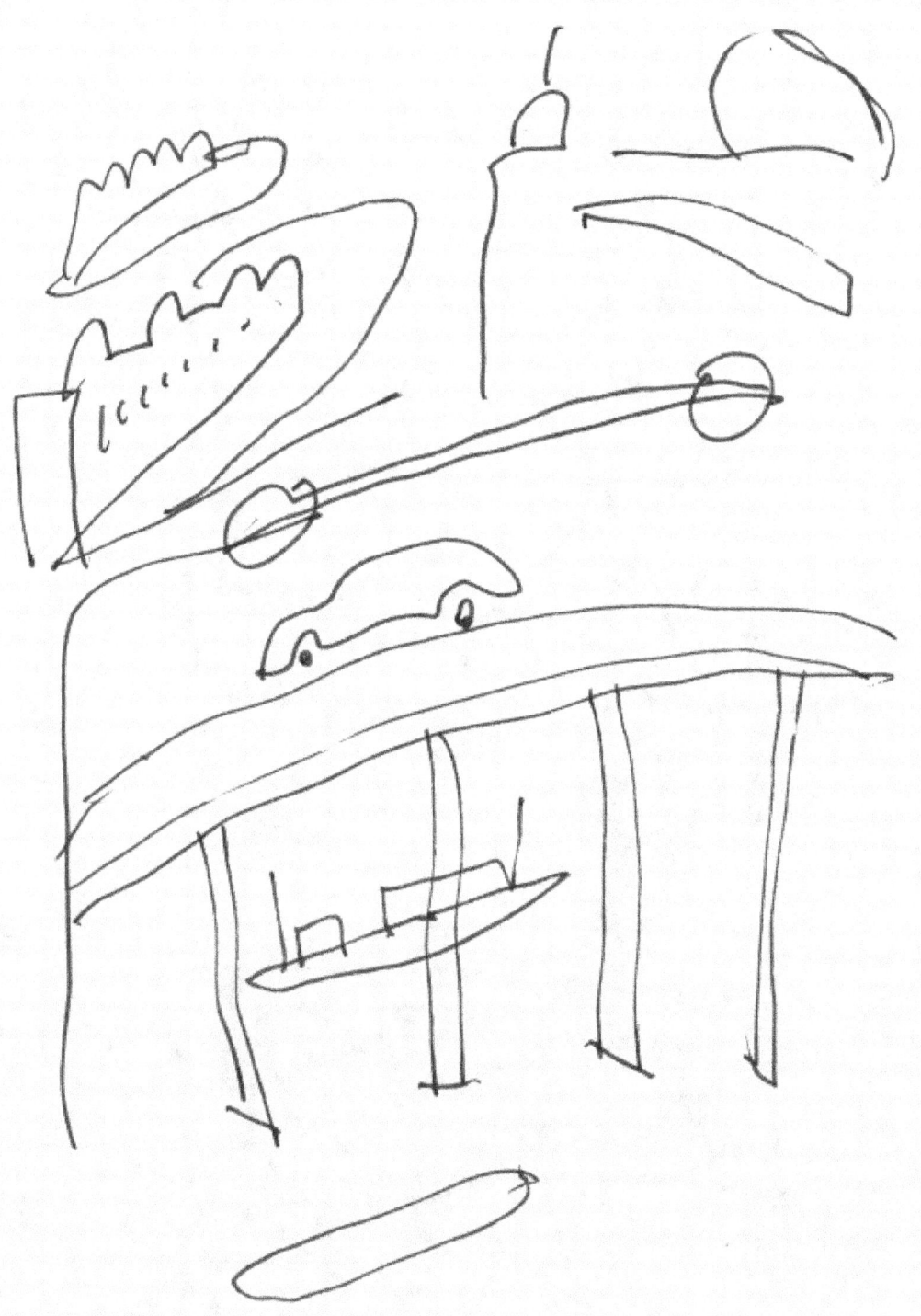

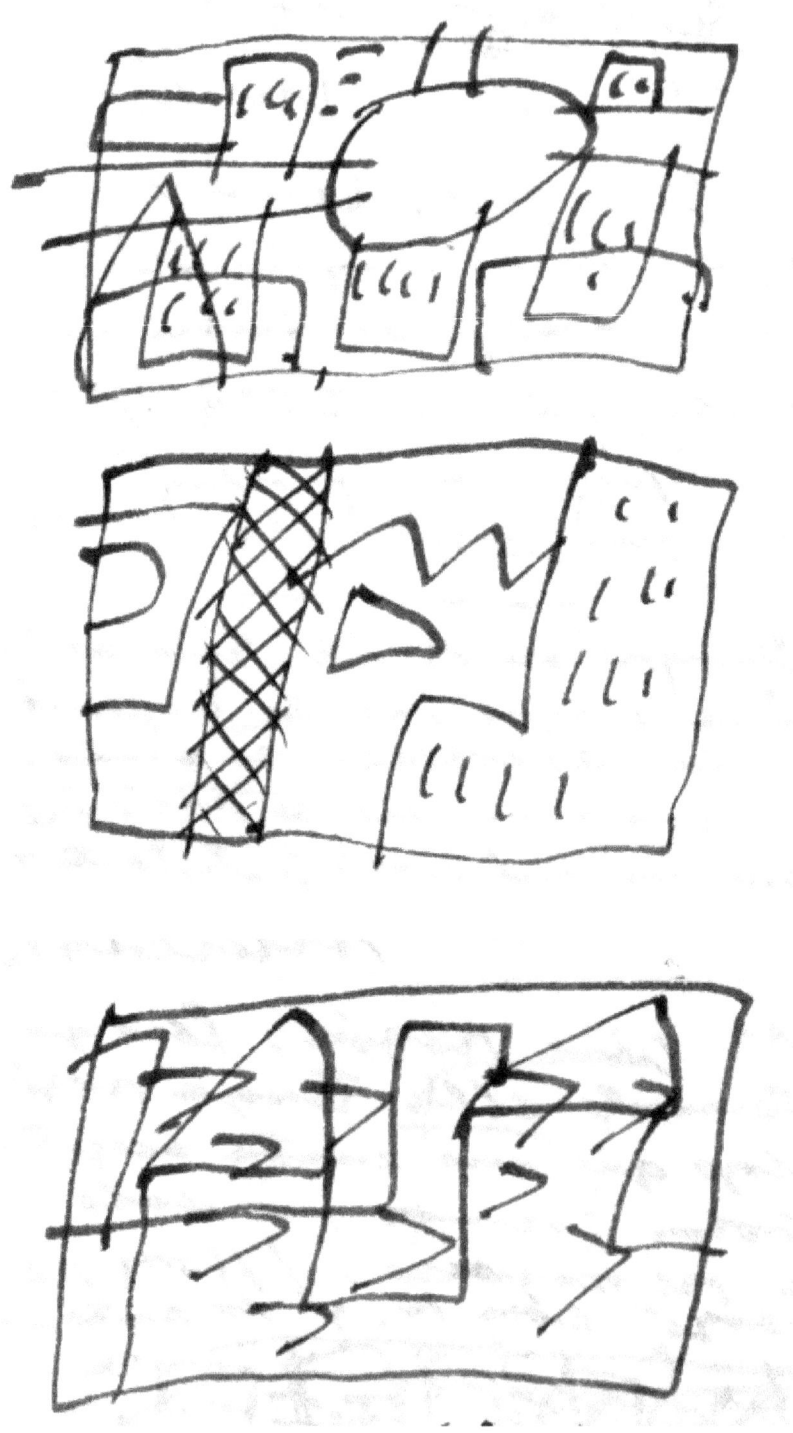

De noche voy al cine con Laurs. Vuelvo a ver "Jesús de Montreal". Después vamos a Tuktehuset y tomamos cerveza. El encuentro con M. es un largo ✶ en el medio no ✶.

Domingo 17
Lienzo a "Urbe Solaris", mi último grabado.

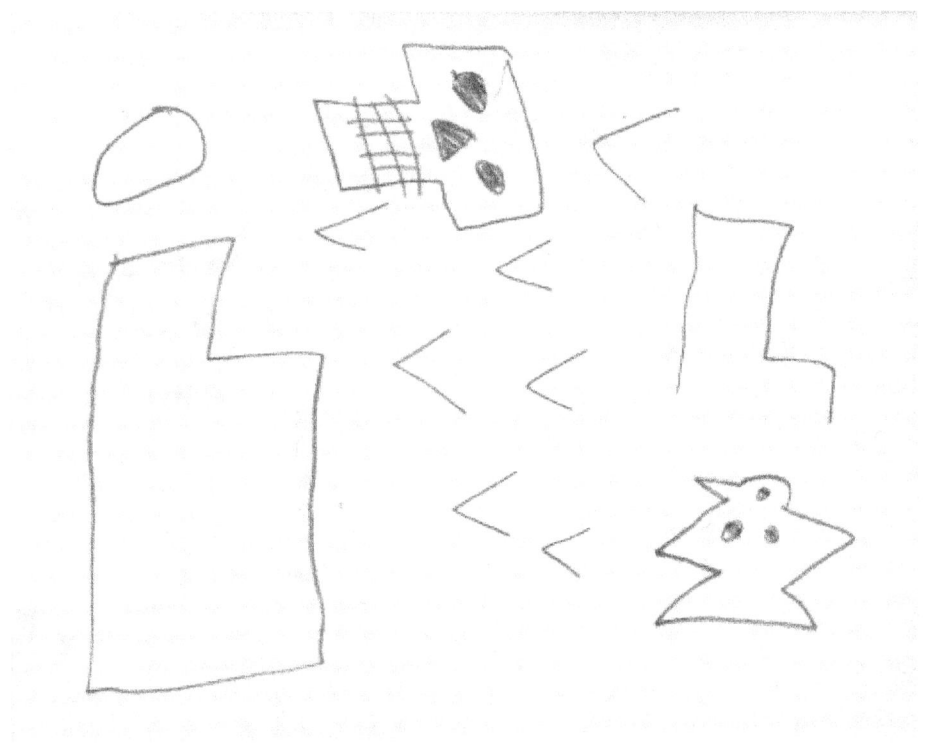

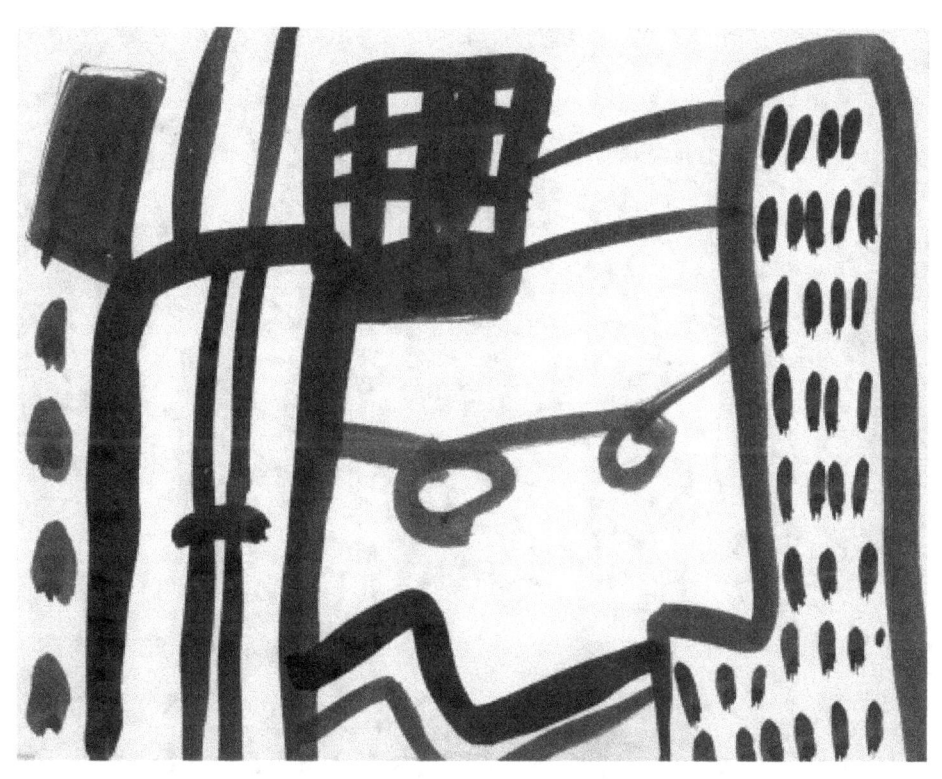

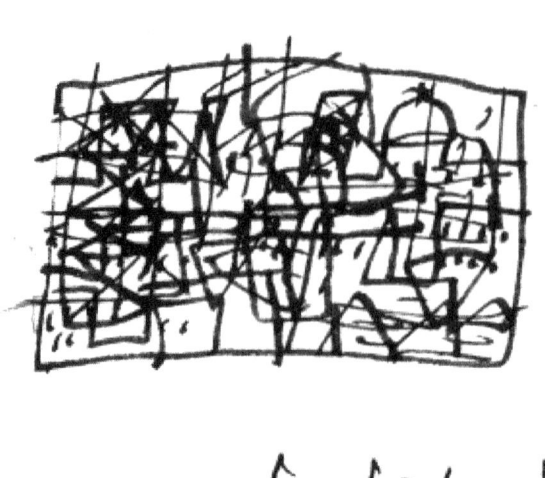
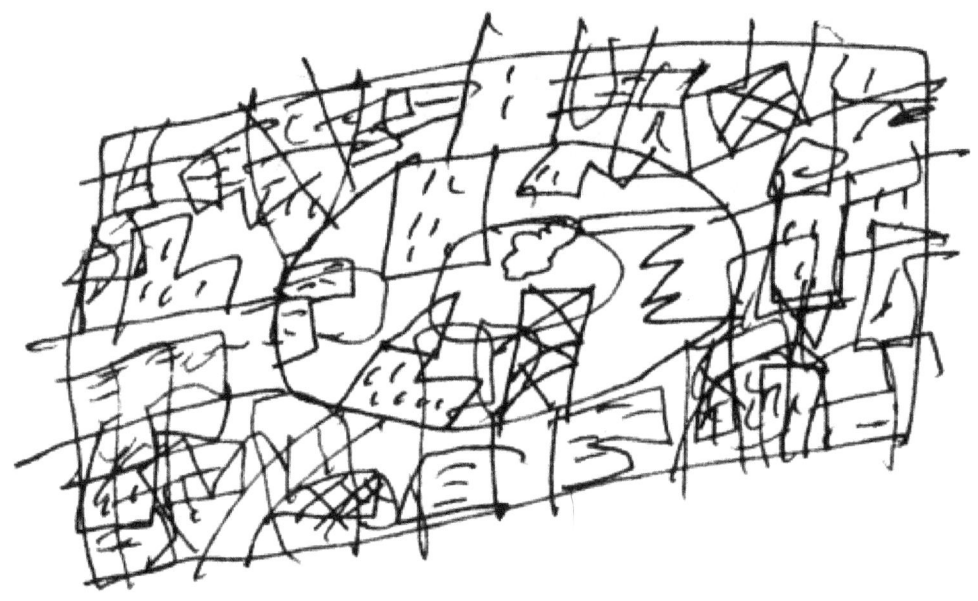
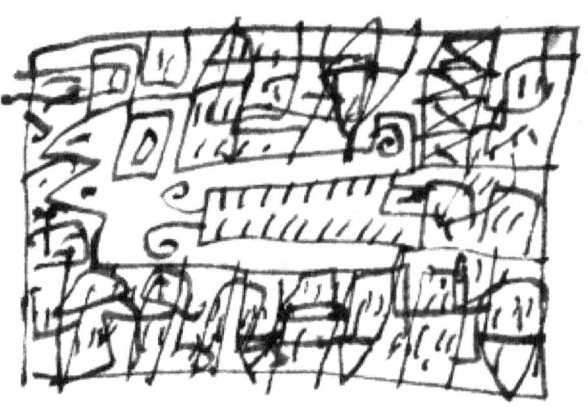

De todas formas, no vale la pena preocuparse. / Hoy recomencé con N. y lo anterior

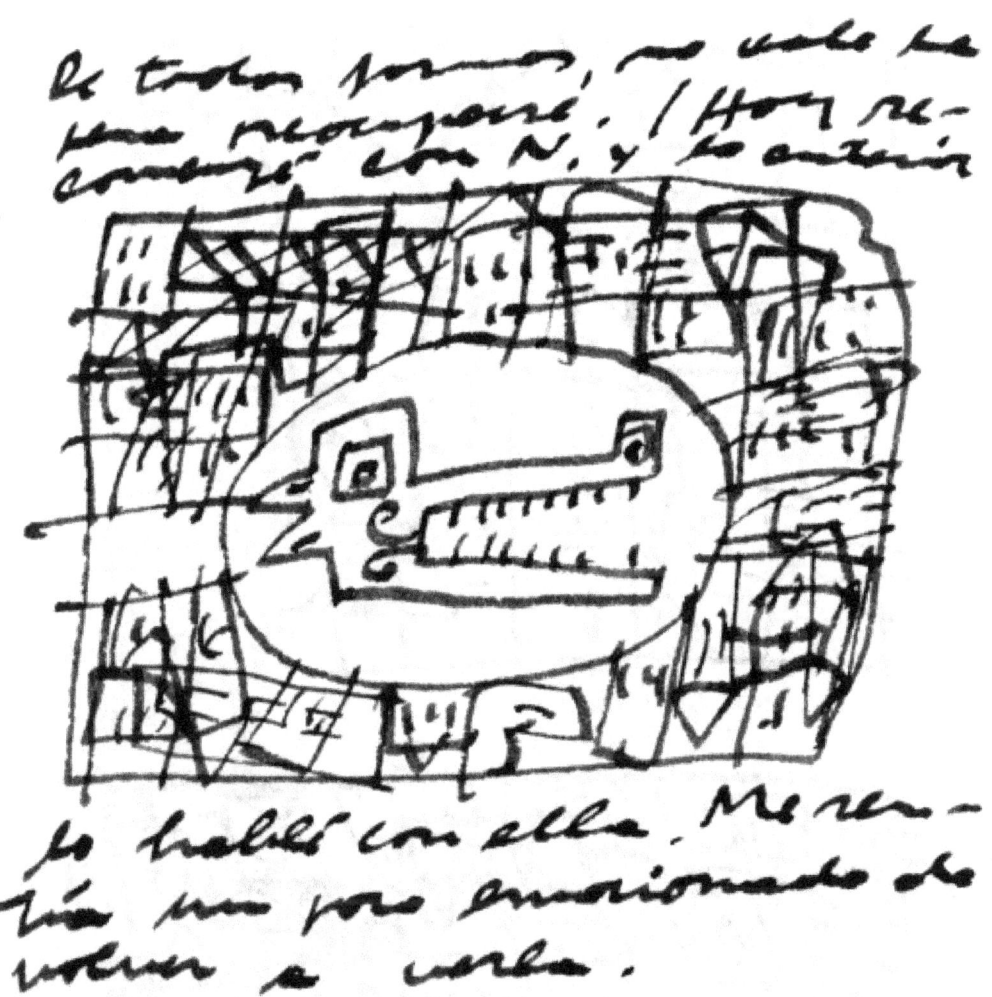

yo hablé con ella. Me sentía un poco emocionado de volver a verla.

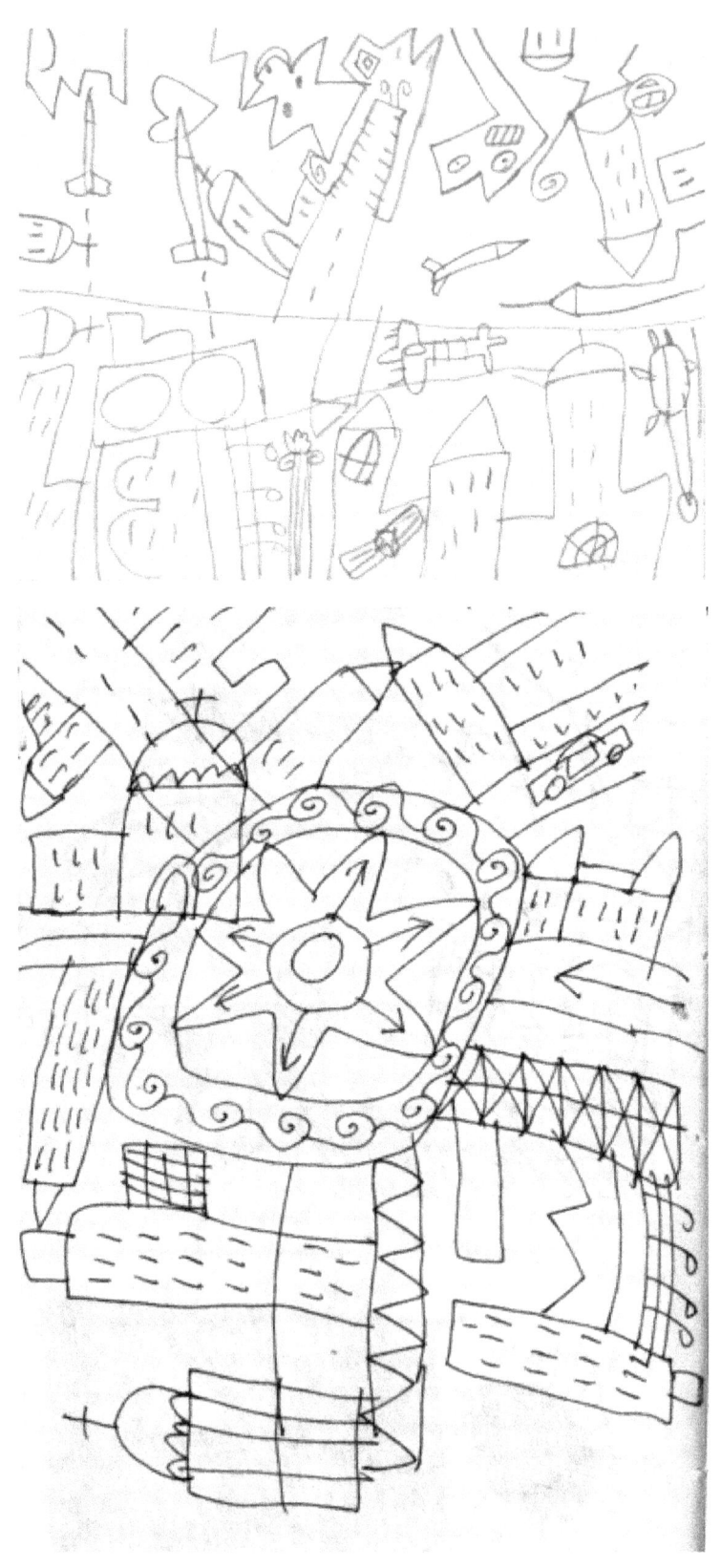

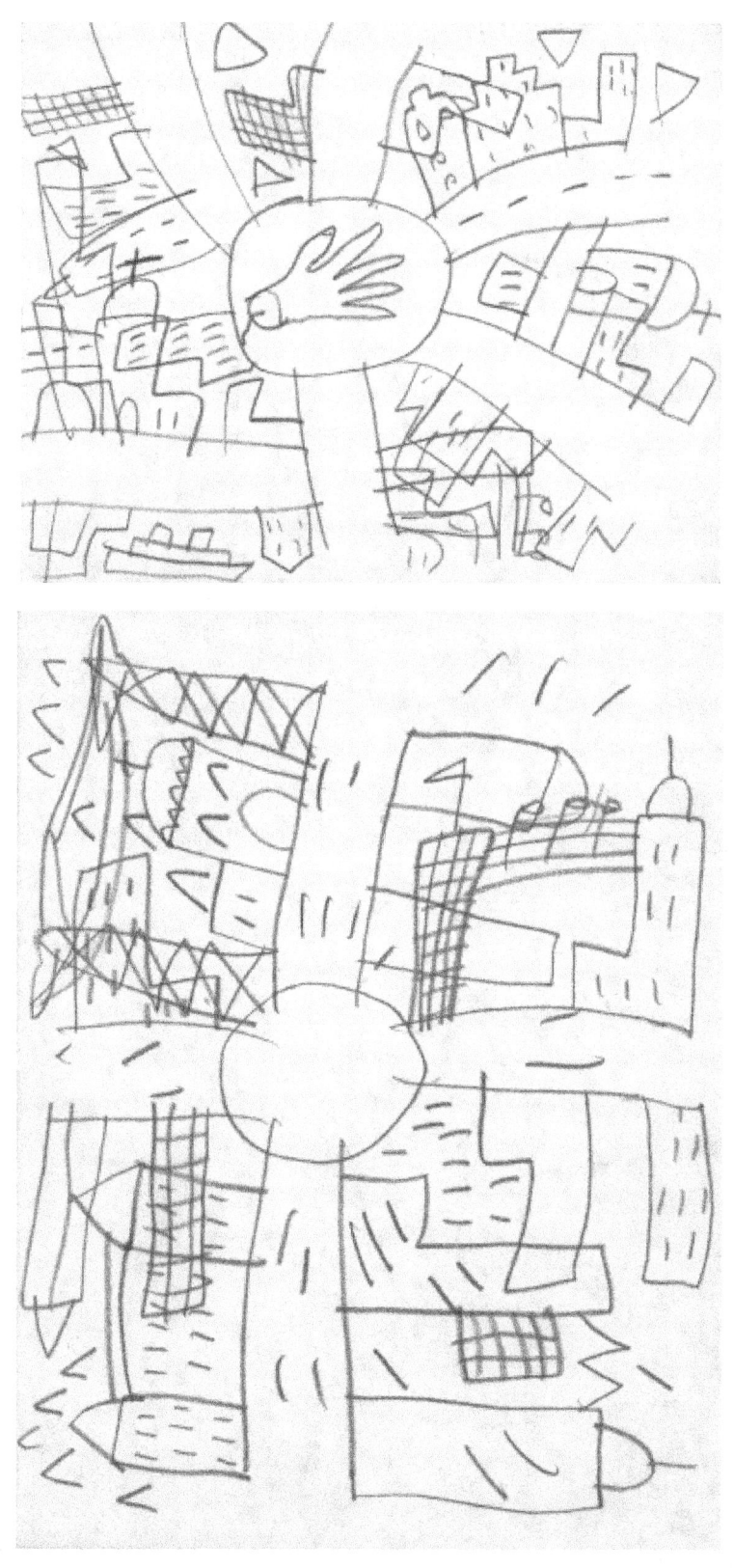

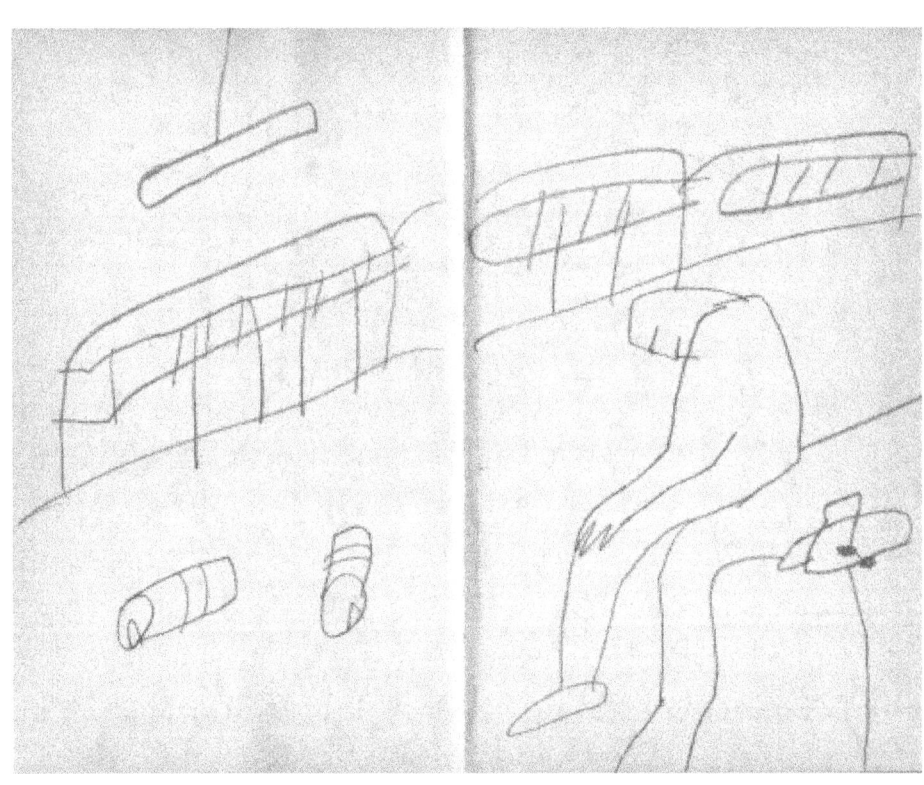

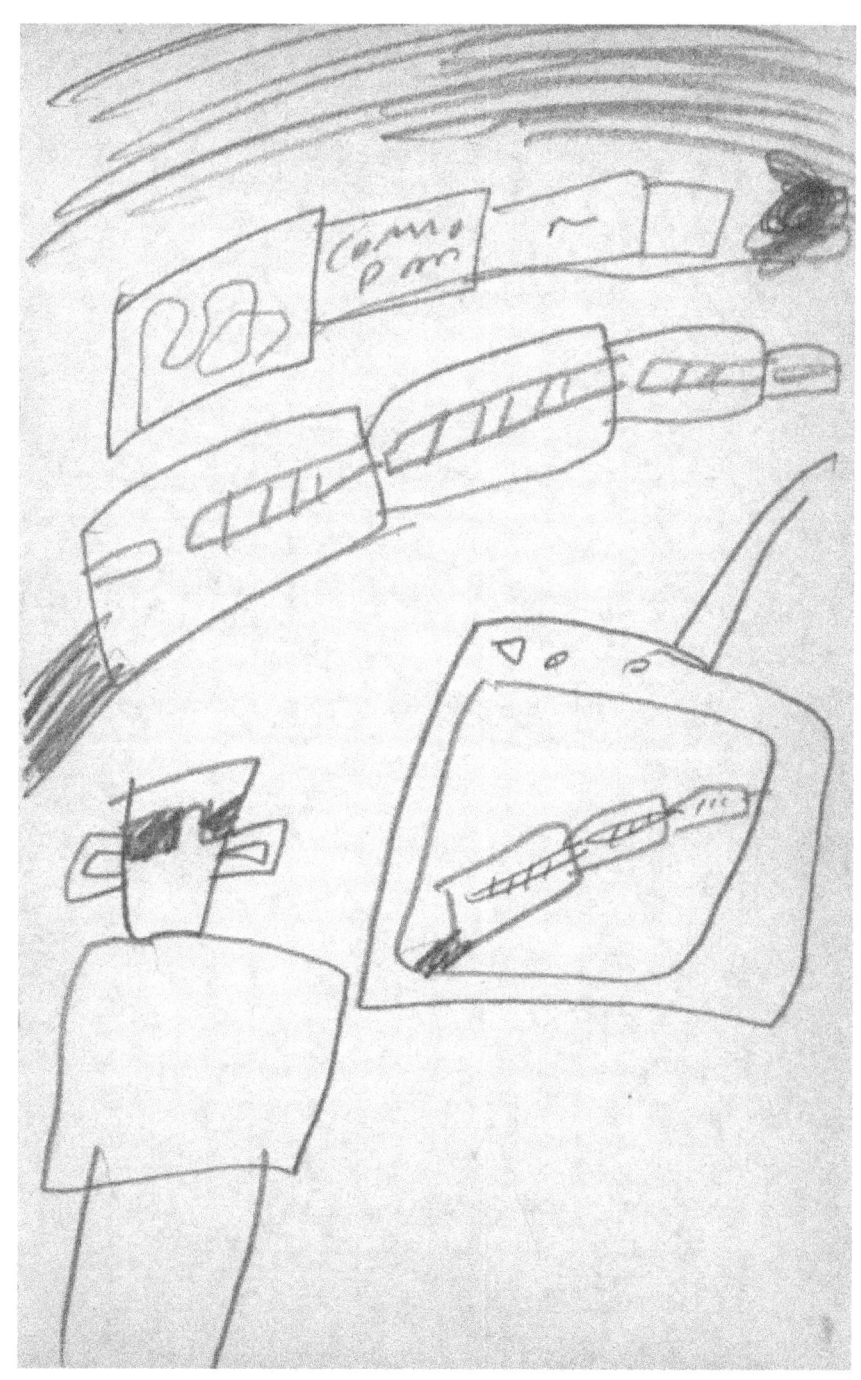

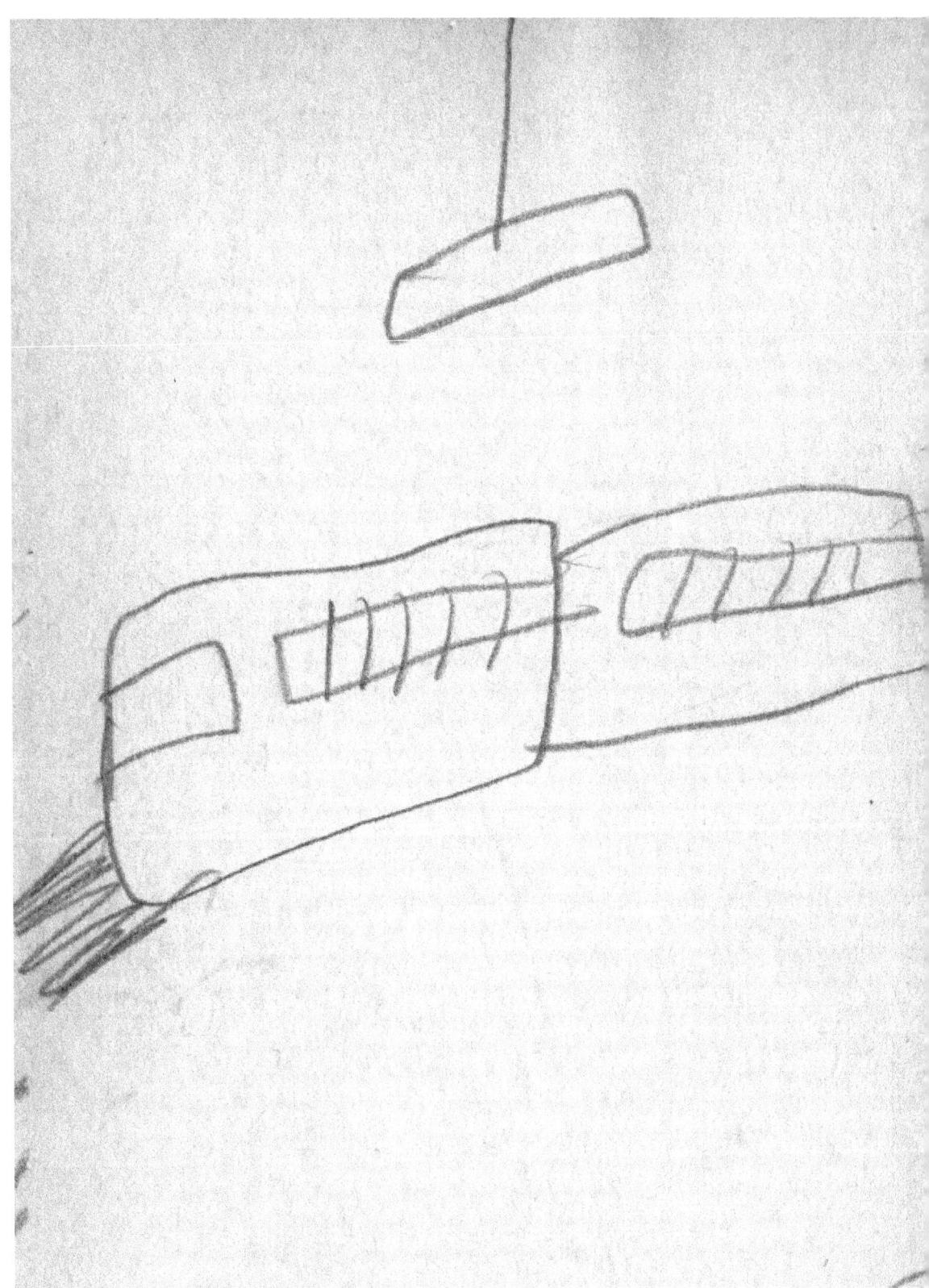

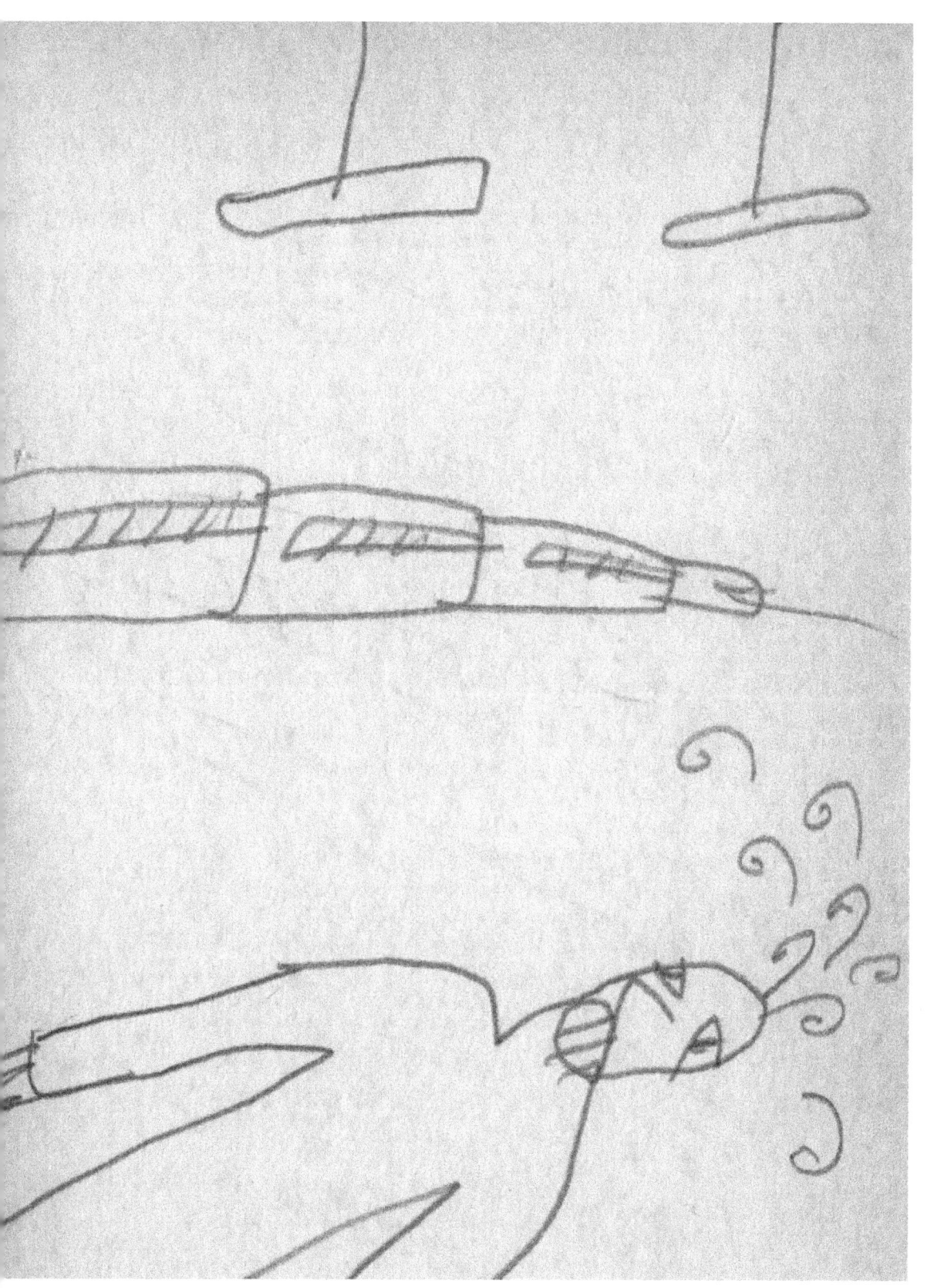

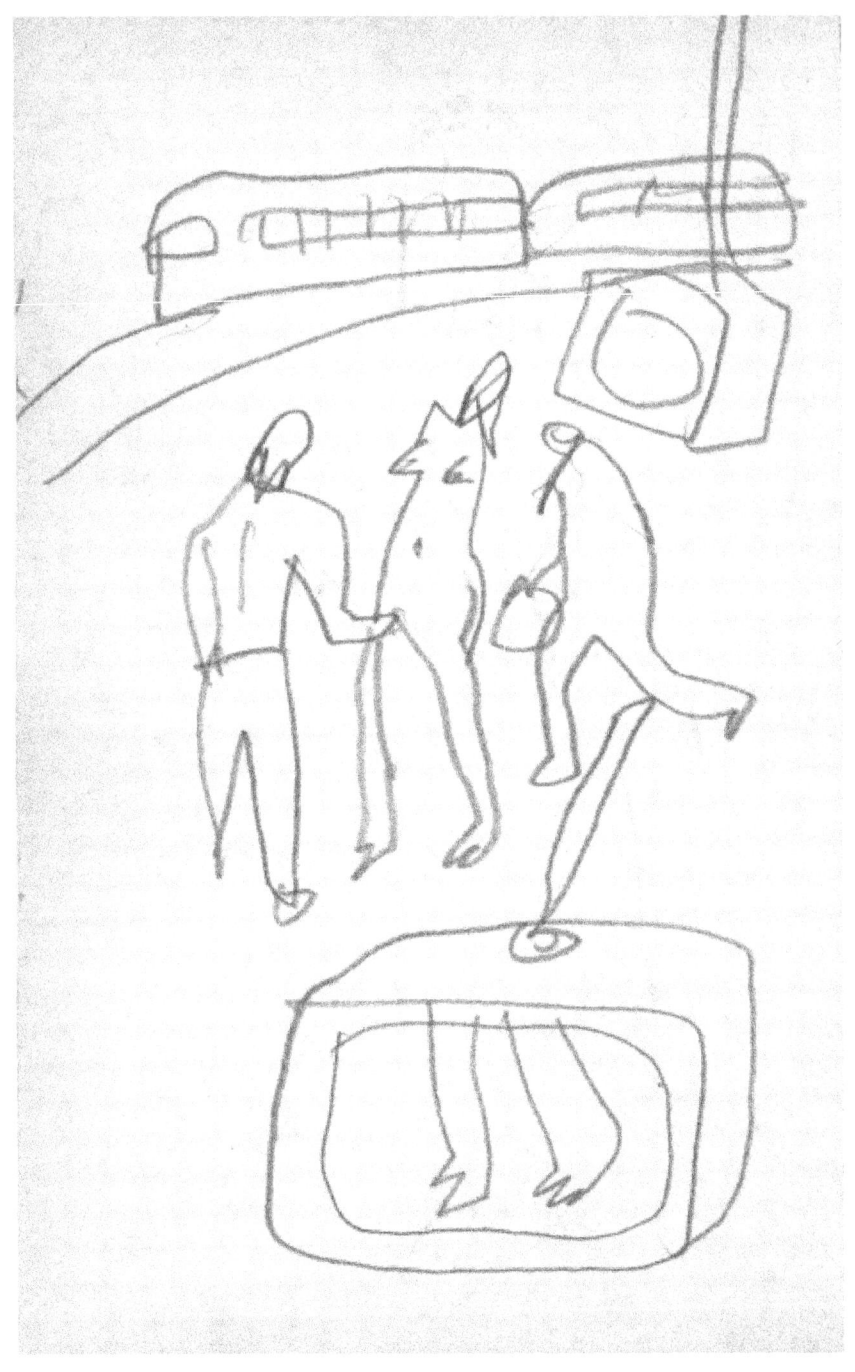

París y las ciudades

Al mismo tiempo, el hecho palpable y avasallante que se llamaba París lo había hecho consciente de un proceso que, casi sin darse cuenta, había estado desarrollándose desde antes de su llegada. Se trataba de la atracción que ejercían sobre él las ciudades. Retornó así a la costumbre de llevar un pequeño cuaderno de bocetos y salió a dibujar con un entusiasmo que ya casi había dado por desaparecido. De café en café, desde la Gare du Nord hasta la de Montparnasse, por las colinas y los pasajes del bulevar Montmartre, entre los vericuetos sórdidos de Porte de Clignancourt y Crimée, registró en bocetos rápidos los espacios, los edificios, las señales de tránsito, los automóviles, los ríos de gente por las veredas de los bulevares, en las tiendas y en los cafés, las muchedumbres de las estaciones, los escaparates, los mercados, los trenes. Su propósito era traspasar todo. Su sistema: aprehender para disolver. Su intención: llegar tan lejos que todo aquello pudiera ser transformado en signos de un lenguaje interior.

Van Gogh - "Le jardin du docteur Gachet" //
Van Gogh dibuja "El niño" grabado
Paul Cezanne. "Achille emperaire"

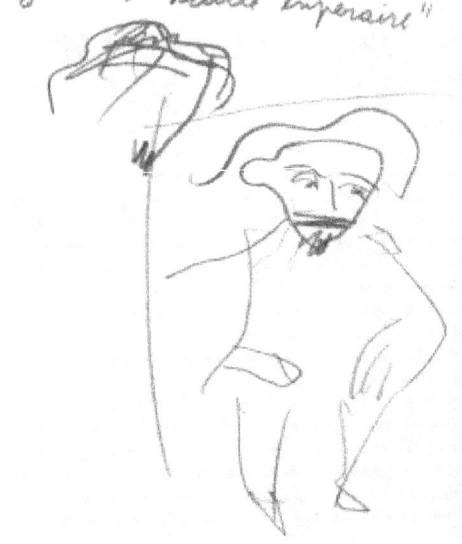

relieve en madera de Gauguin
con perros
y frutos

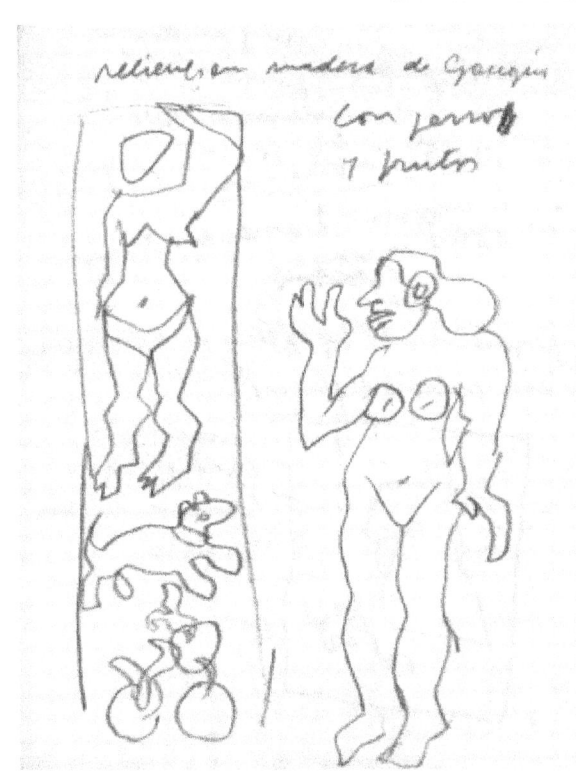

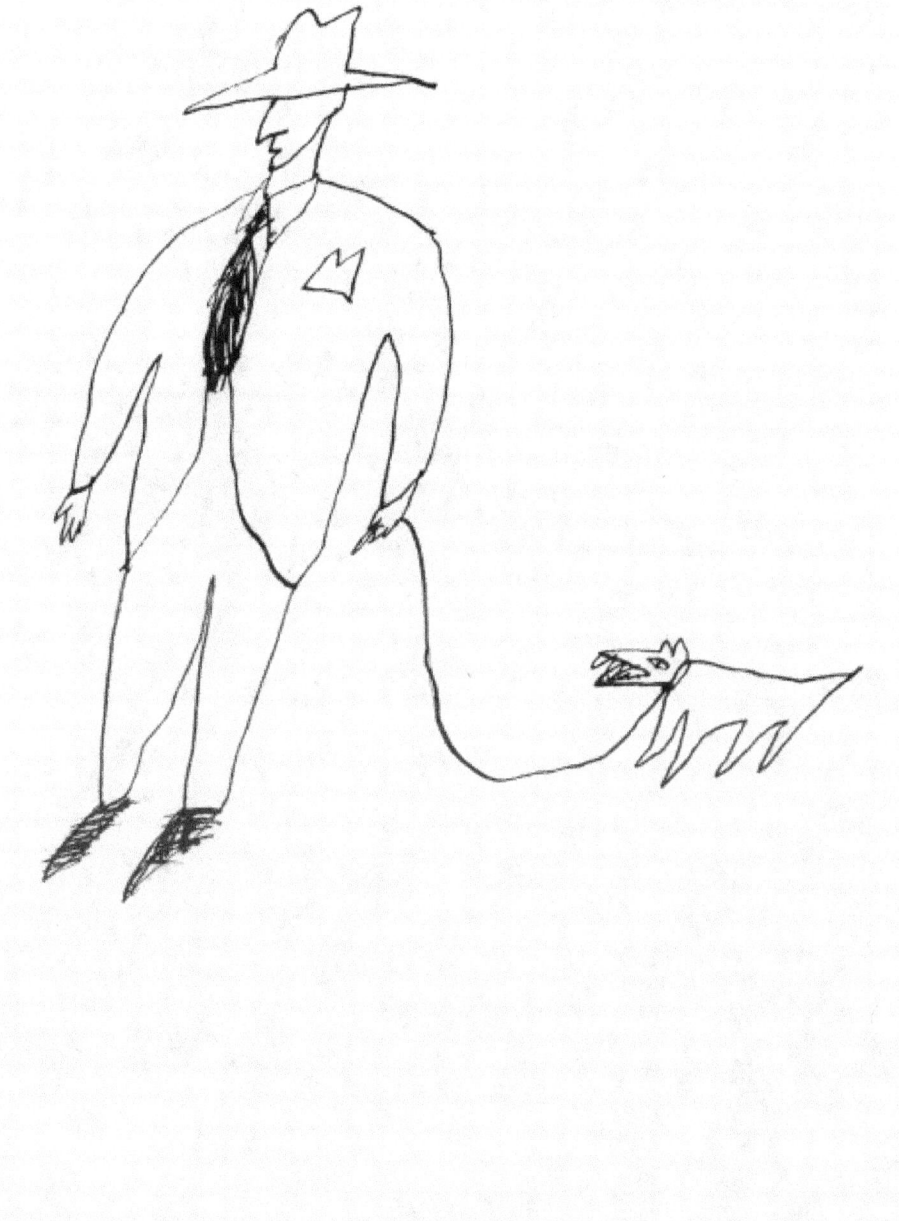

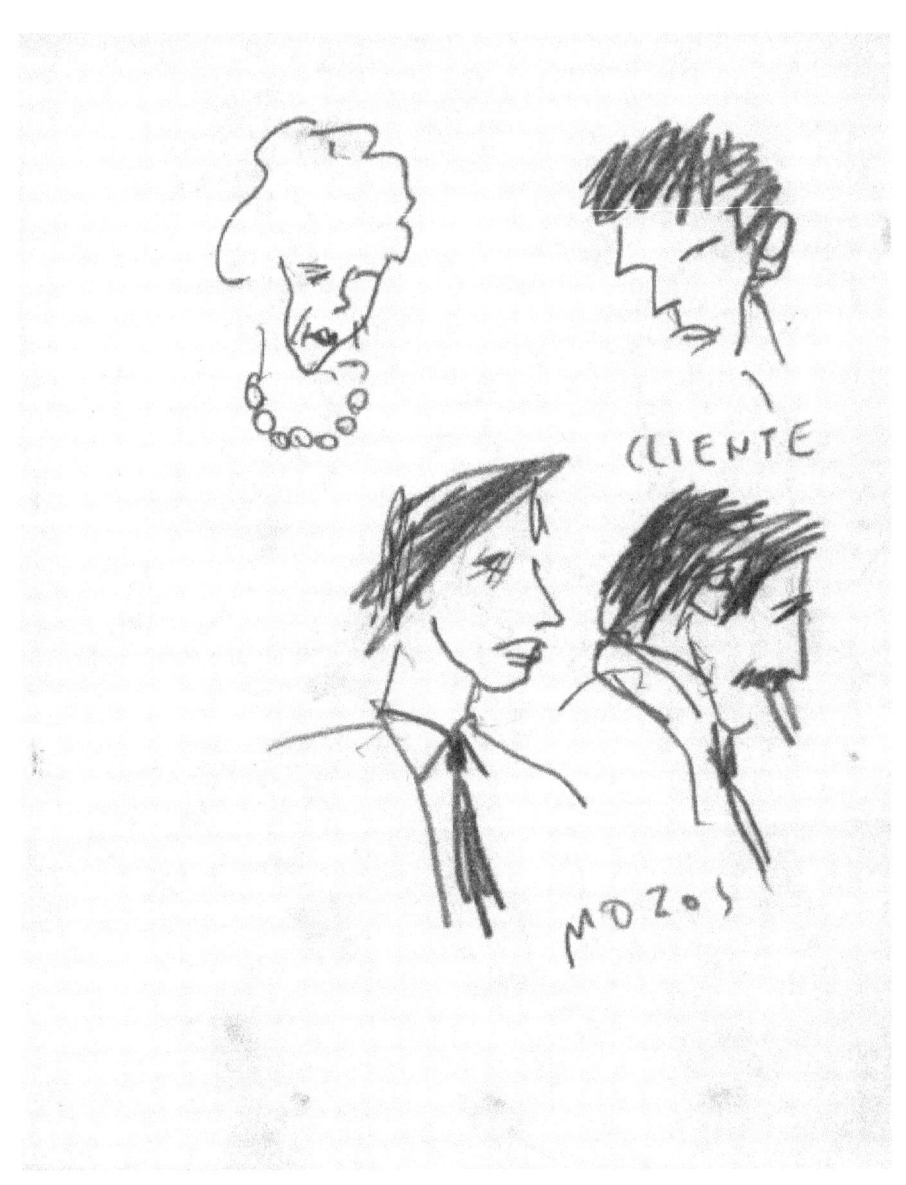

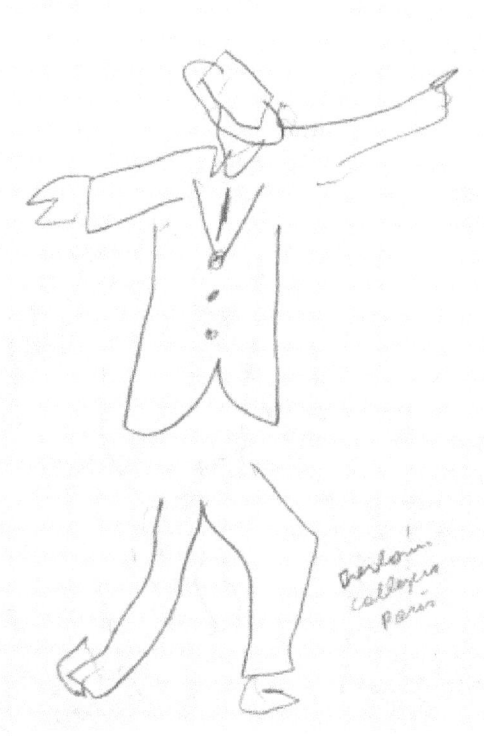

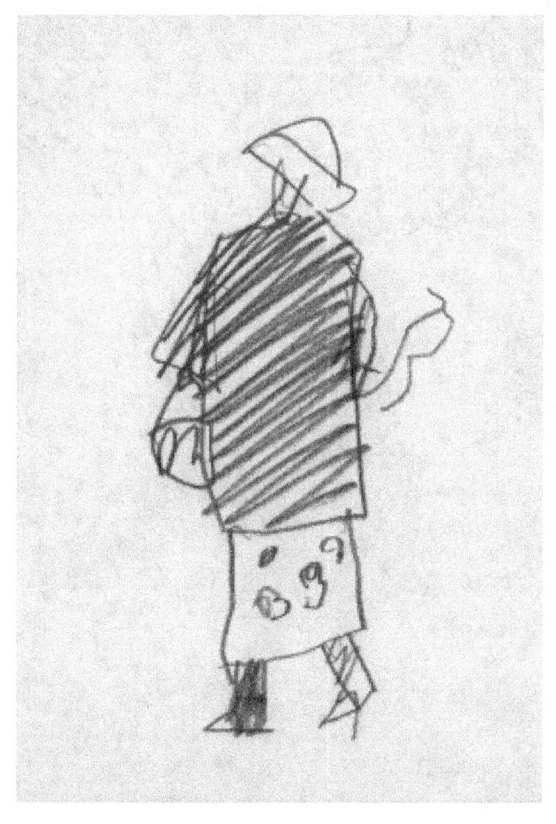

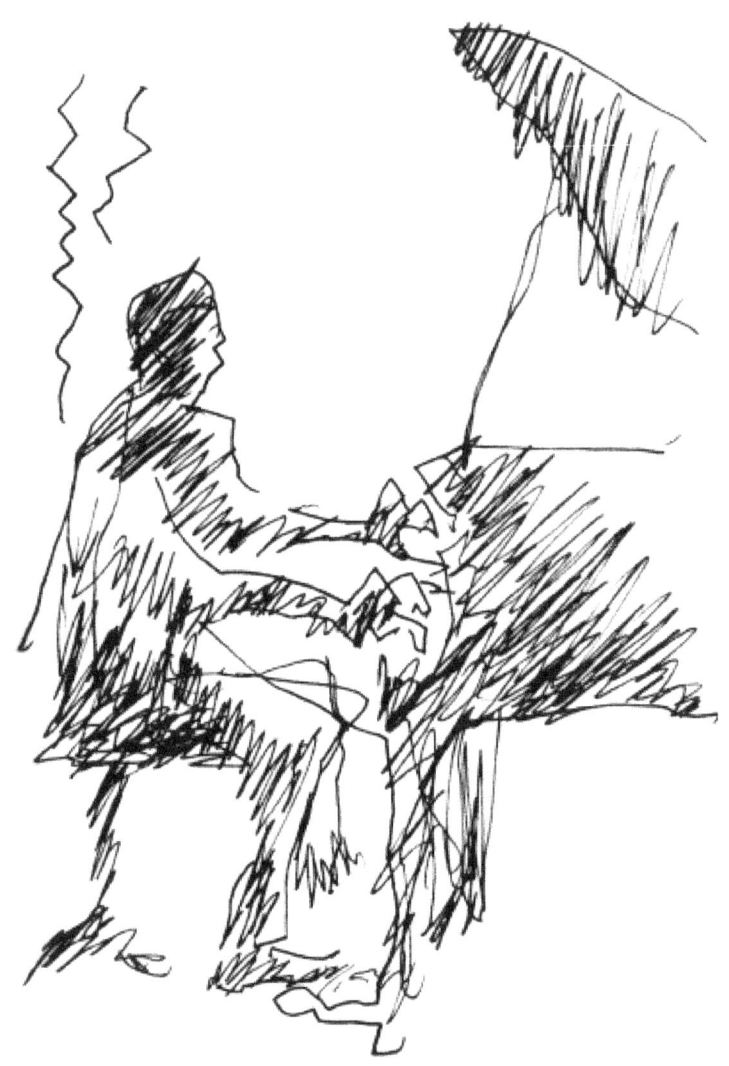

Gismonti toca en el piano el sonido del silencio

Una vez fueron a escuchar a Egberto Gismonti a un club de jazz de Montparnasse. Hacia el final del concierto, después de tocar algunos temas de *Dança das cabeças*, Gismonti cambió su guitarrón por el piano y el resto de los músicos fue abandonando uno a uno el escenario. Al quedar solo, su música ascendió por un momento como en una espiral, quedó flotando en el aire, se quebró dramáticamente en unos acordes bajos y se tornó luego aguda y dulce, dolorosamente infantil. De manera progresiva el sonido fue descendiendo y el silencio del local se volvió más espeso a medida que el esfuerzo por escuchar se hacía más grande. Los acordes eran apenas audibles y todos los oían inmovilizados. El público no se atrevía a hacer el más mínimo movimiento, ni siquiera el de llevarse a la boca las copas de vino o de cerveza. Hacia el final los dedos de Gismonti apenas rozaban las teclas, de las que no salía, físicamente hablando, ningún sonido. A pesar de que su interpretación fue, durante largos y tensos minutos, solamente gestual, la música del silencio atravesaba la barrera exterior de los oídos del público para sonar en el interior de cada uno. Al tocar el último acorde levantó las manos y las dejó caer lentamente, como en una pantomima, a los costados de su cuerpo. Pasaron aún algunos segundos y luego se precipitó una enorme y compacta ovación. Por un momento se habían borrado las identidades y tanto Renata como Fontana habían formado parte de aquella música interior colectiva.

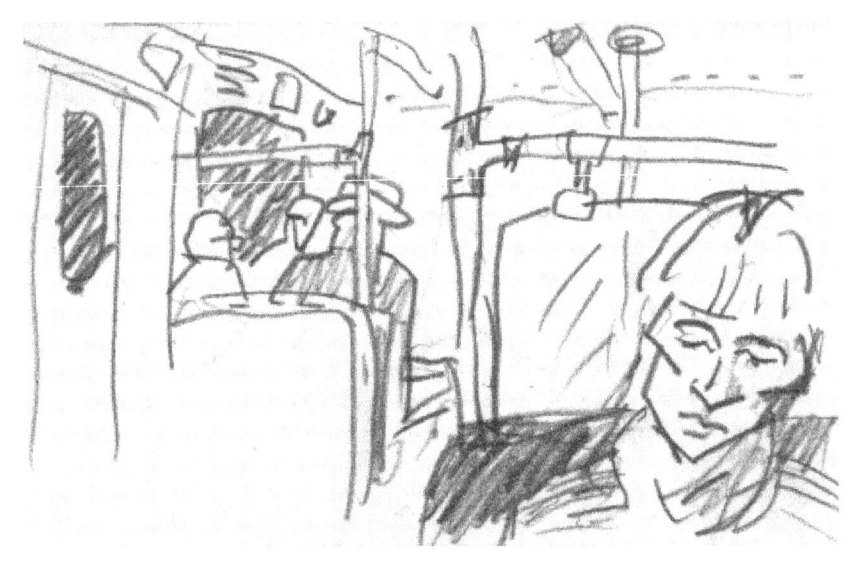

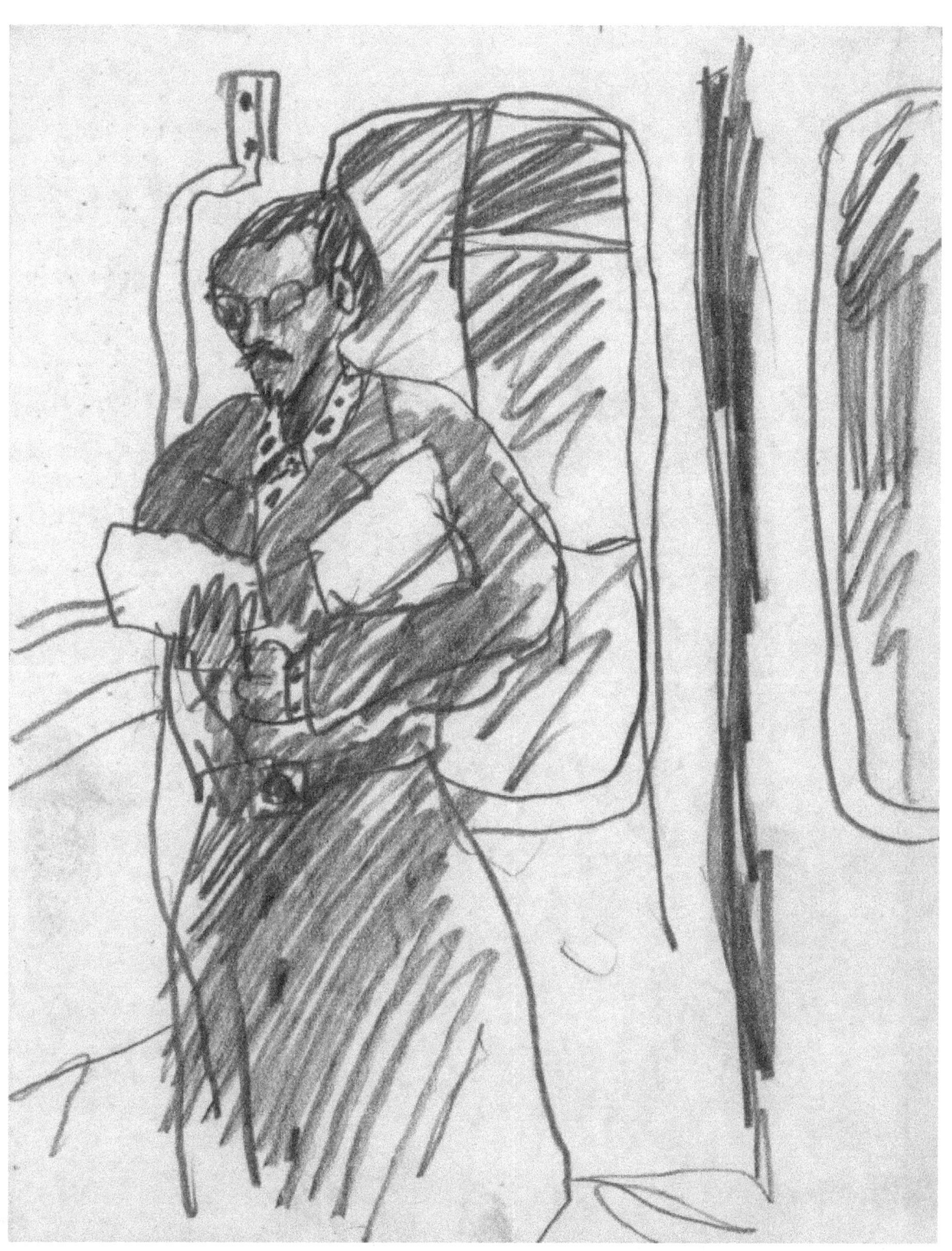

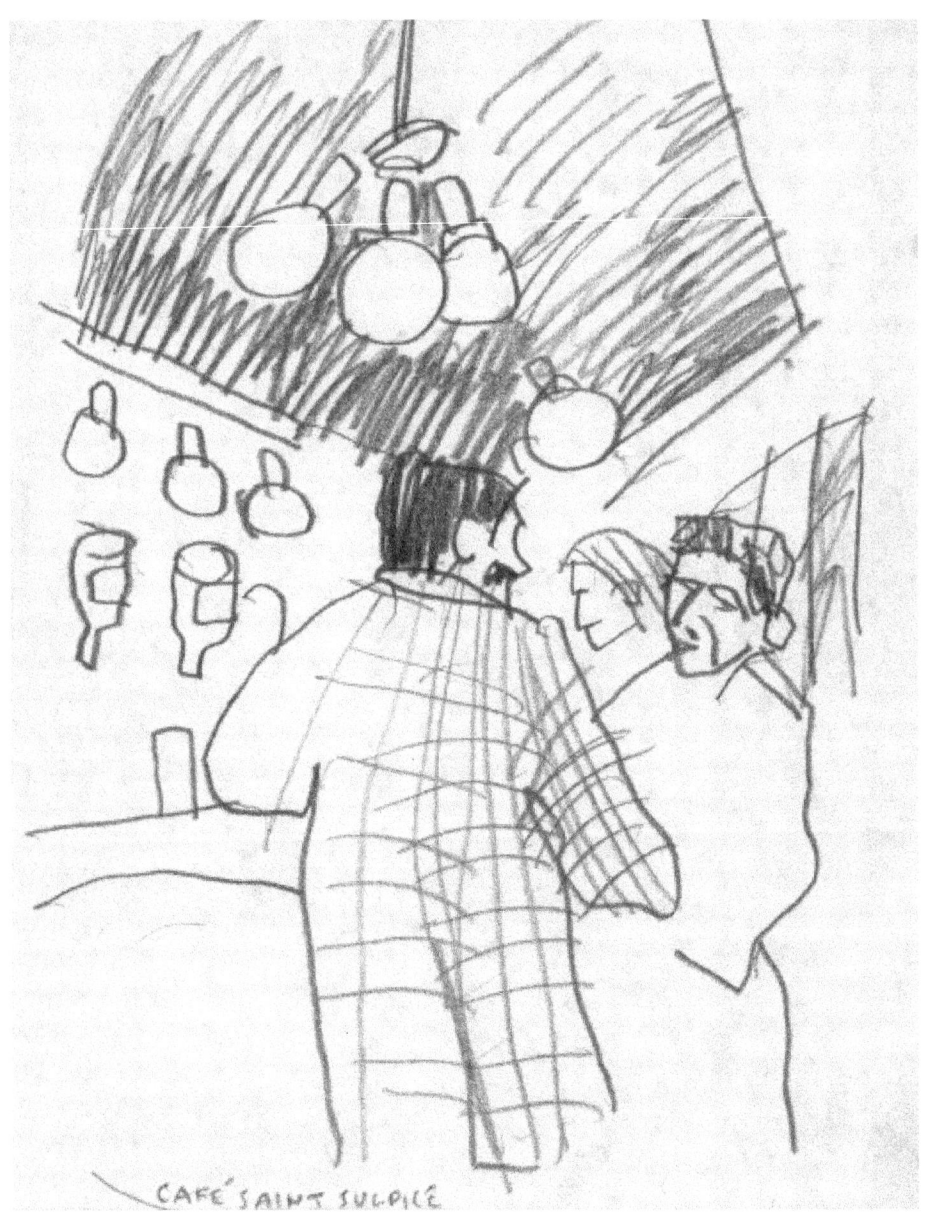

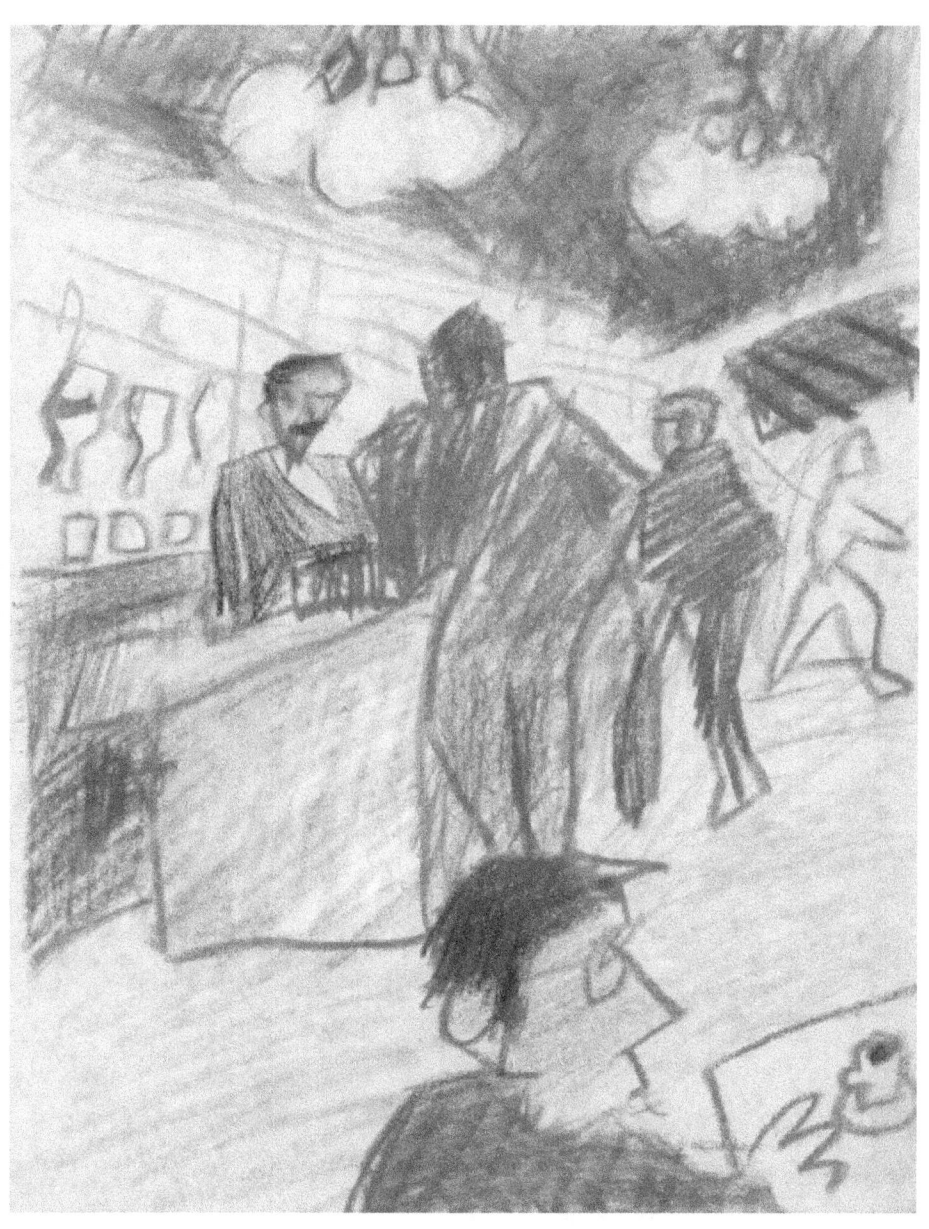

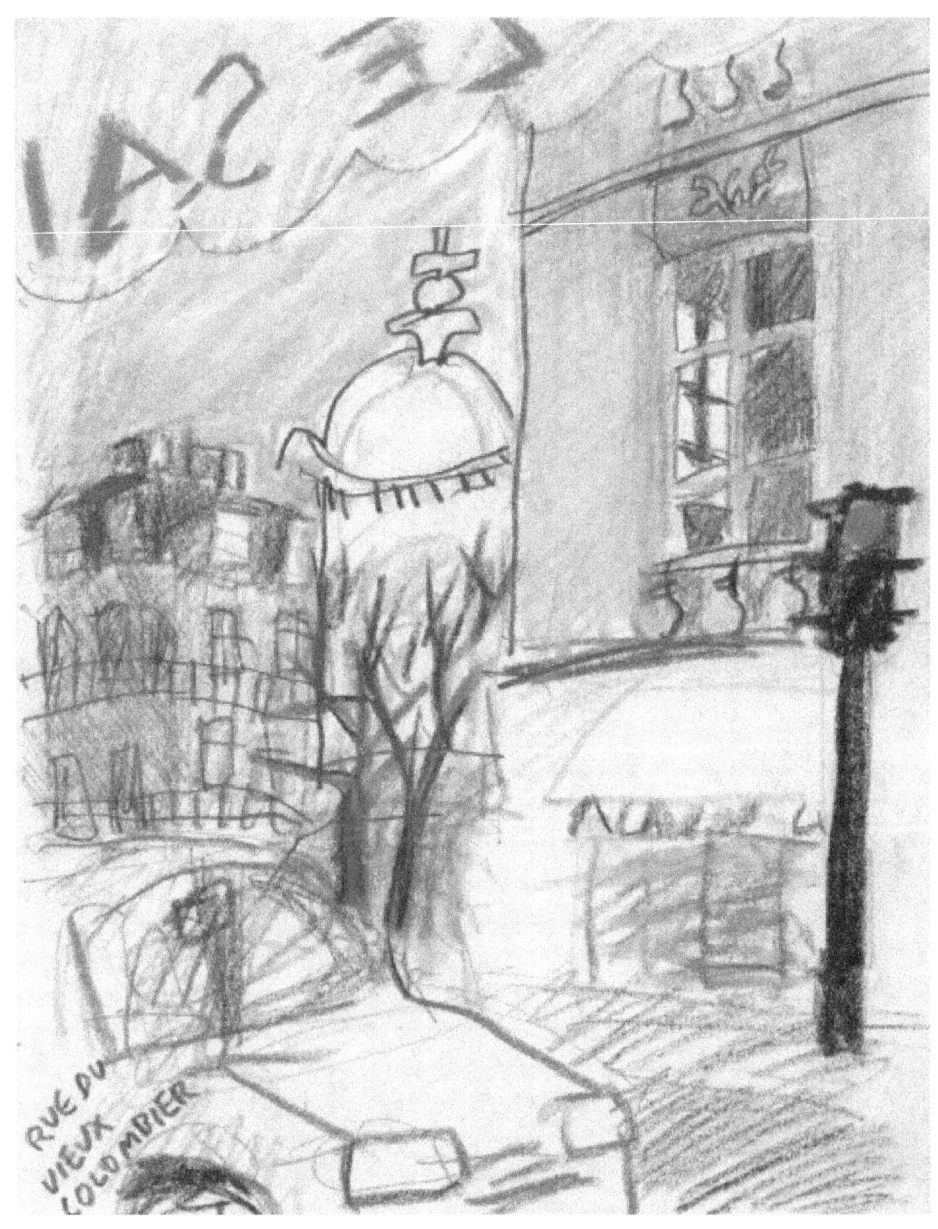

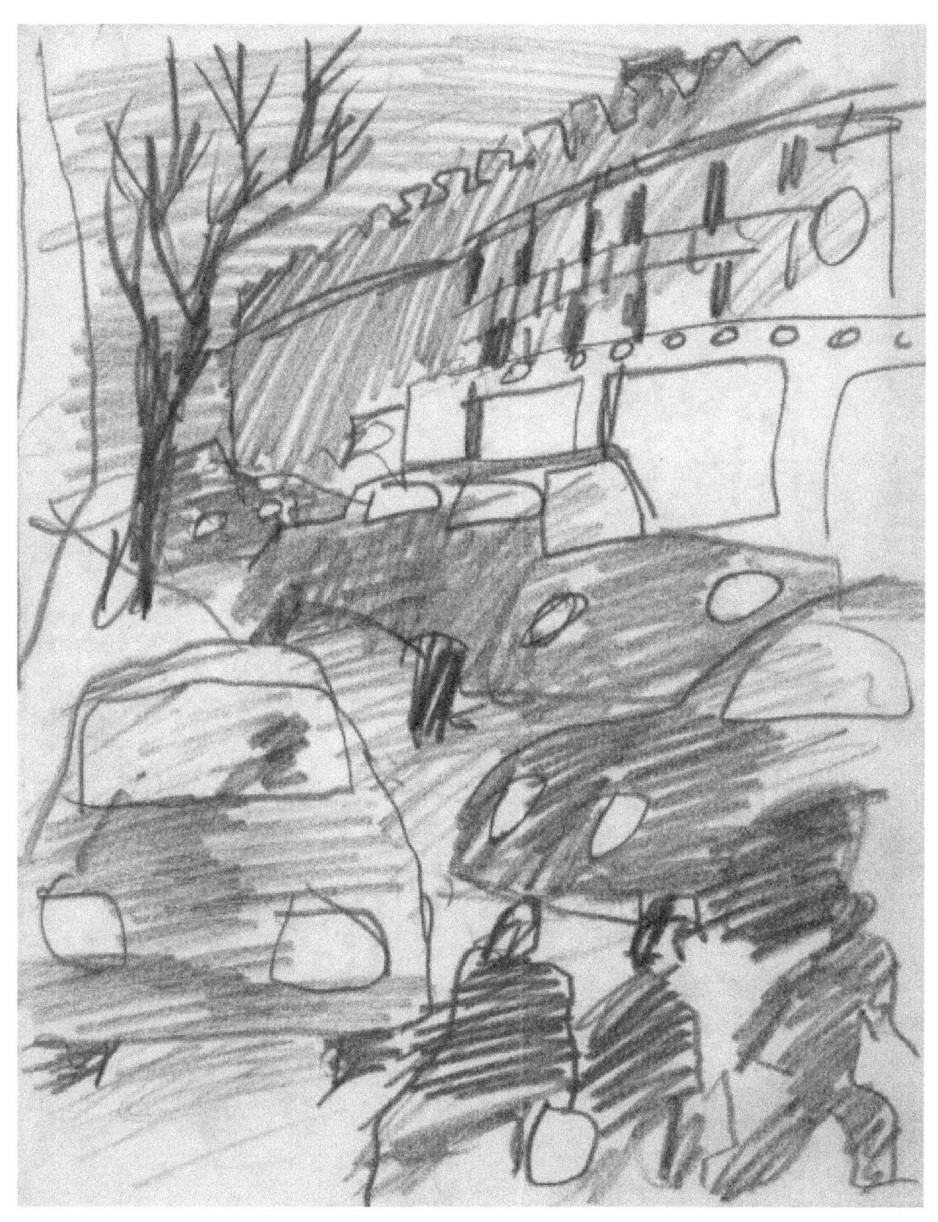

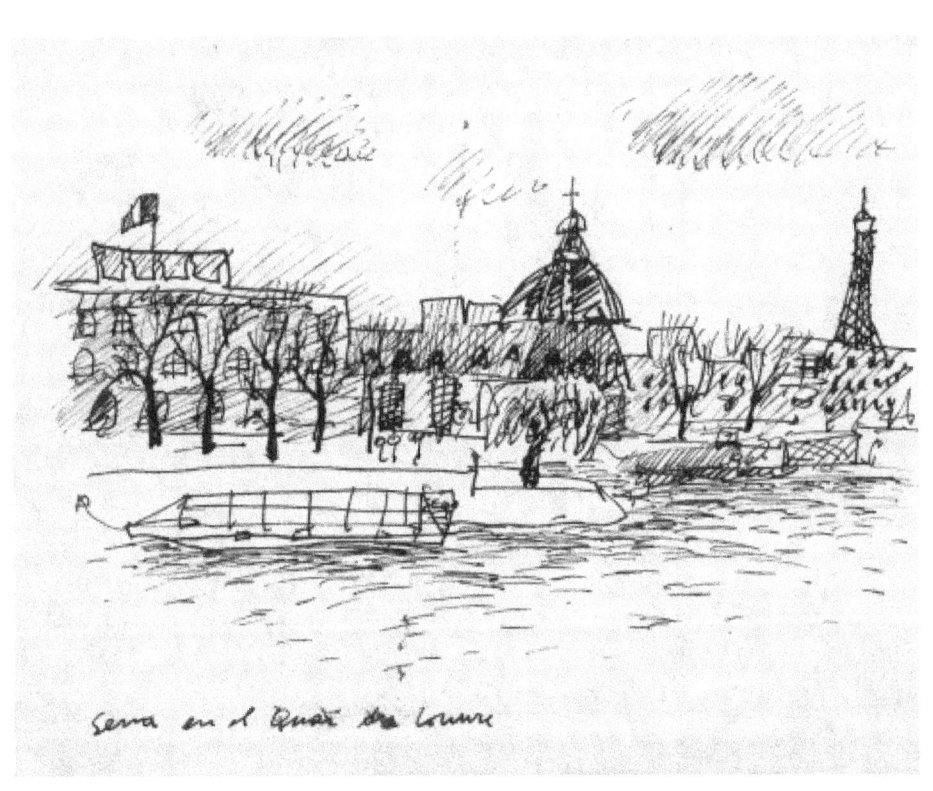

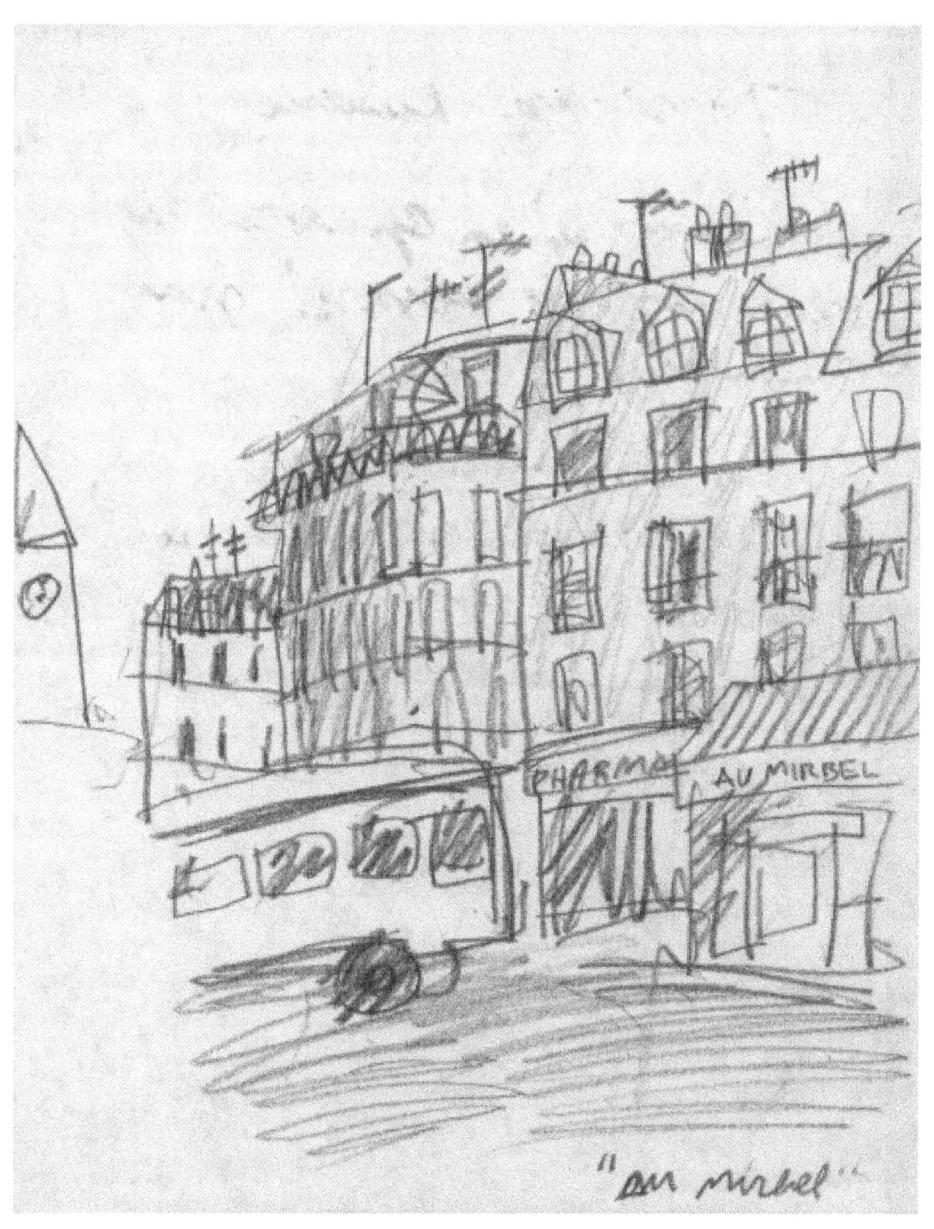

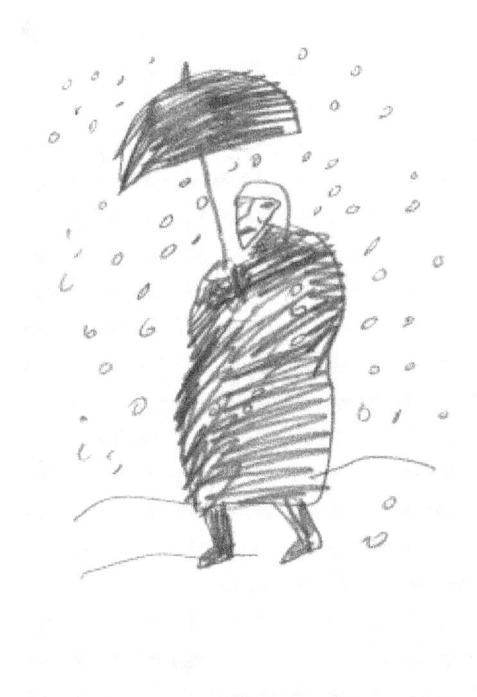

Retratos

Después de comer sacó su cuaderno y se puso a dibujar retratos. Los rostros que veía habían sido atravesados sin piedad por el tiempo, tenían marcas definidas, profundas, y cada uno constituía un mundo en sí mismo como si esas personas vinieran de planetas diferentes, pero todas de planetas sin luz y sin color. El trabajo fluyó durante un rato. A pesar del ruido que hacían las bandejas y los carros dibujó como si se encontrara solo sobre una torre y lo observara todo a través de un catalejo. Nadie parecía advertirlo, pero tampoco necesitaba observar a nadie de manera insistente para captar sus rasgos.

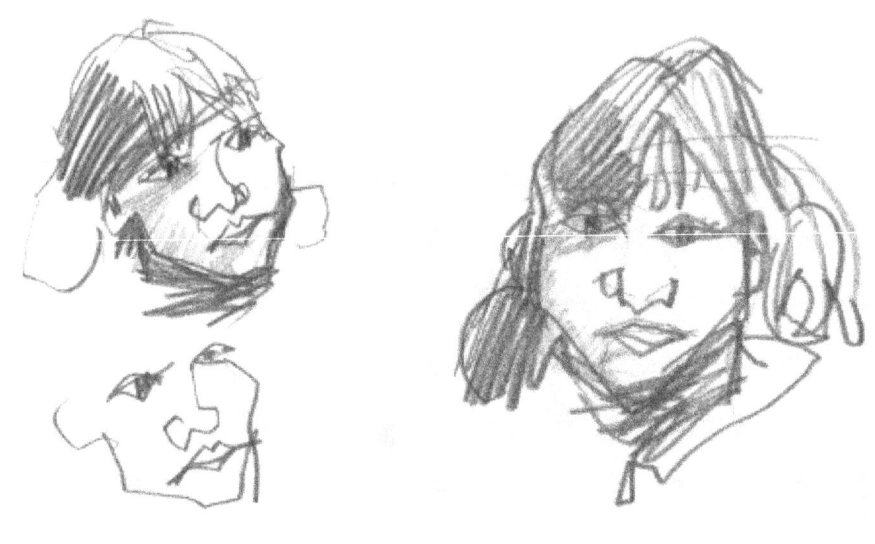
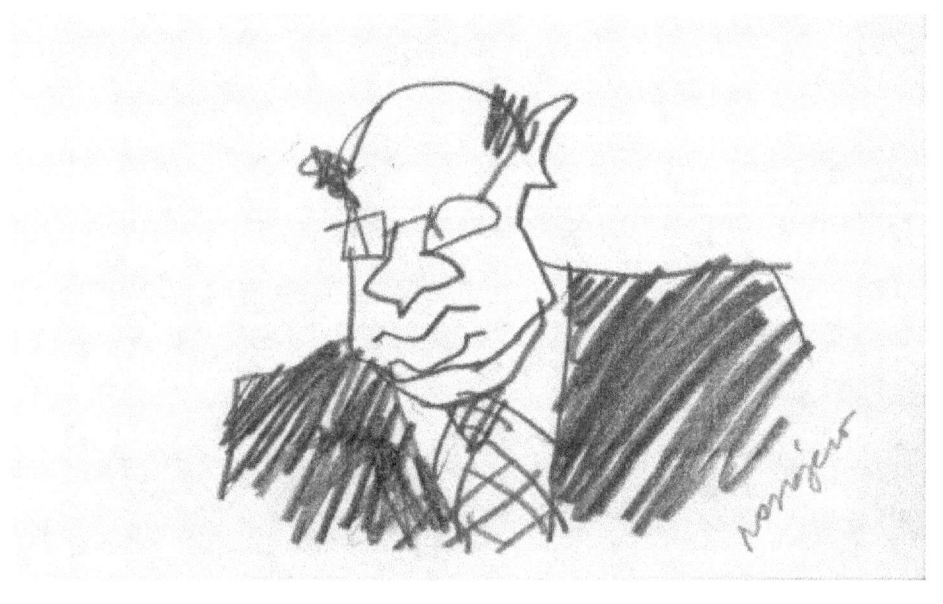

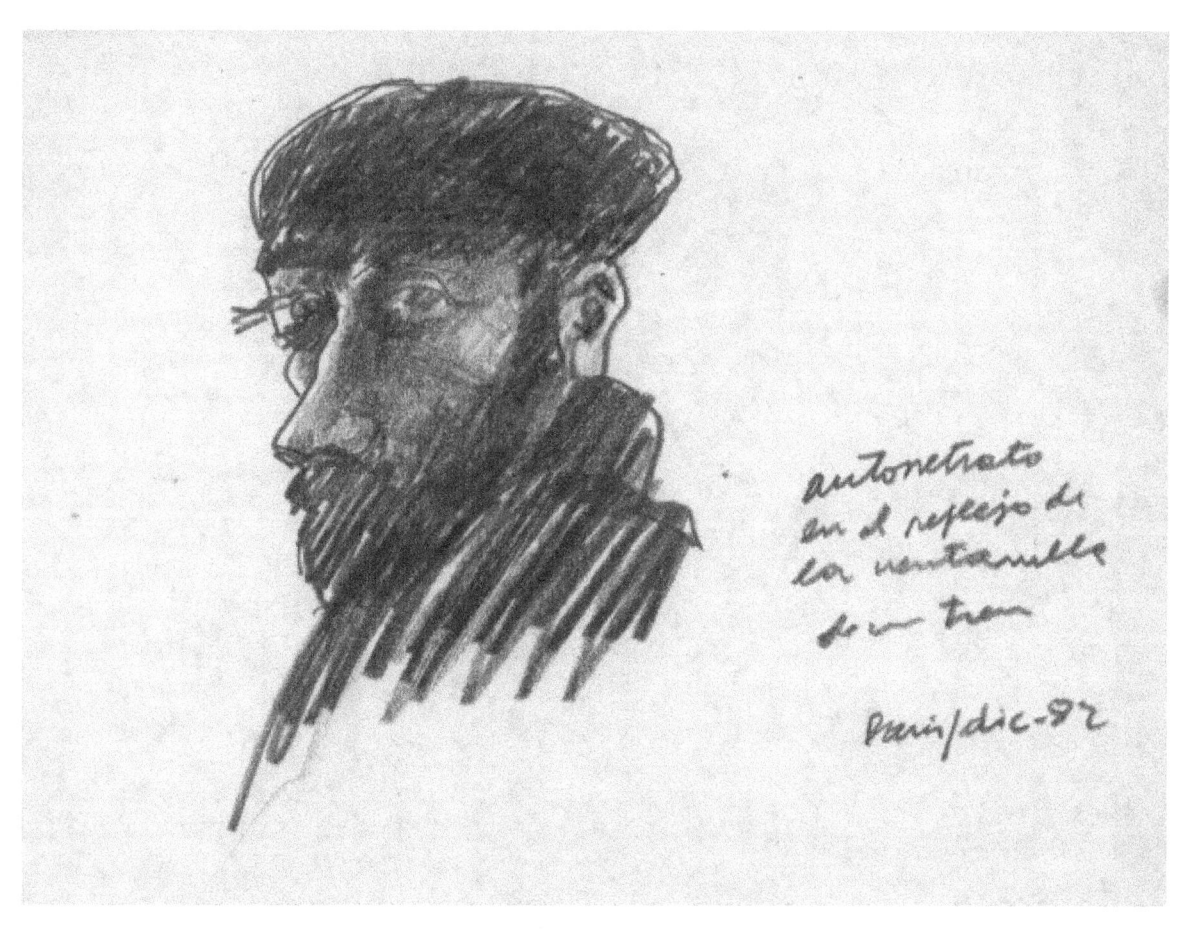

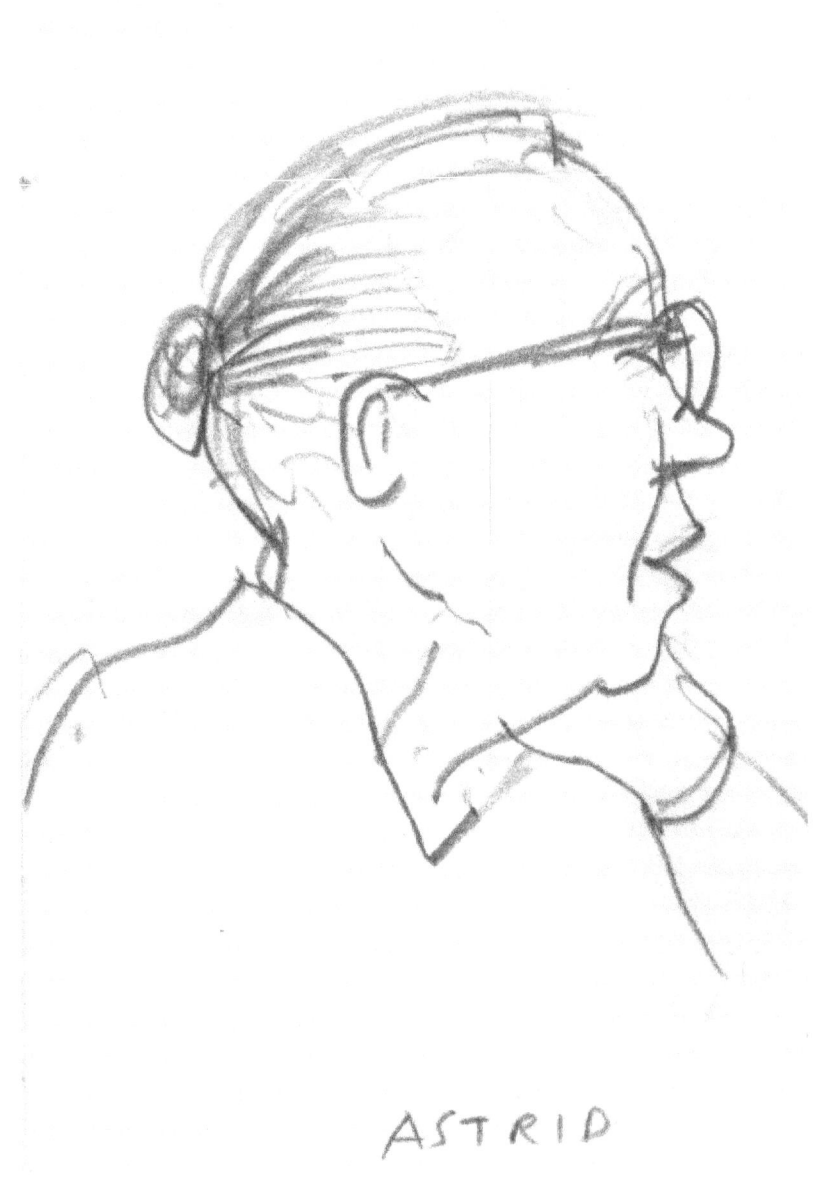

ASTRID

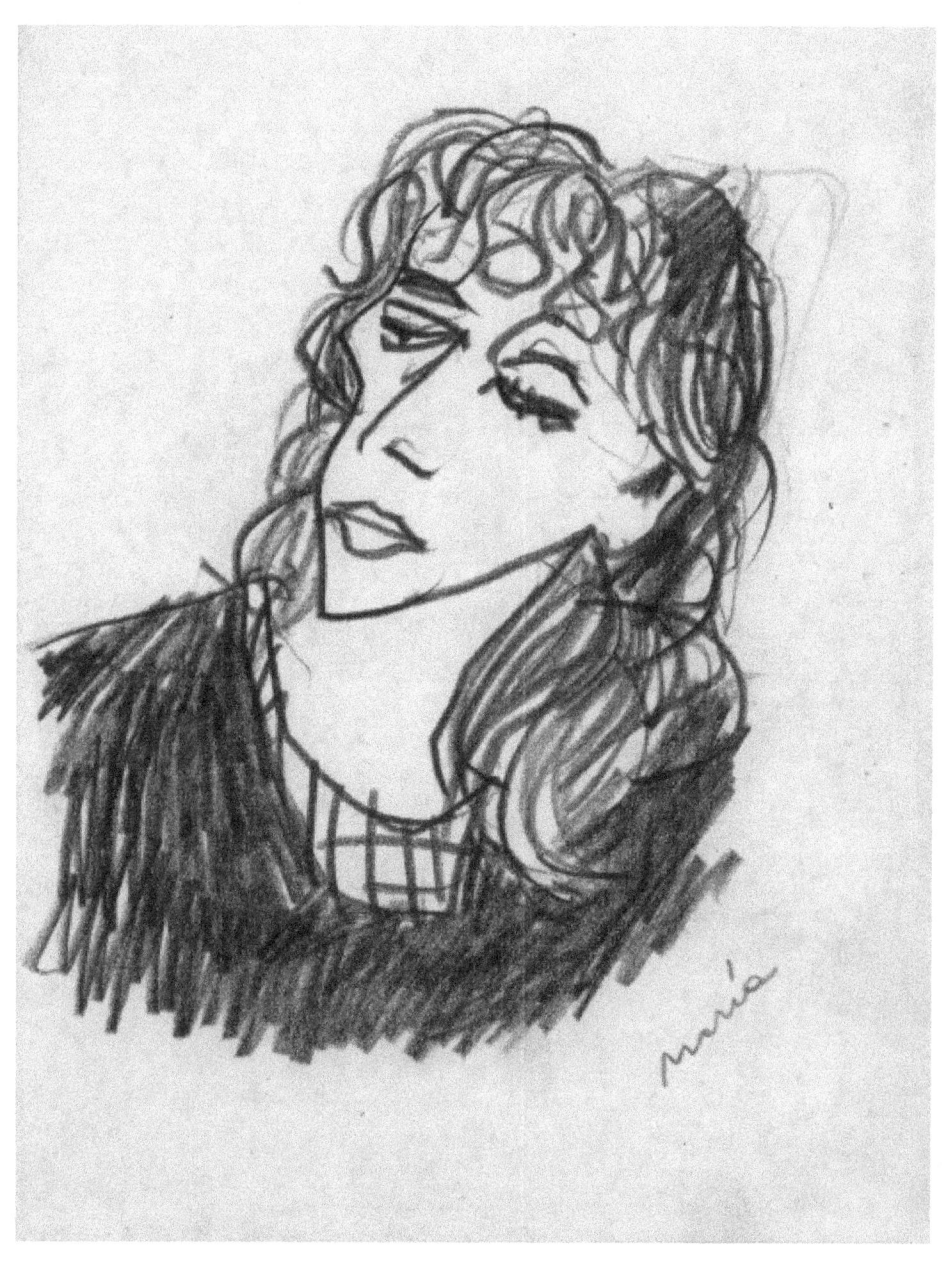

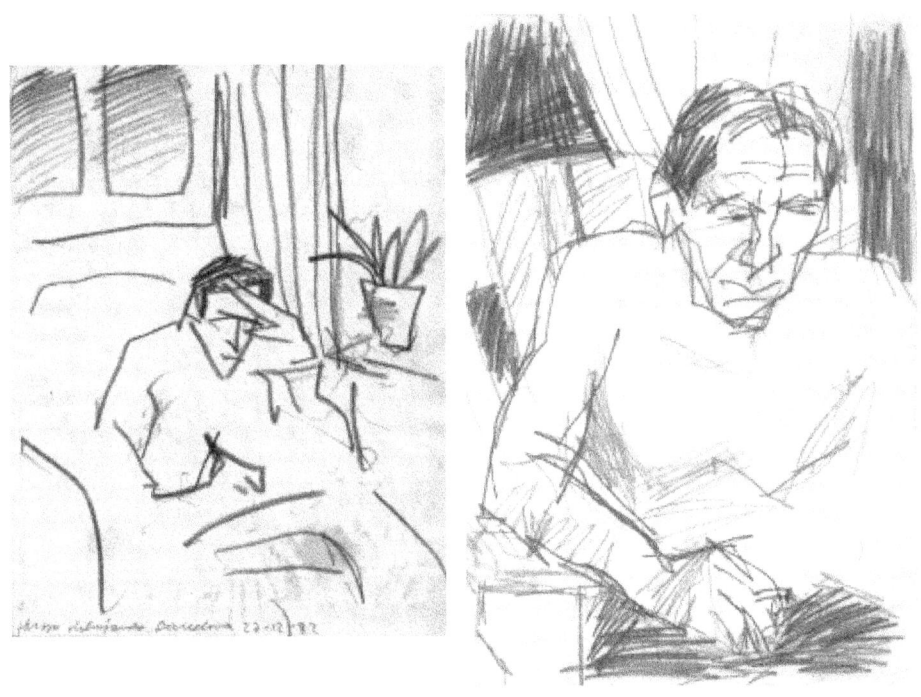

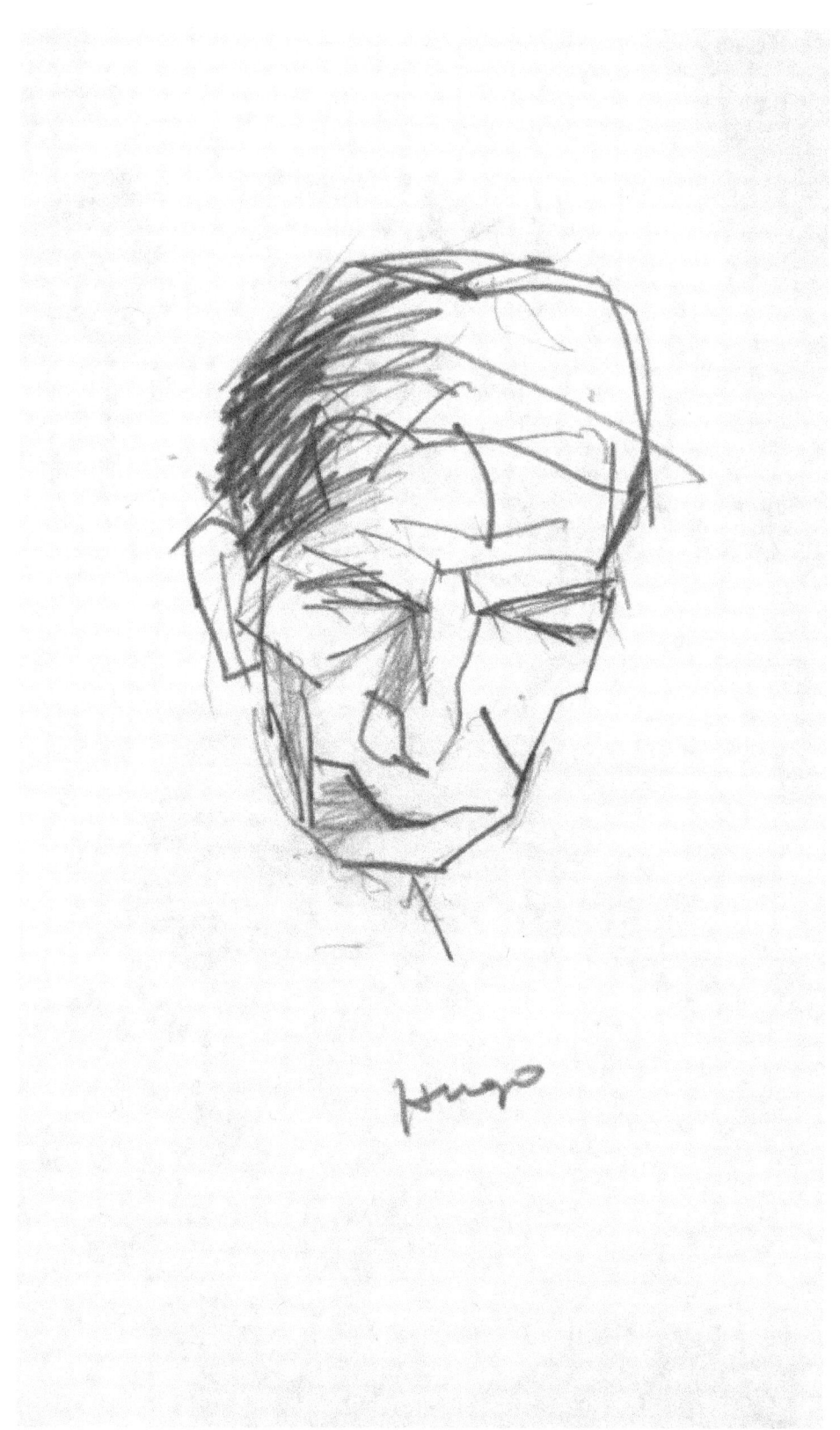

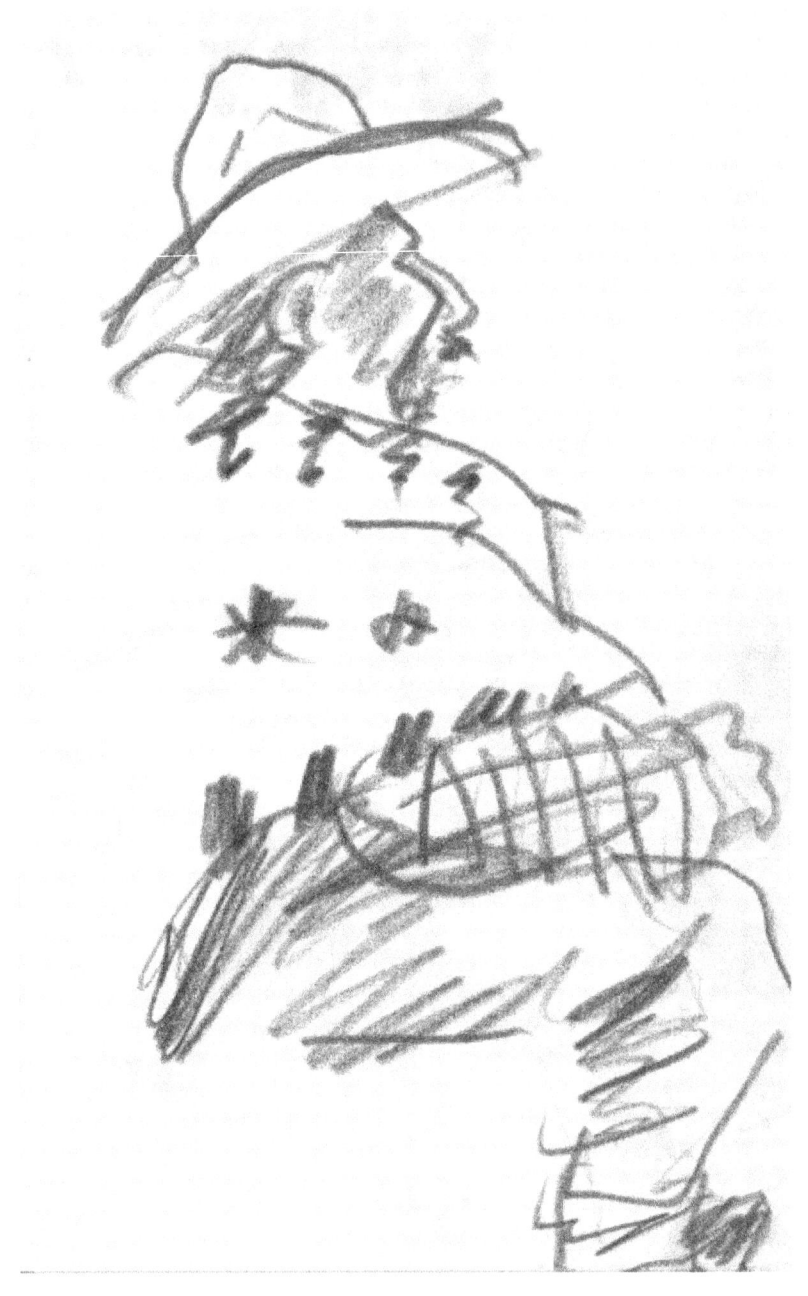

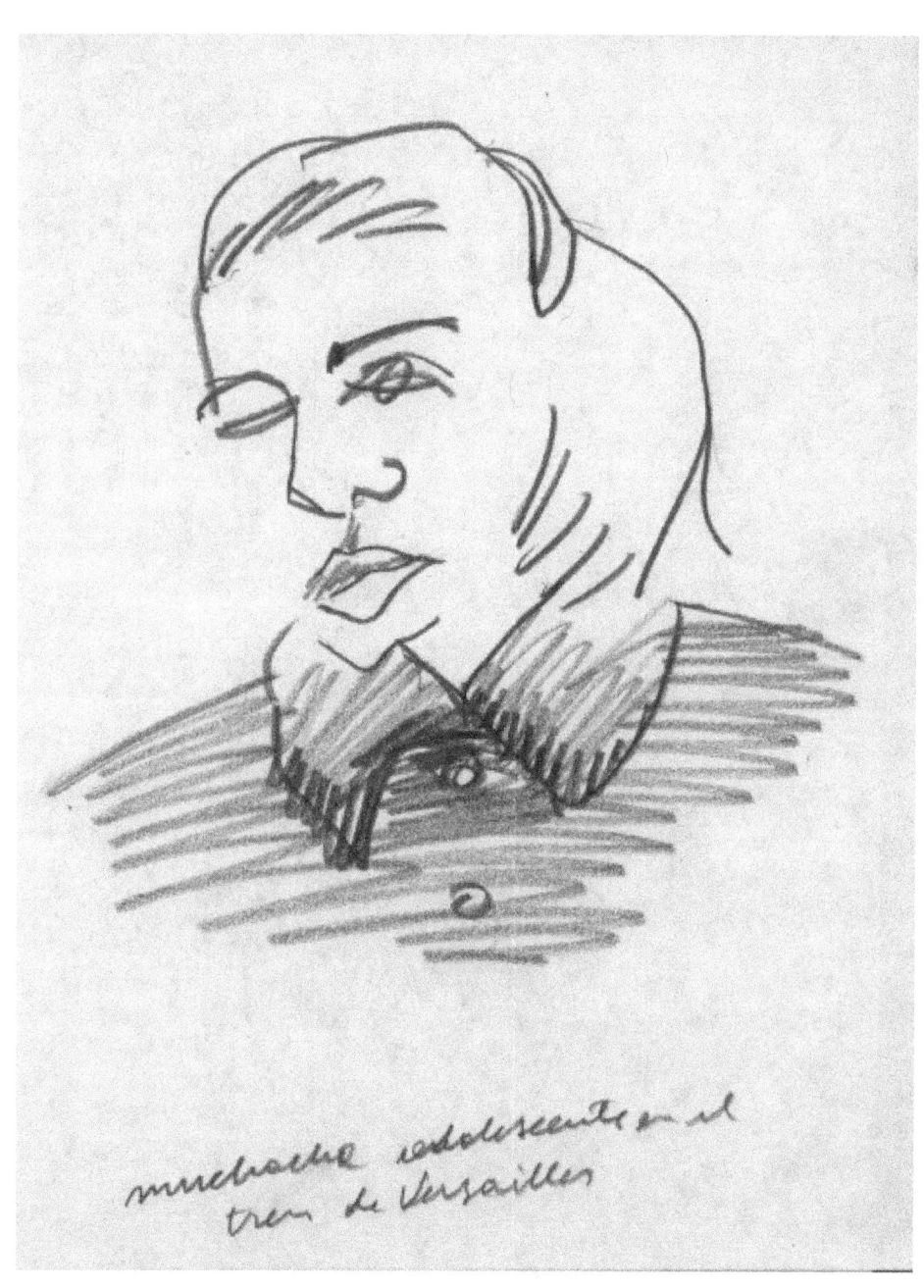

muchacha adolescente en el
tren de Versailles

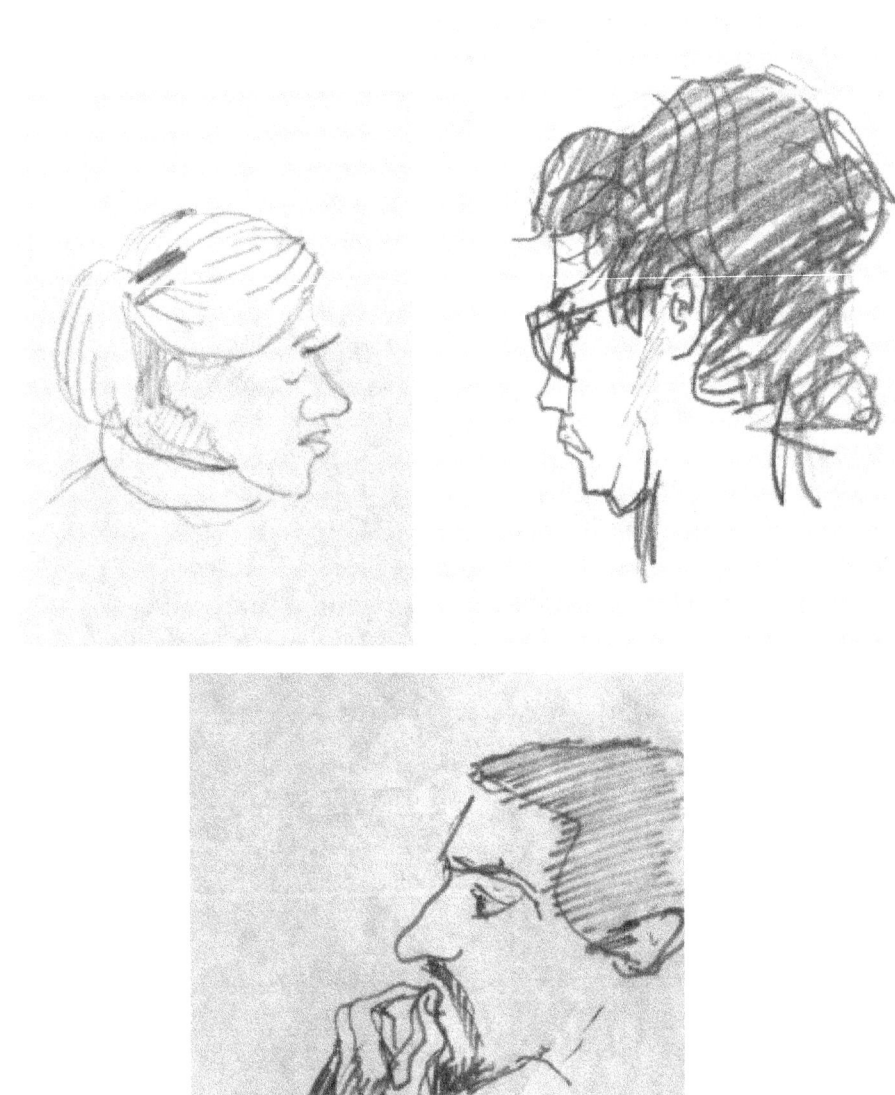

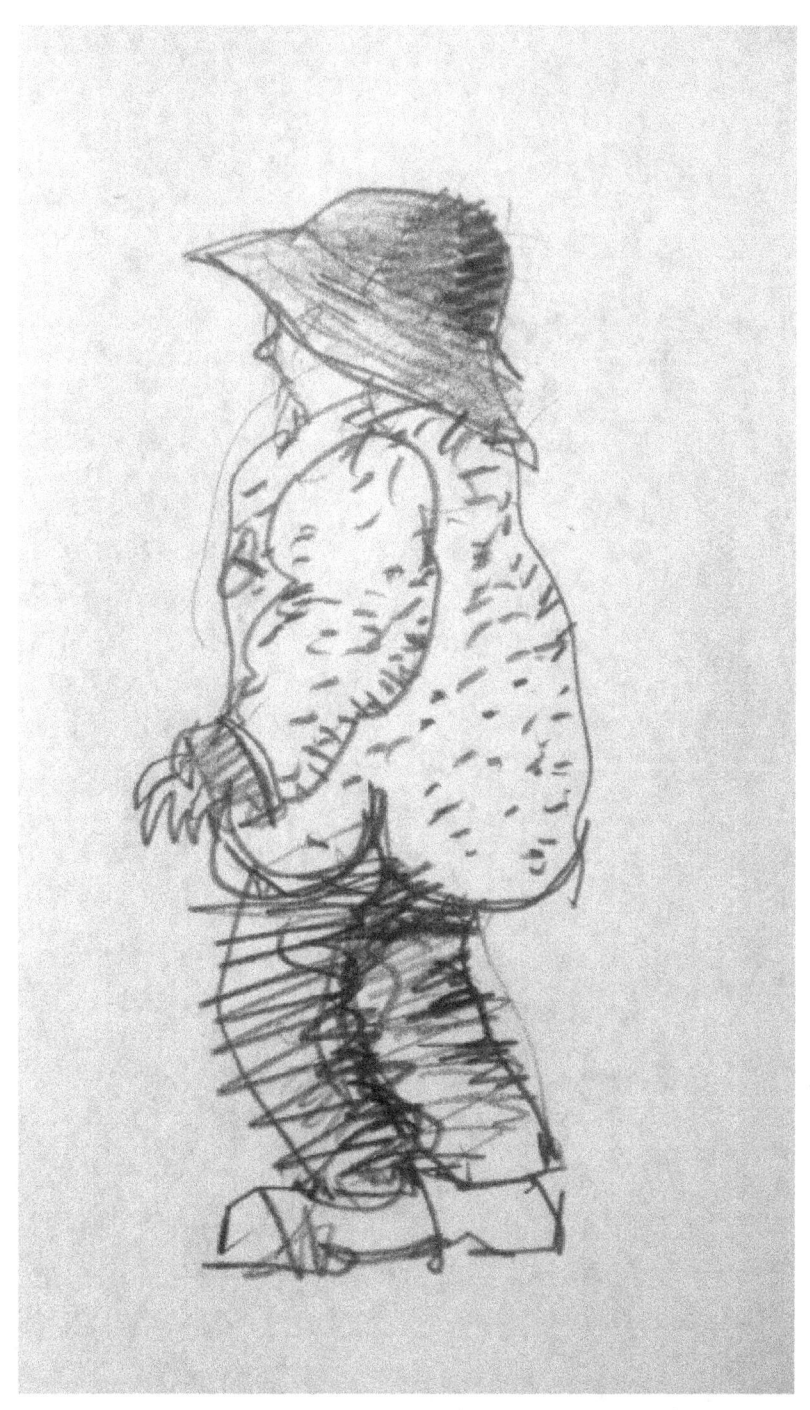

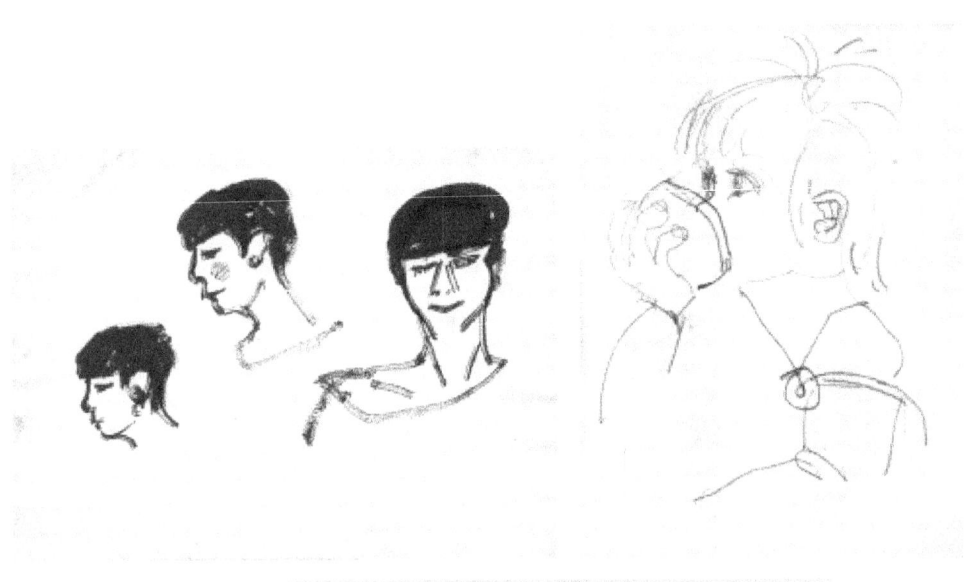
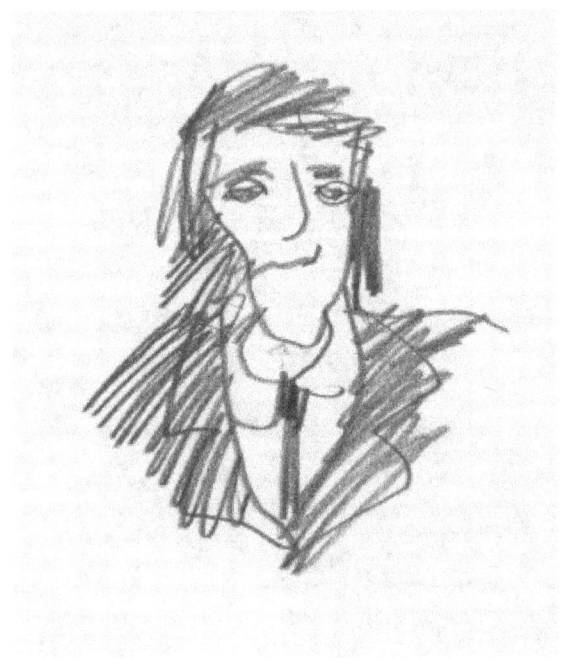

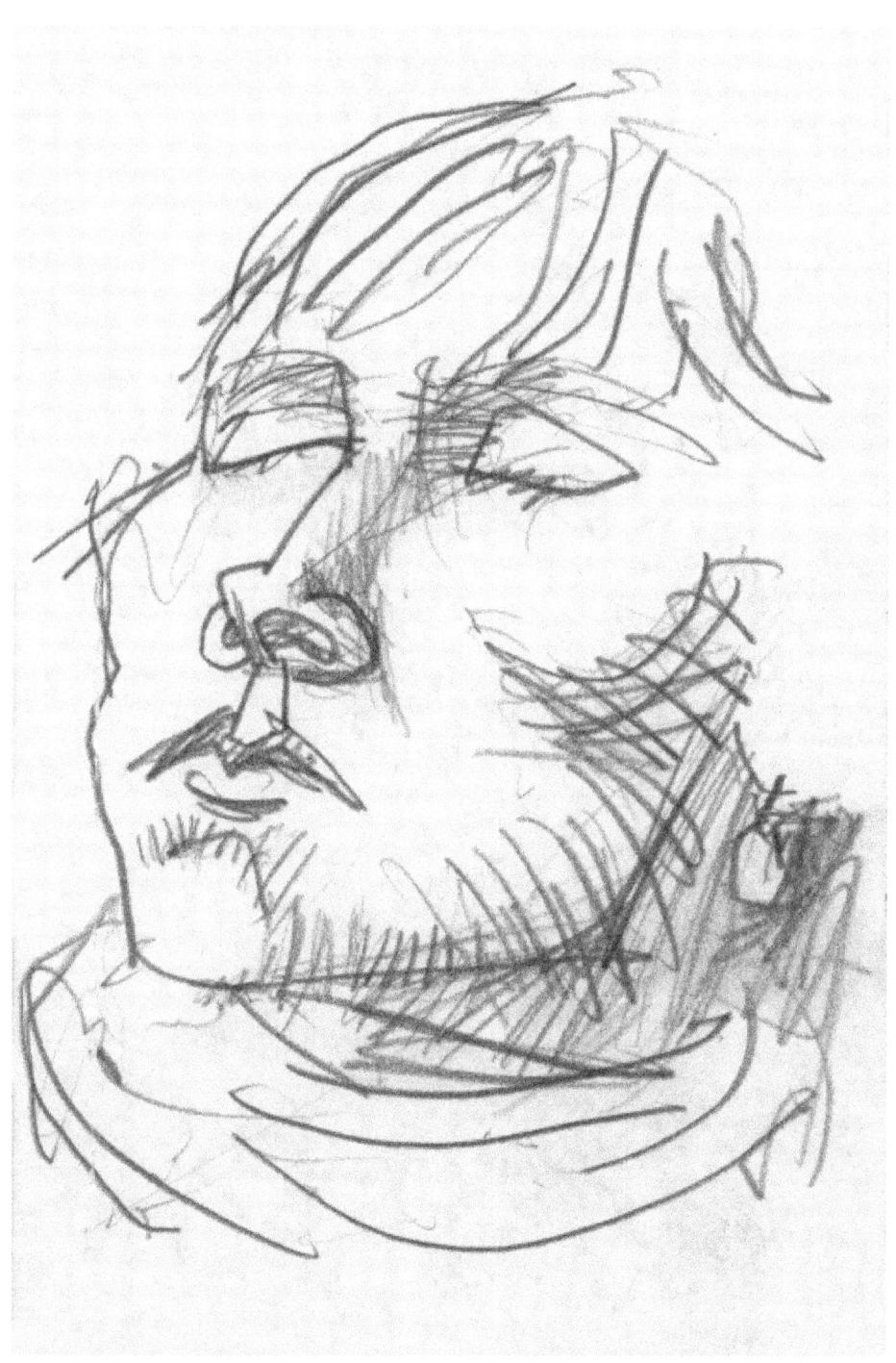

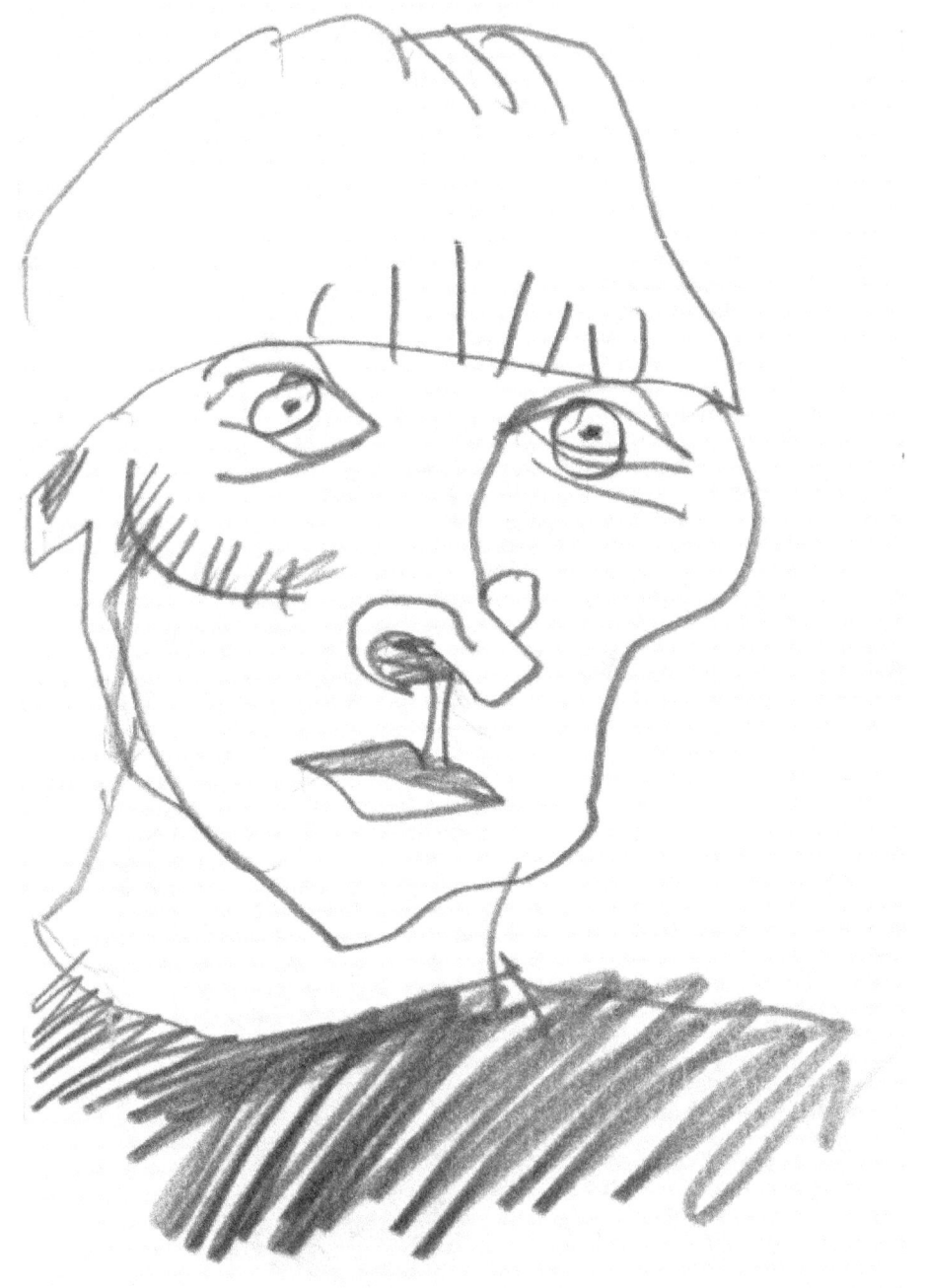

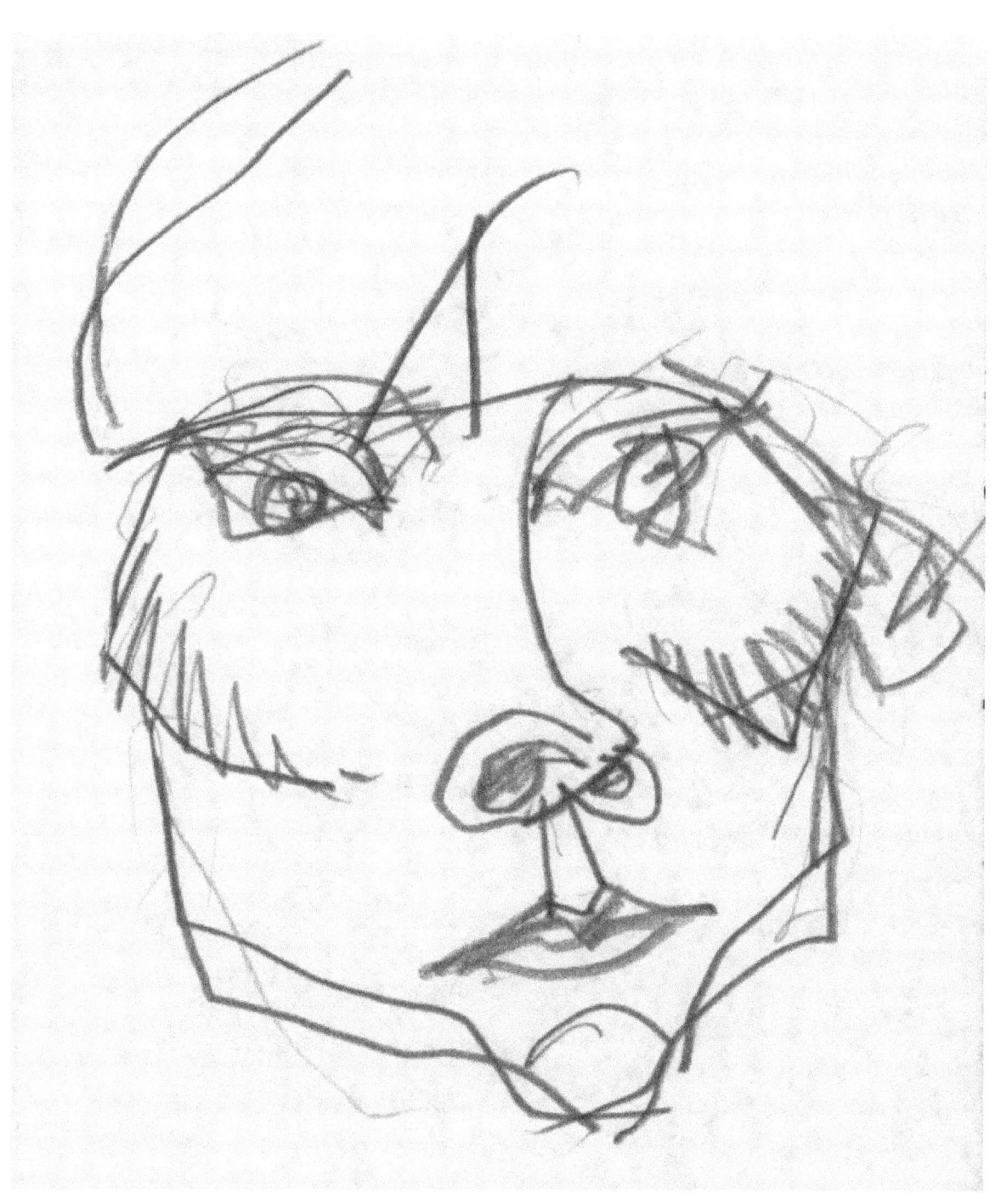

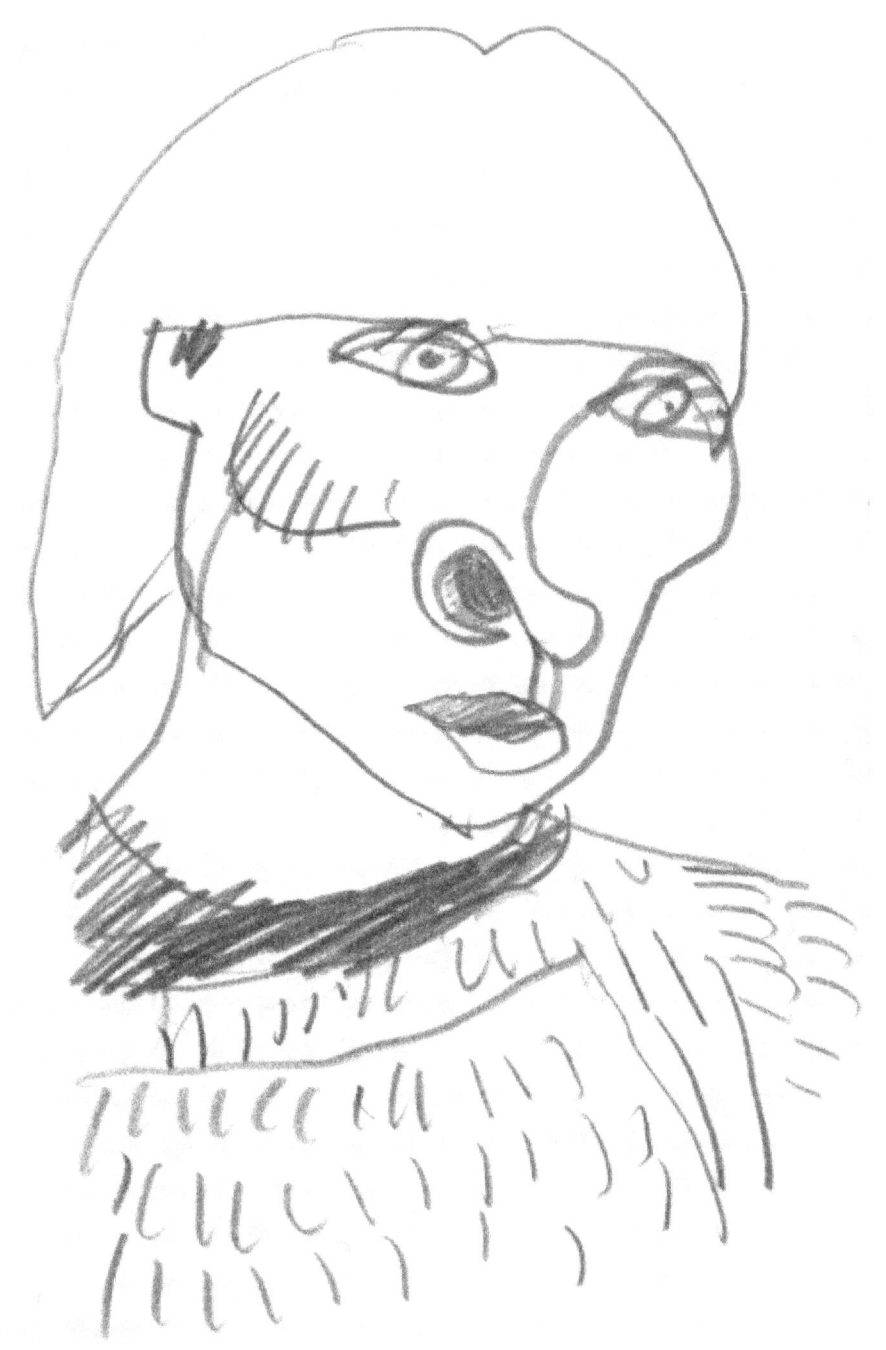

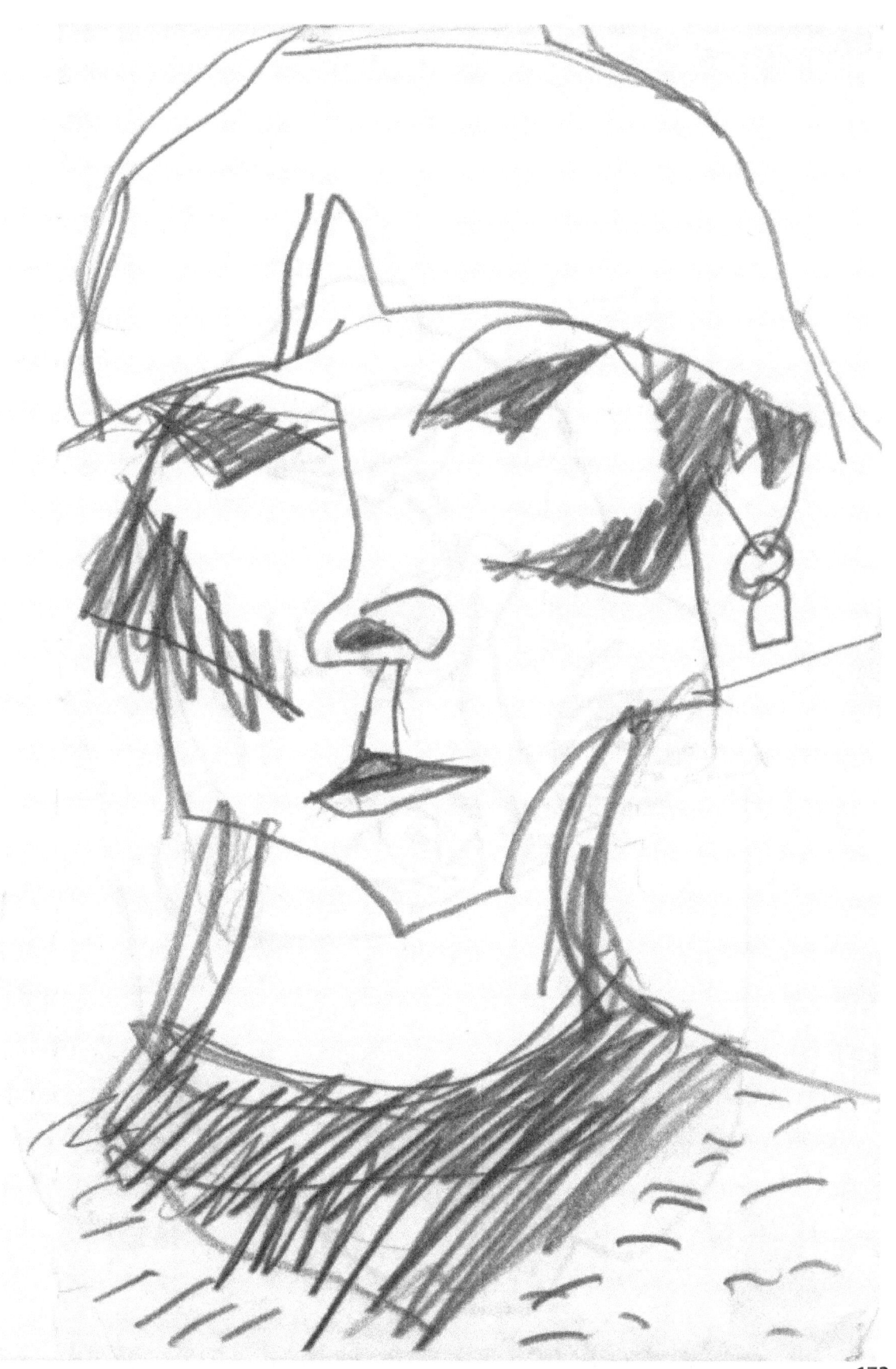

Luces de México

Luces de México en la noche,
sembrados de luciérnagas,
serpientes con ojos de obsidiana
serpenteando en las sombras
de lo que se pierde.

Semáforos histéricos
verdes y rojos contra el cielo negro,
lamparillas eléctricas
en las pequeñas casas encaladas.

Aquí se queda el pedernal, la esfinge,
y el tajo que hizo el blanco con su hierro
todavía abierto.

Mi voz es una pobre voz.
Tu silencio una estrella nunca descubierta.
Nuestro dolor una pequeña piedra de arenisca
en un mundo de piedras inmortales.

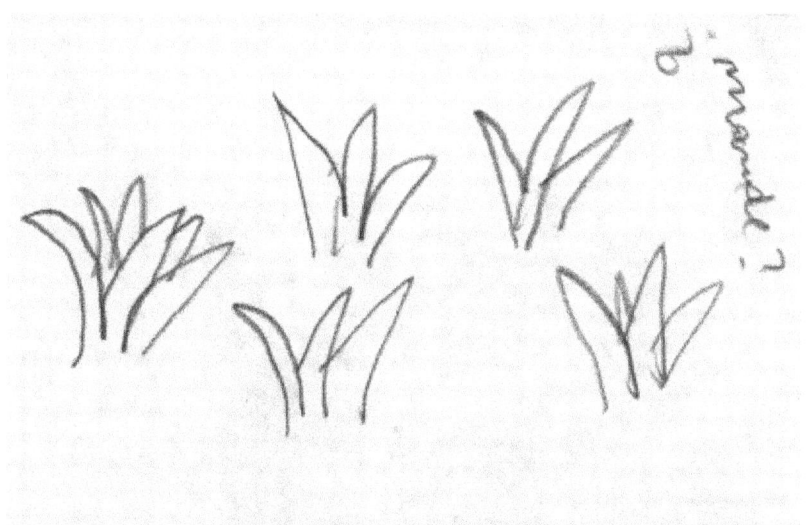

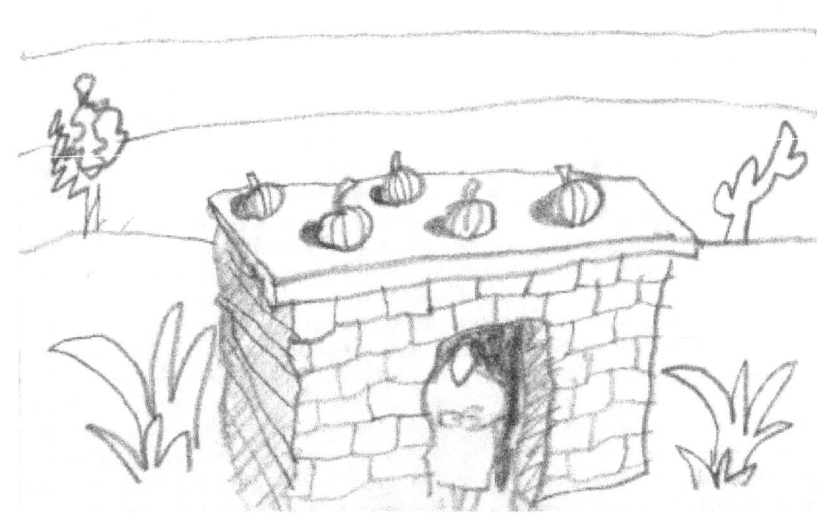

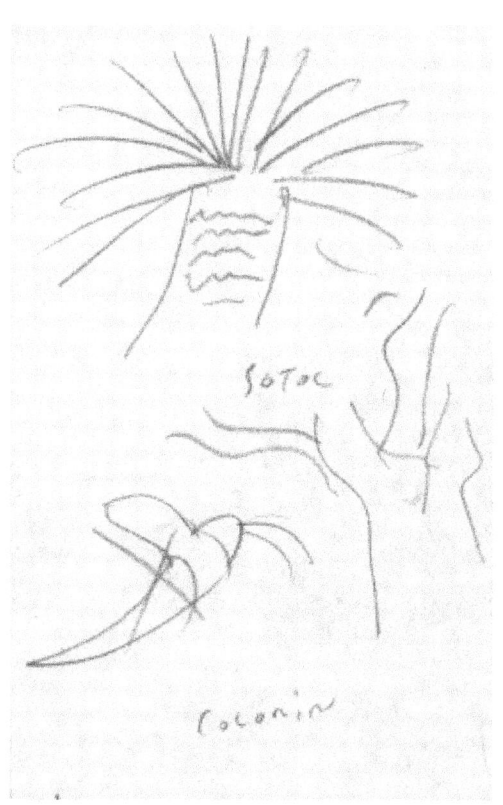
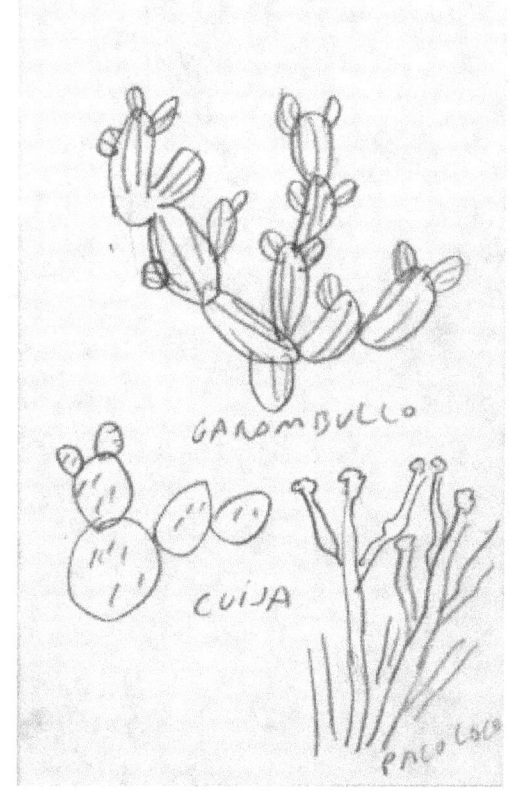

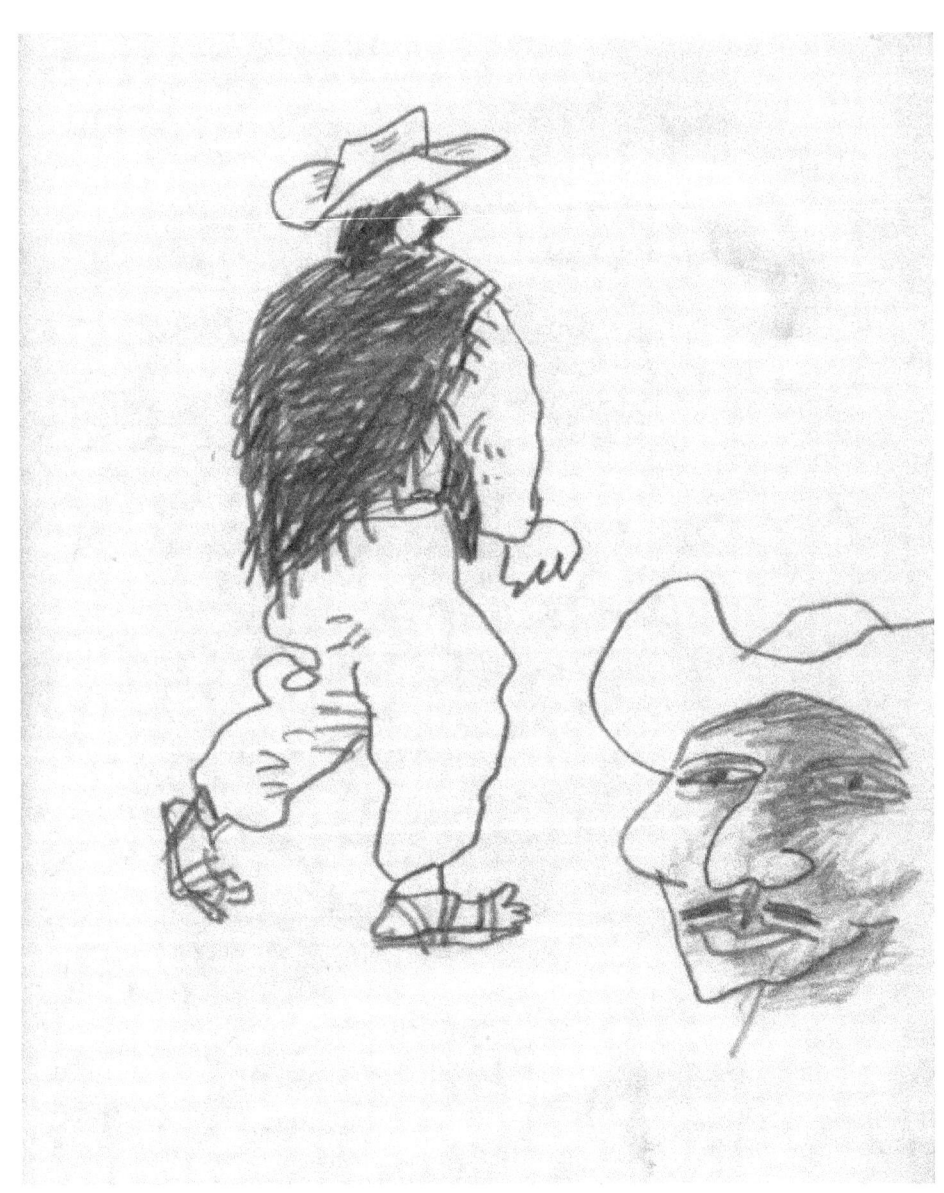

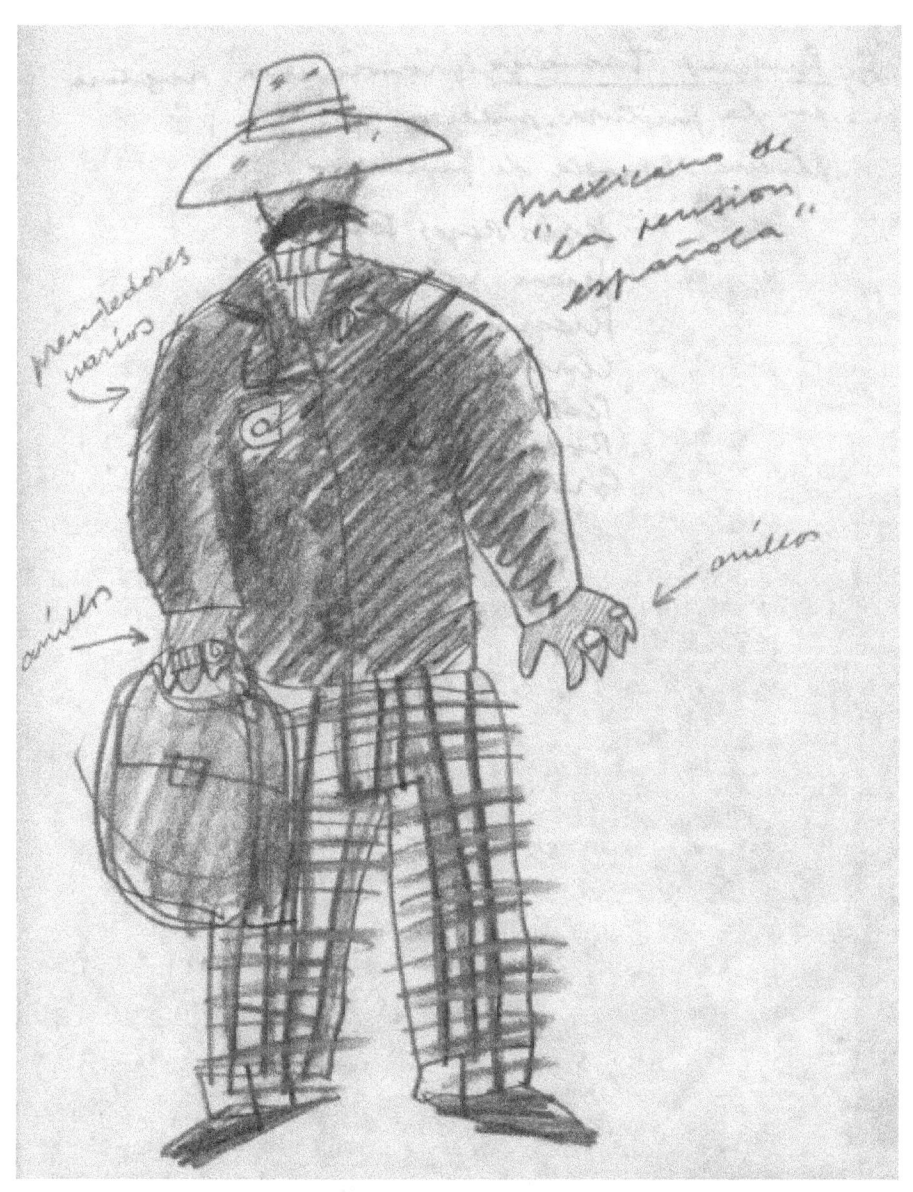

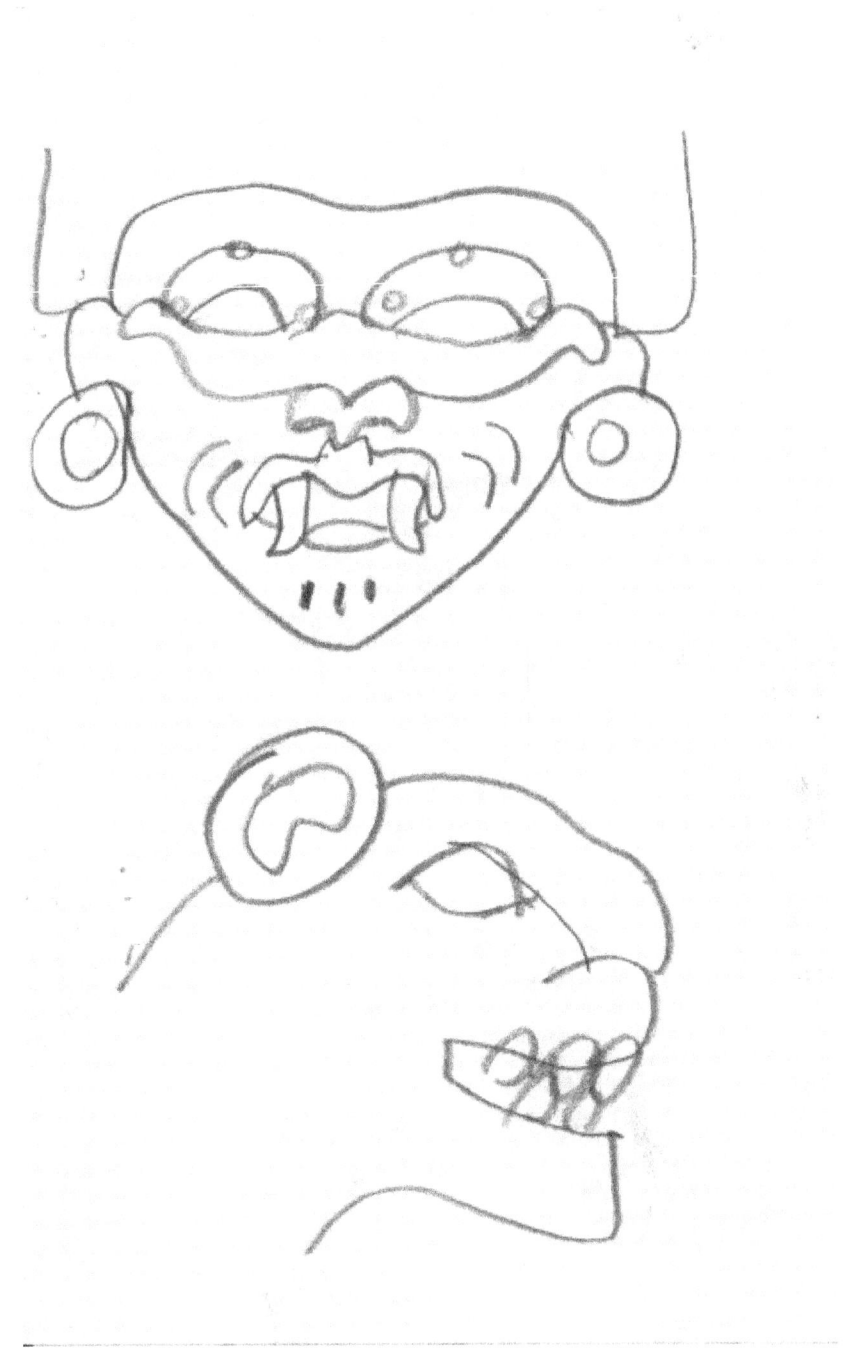

~~palabras por las bastasia~~
Los señores Seis Lagartija
les dicen palabras que las
lastiman como cuchillos de
pedernal

Entonces el noble Dos Flor
vuía a la princesa

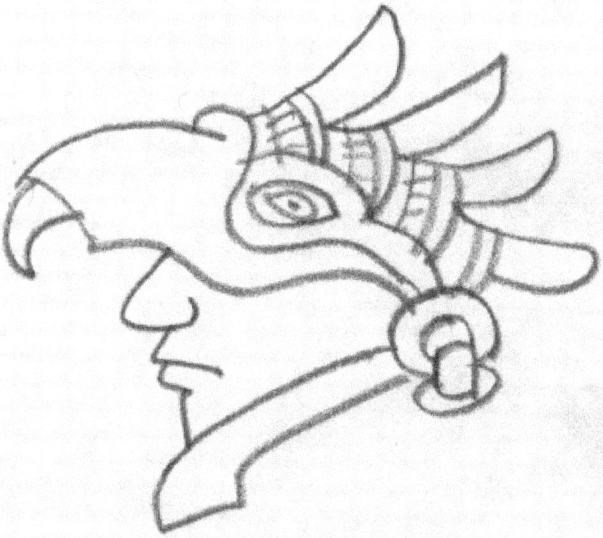

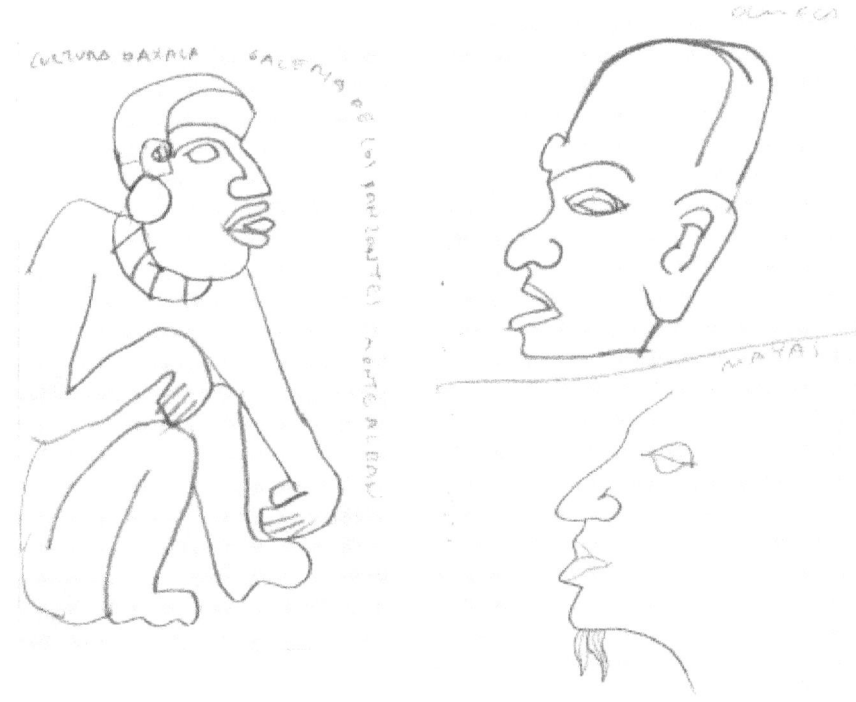

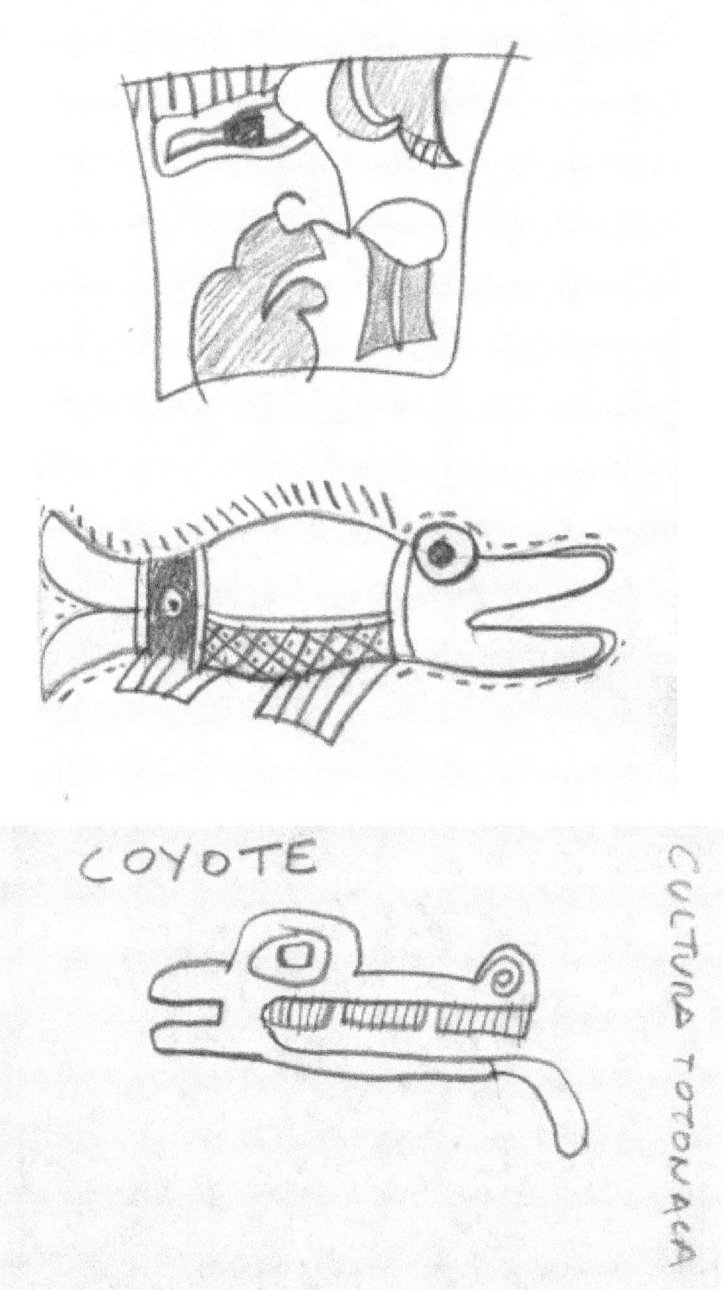

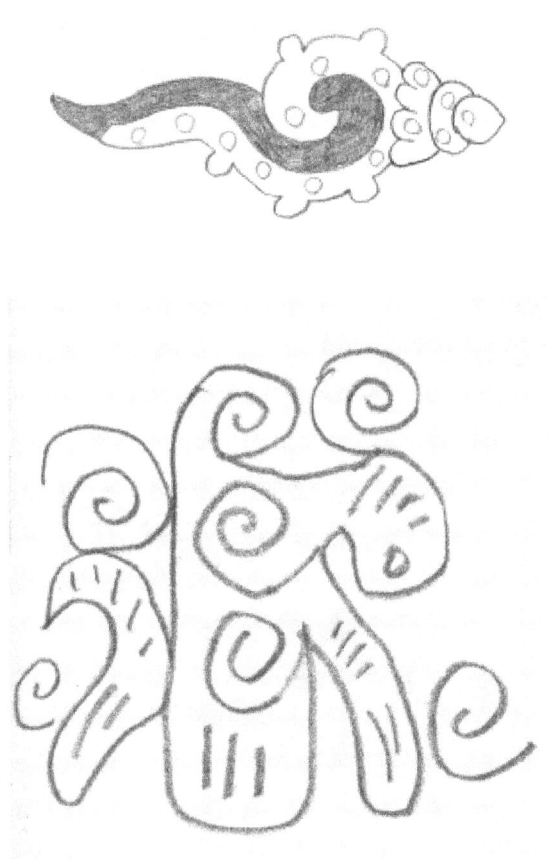

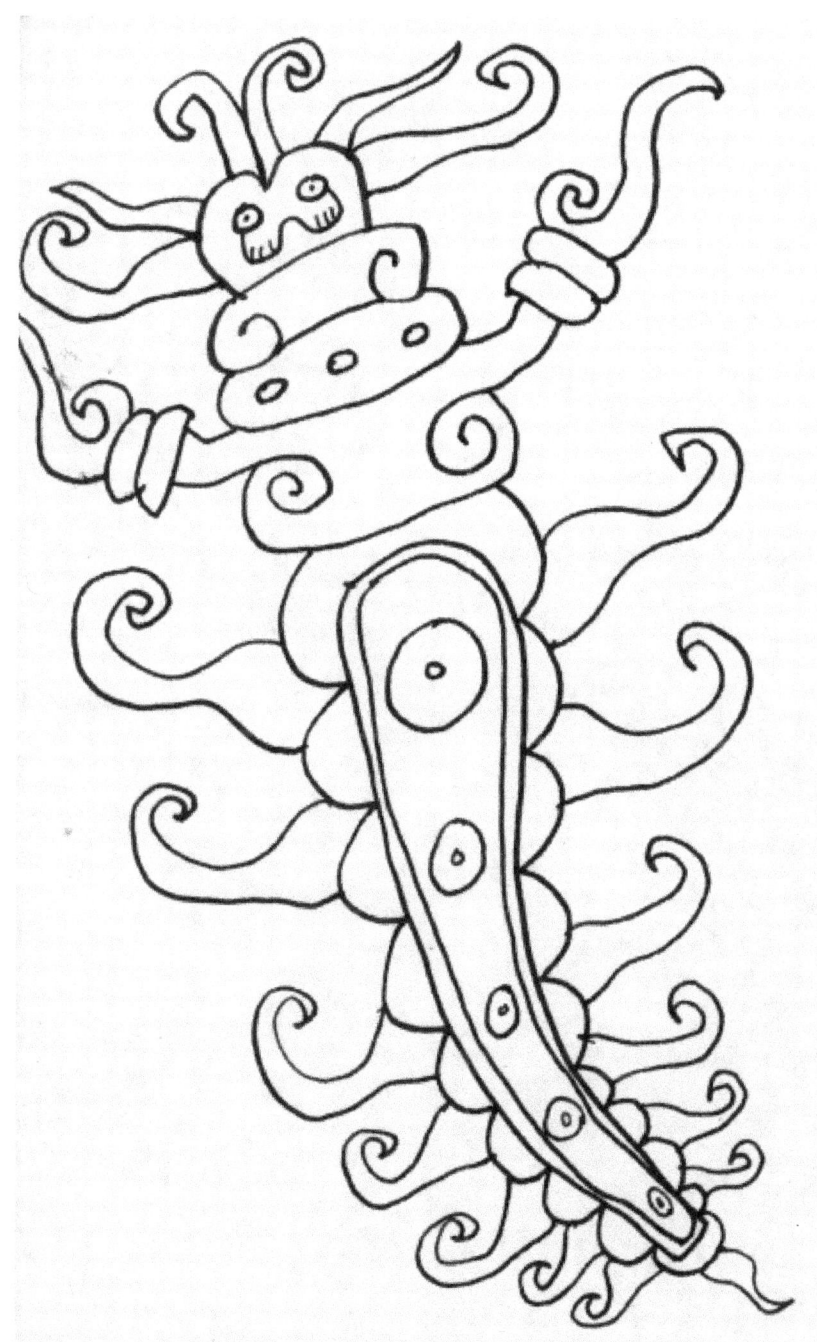

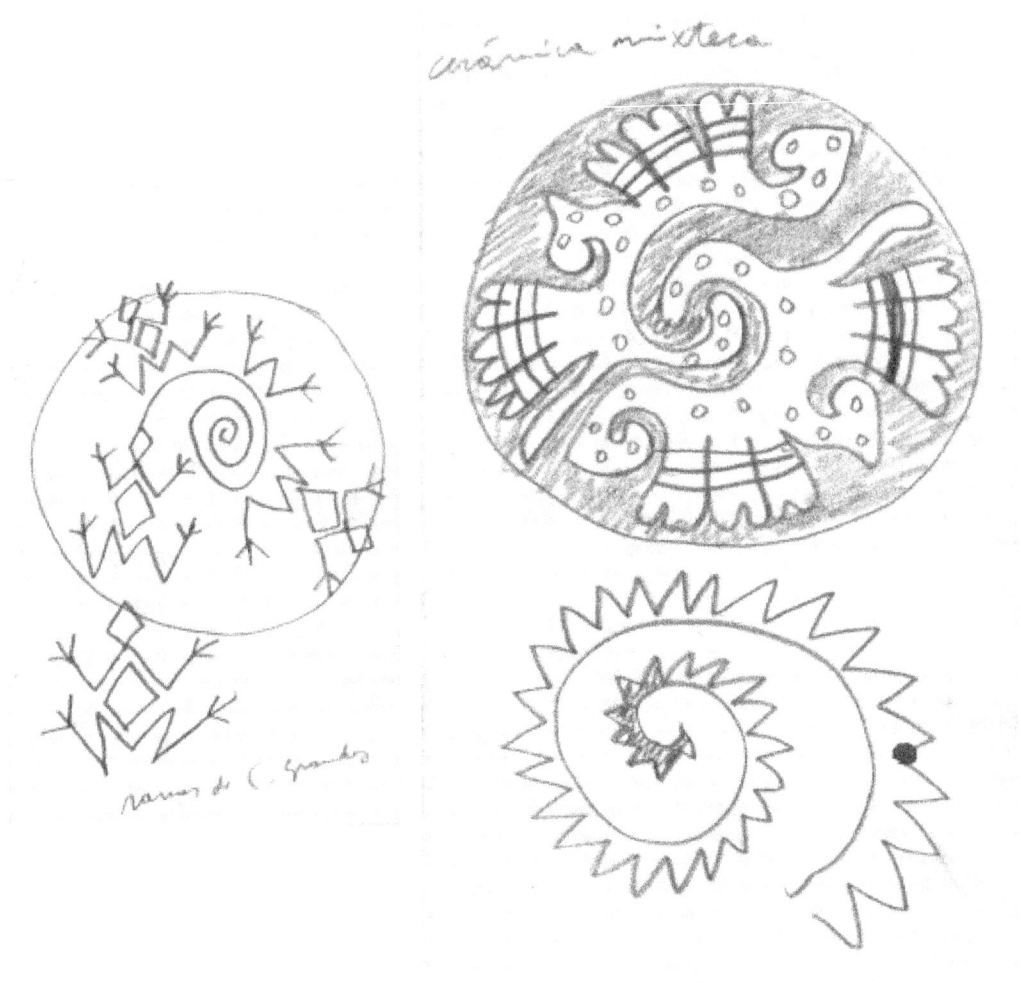

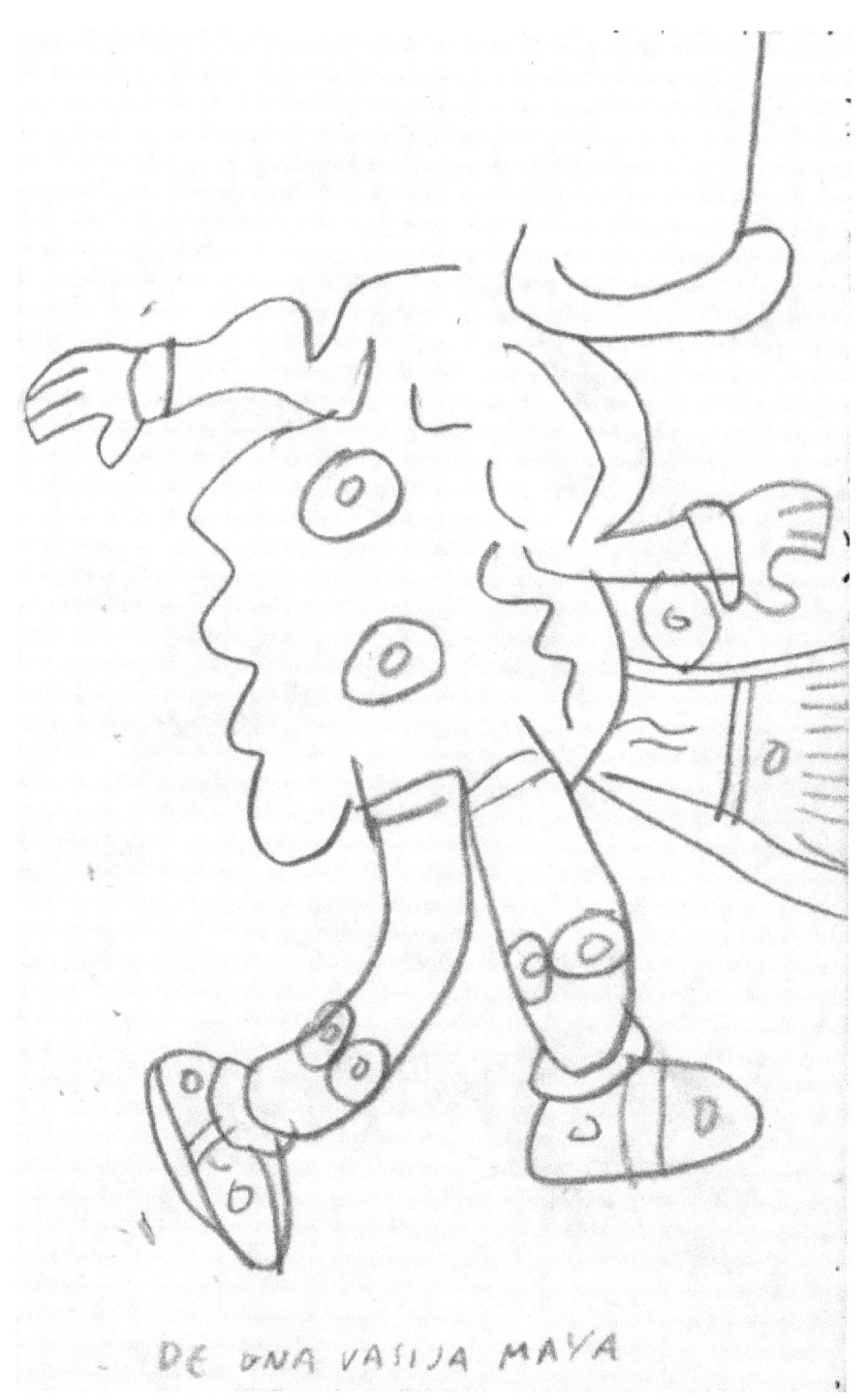
DE UNA VASIJA MAYA

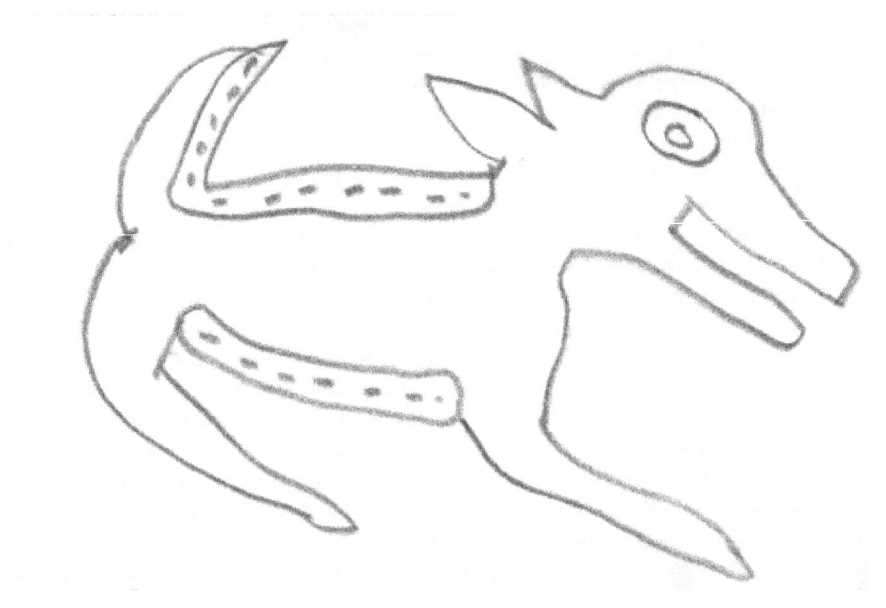

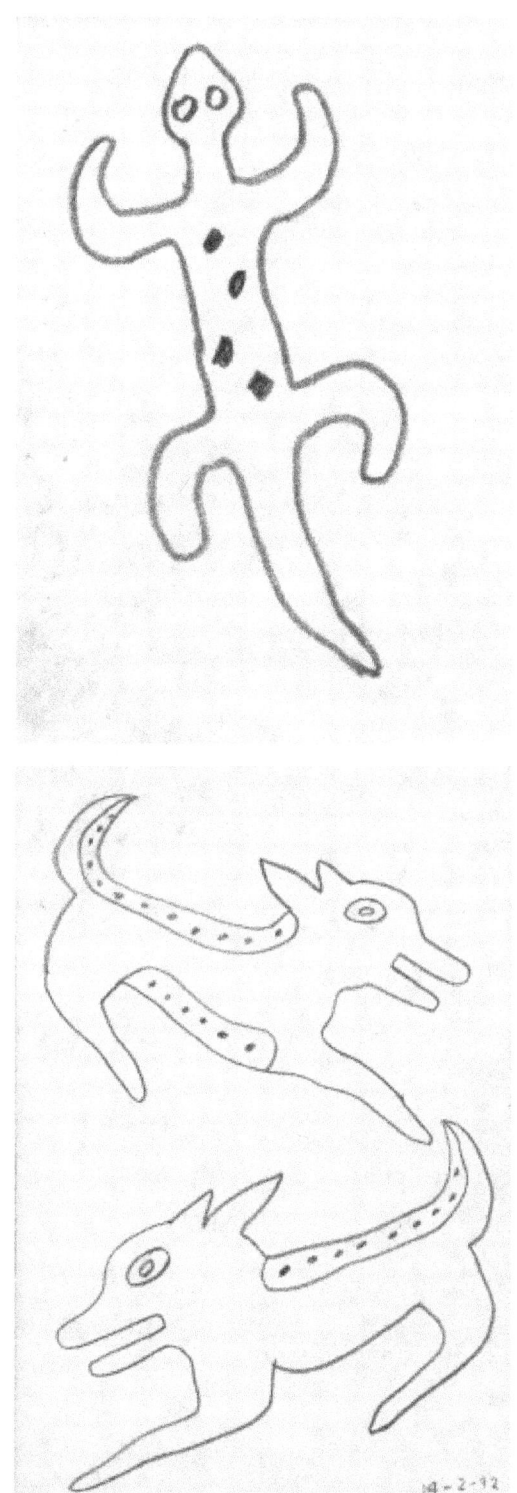

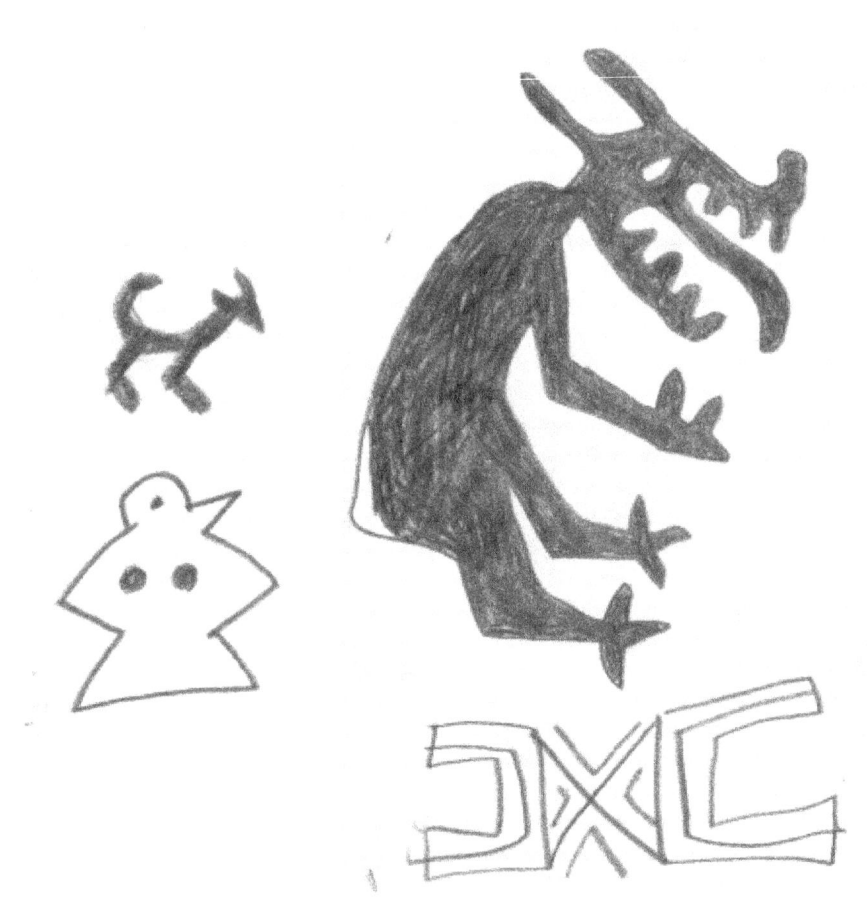

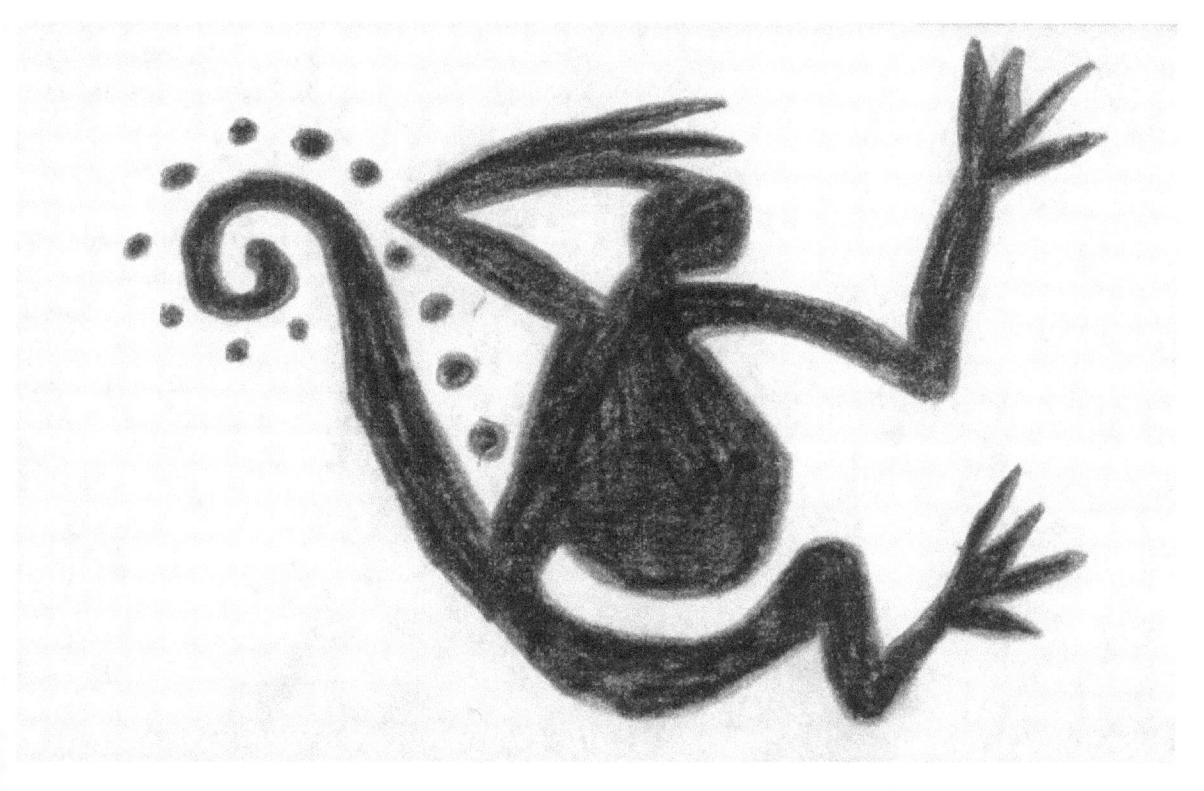

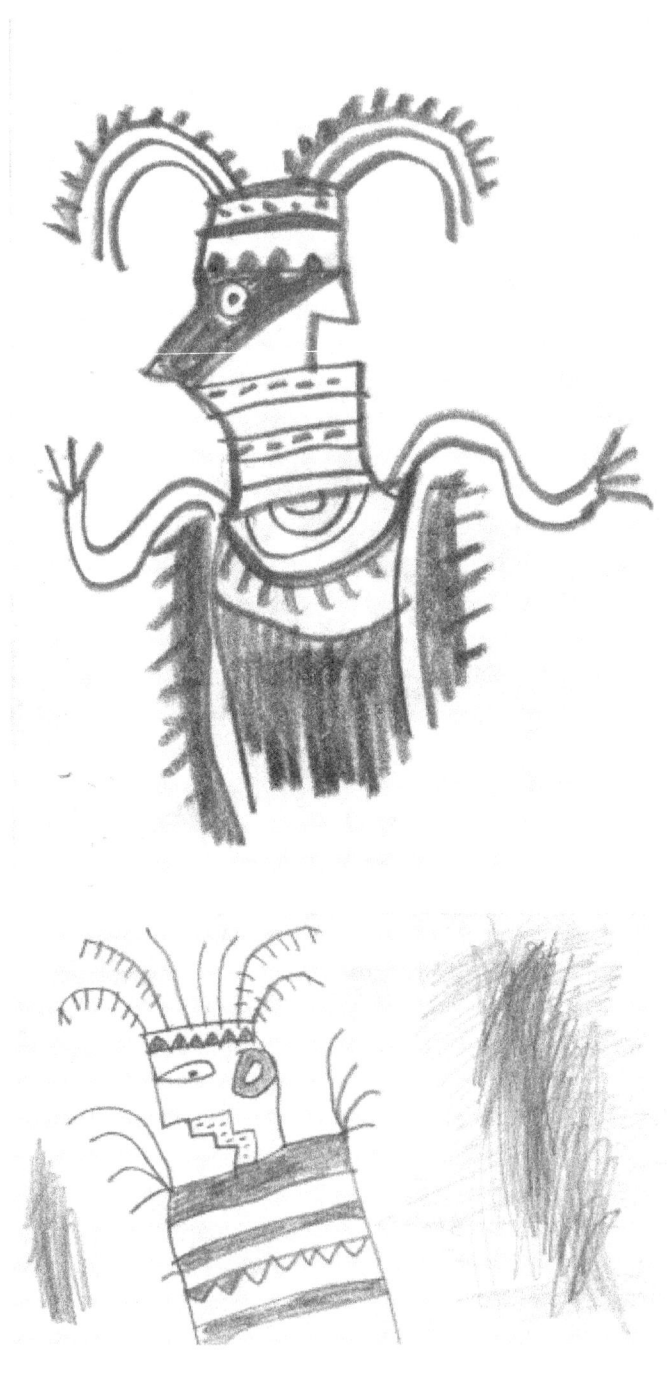

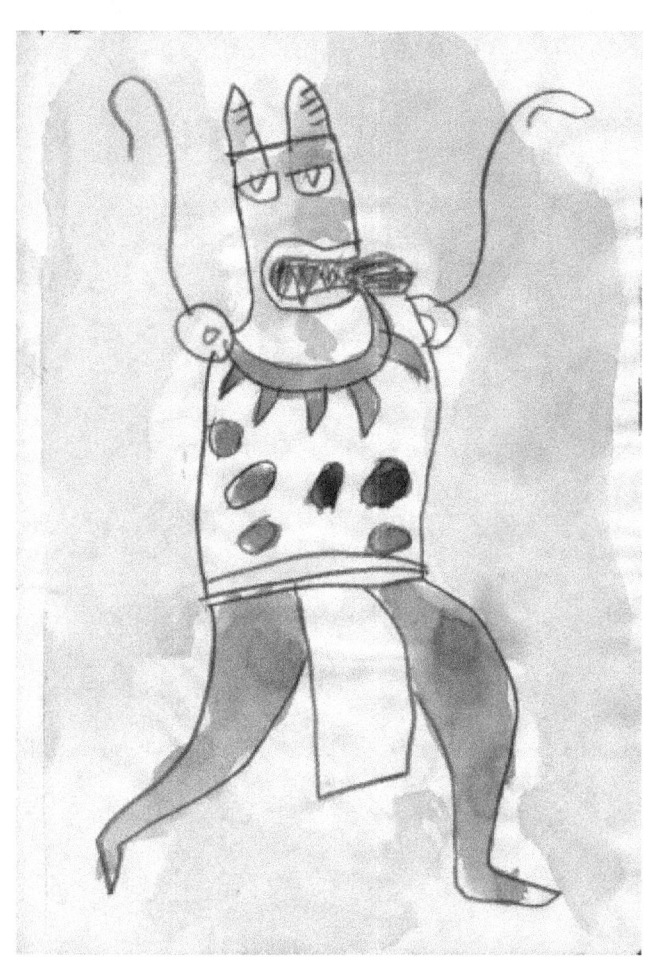
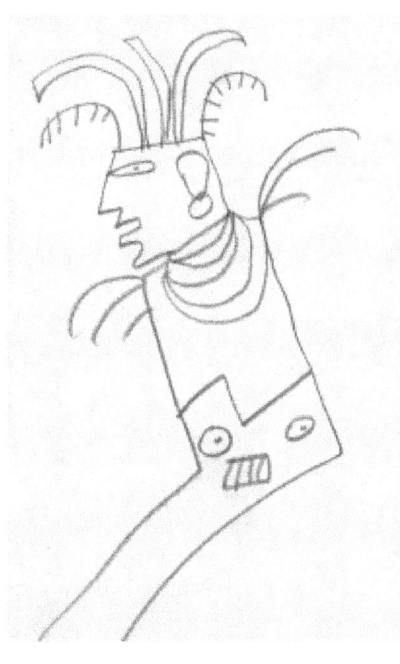
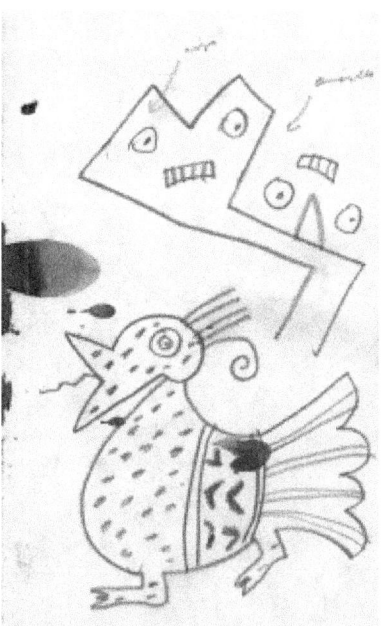

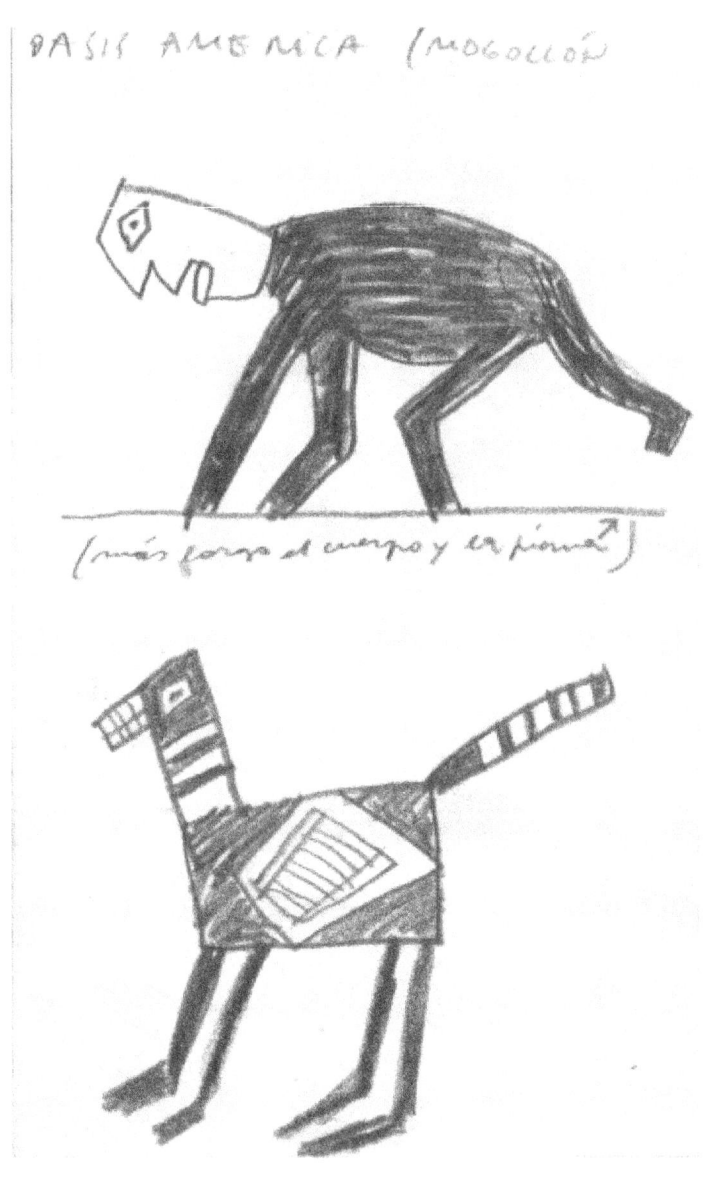

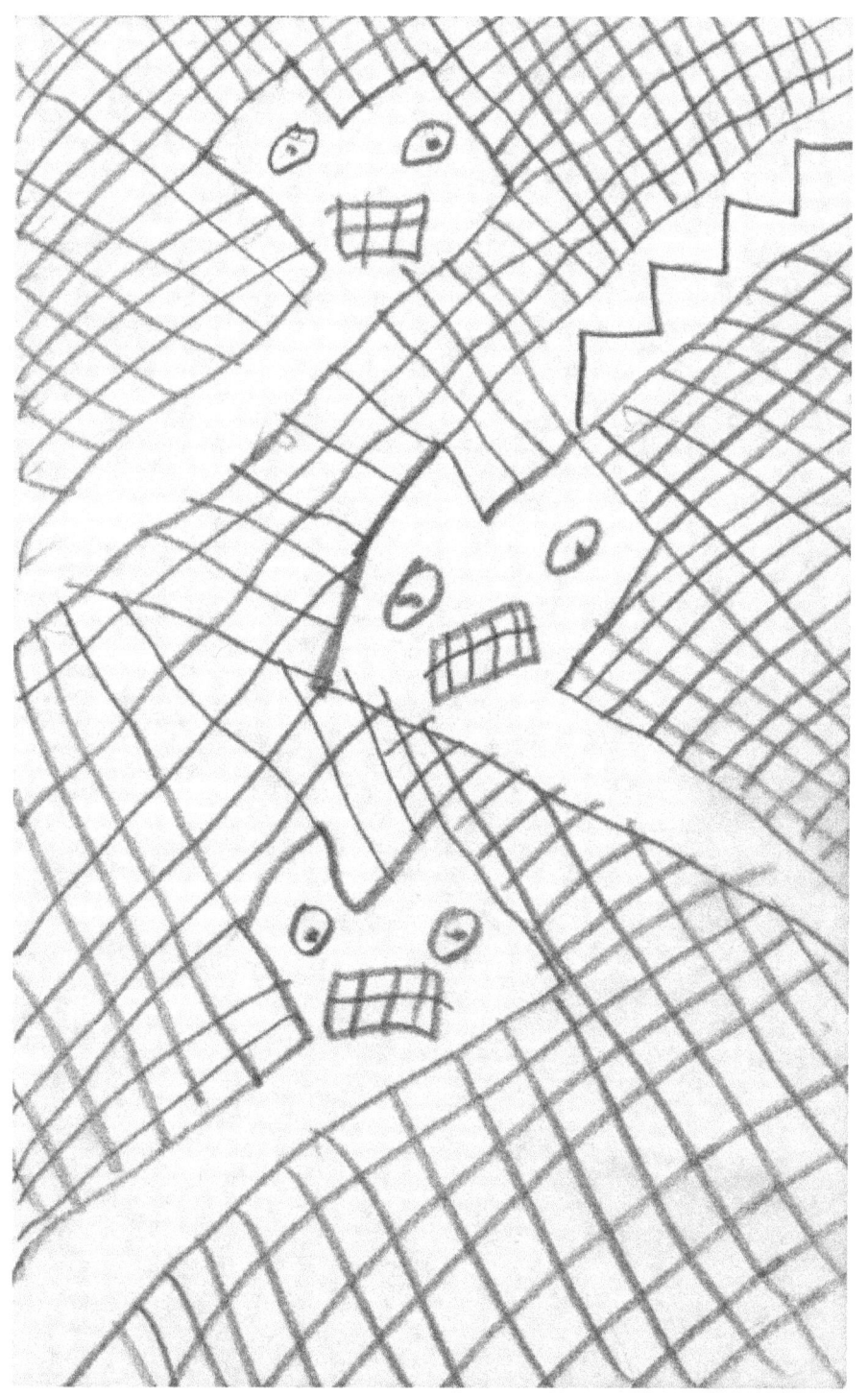

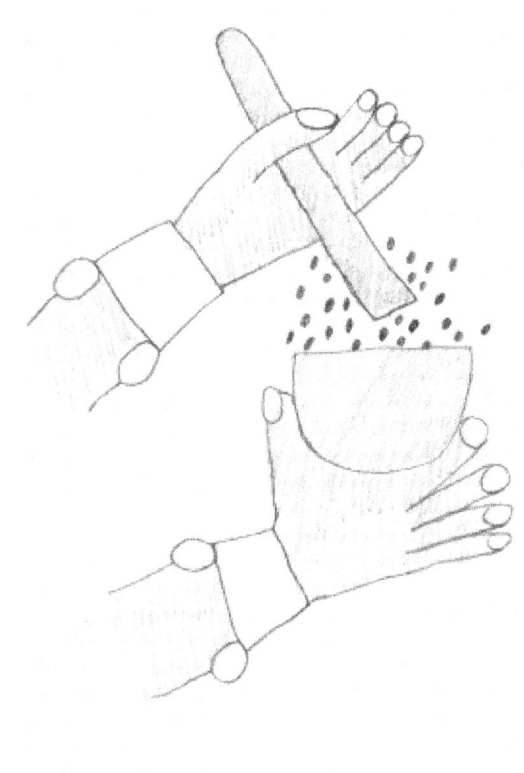

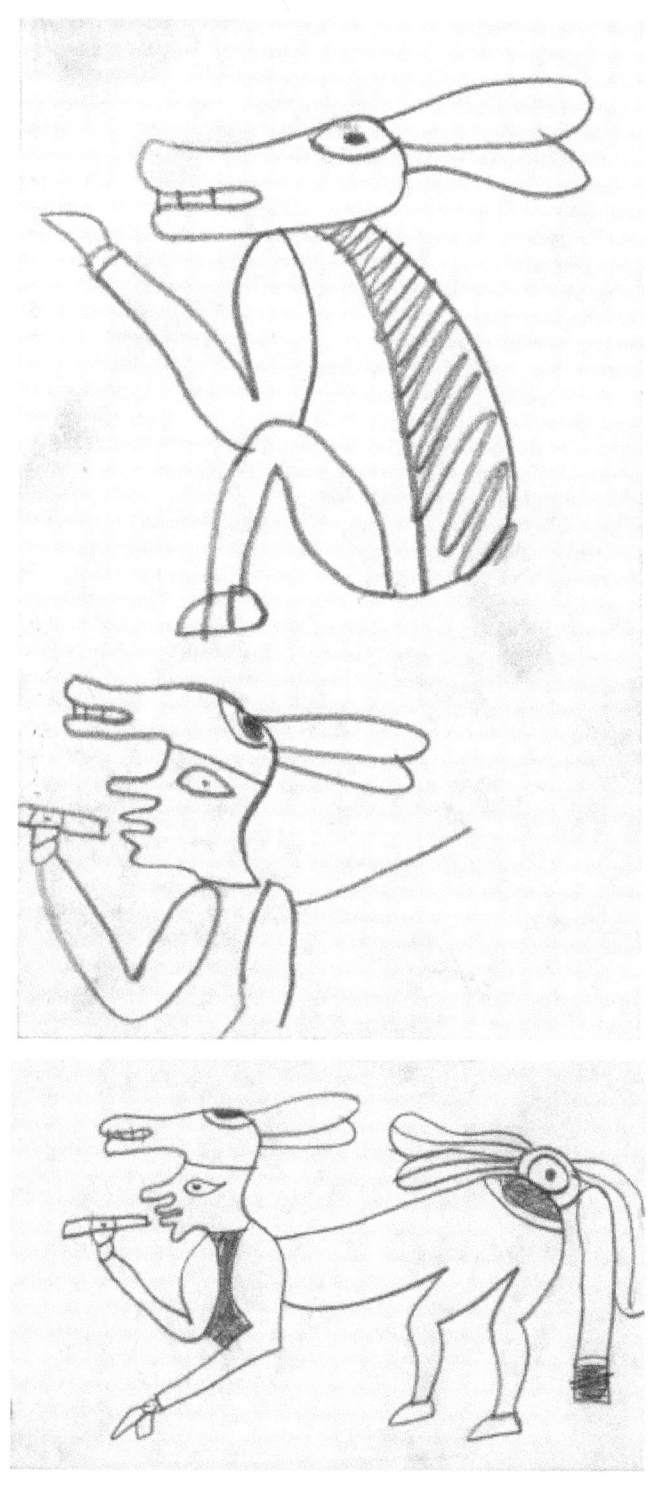

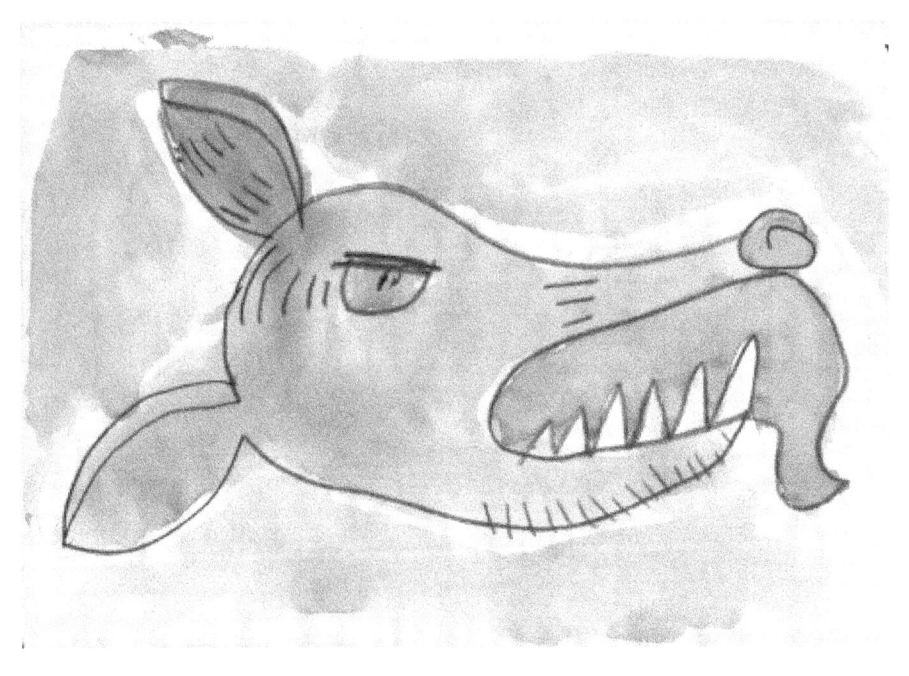

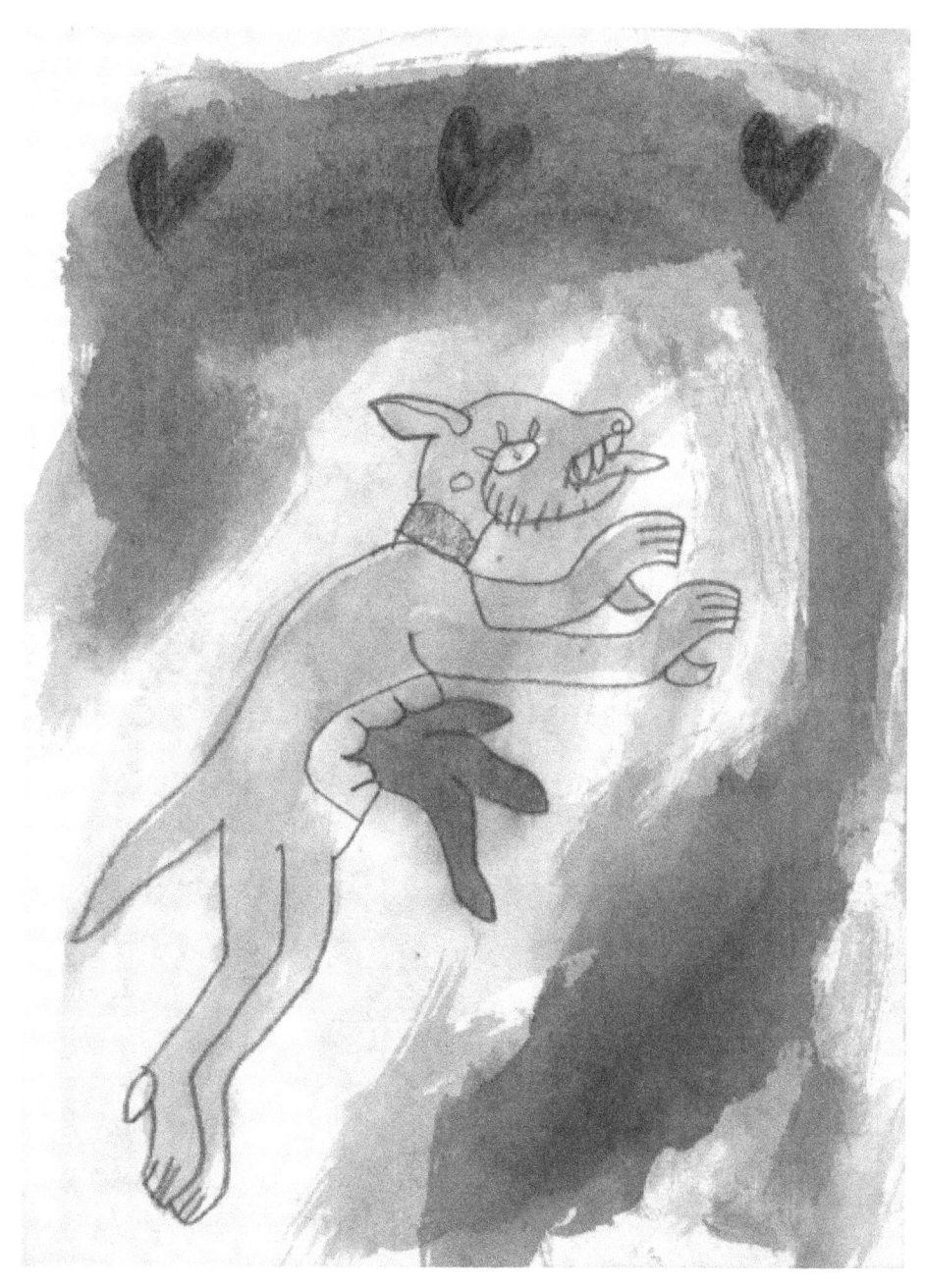

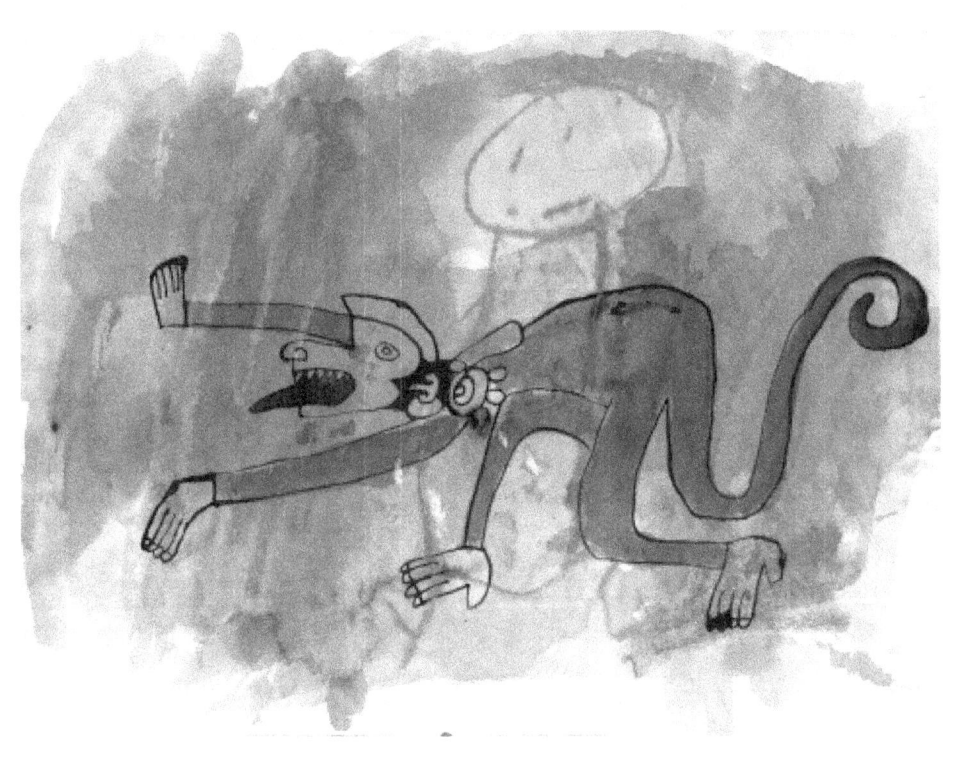

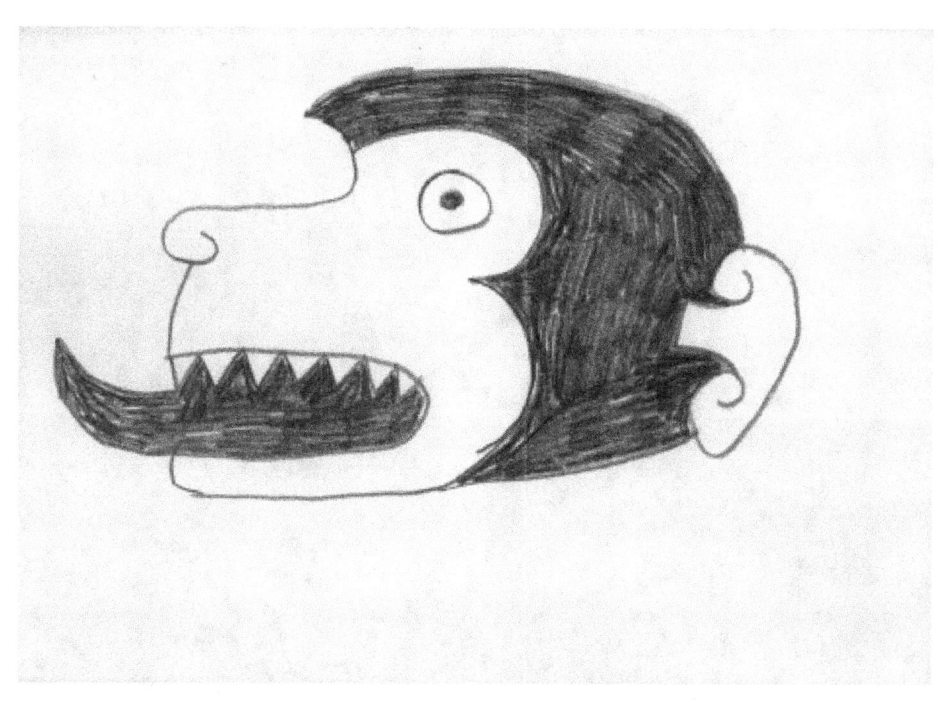

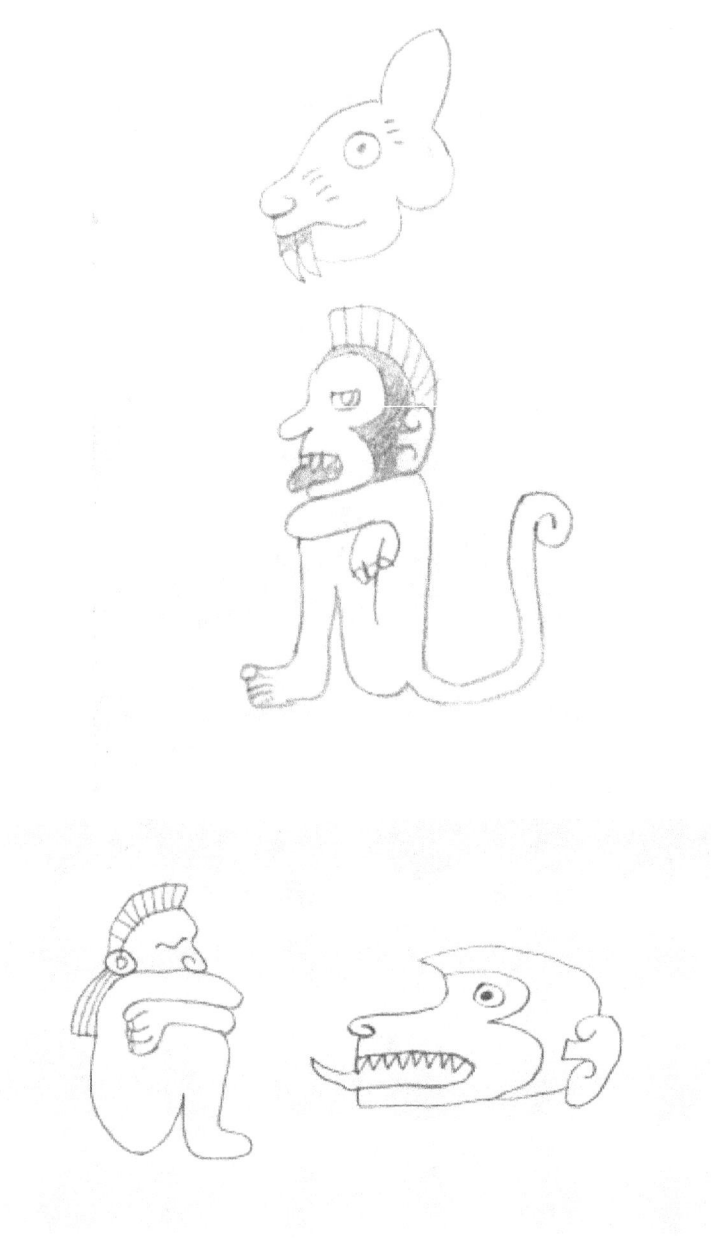

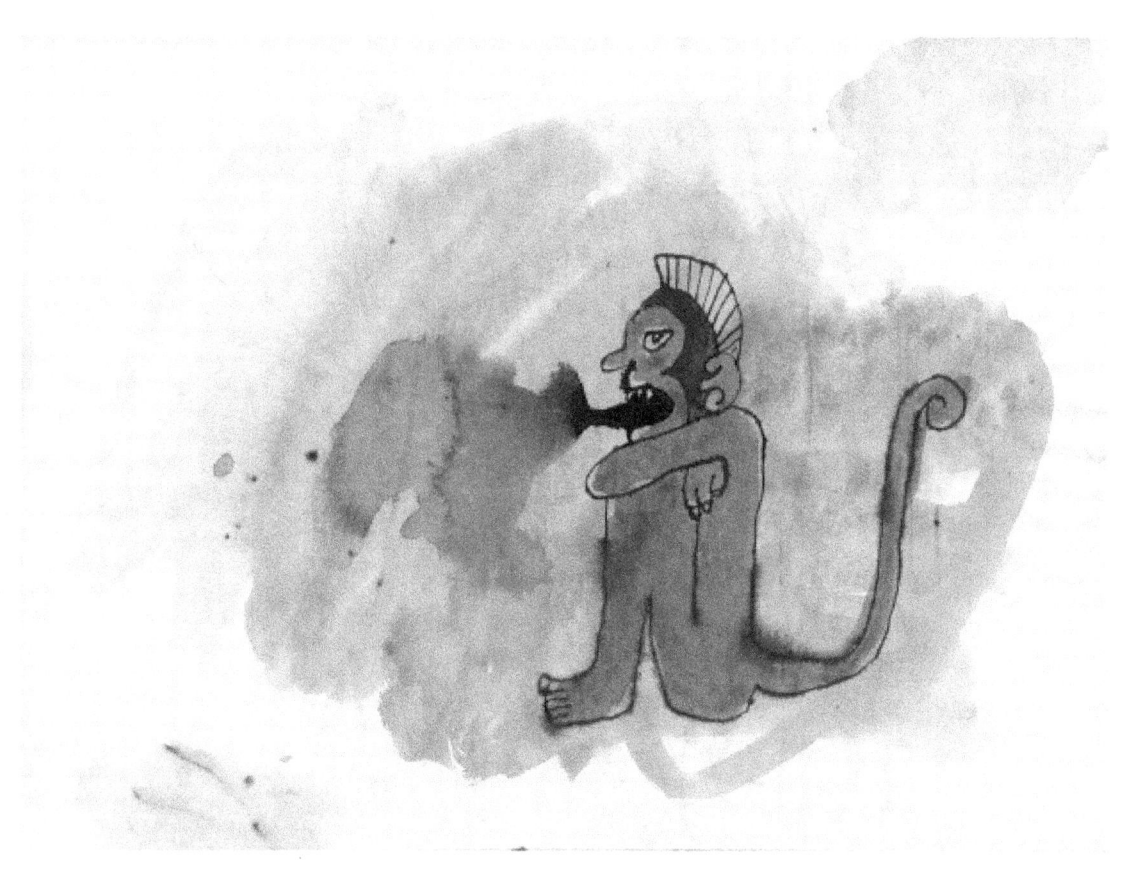

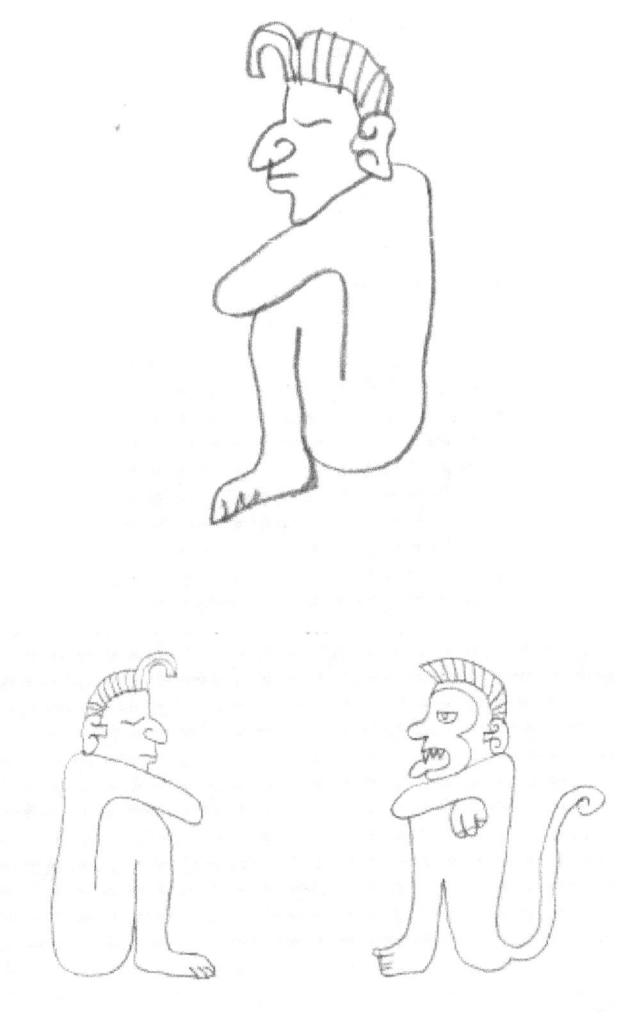

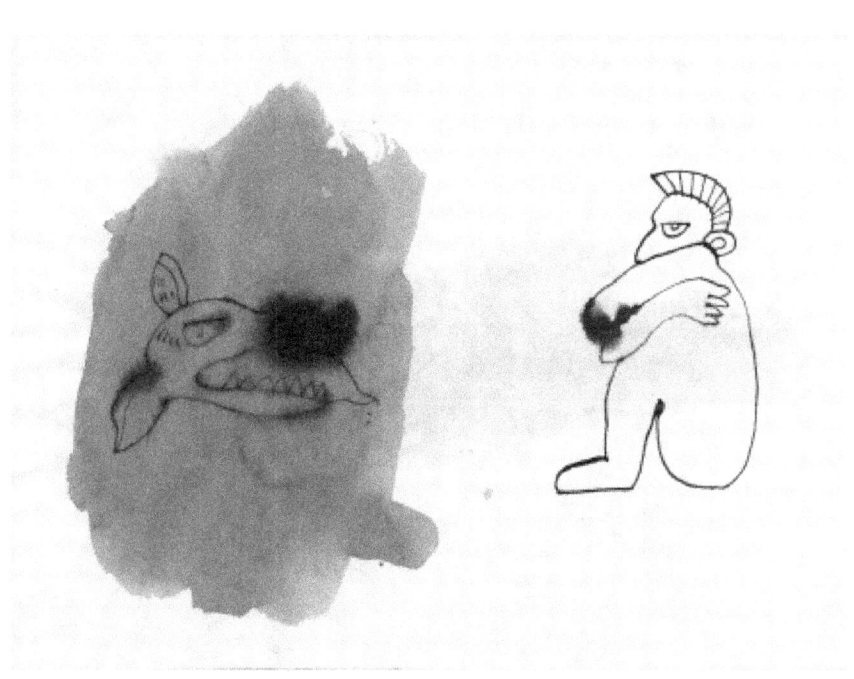

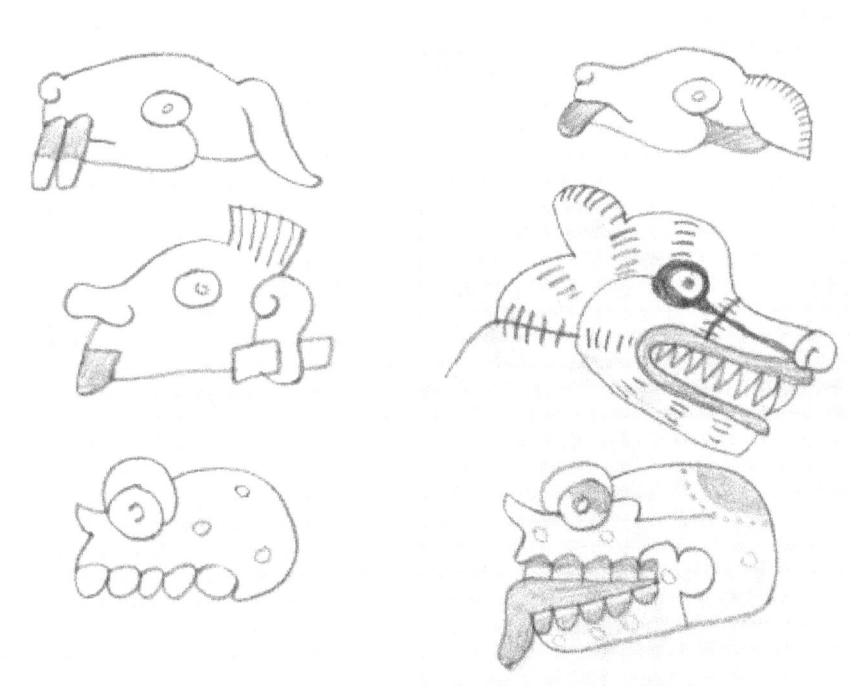

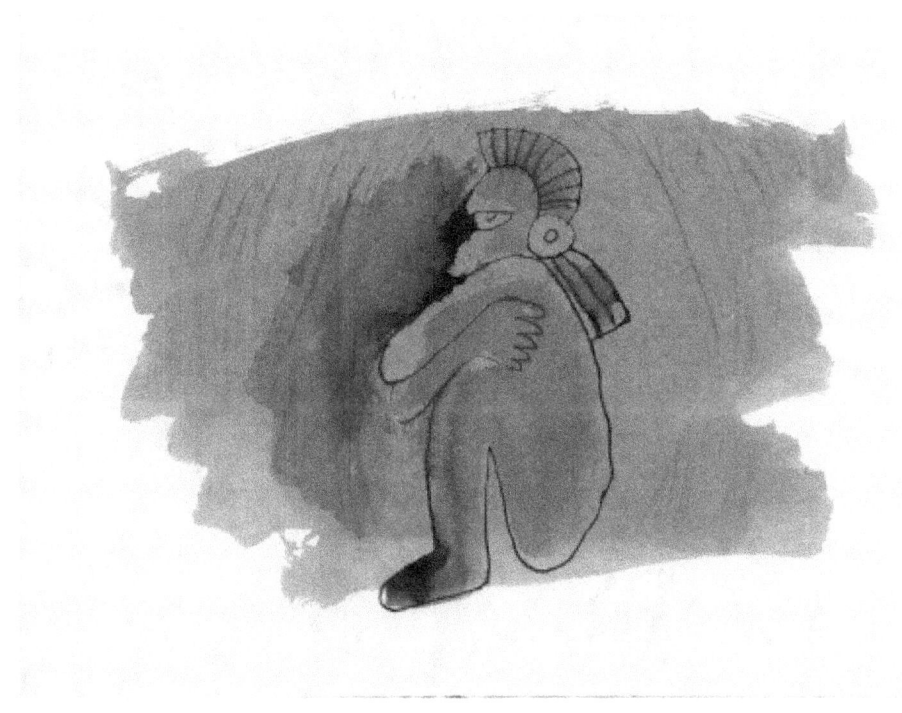

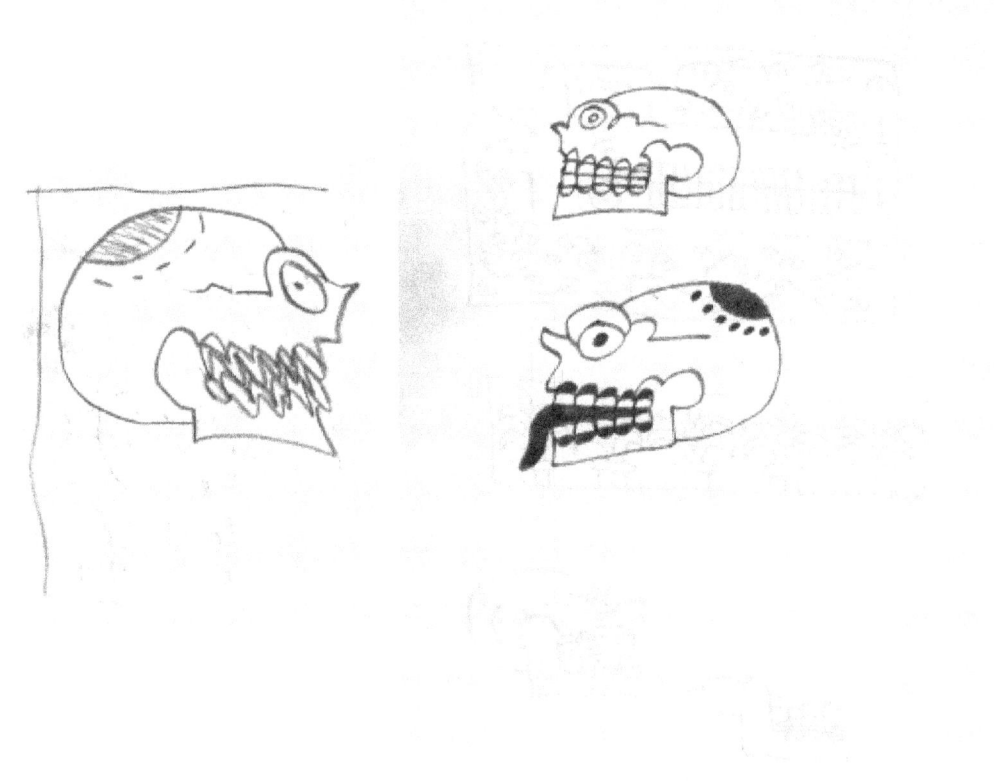

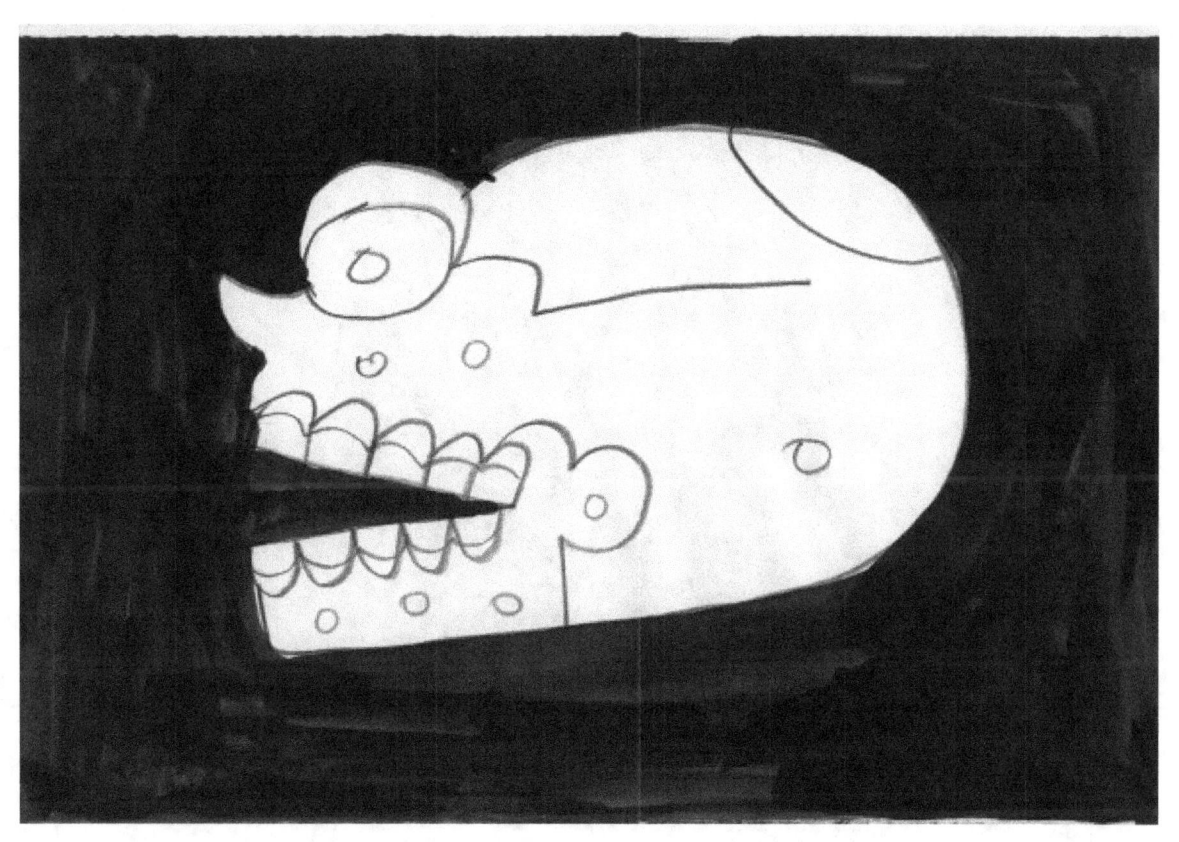

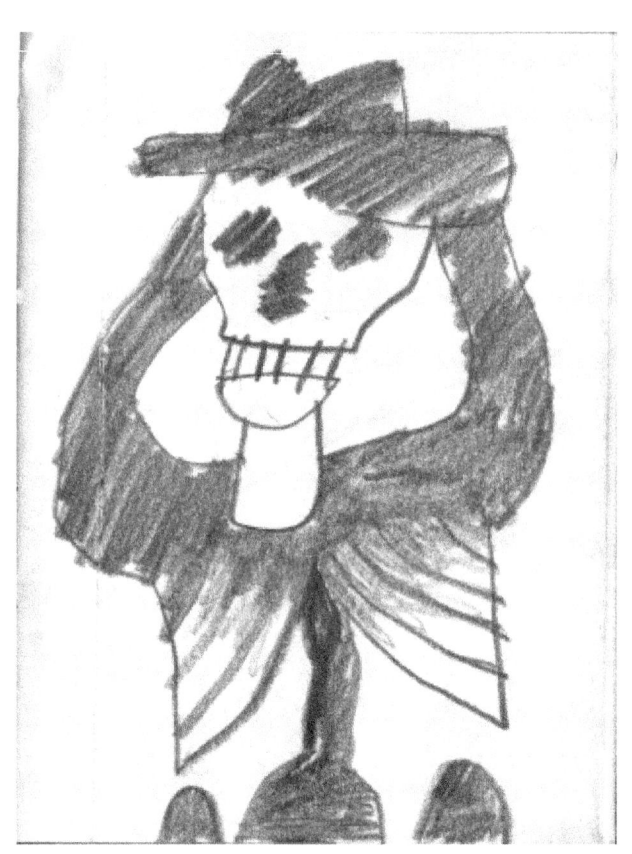

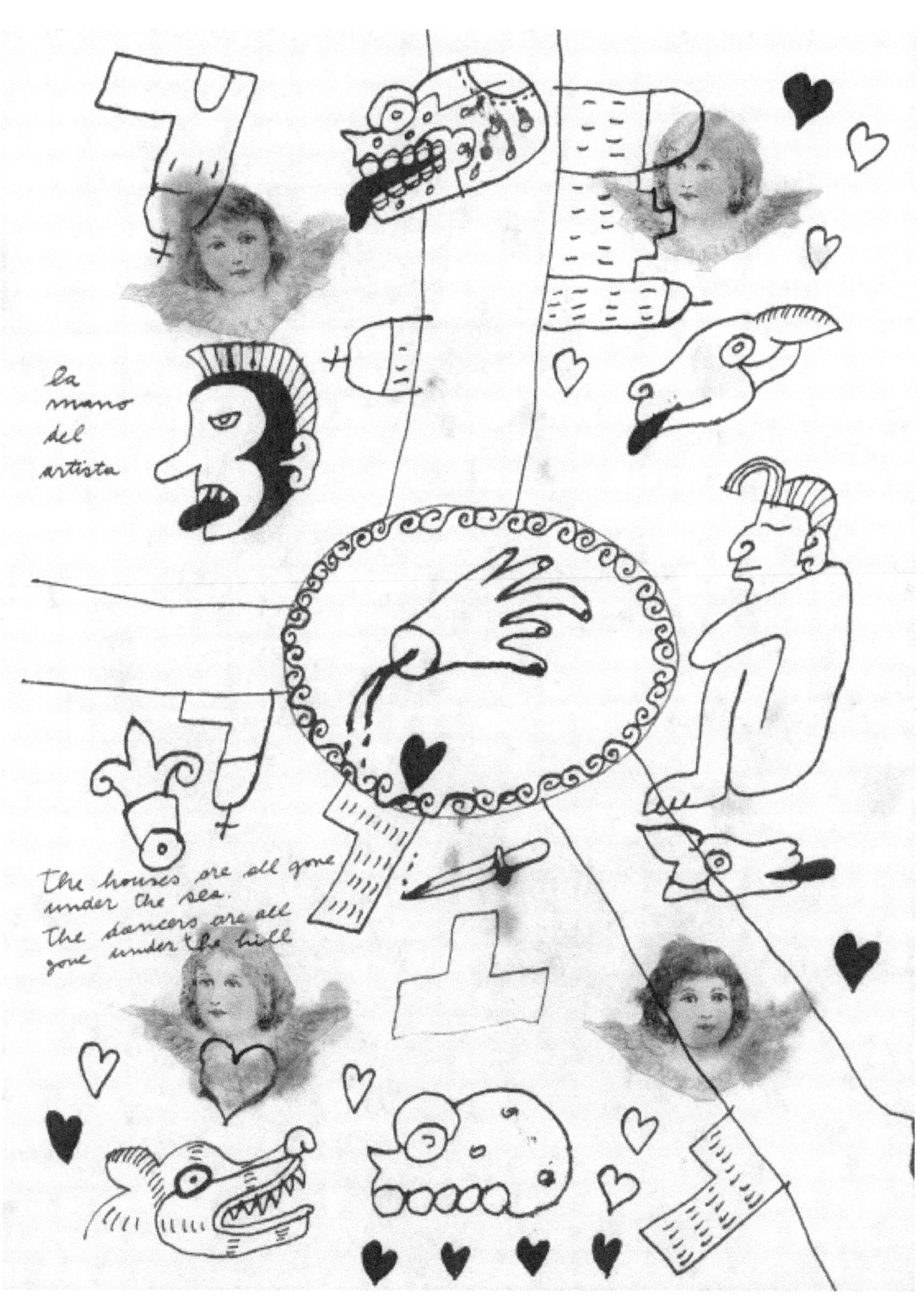

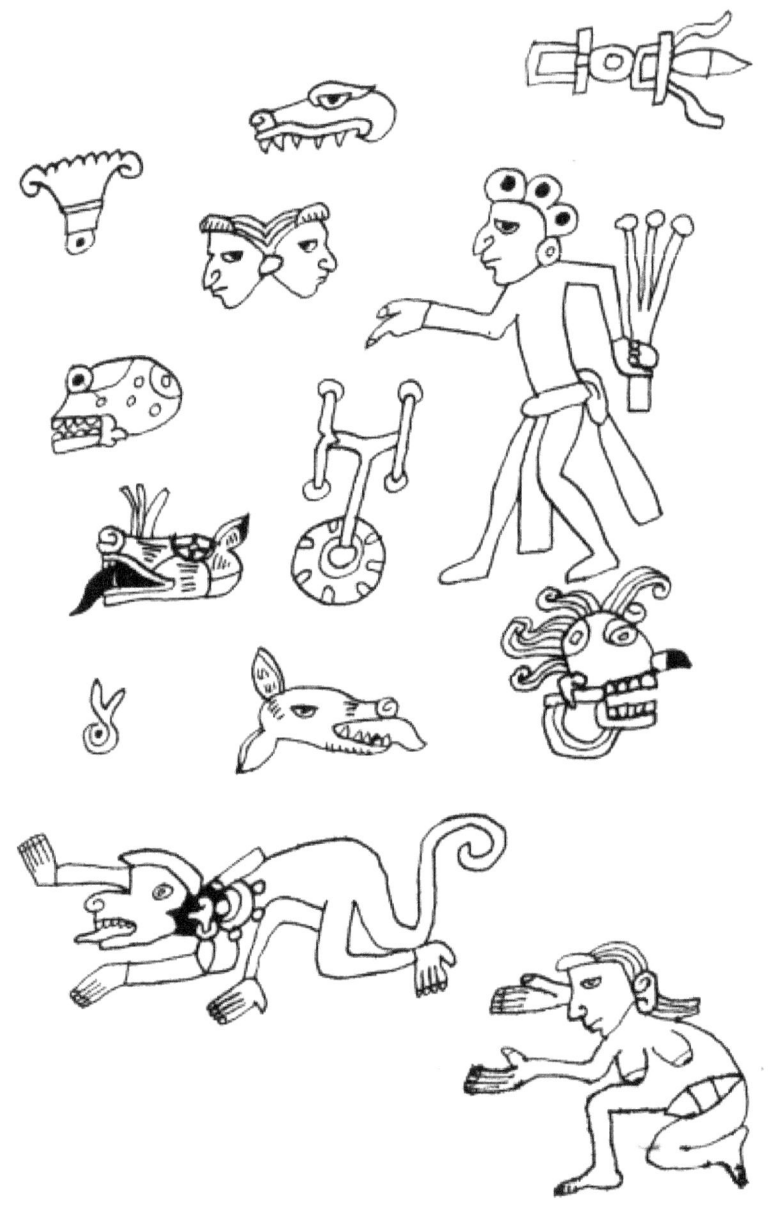

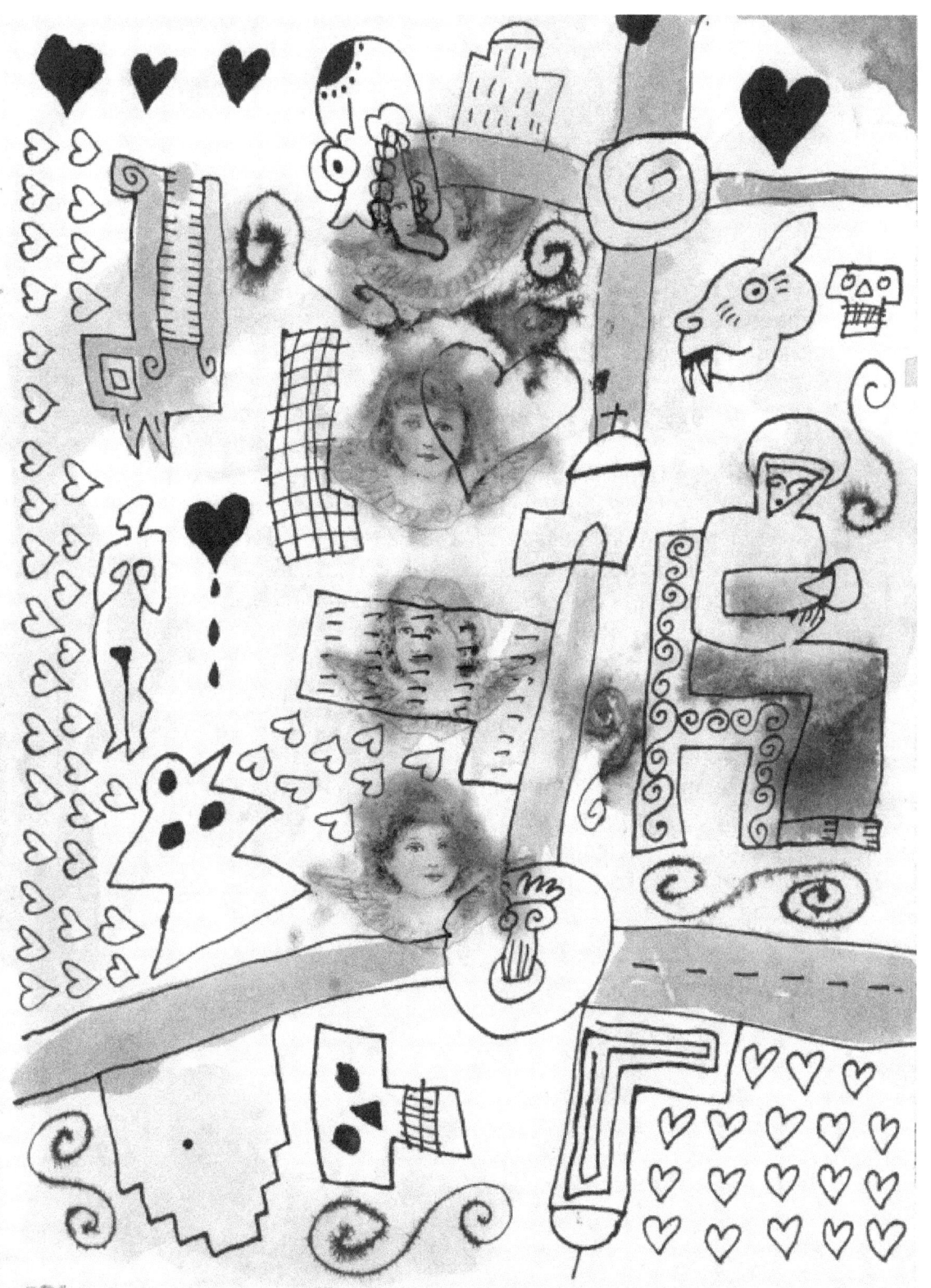

Tras la Virgen María en helicóptero

De los dos a los seis años fui a un colegio de monjas. Las imágenes más impresionantes que recuerdo de esa época son las grandes planchas con las cuales nos enseñaban la historia sagrada: los soldados romanos con sus picas y espadas, el tormento de Jesús en su camino al Gólgota, arrastrando la cruz, la corona de espinas que hacía correr una sangre muy roja por su frente. Pero lo más impresionante de todo fue cuando me colé en las instalaciones de las monjas y vi un cuadro misterioso, cubierto con una pesada cortina de terciopelo violeta. Apenas tuve tiempo de apartar la cortina para mirar la imagen cuando una monja me sacó de una oreja. La oreja no me dolió nada porque yo había quedado congelado: la Virgen María me había clavado su mirada tras el terciopelo, y en su mirada pareció saludarme con los ojos. Su expresión bondadosa y patética, como la de los personajes pobres con corazón puro de las películas argentinas de entonces, me dejó dentro una inquietud muy rara durante algunos días. Soñé con ella muchas veces. En uno de los sueños vi a la Virgen ascender por el aire, su manto azul ondeaba con el viento y yo ascendía tras ella a bordo de un helicóptero chiquito, acompañado por un montón de ángeles de alas emplumadas que volaban a mi lado.

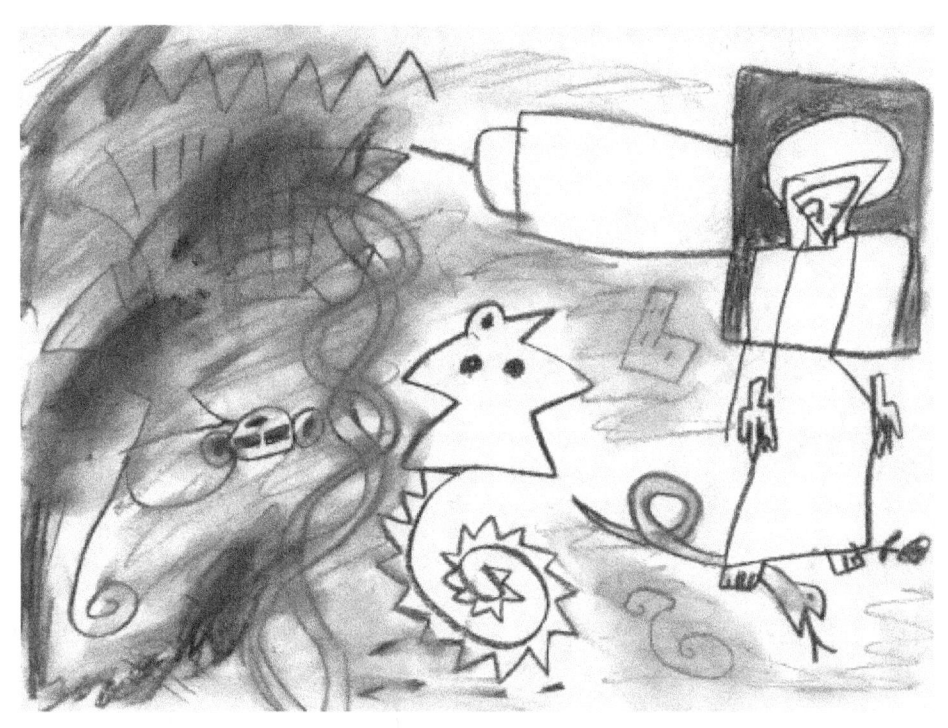

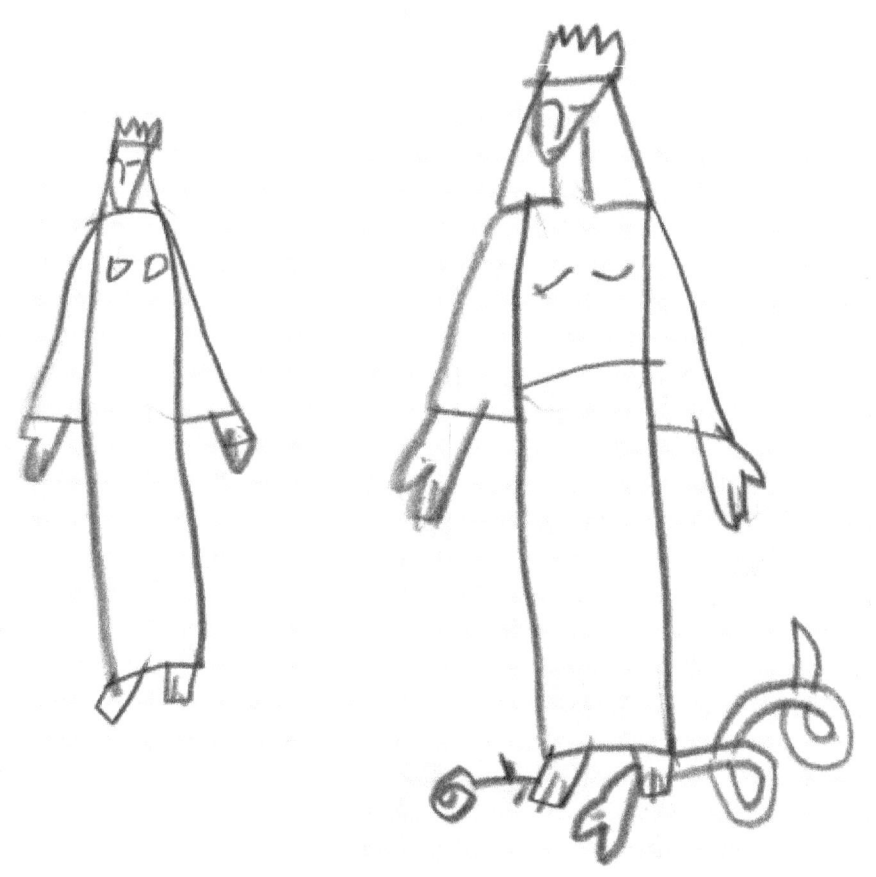

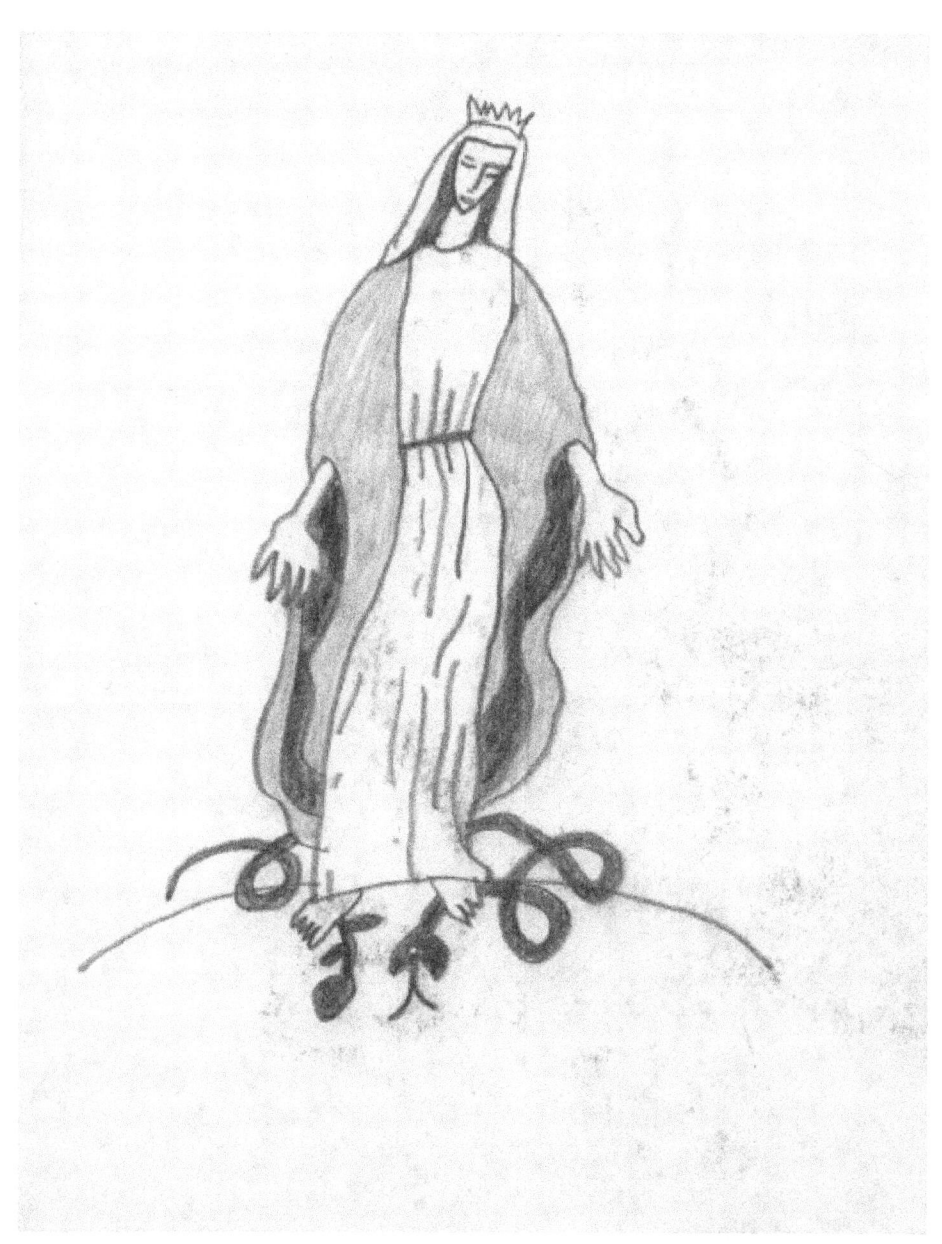

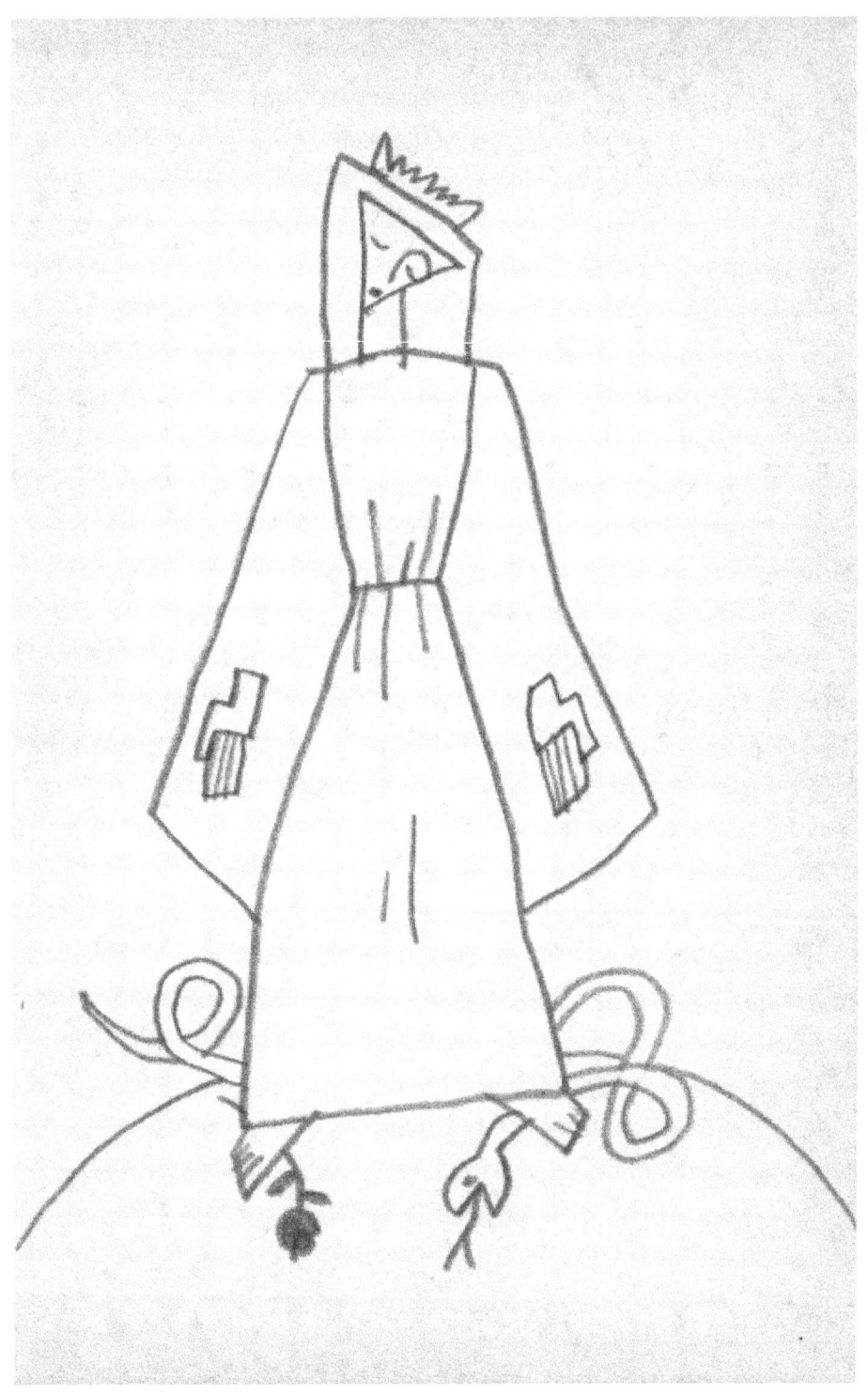

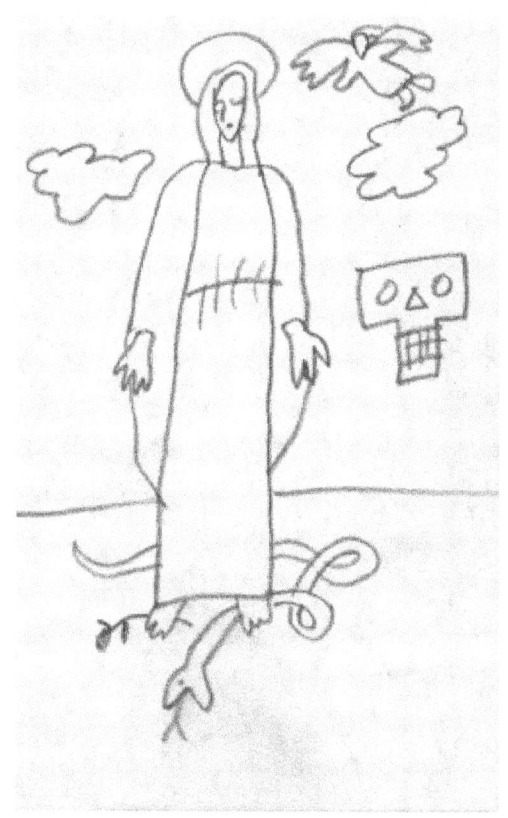
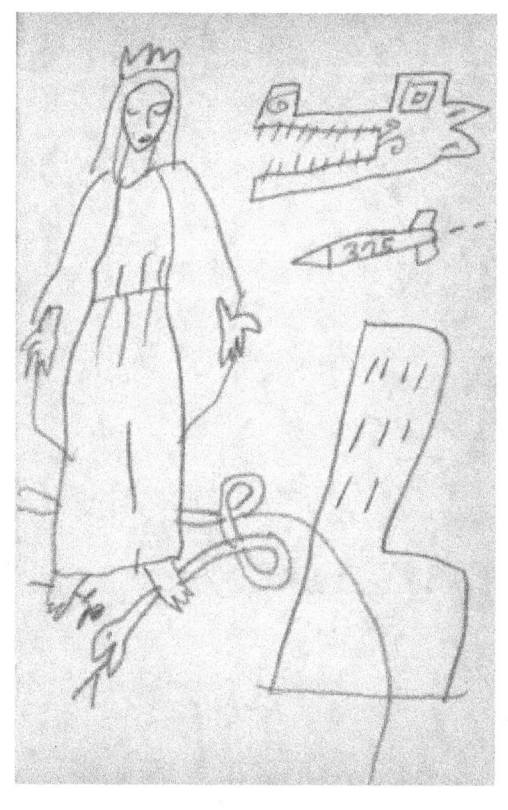

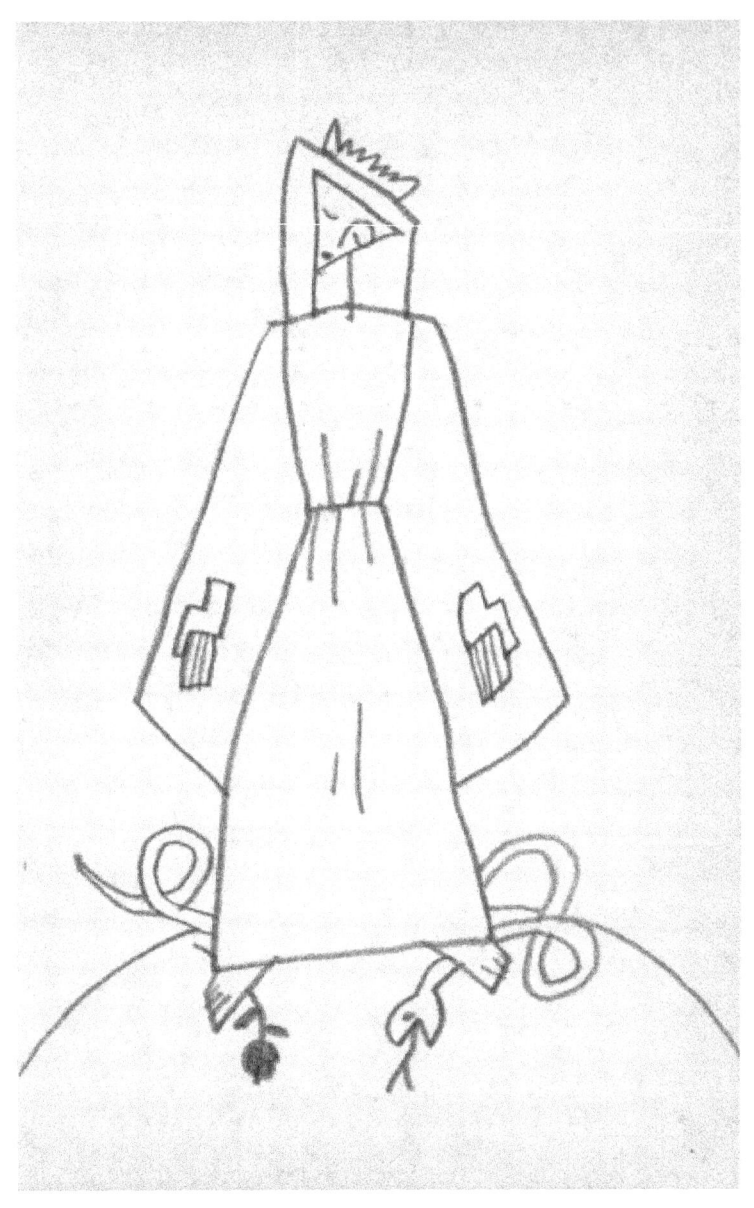

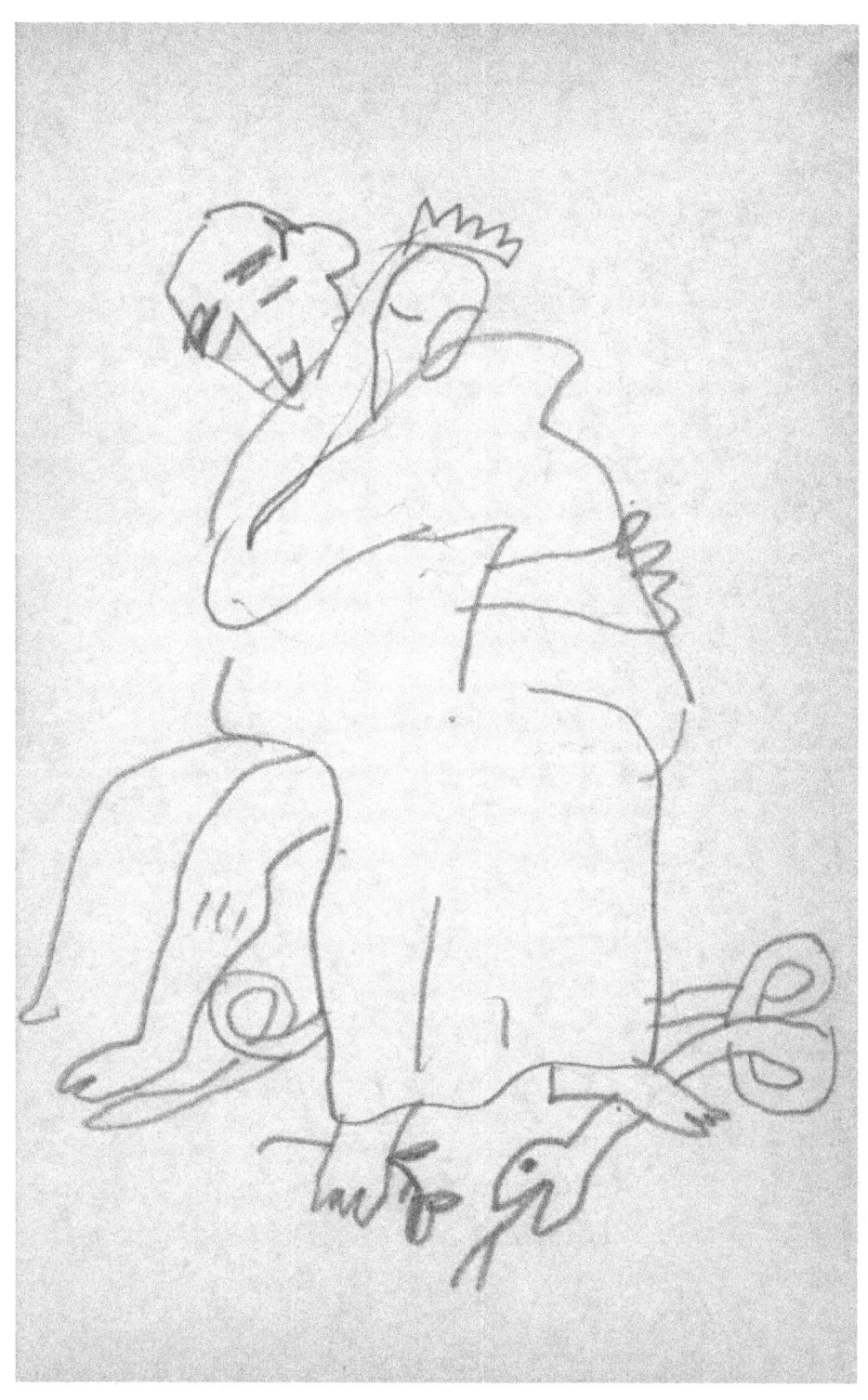

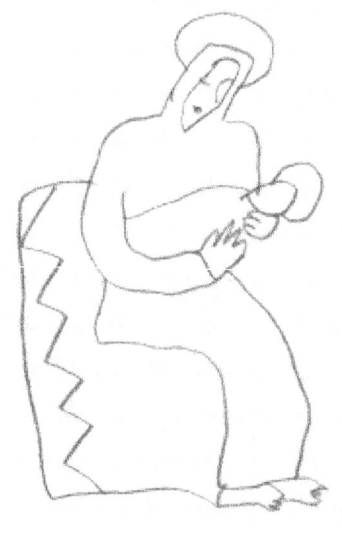

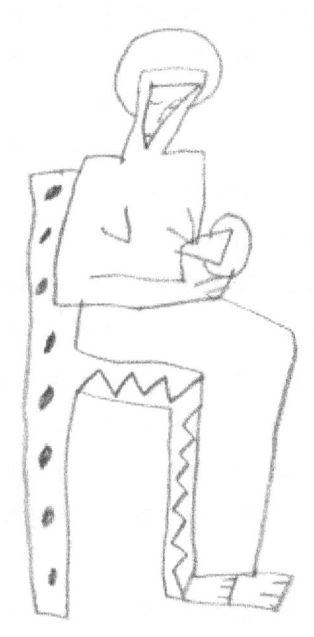

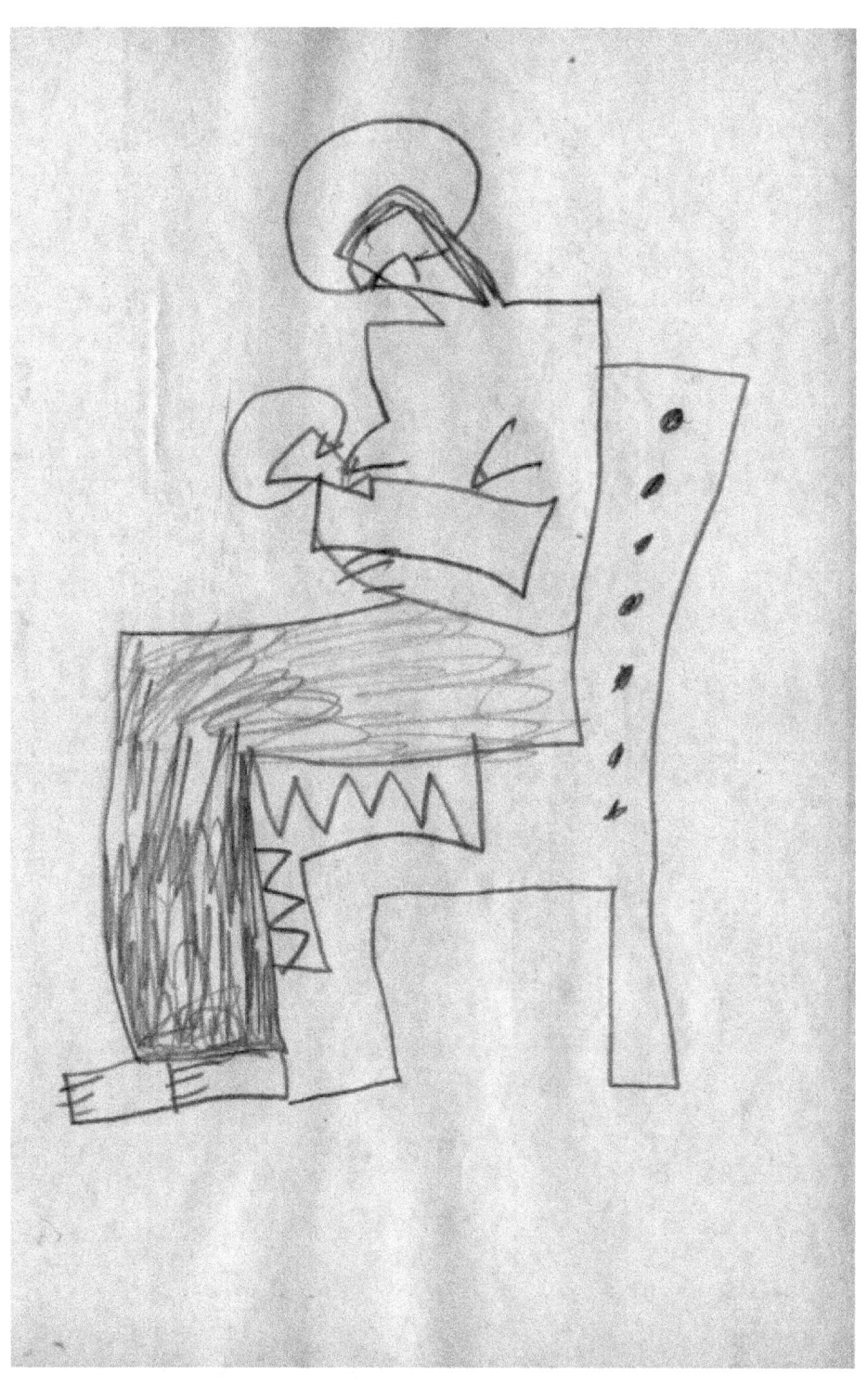

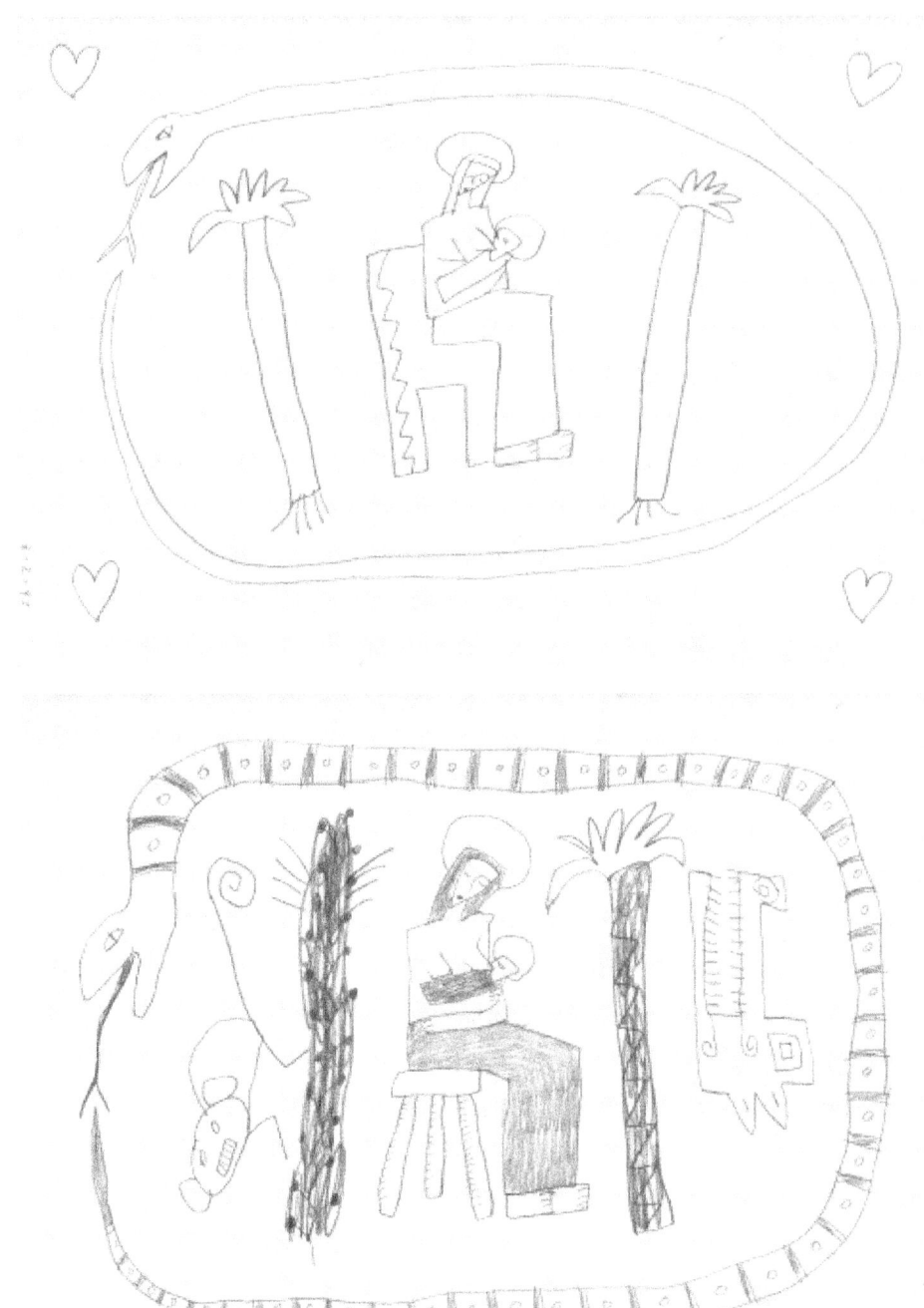

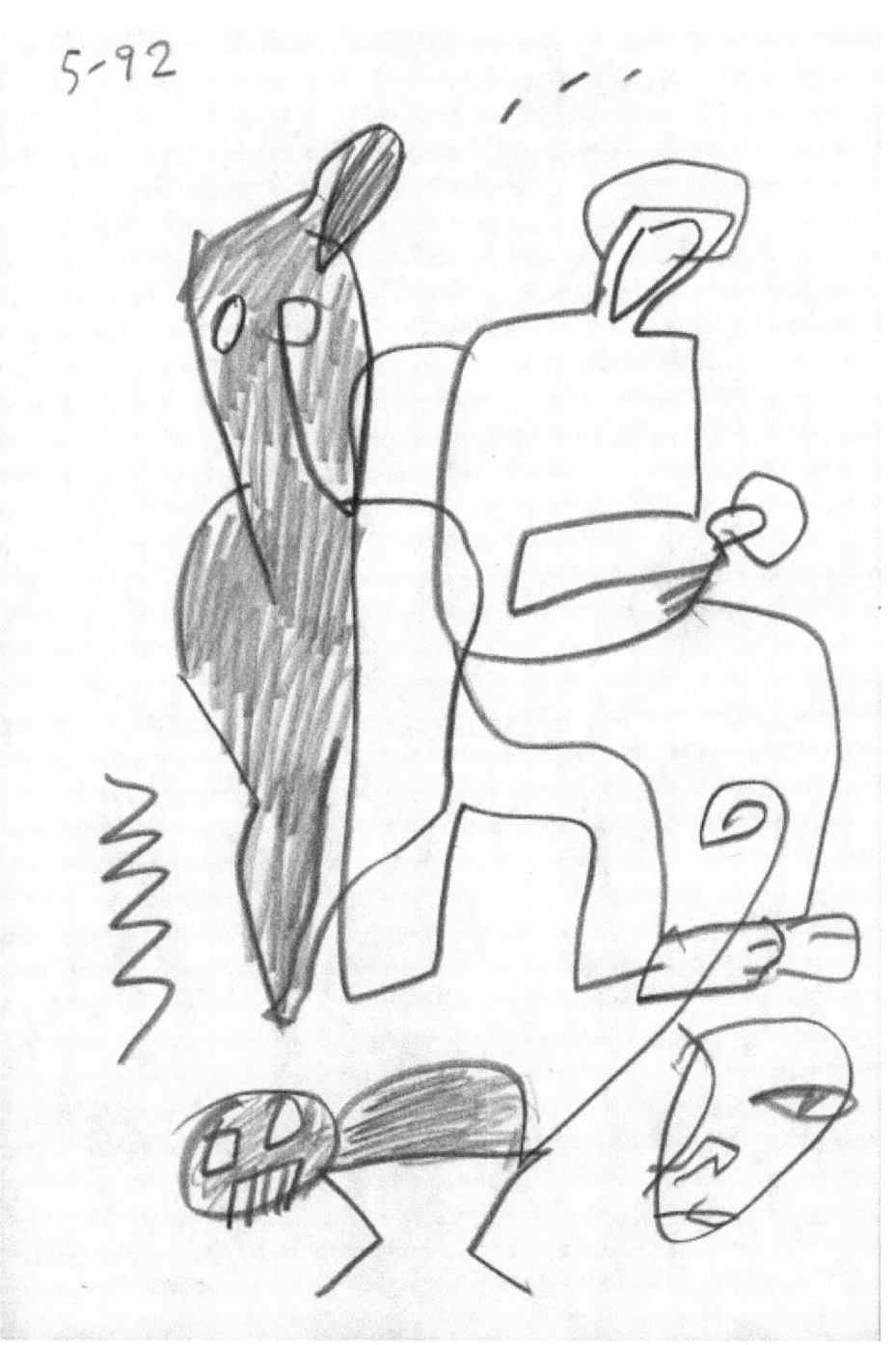

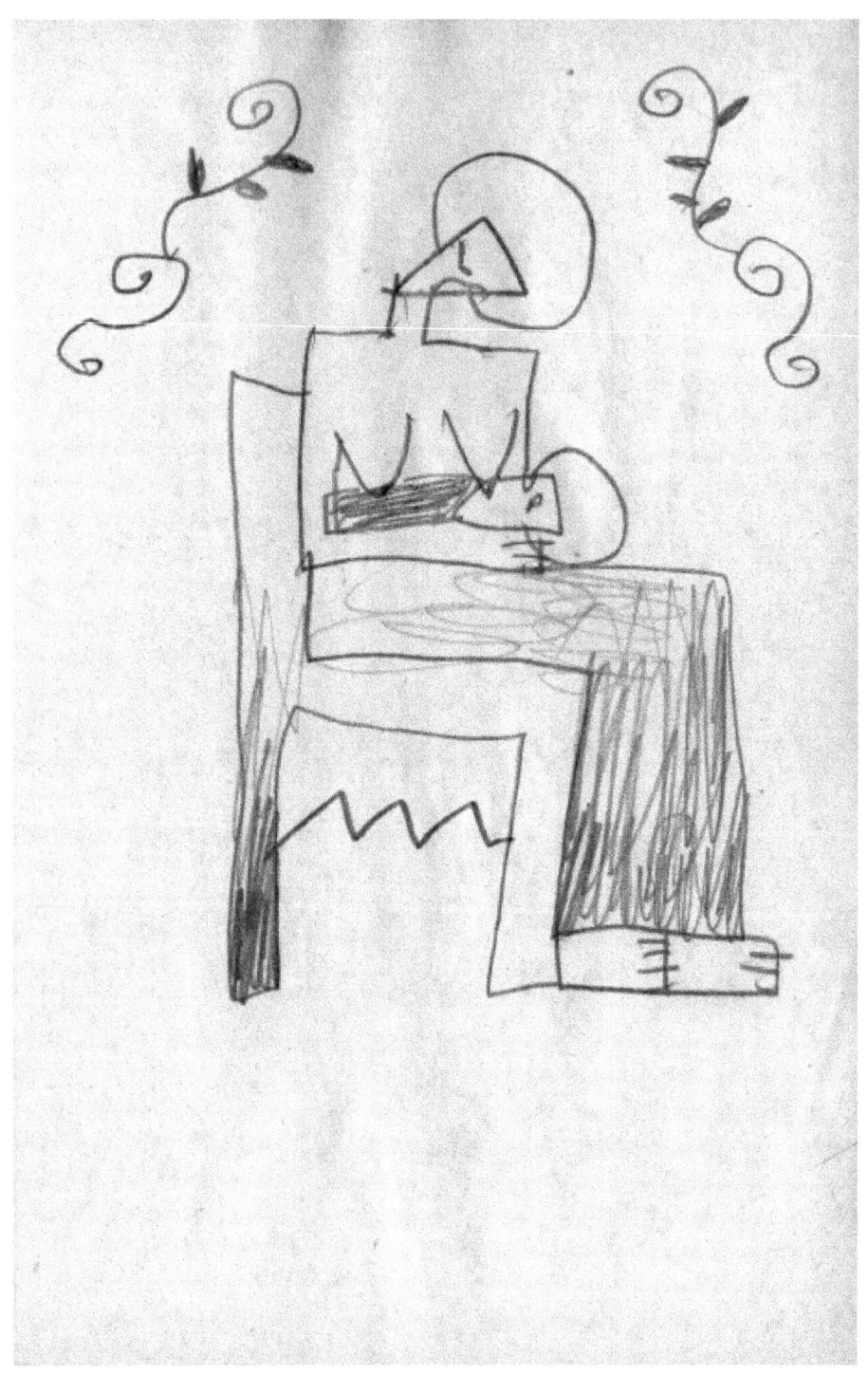

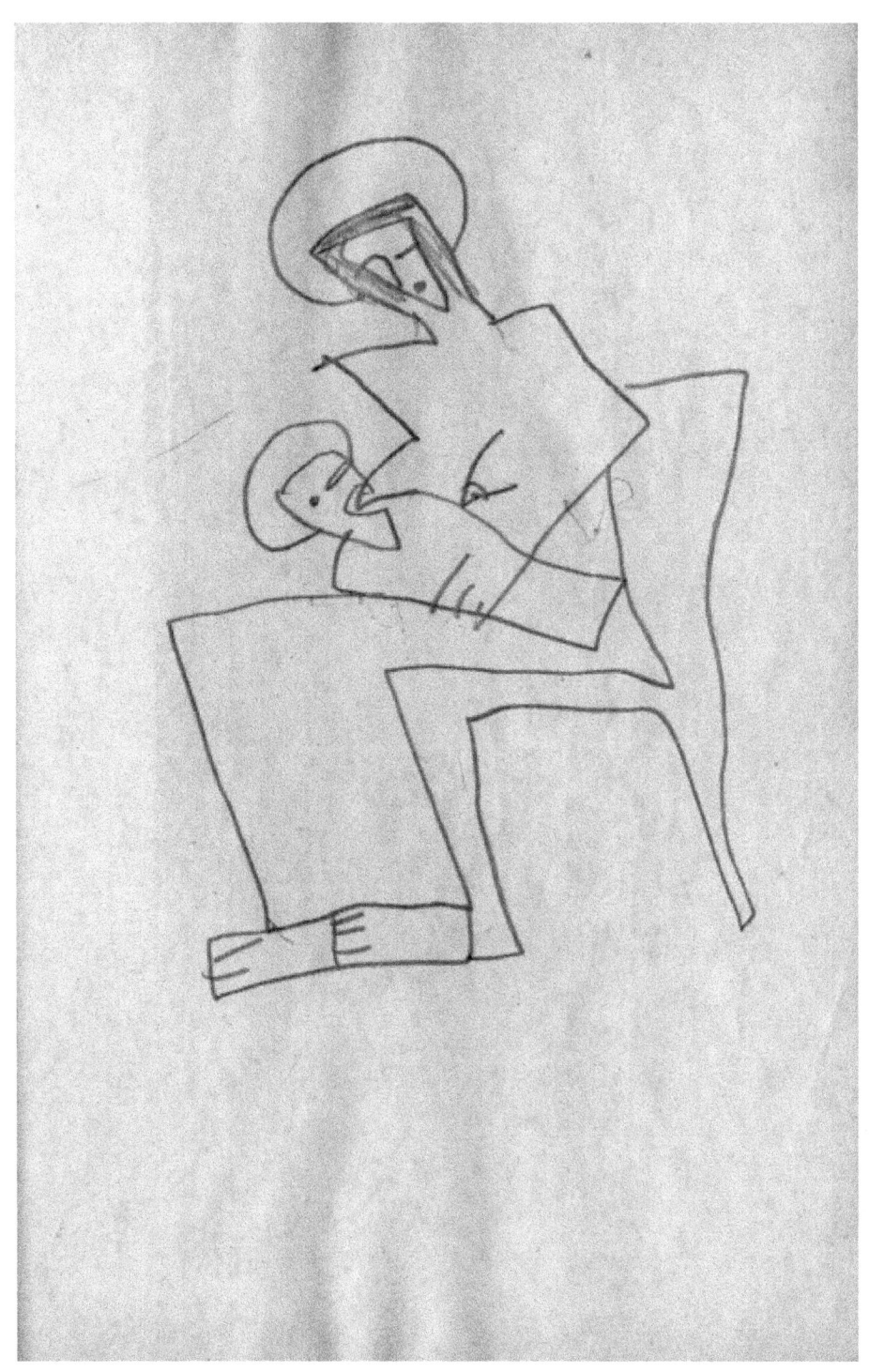

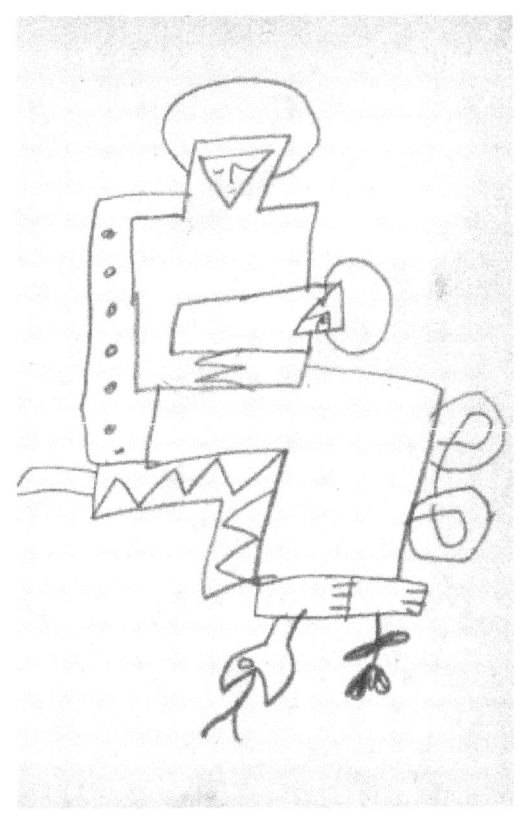
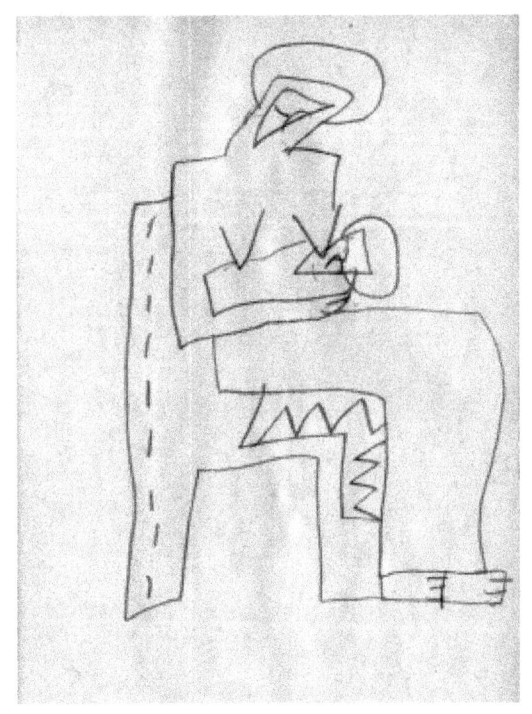

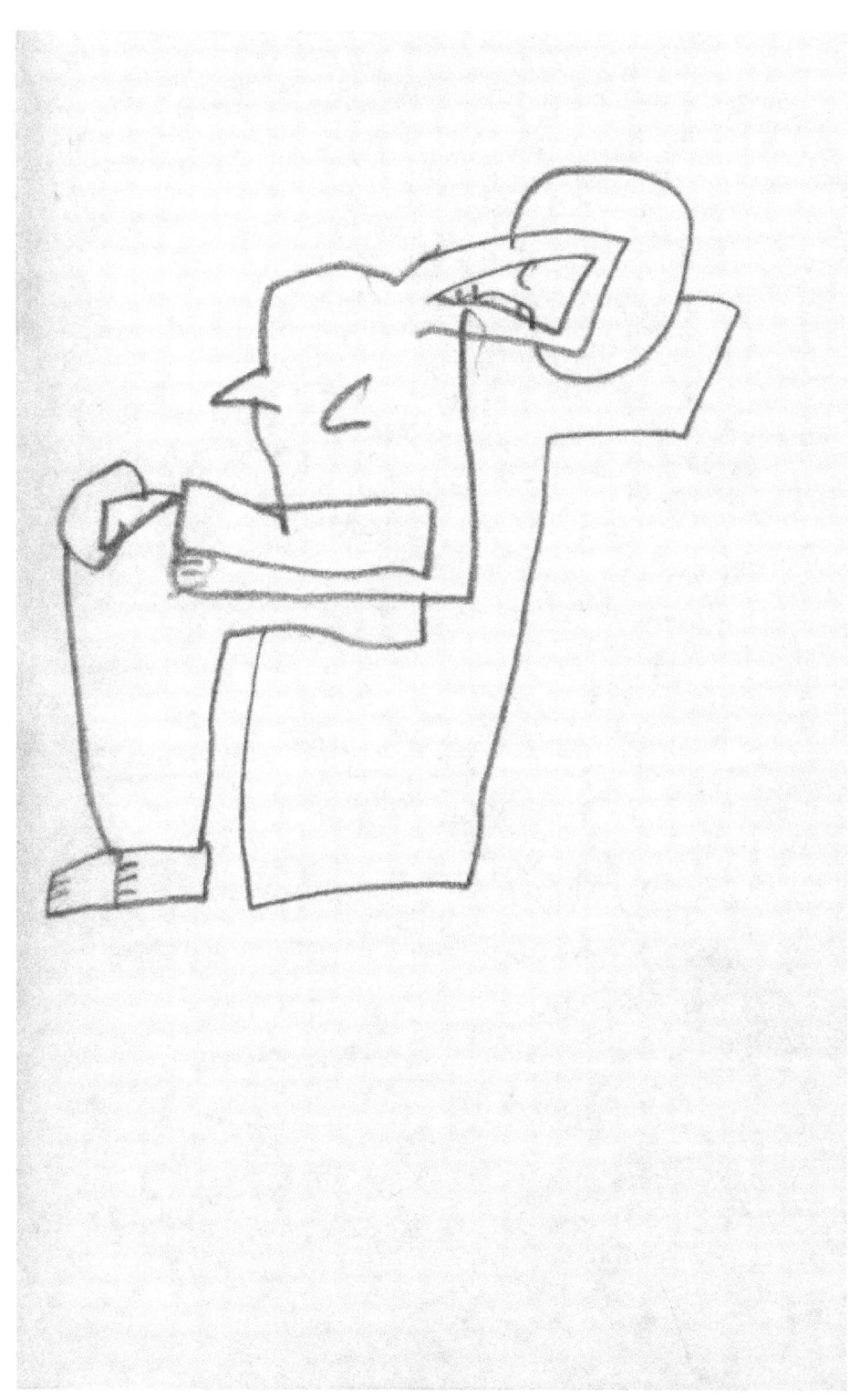

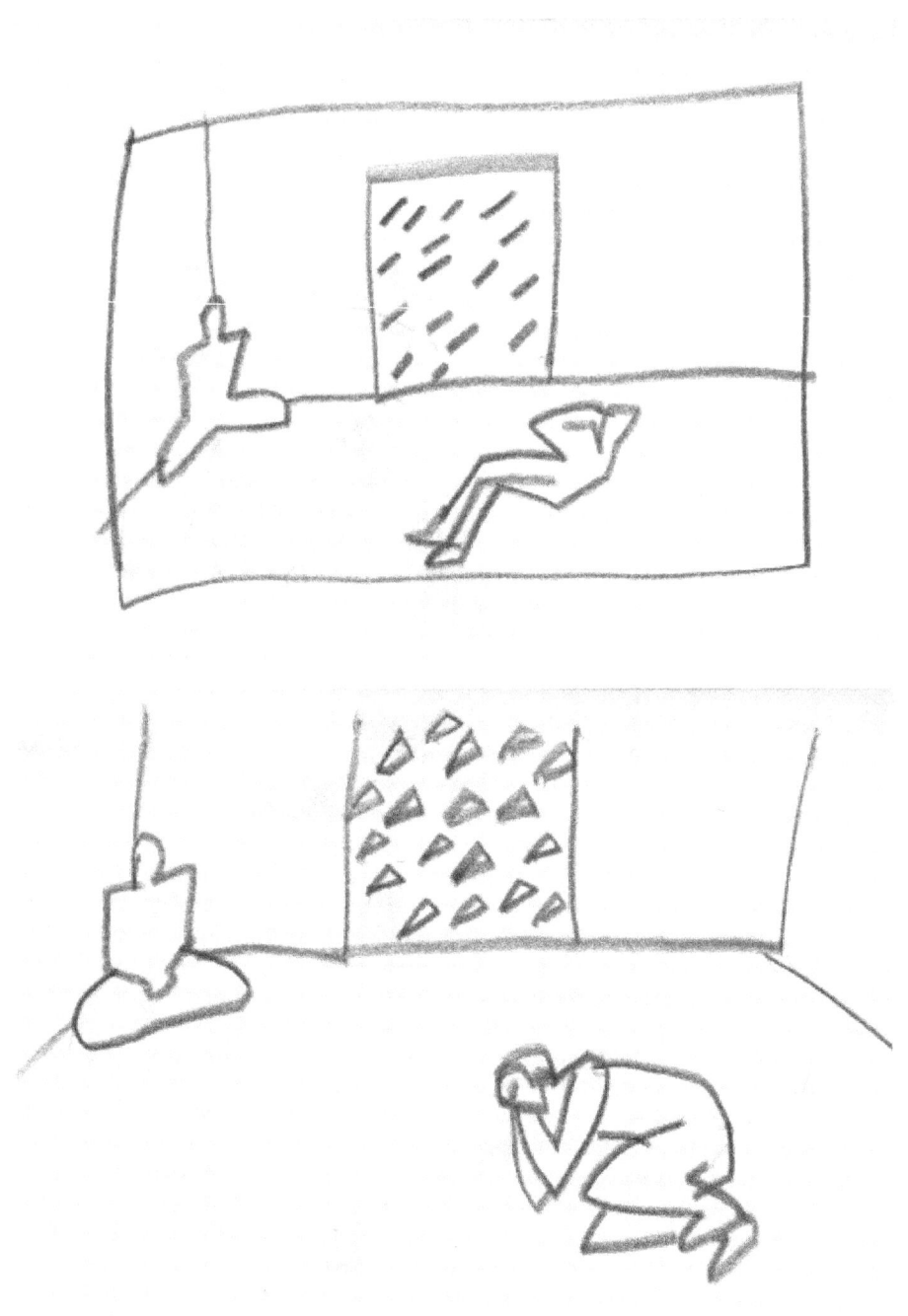

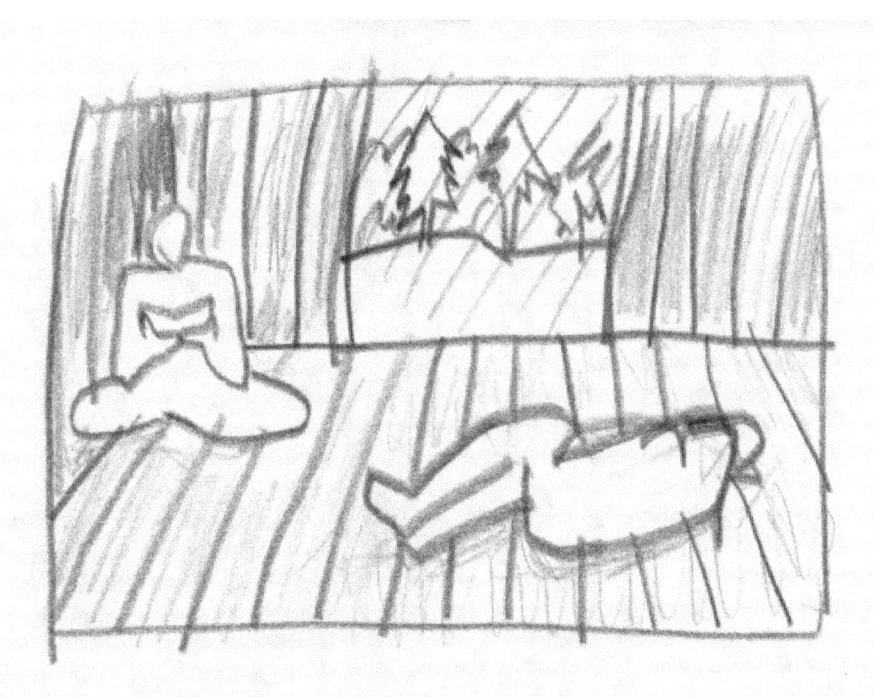

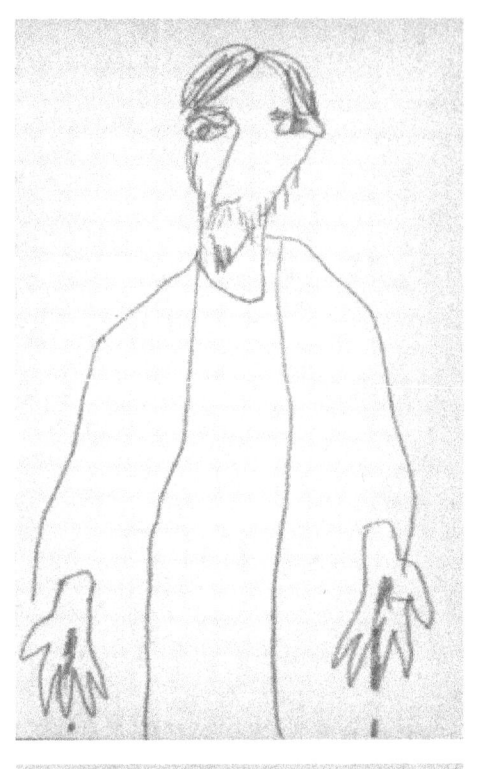

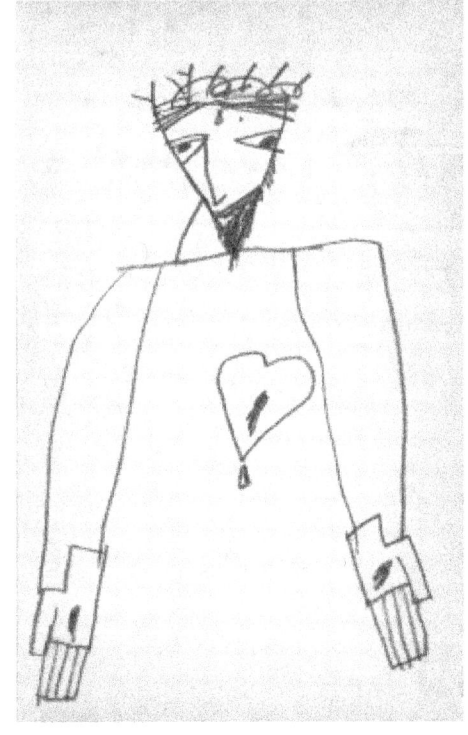

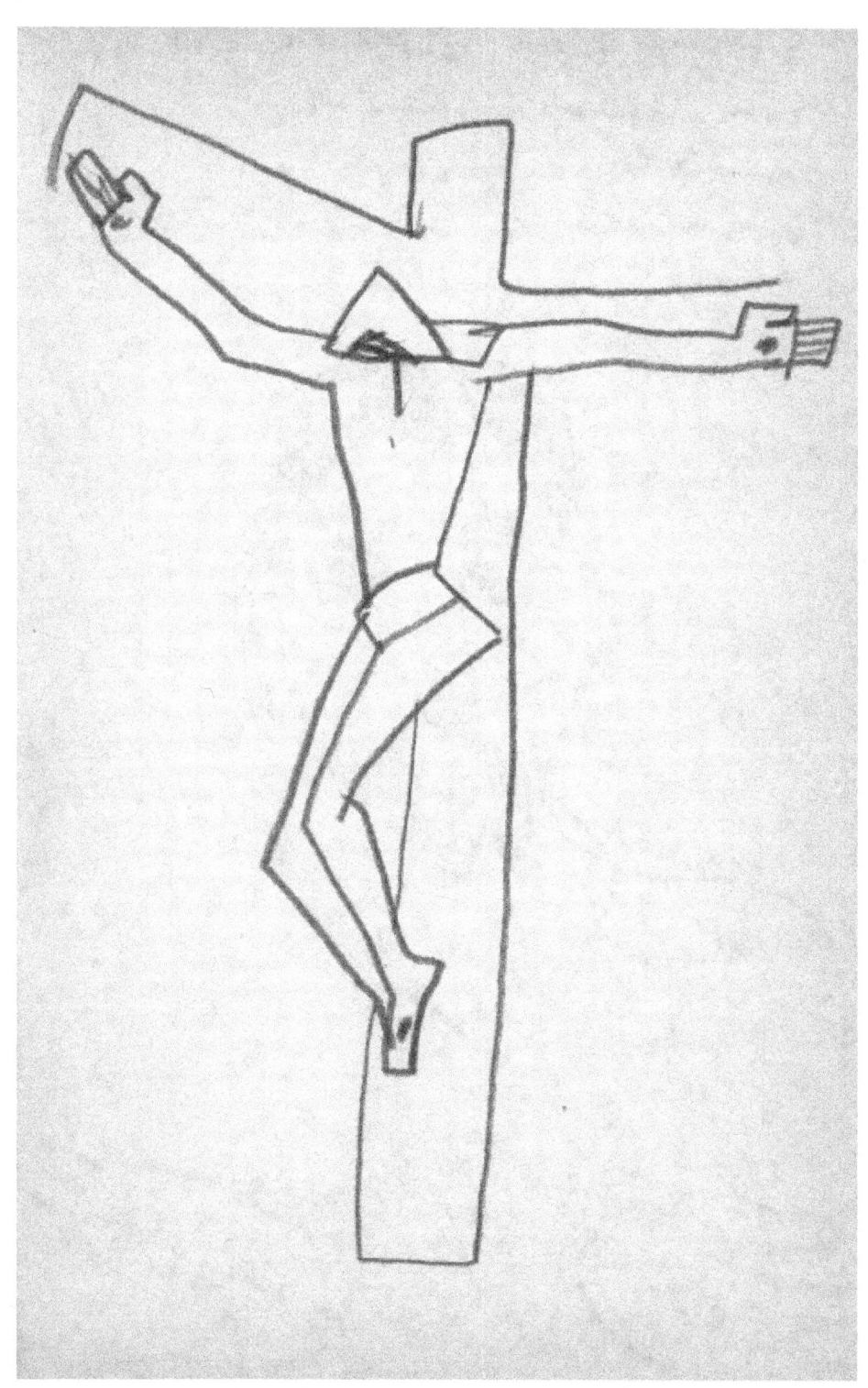

Domingo 6

Siempre ha habido pliegues
con piernas amputadas
enviados a golenes o
prensados en un cerco de tejido metálico
tampo

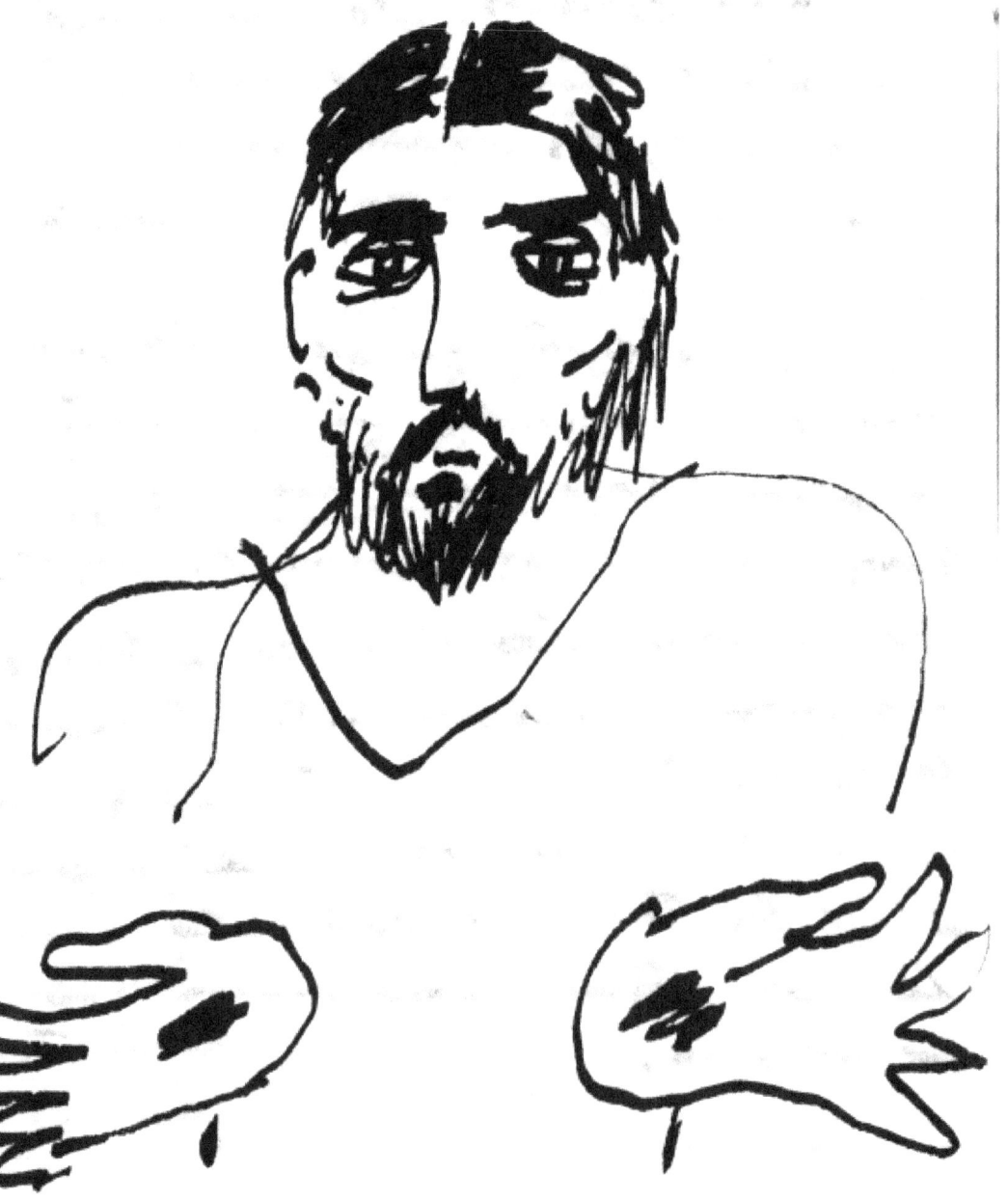

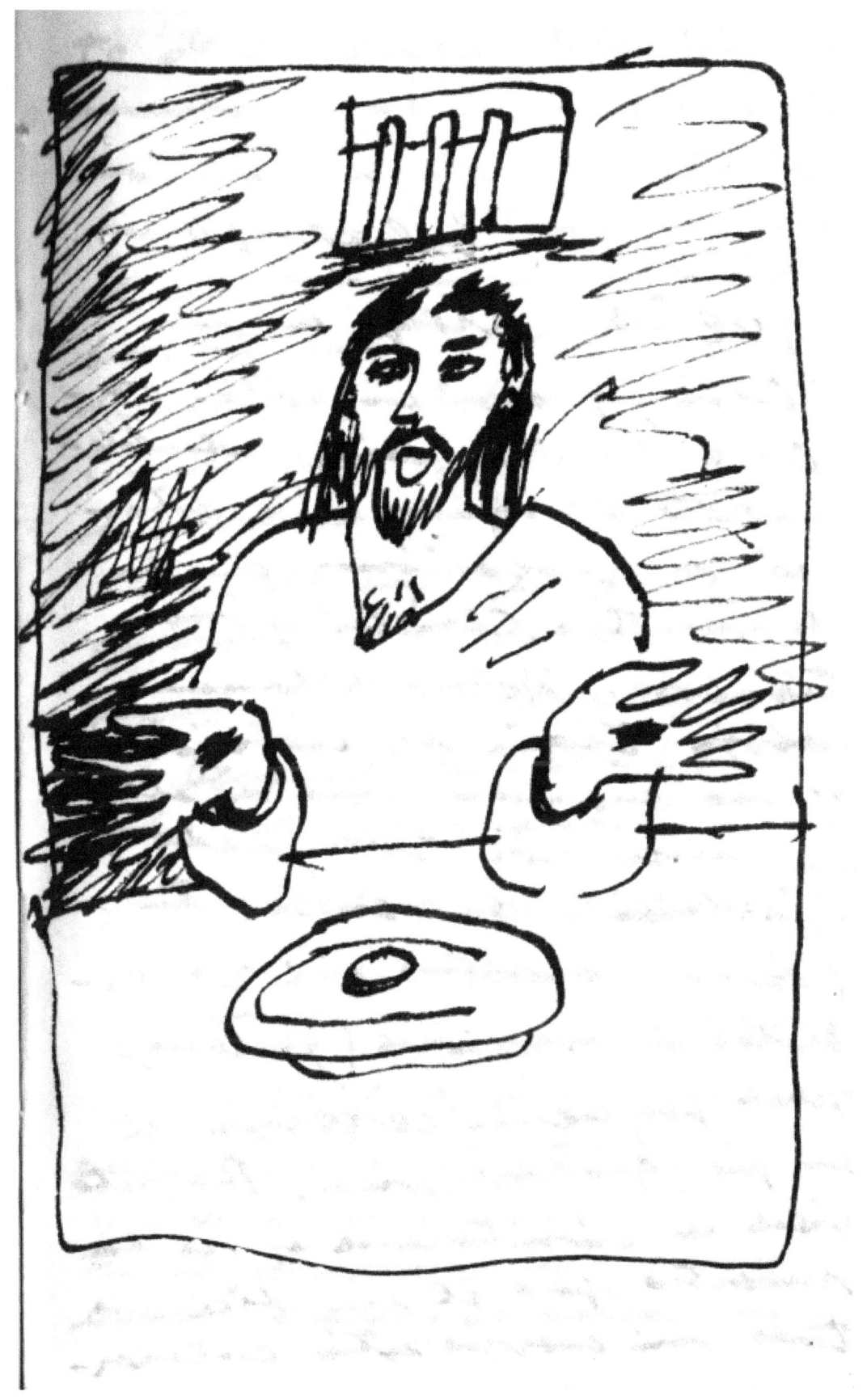

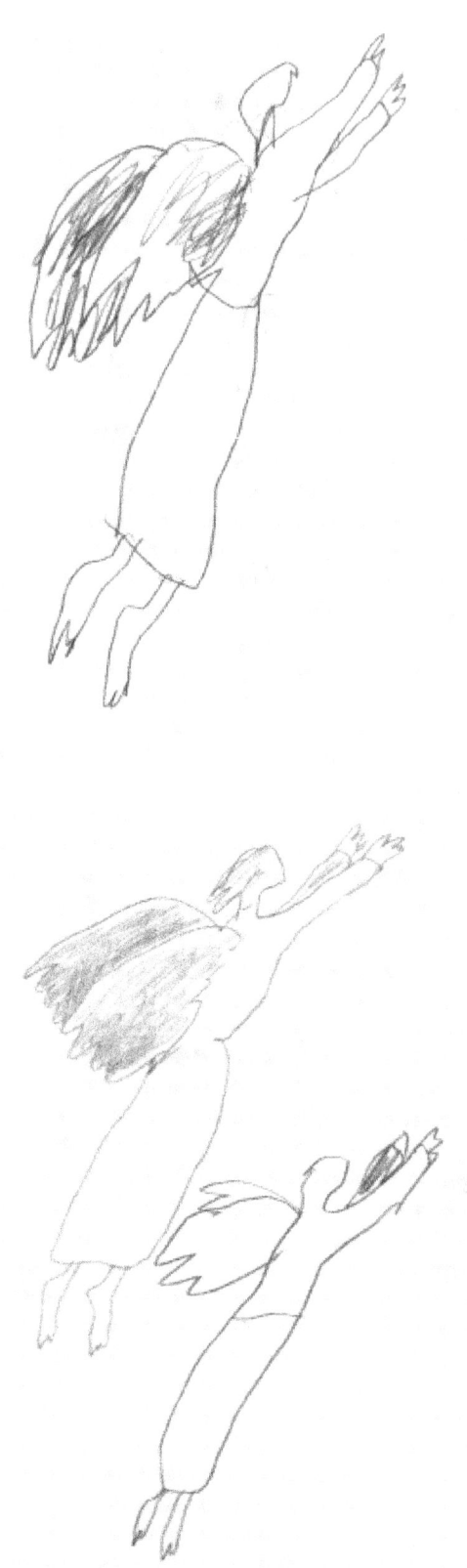

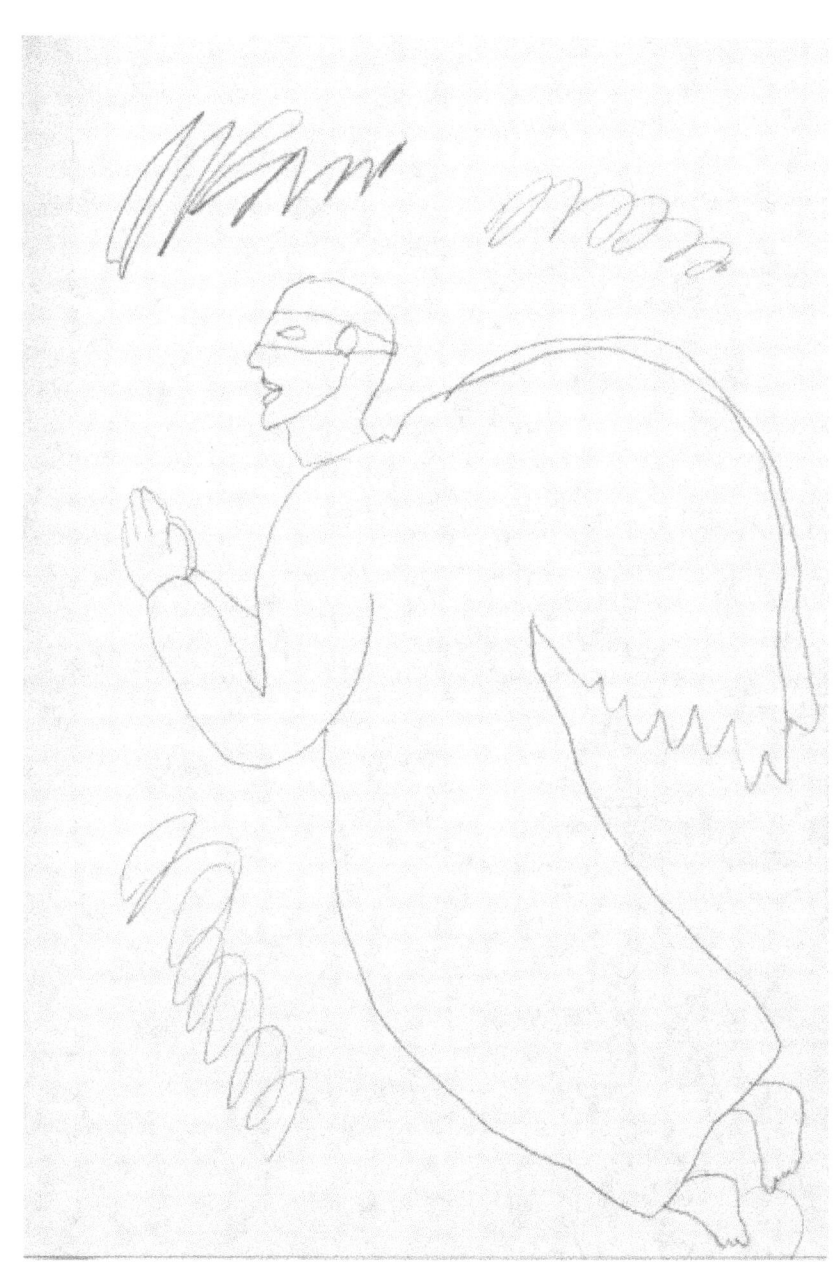

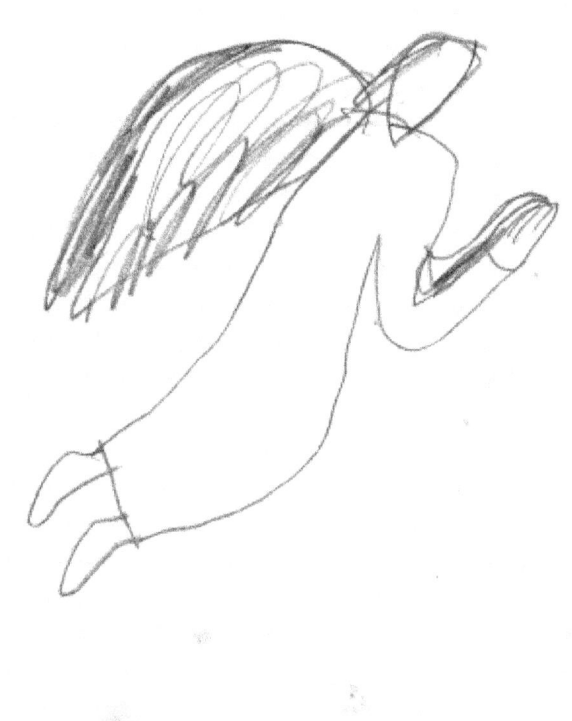

Julius Fučík

¿Por cuántos millares de celdas ha pasado la humanidad en su camino hacia adelante? ¿Y cuántas le quedan aún por recorrer?

Julius Fučík (1903-1943), *Reportaje al pie de la horca.*

Reportaje al pie de la horca *es una recopilación de los escritos de Julius Fučík durante su estancia de 1942 a 1943 en la cárcel de Pankrác (Praga), en la antigua Checoslovaquia, donde fue torturado por la Gestapo. Fučík logró sacar hoja por hoja sus escritos de la cárcel con la ayuda de un carcelero llamado Kolínský. Su esposa Gusta Fučíková recuperó esos textos luego de la guerra y los publicó en forma de libro en 1945. Poco después de su estancia en Pankrác, Fučík fue trasladado a Berlín y ejecutado el 8 de setiembre de 1943. La fecha se ha convertido en el Día Internacional del Periodista.*

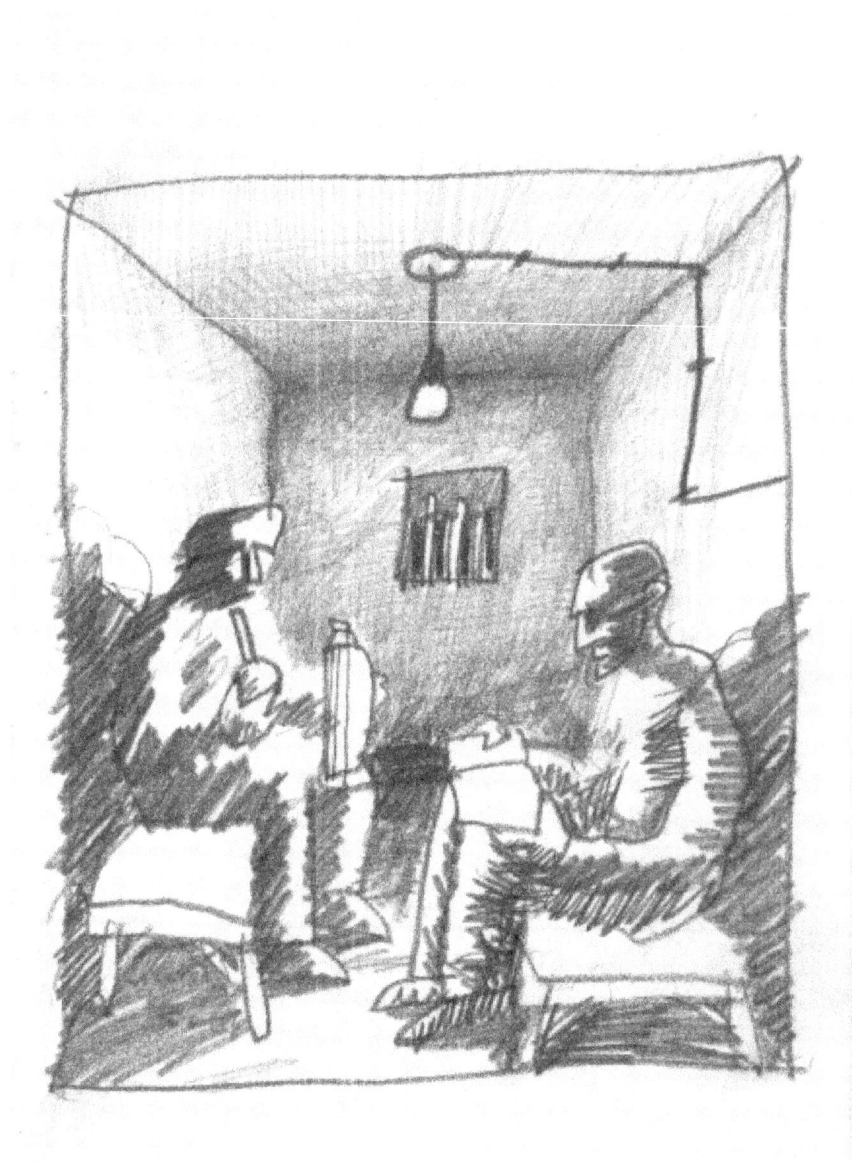

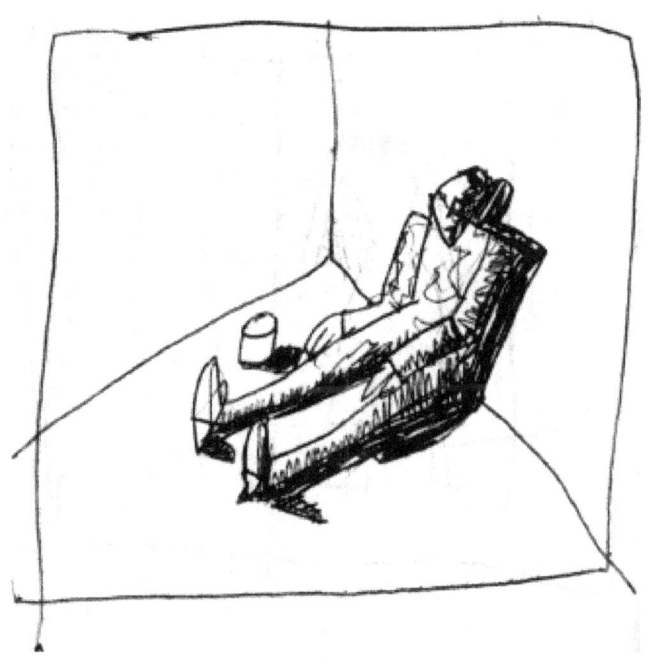

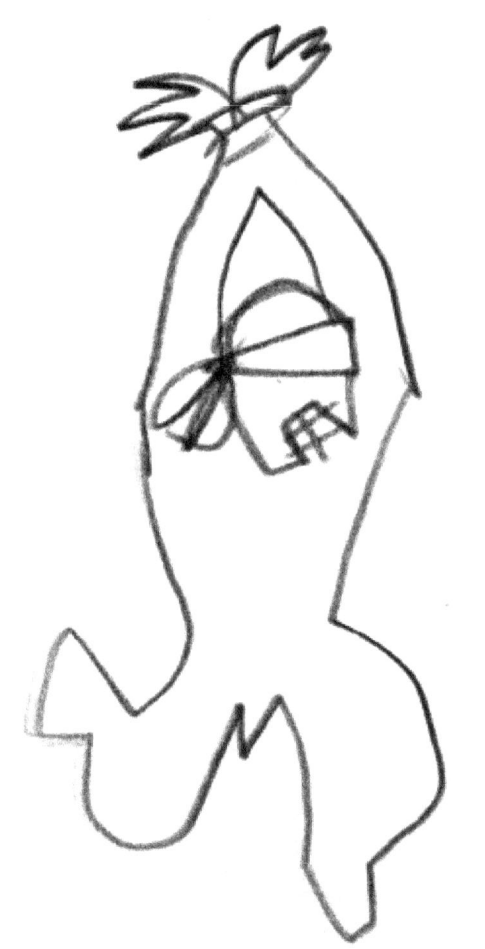

La tortura en Uruguay

(...) se entenderá por el término 'tortura' todo acto por el cual se inflija intencionadamente a una persona dolores o sufrimientos graves, ya sean físicos o mentales, con el fin de obtener de ella o de un tercero información o una confesión, de castigarla por un acto que haya cometido, o se sospeche que ha cometido, o de intimidar o coaccionar a esa persona o a otras, o por cualquier razón basada en cualquier tipo de discriminación, cuando dichos dolores o sufrimientos sean infligidos por un funcionario público u otra persona en el ejercicio de funciones públicas, a instigación suya, o con su consentimiento o aquiescencia (...)

Convención de las Naciones Unidas contra la Tortura y Otros Tratos o Penas Crueles, Inhumanos o Degradantes.

La tortura se practicó en Uruguay de manera sistemática desde 1972 hasta el fin de la dictadura, en 1985. Fue parte fundamental del tratamiento que se daba a los detenidos y de la rutina de interrogatorios de las Fuerzas Armadas y de todo el aparato represivo del Estado durante esa época. Todos los militares y policías que actuaron en la represión de oponentes políticos la practicaron o fueron cómplices más o menos directos de su aplicación. Se trata de un crimen de lesa humanidad imprescriptible cometido por cientos de individuos. Sin embargo, hasta marzo de 2020, después de 35 años de terminada la dictadura, solo había sido condenada una persona por actos de esa naturaleza.

Mirando el crecimiento de mis uñas

Eran mis dedos como bichos autónomos
con sus uñas completas, su cuenta decimal,
y eran mis ojos que miraban los dedos
sobre el camastro de cáscaras de arroz.
Sobre mí mismo cayó todo el otoño,
la melaza del sol en la ventana,
el fresco de la noche sin un poncho capaz,
el tabaco para pensar poemas
y los sonidos de las puertas de hierro,
las compuertas del mundo.

Por la ventana de su calabozo
el galleguito cantaba tangos sensibleros
para mi sensiblero corazón.

Quedamos más amigos desde el día
que nos llevaron a los dos a interrogar
y chocamos las cabezas al rodar por el piso.
Después todas las tardes me contaba
su historia de amor
que yo escuchaba atentamente como si no tuviera
ninguna historia de amor propia,
pero sí de amor propio.

De los dedos iban creciendo uñas con los meses,
mis ojos las miraban crecer como a diez plantas,
allí no había tijeras y orinar era un triunfo
porque un sorete de oficial había ordenado
que nos quitaran las latas de mear.

Entonces, como ahora, también había futuro,
pero el camino era tan largo.
Si cerrabas los ojos ibas hacia adelante,
hacia regiones del pensamiento liberadas,
hacia vos o hacia el tiempo que tendría que venir
con la misma certeza de las estaciones,
los procesos naturales que maduran las frutas.

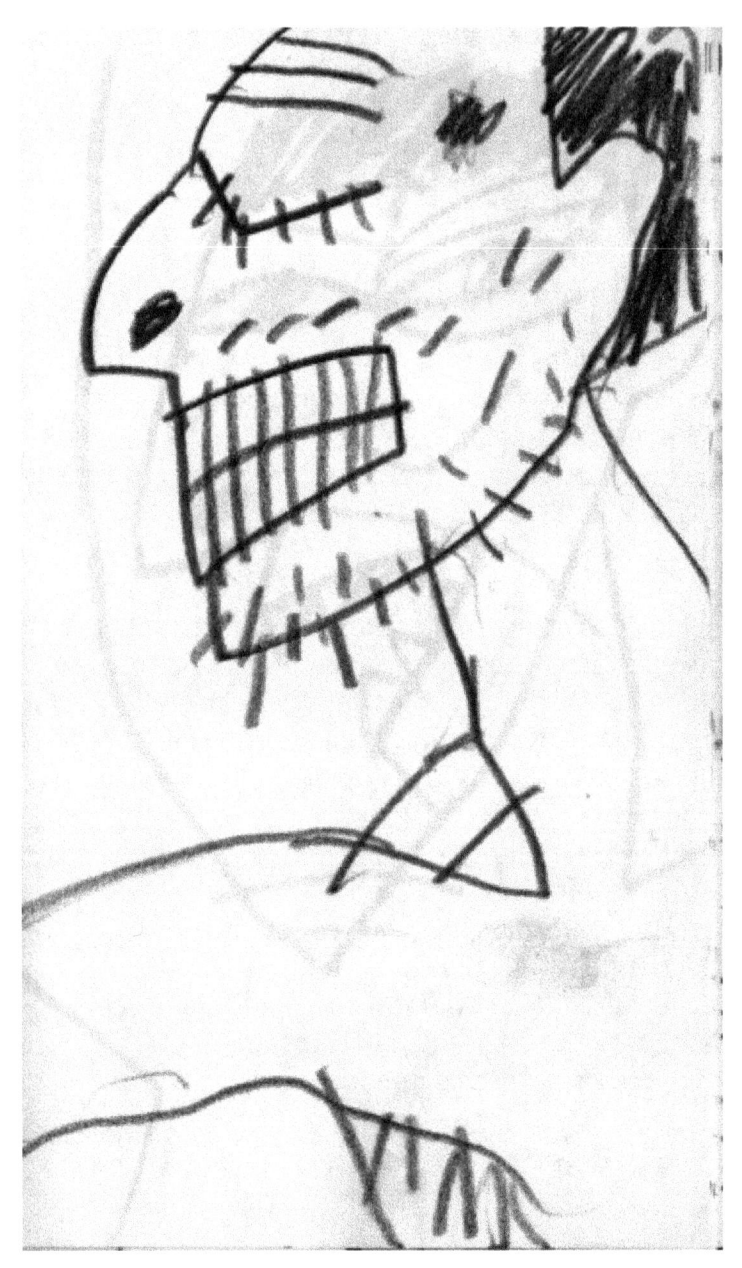

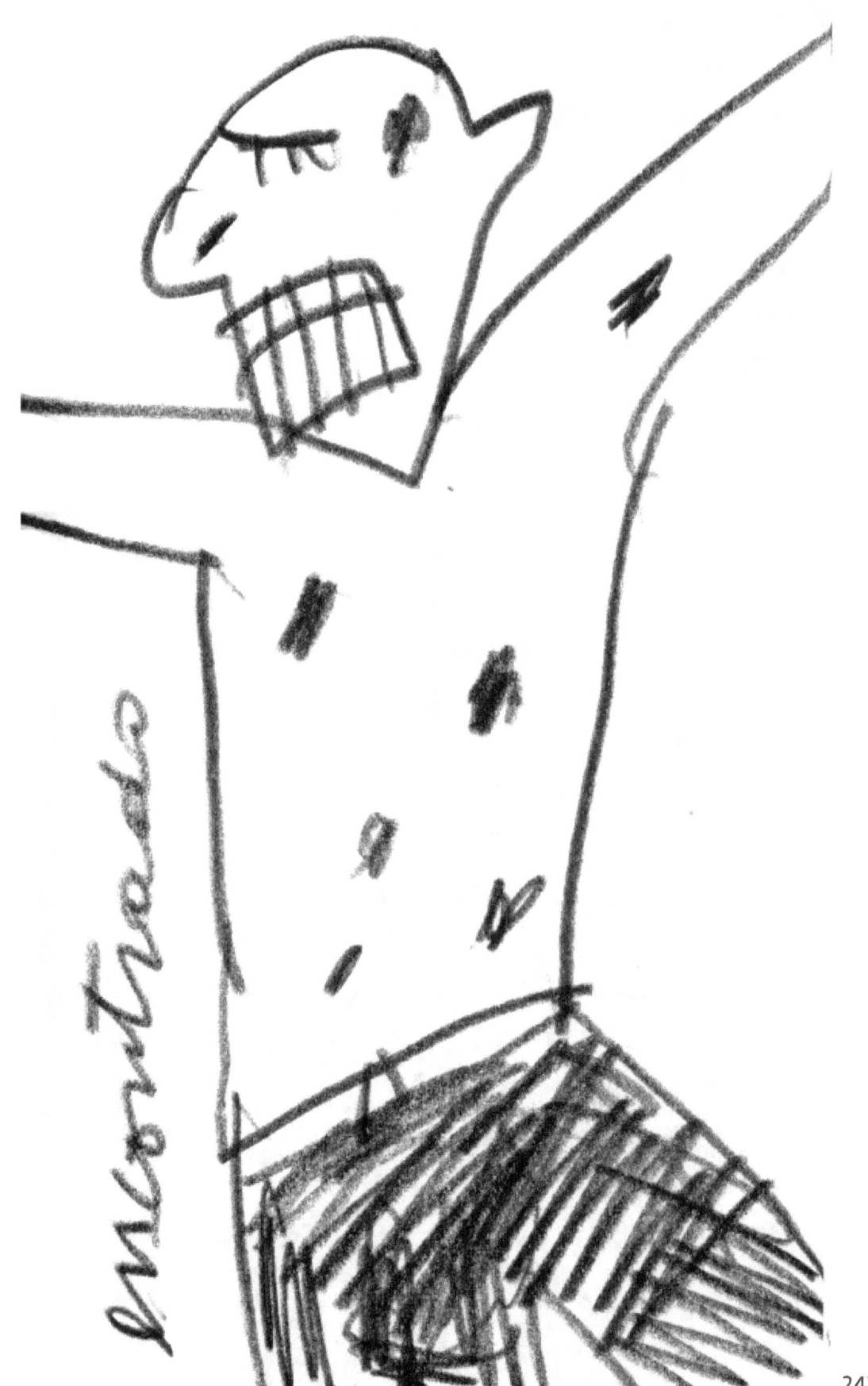

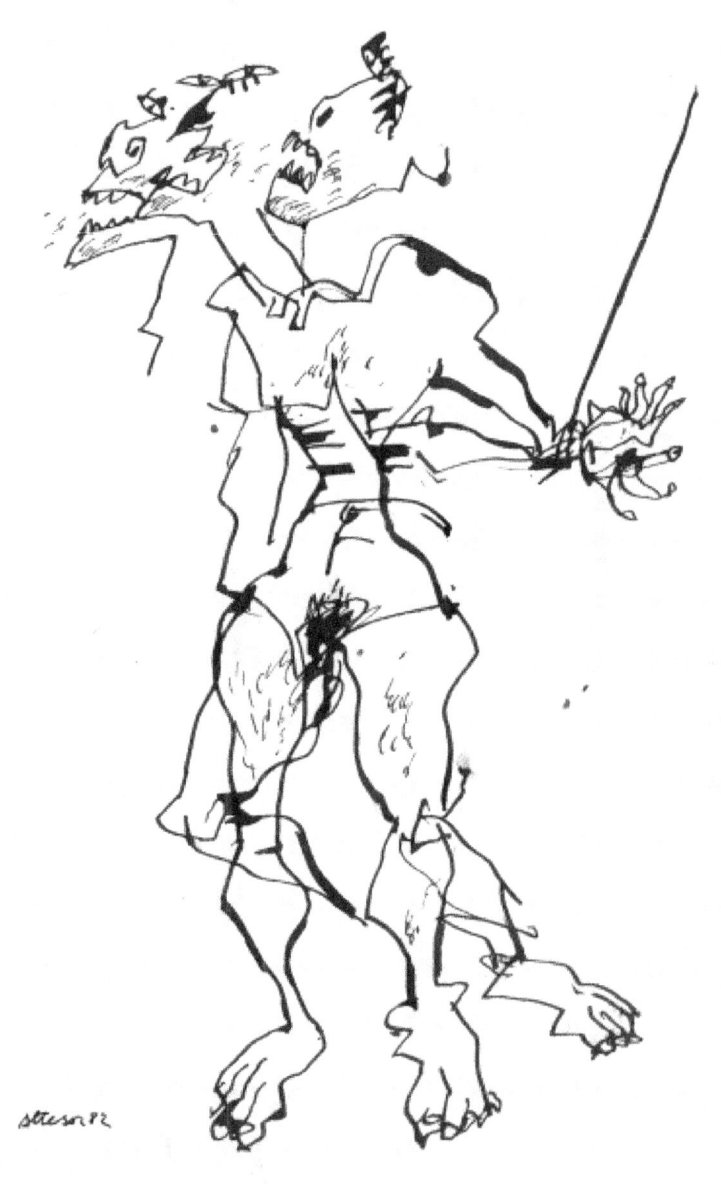

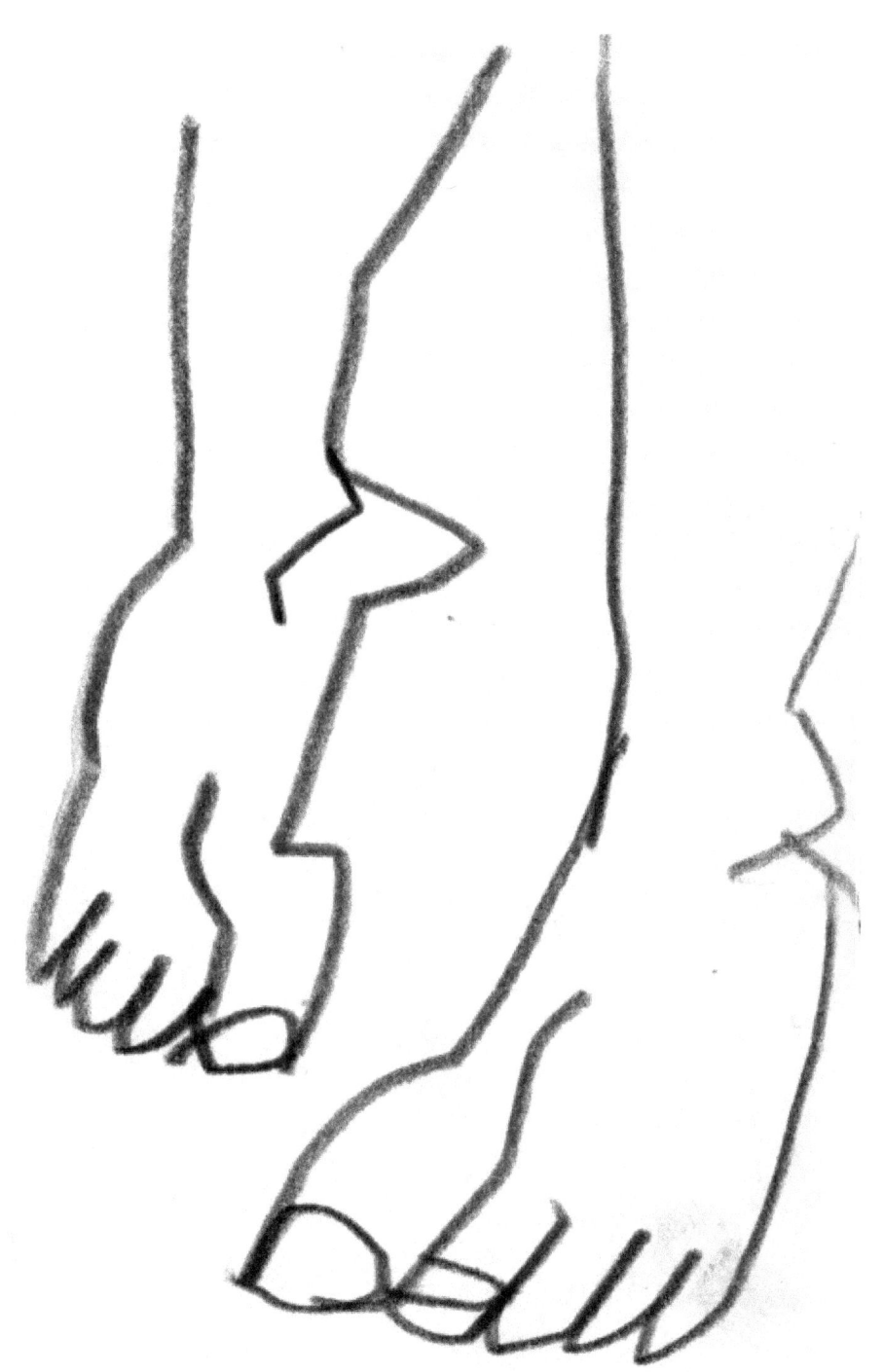

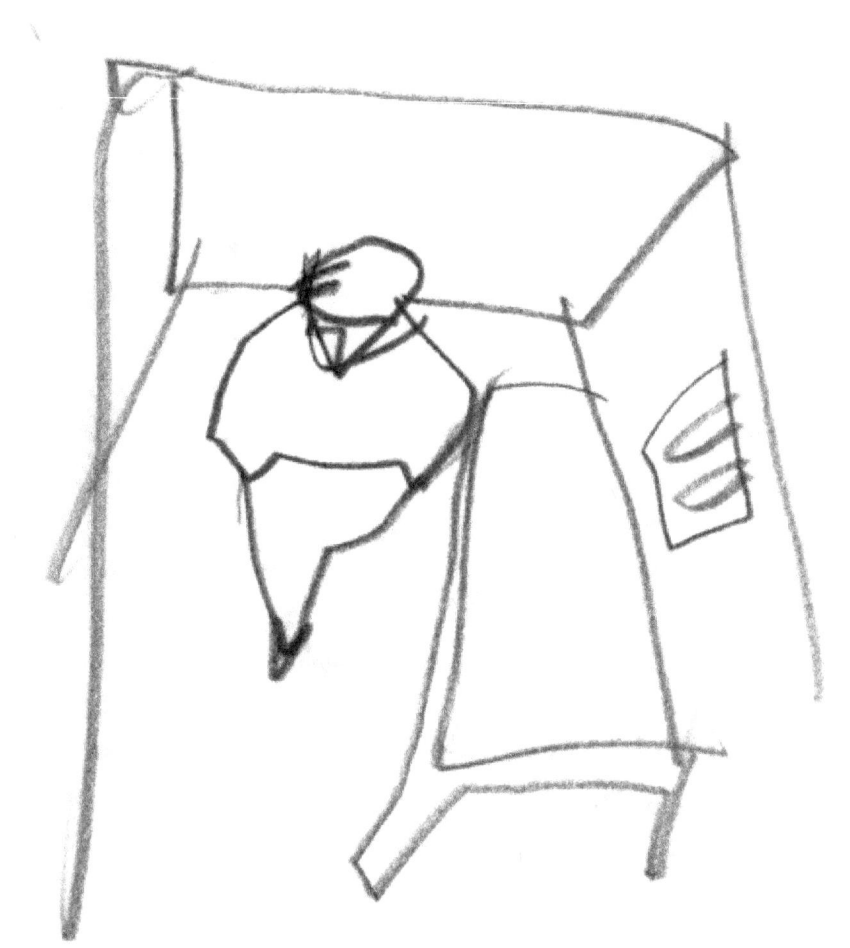

Calabozo

Cuando estuve encerrado allí, inventé una rutina para pasar el tiempo que consistía en caminar de ida y de vuelta los seis pasos que había de pared a pared, con lo que al fin del día completaba unos veinticinco quilómetros. El motivo fue al principio mantenerme en buen estado físico y cansarme lo suficiente como para doblegar el insomnio que me tenía en vilo gran parte de la noche oyendo los interrogatorios y los gritos de los torturados. Muy pronto me di cuenta que aquellas caminatas pendulares creaban un ritmo a partir del cual la mente se desprendía del cuerpo y realizaba largos viajes en el tiempo. También noté que las imágenes que encontraba en esos viajes tenían una especial definición, una diafanidad que el pensamiento por lo común no tiene en otras circunstancias. Y descubrí que cuando el cuerpo era abandonado a caminar por sí solo como una máquina automática, pendulando allí abajo de pared a pared, yo era capaz de dirigir mi mente en línea recta hacia destinos diferentes, hacia momentos muy lejanos de los cuales no había tenido hasta el momento memoria.

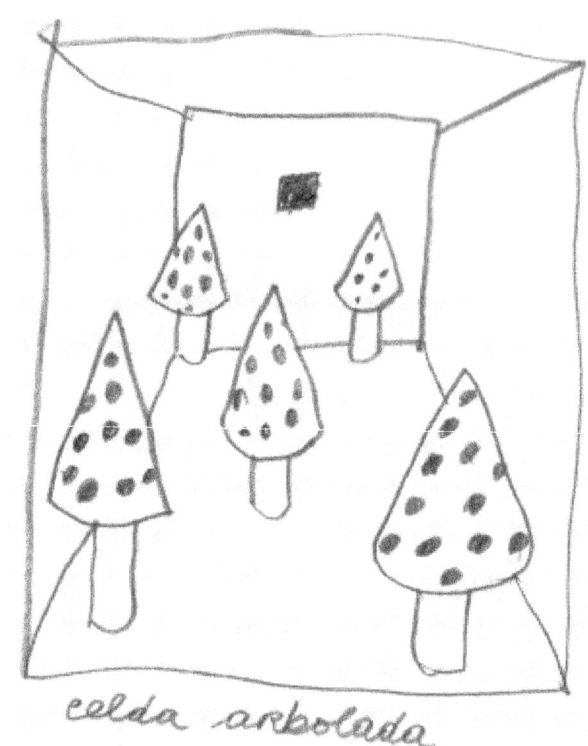

celda arbolada

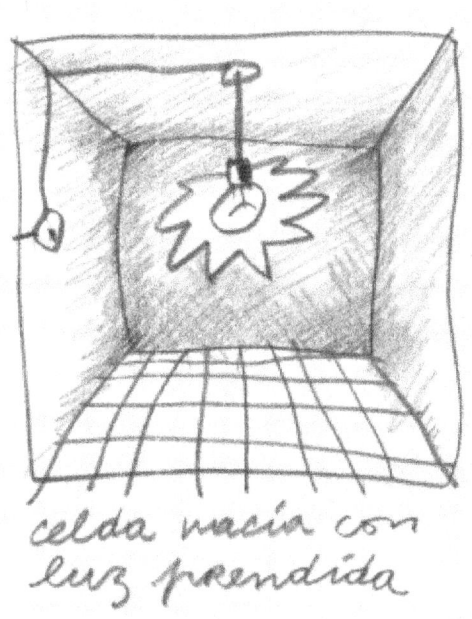

celda vacía con
luz prendida

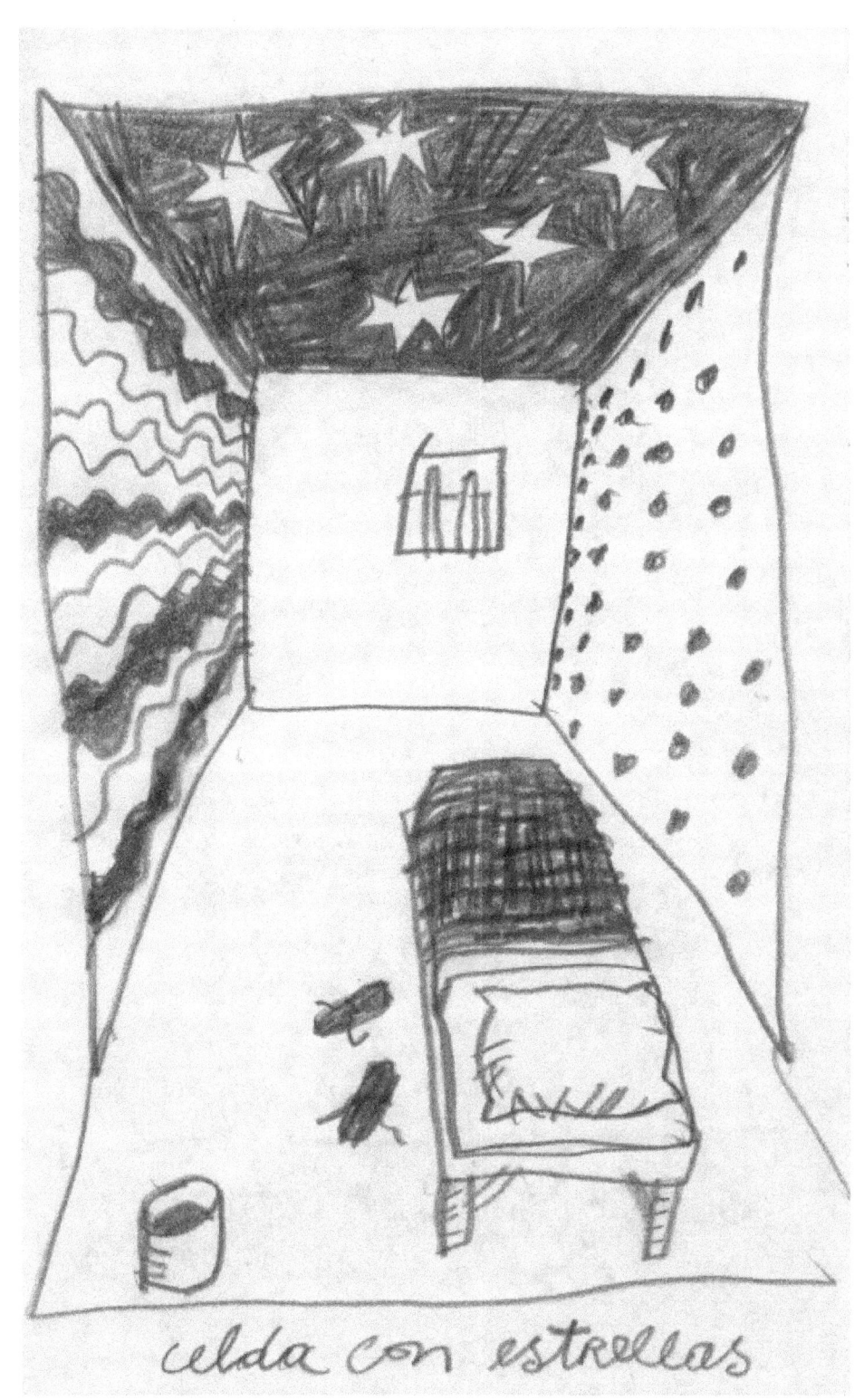

celda con estrellas

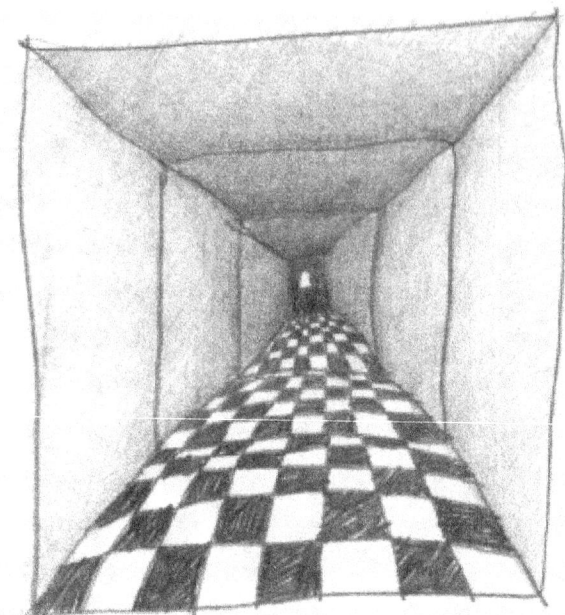

celdas unidas en el pensamiento

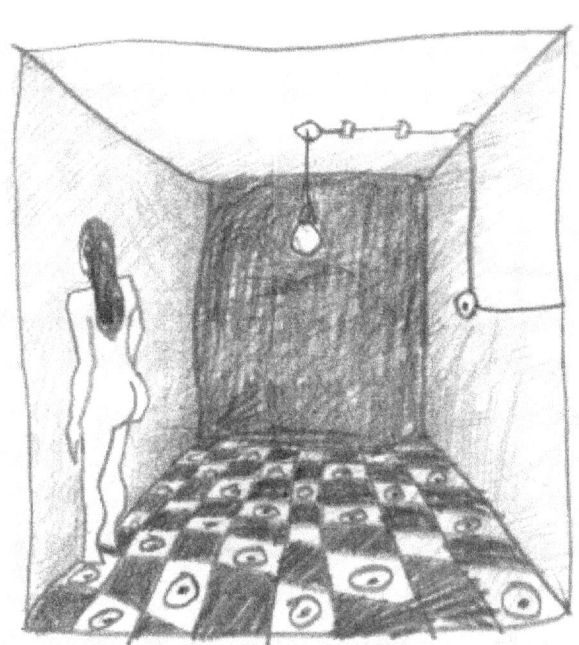

celda con prisionera contra la pared

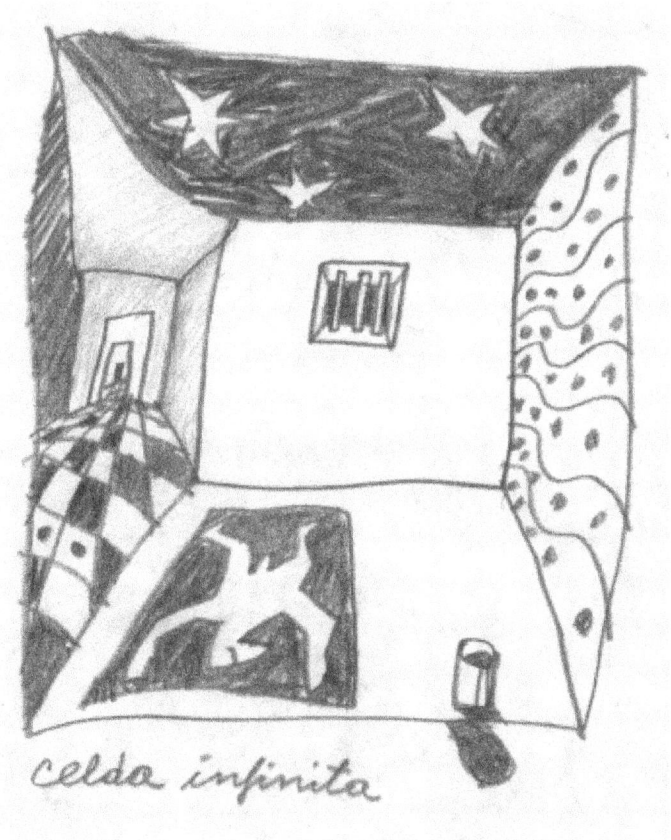

celda infinita

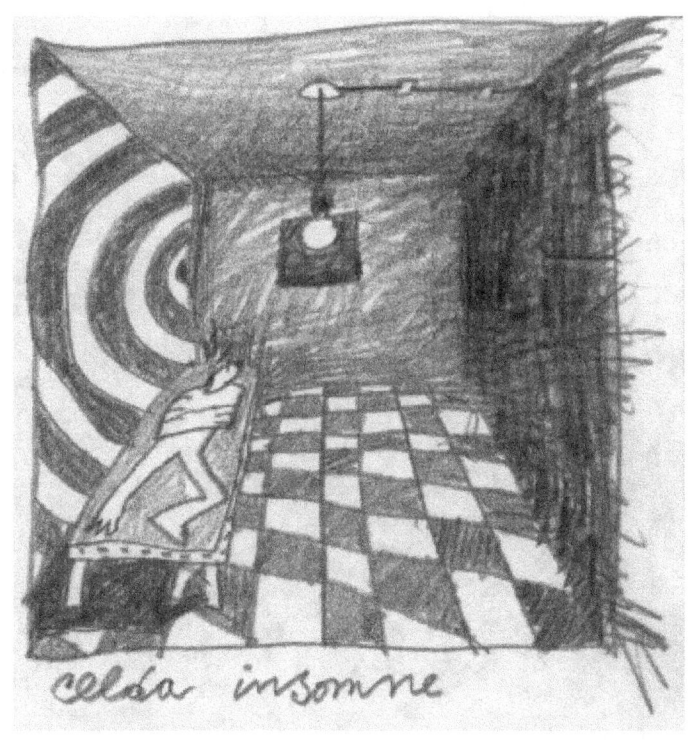

celda insomne

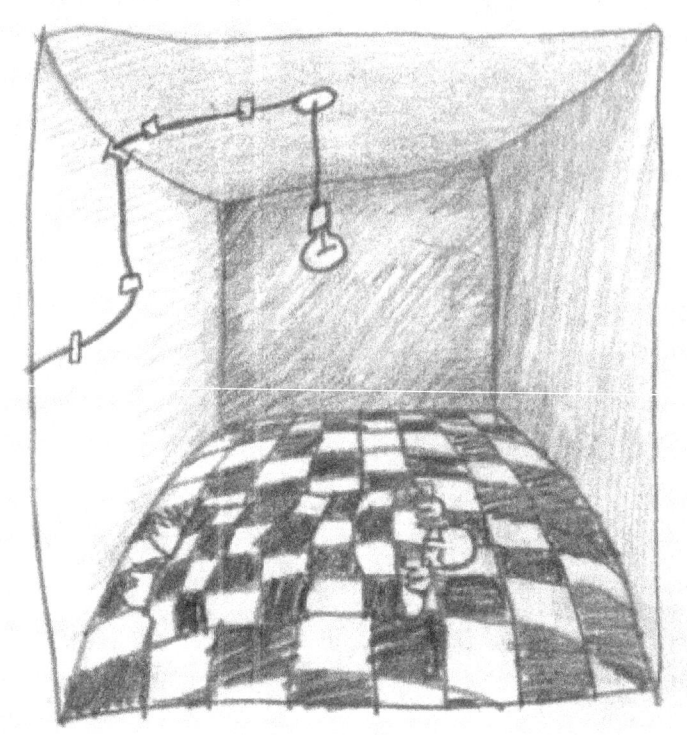
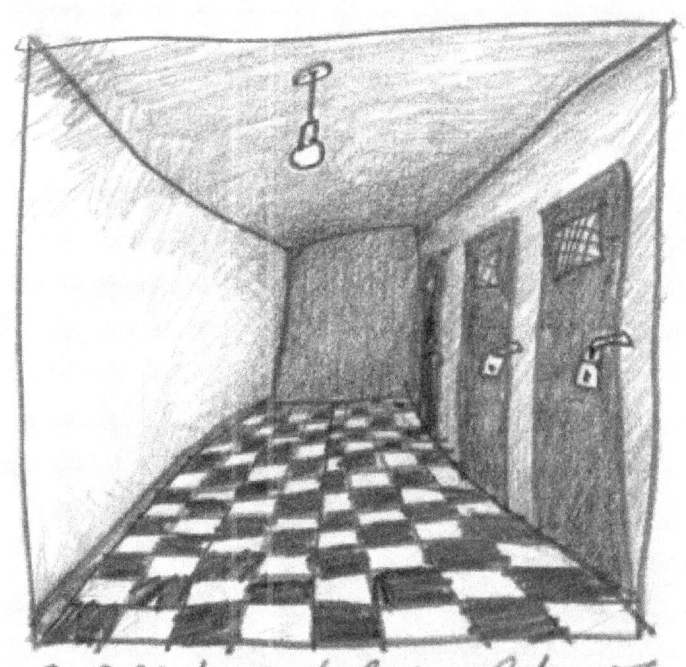

corredor de los calabozos

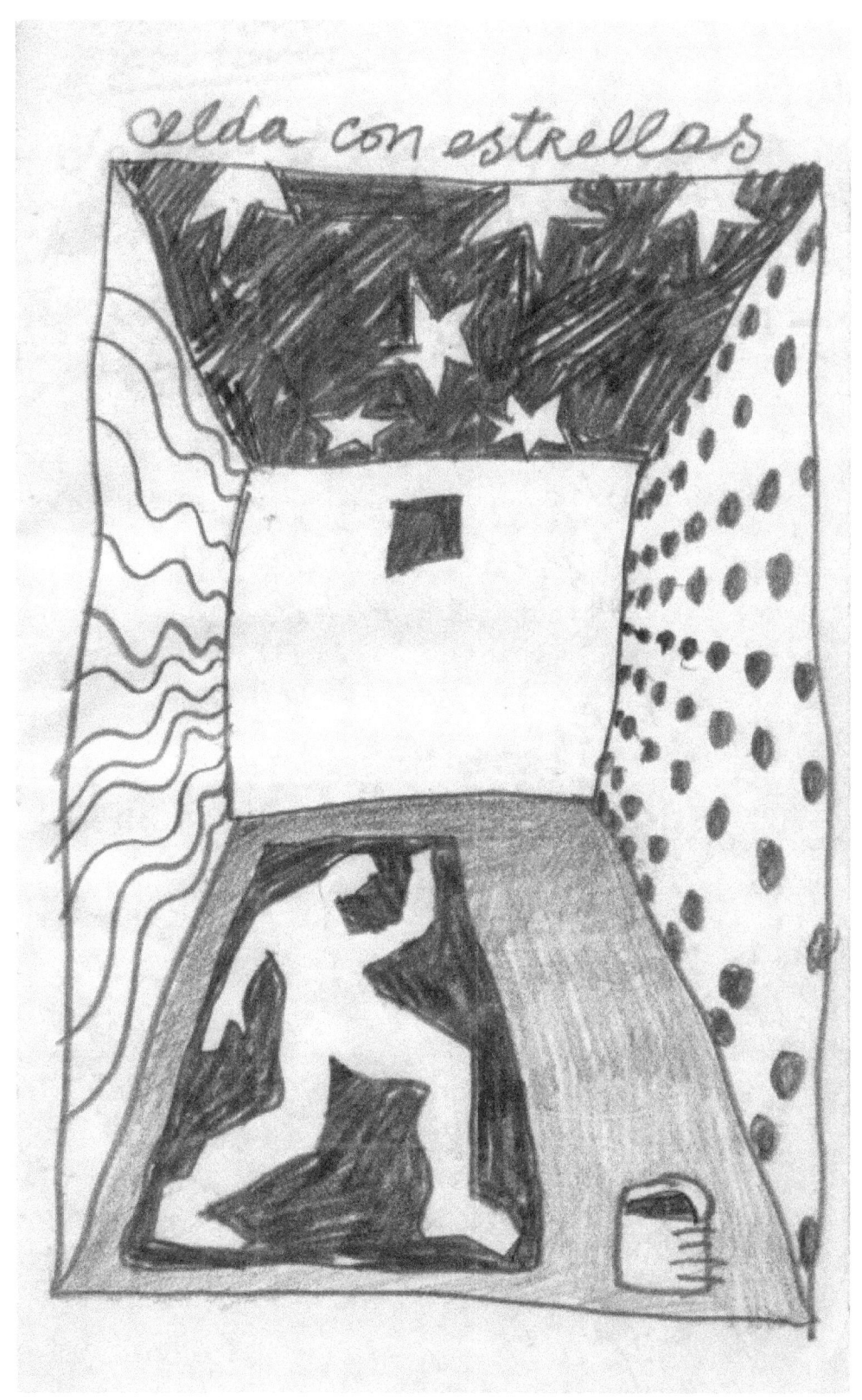

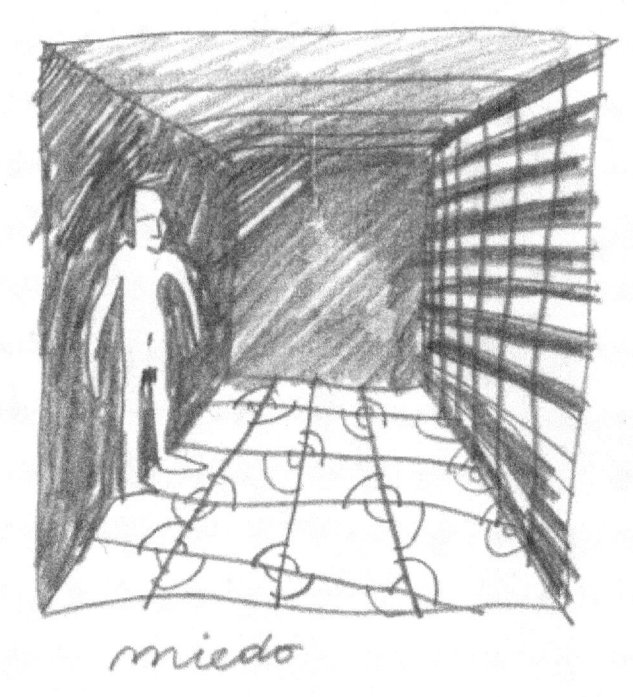

Pulsión asesina del homínido ilustrado

Si en vez de Termópilas, Lepanto, India Muerta, decimos Ground Zero y vemos los aviones incrustarse uno a uno en las torres, vemos cómo las torres se desmoronan en una nube de cristales rotos, cañerías salpicando agua, trozos de cemento y aluminio, fragmentos de cuerpos... Y si de allí pasamos a la fiesta de boda en Kakarak, Afganistán, sorpresivamente atacada por helicópteros artillados AC-130 y un bombardero B-52. O al hospital atendido por los voluntarios de Médicos sin Fronteras, bombardeado unos meses más tarde hasta sus mismos cimientos, en el mismo país, mientras los médicos realizaban operaciones y los heridos y los enfermos abarrotaban sus salas. Si nos enfocamos, en fin, en la cadena infinita de destrucción y asesinato de civiles inocentes a lo largo de la historia, solamente en eso. Si nos concentramos en el número de bajas de la población civil, en los millones de personas asesinadas de la forma más brutal o sofisticada, a palazos, cuchilladas, balas, gases, napalm hirviendo, fósforo blanco, bombas de racimo, bombas de dardos o de hojillas de acero que se expanden por el cuerpo cortando todo a su paso, armas pensadas para la muerte lenta, para causar largas agonías y tormentos. Si nos concentramos solo en ellos, en el grupo más indefenso de las víctimas, no nos darían los números ni las palabras para hablar de todos, nosotros mismos moriríamos hablando; moriríamos de viejos por todo el tiempo que nos llevaría o moriríamos ahogados por tantas imágenes que te quitan el aire. O dando un paso más en la conciencia, moriríamos de asco ante ese bicho, el *Homo sapiens*, el homínido ilustrado, el vencedor de los primates a quien hasta hoy un sector poderoso de la humanidad le adscribe como natural y necesaria su pulsión asesina.

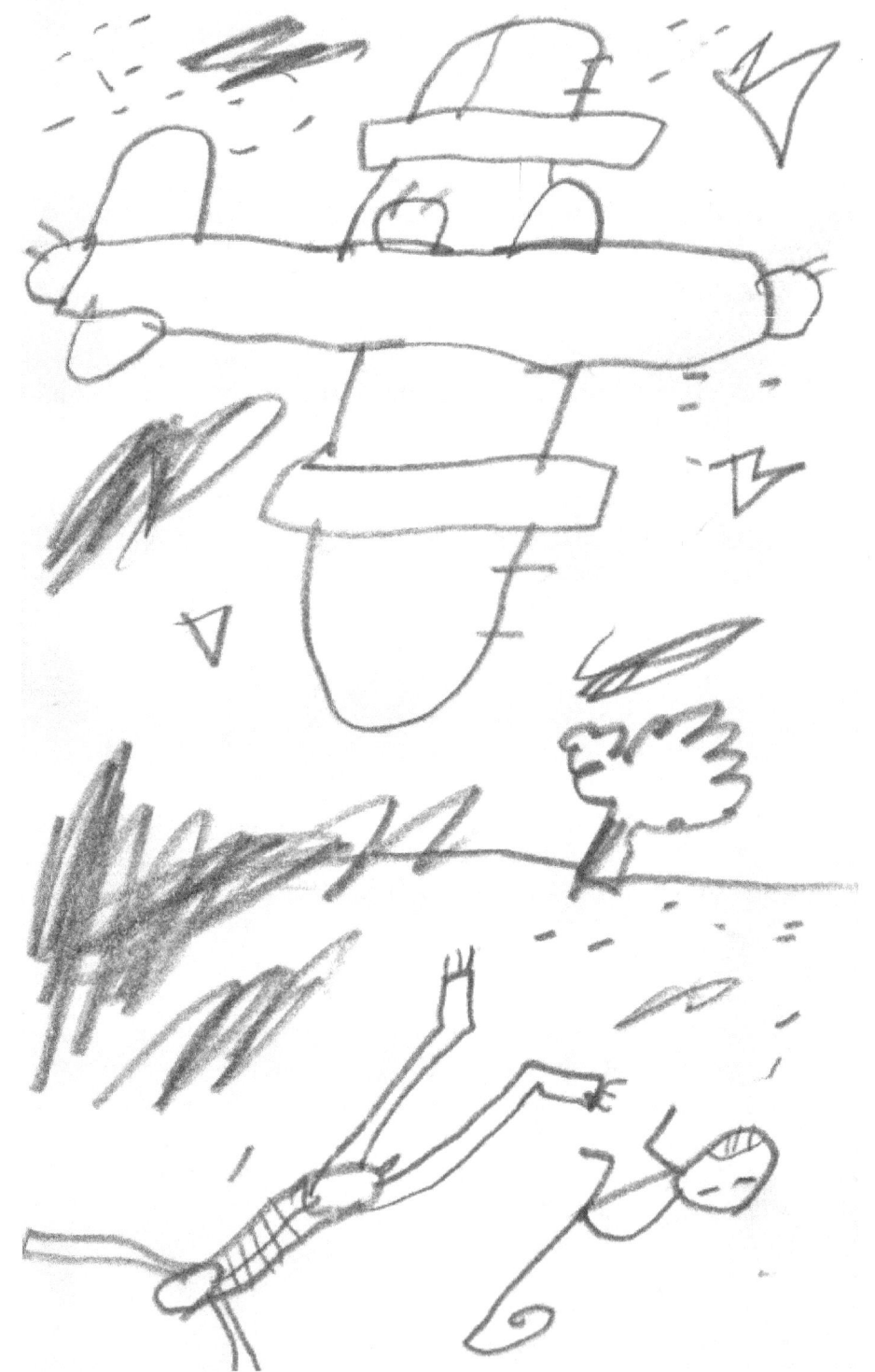

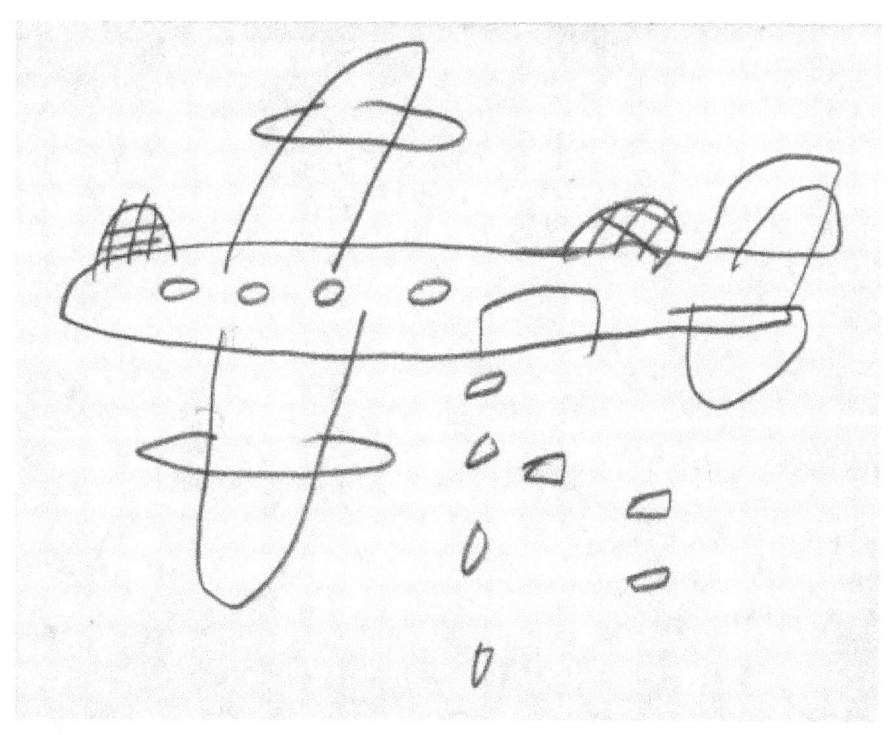

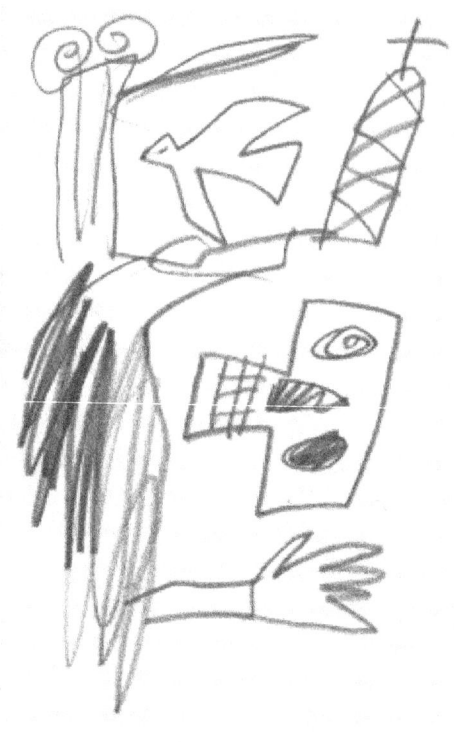

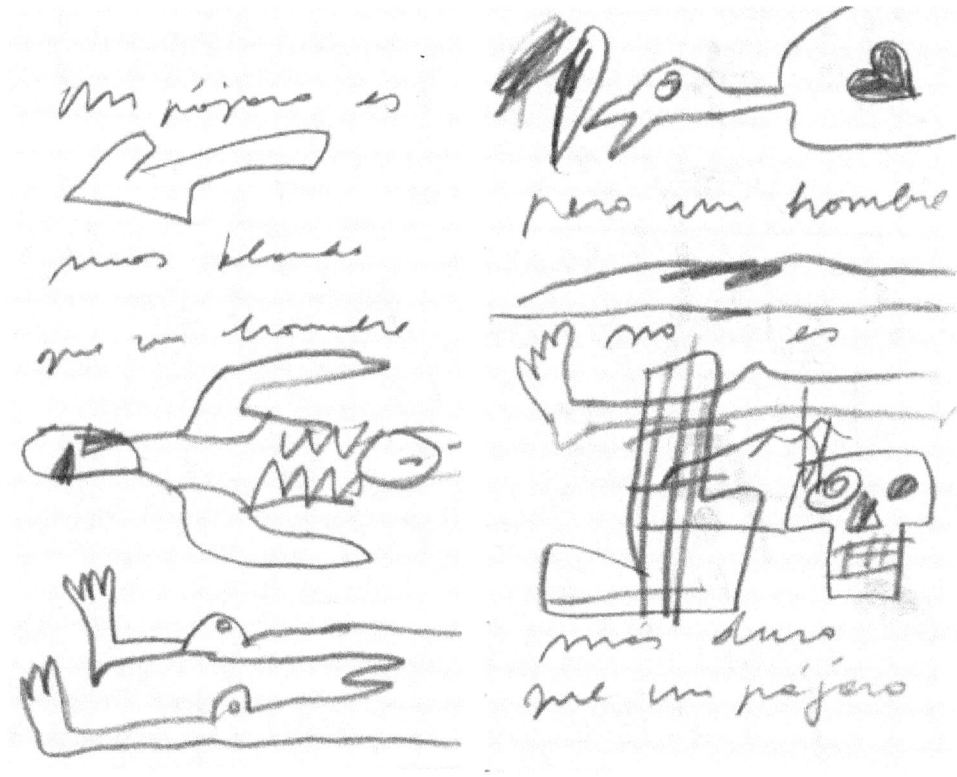

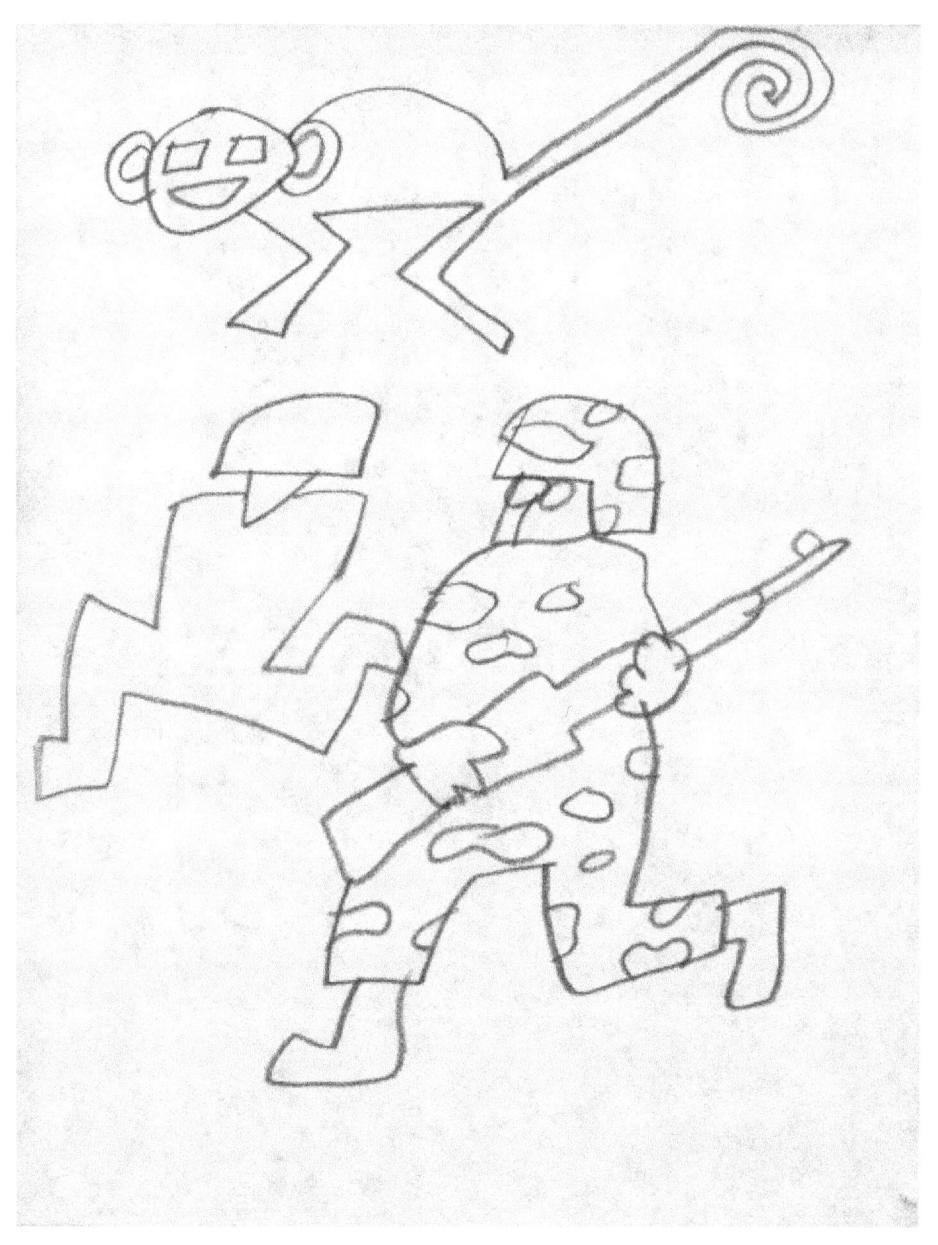

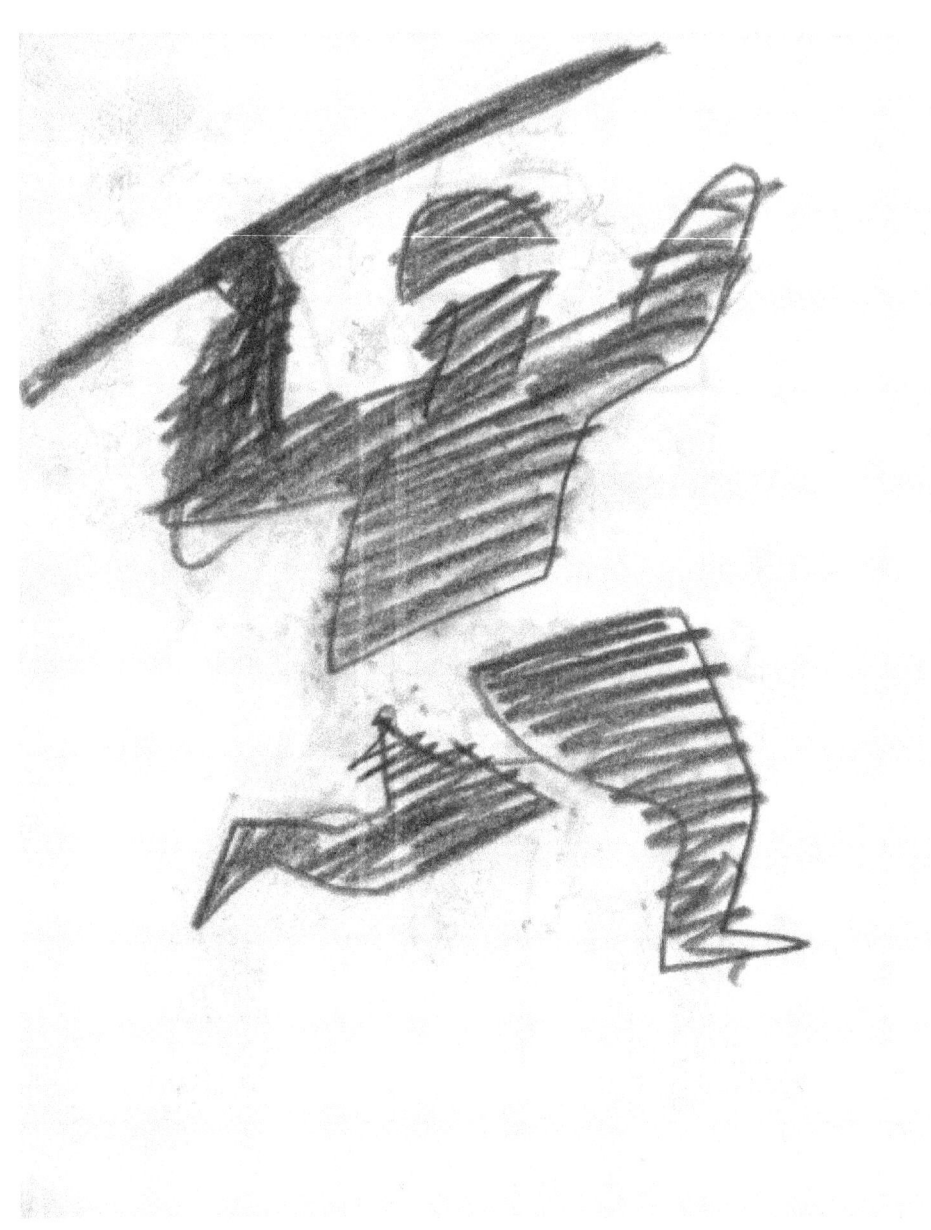

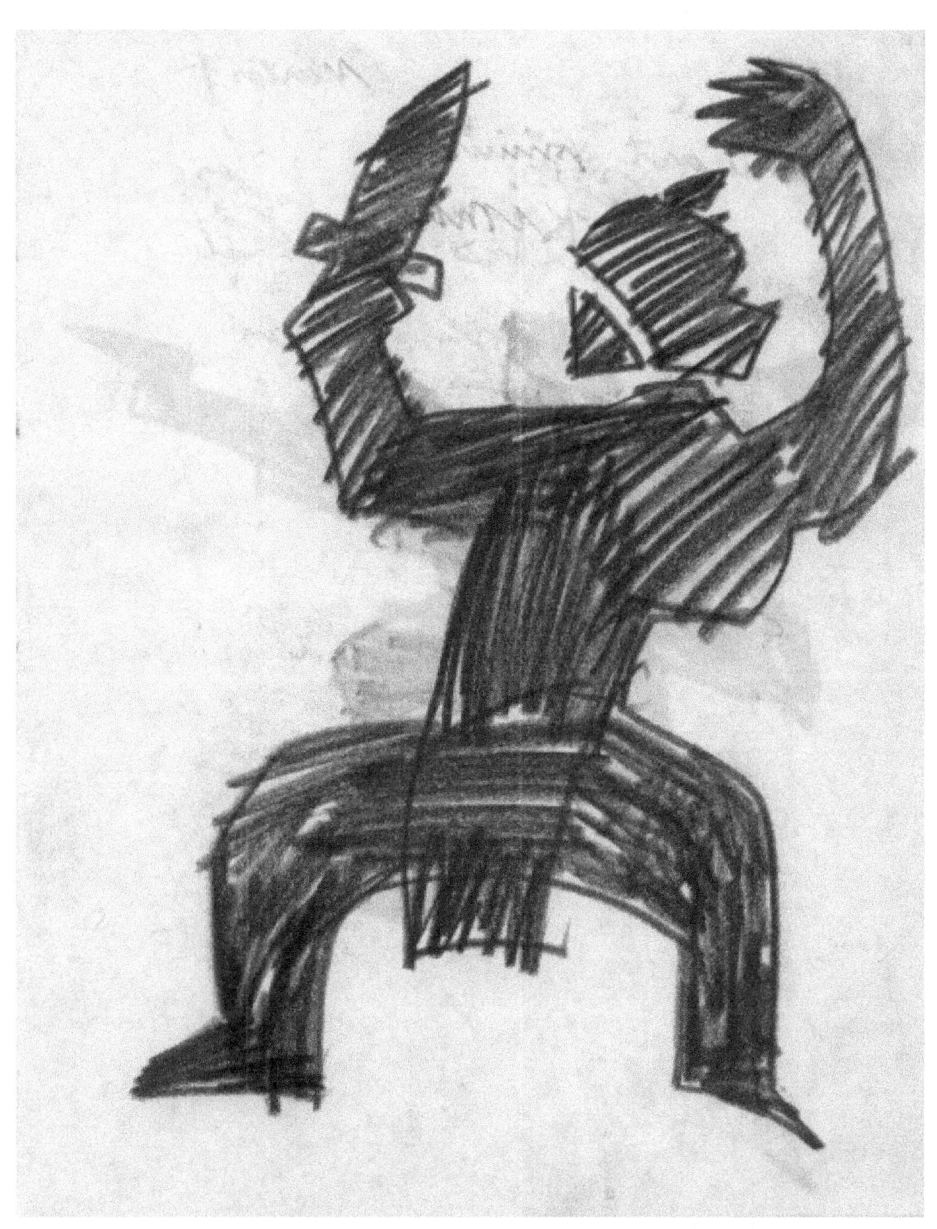

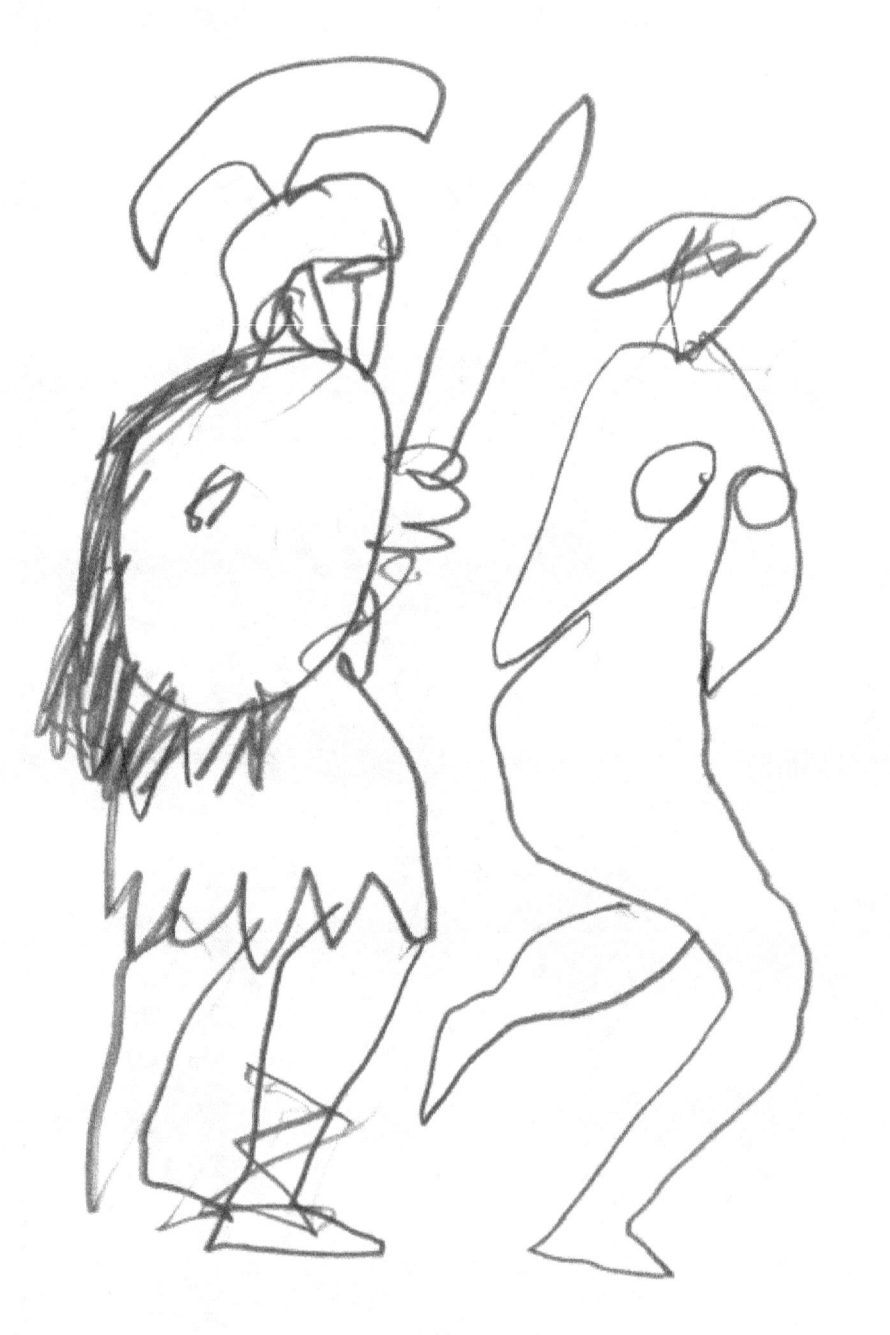

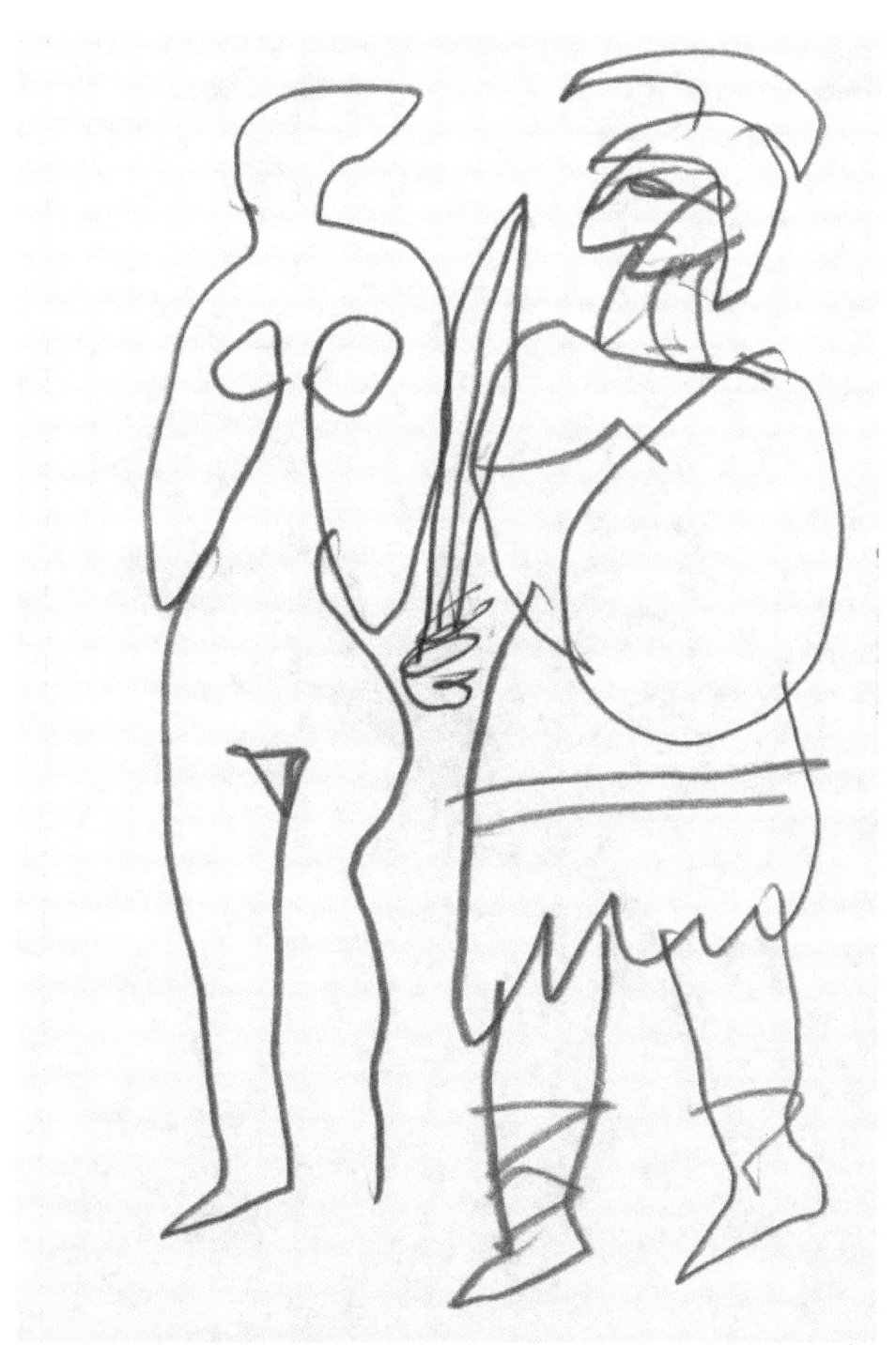

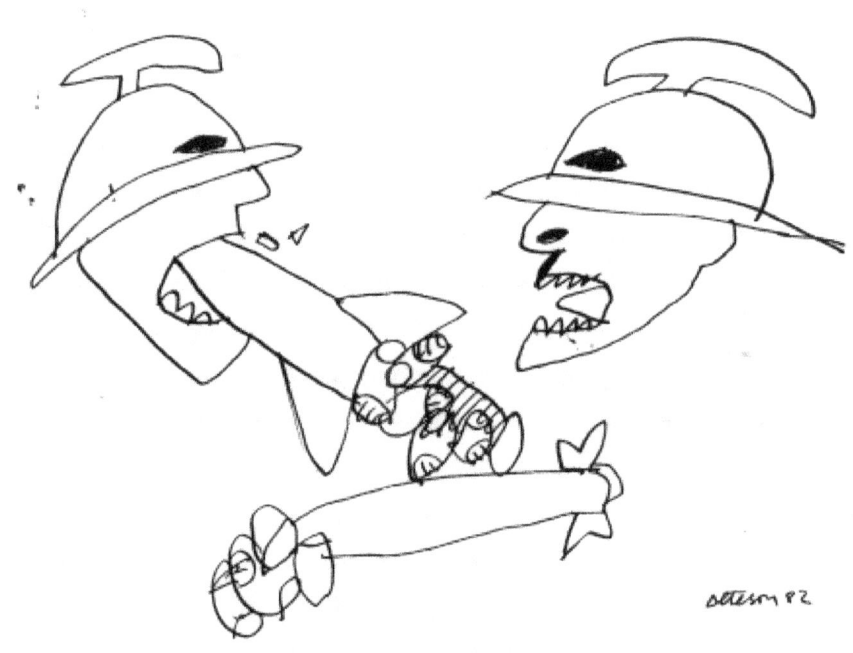

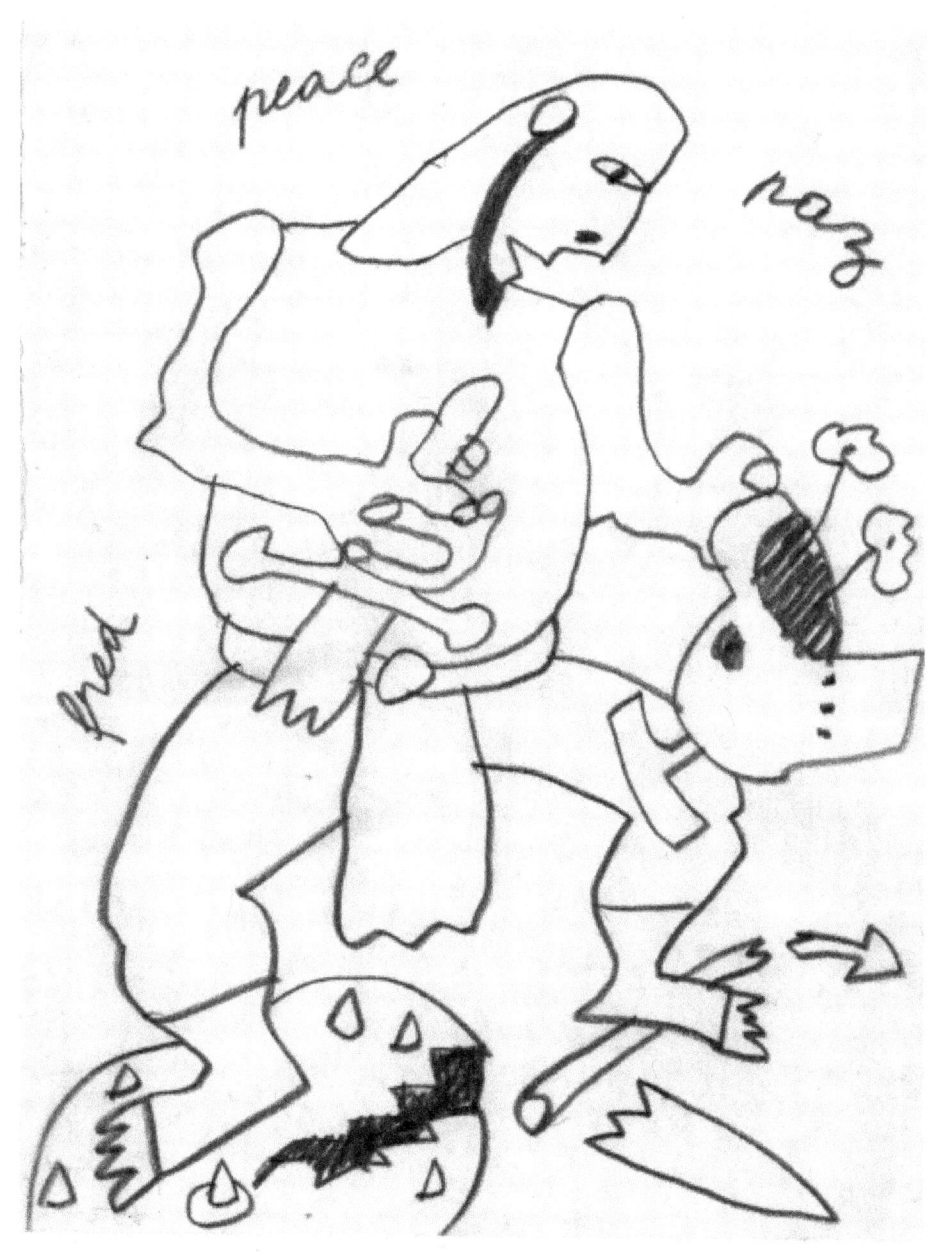

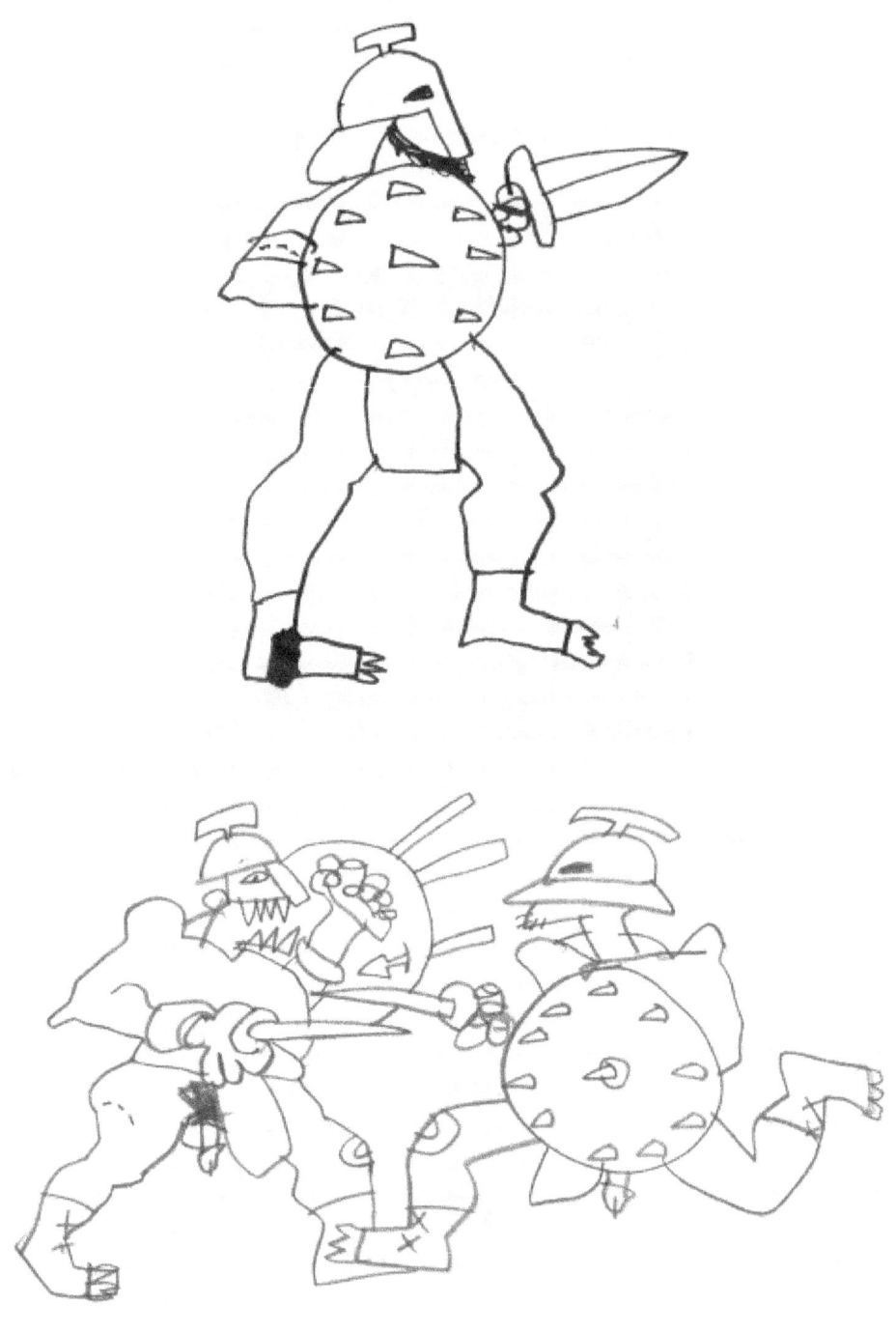

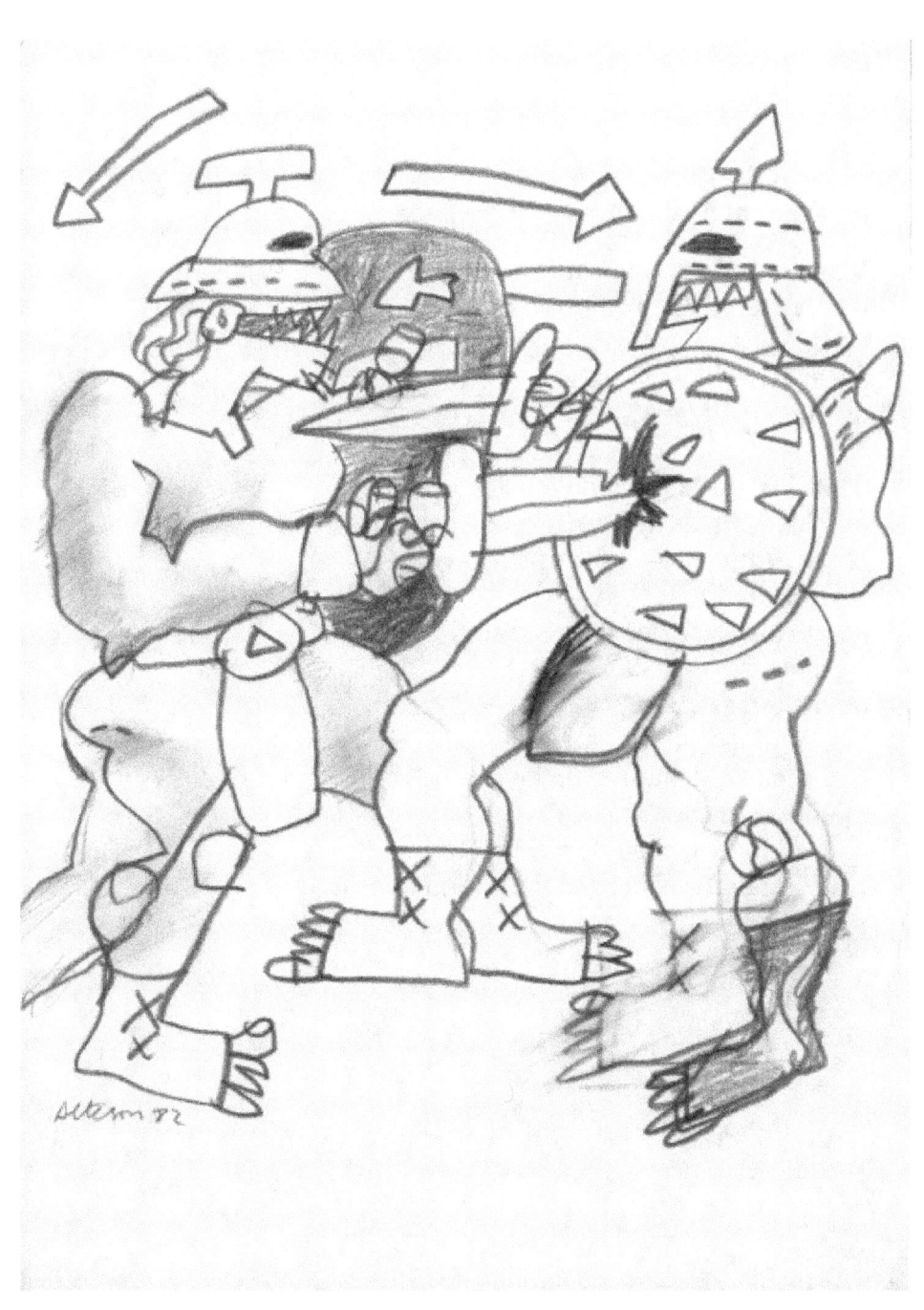

Mirando caminar a una mujer desnuda

Debajo de la sábana estás ahora dormida
y antes te he visto caminar desnuda
por la casa,
hacer las cosas mínimas
que uno hace vestido tantas veces.
Tu cuerpo andaba debajo de la luz
como los cantos rodados
pulidos blancos duros.
Te veía caminar con pasos suaves,
te acechaba,
abrías los armarios para sacar hilos
y producías ondas,
ondas terrestres y brillos de colinas.
Era domingo y ahora es lunes.
Ahora dormís sin mí bajo la sábana
mientras tu cuerpo claro
va cruzando la casa de rincón en rincón
como una larga enredadera por mi pensamiento.

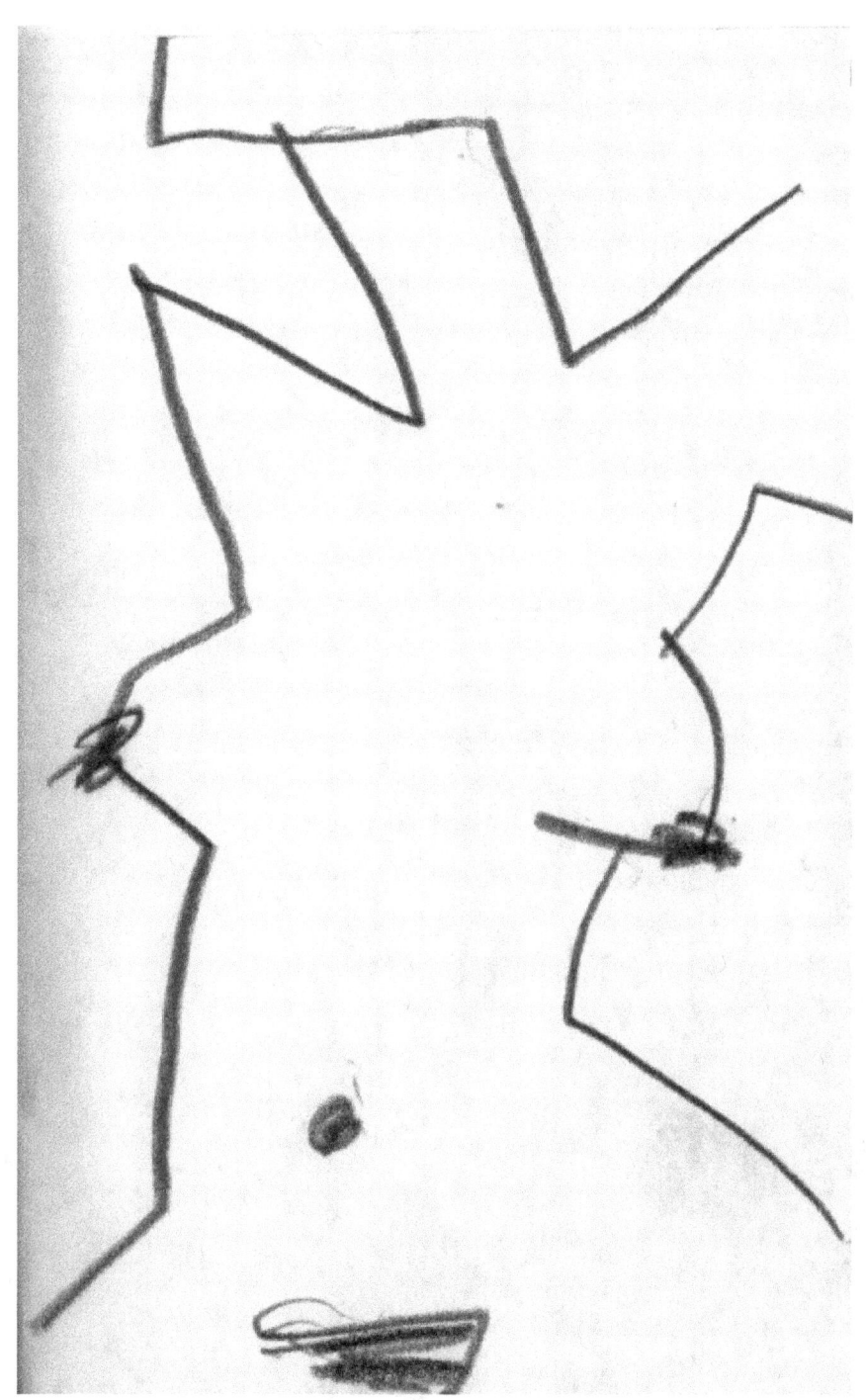

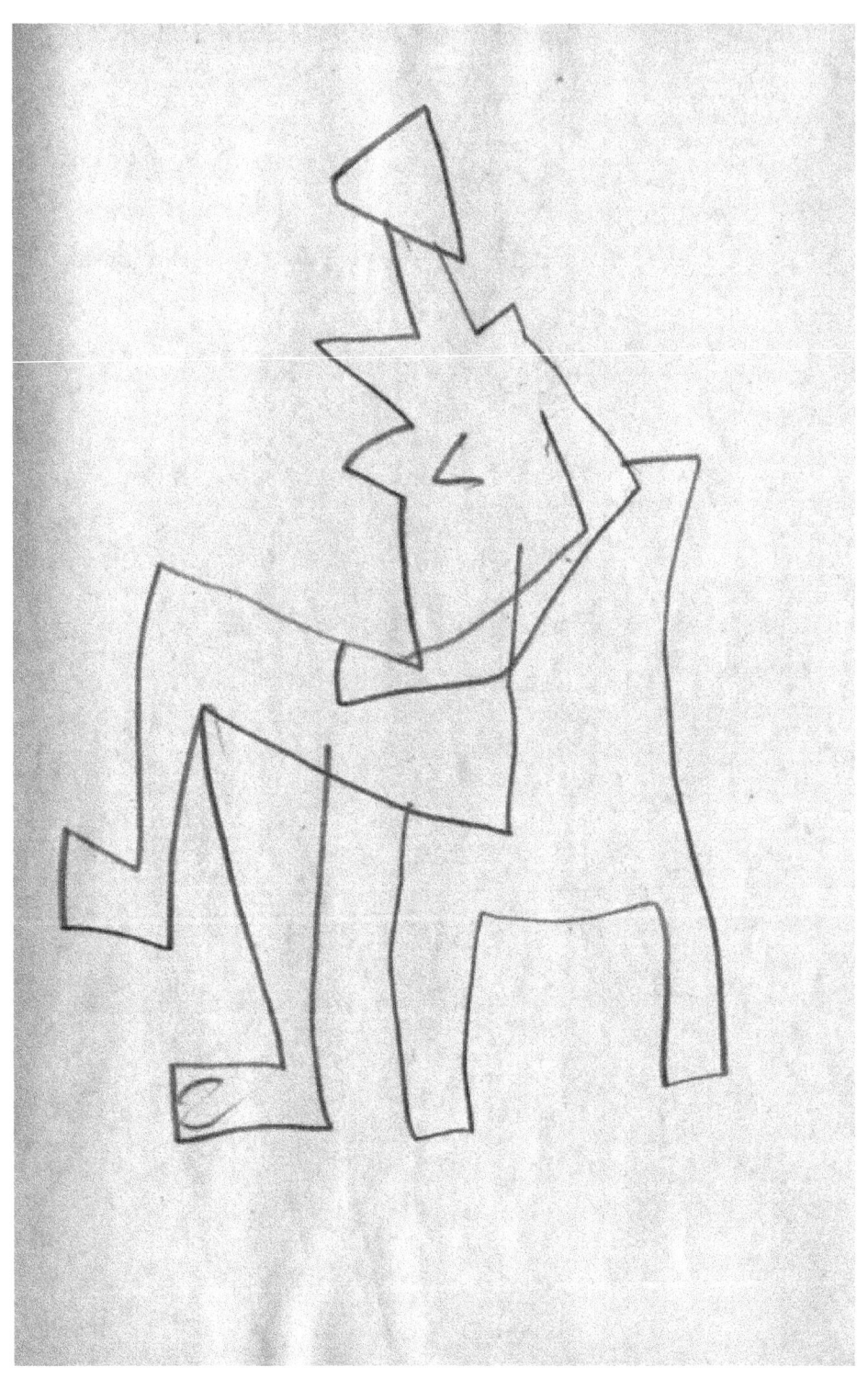

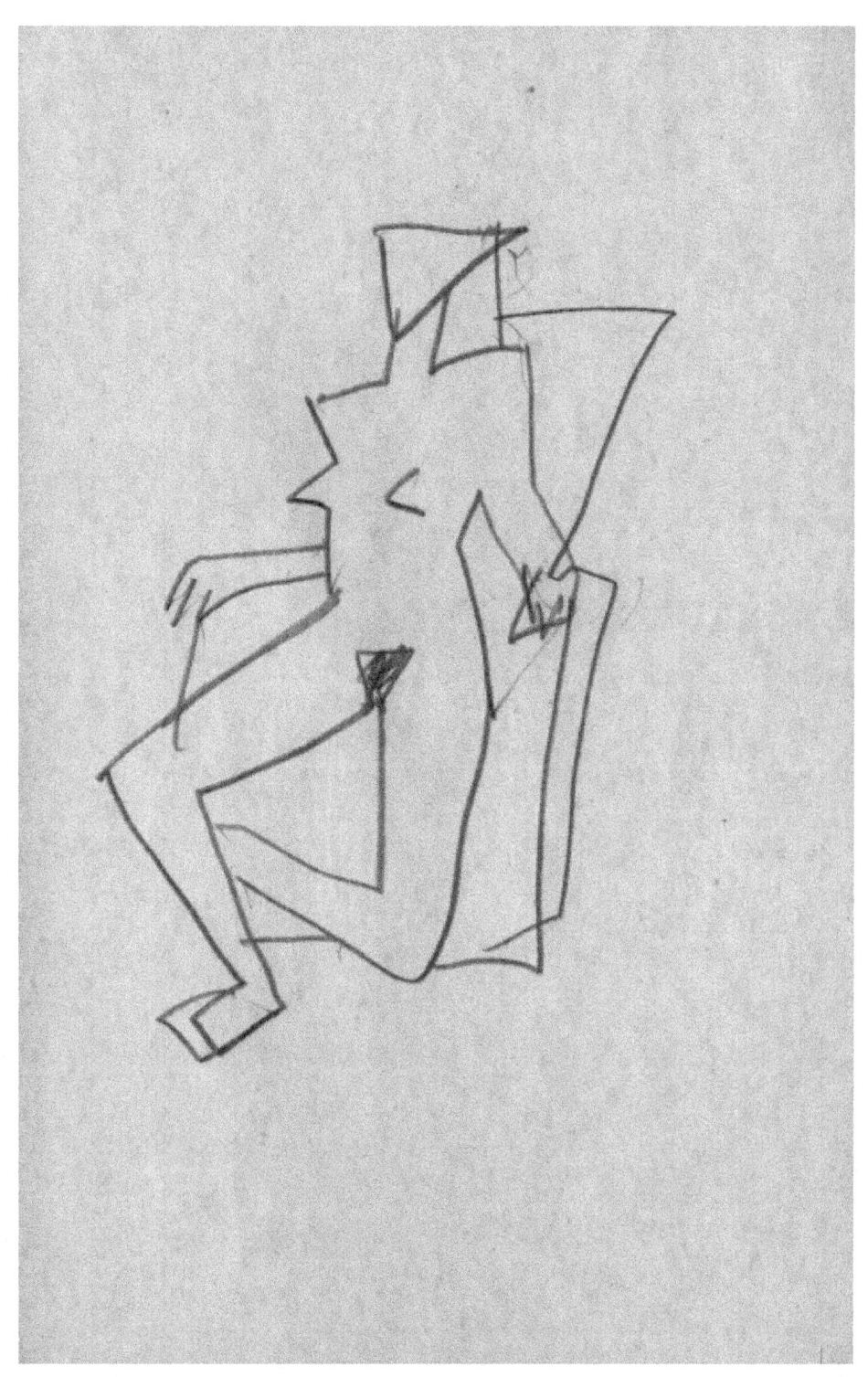

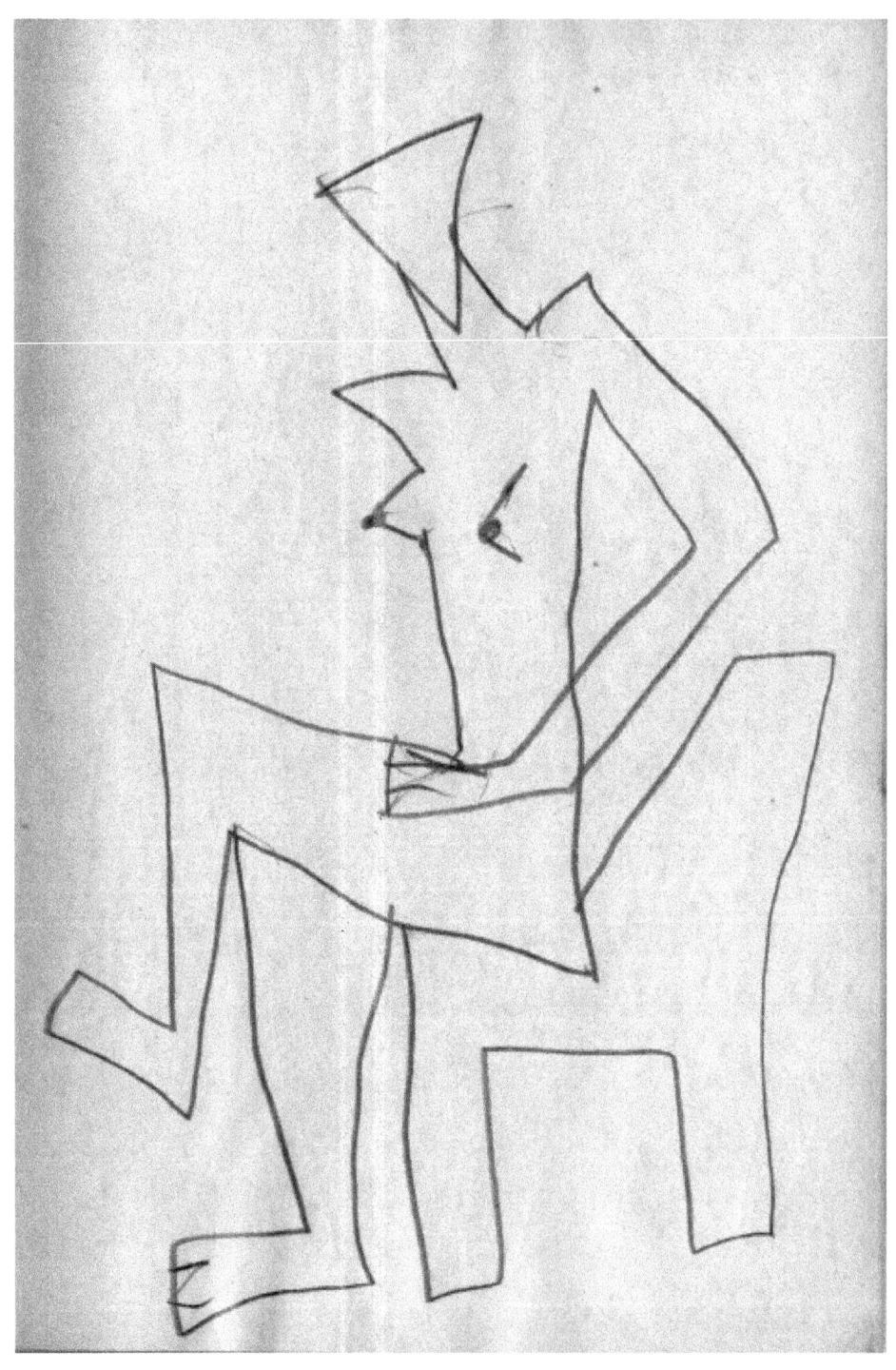

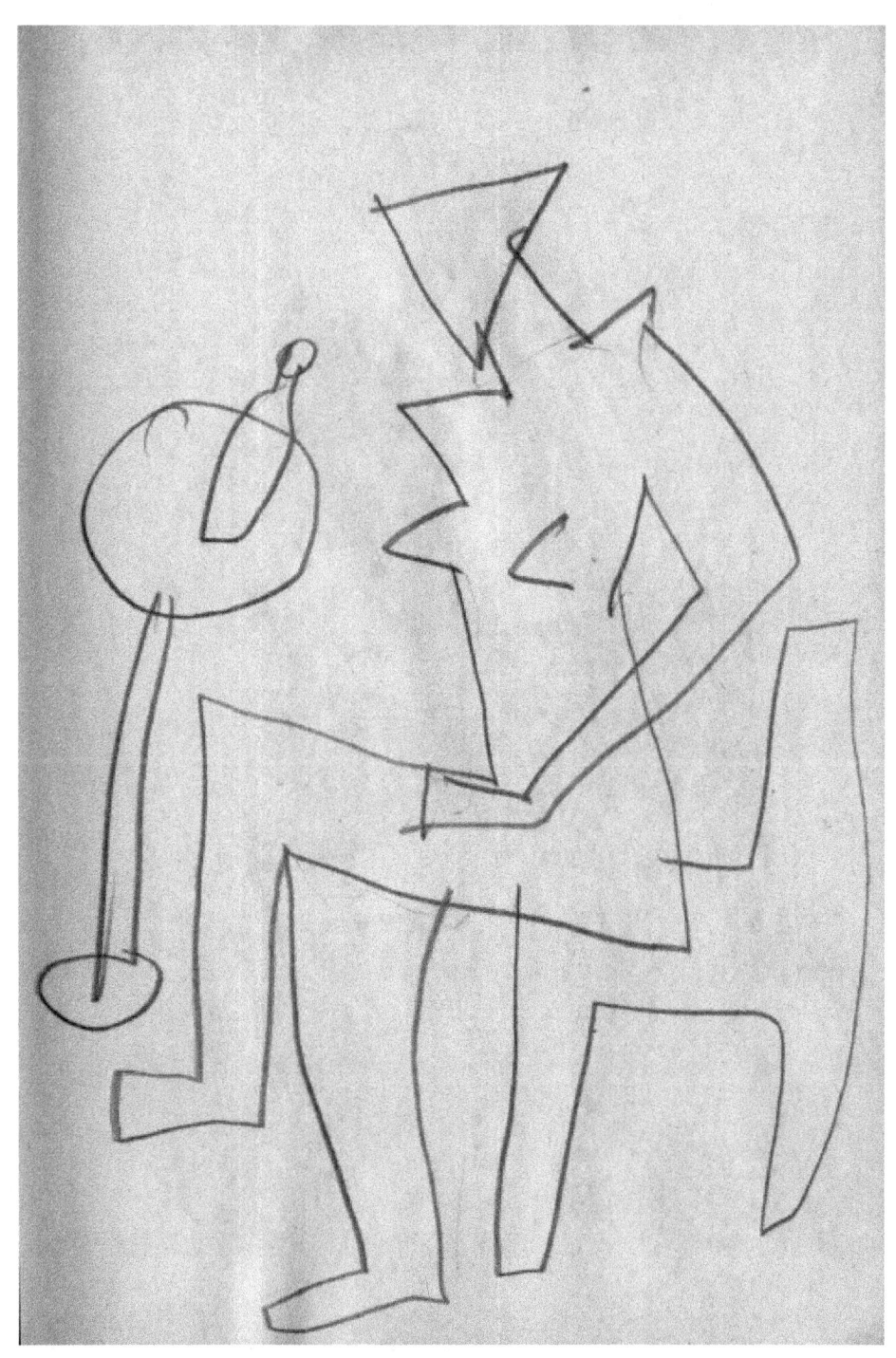

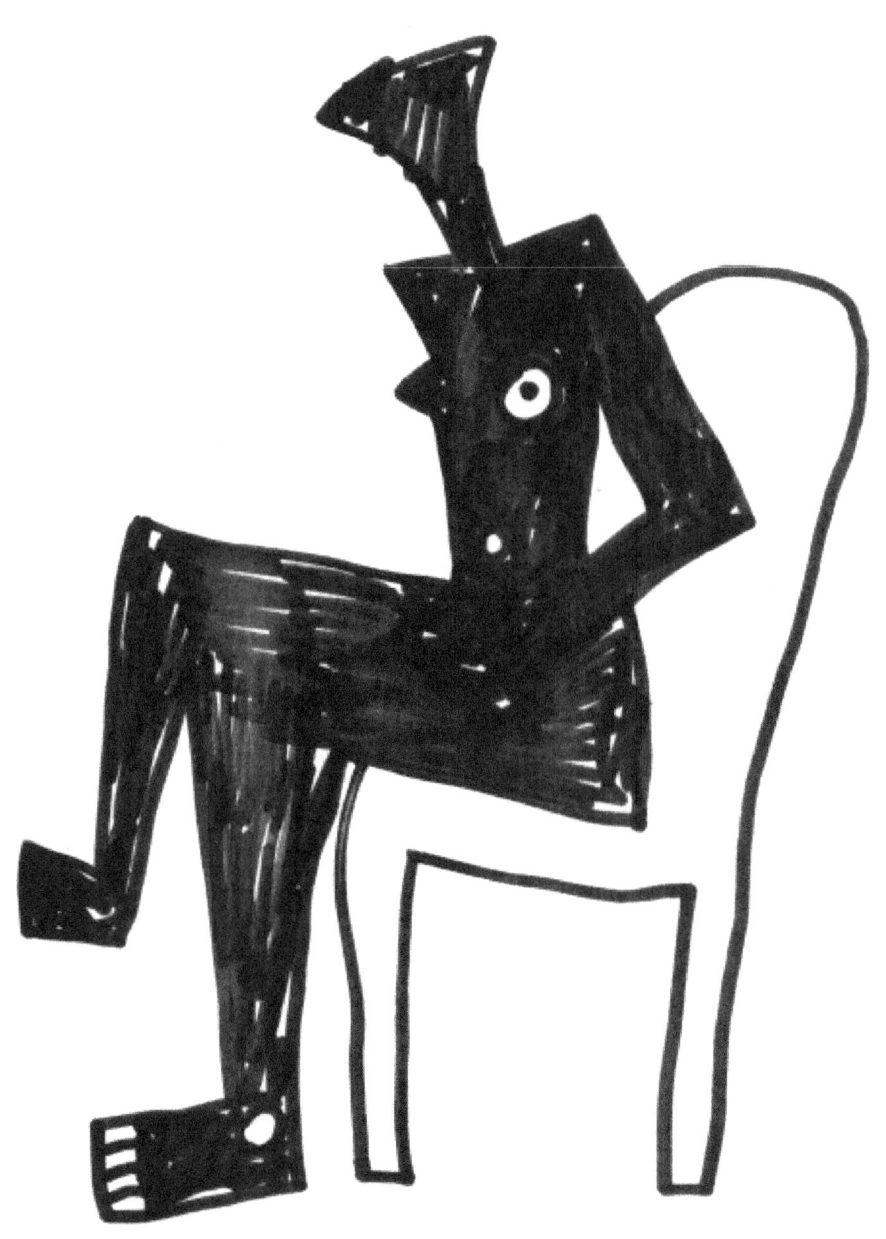

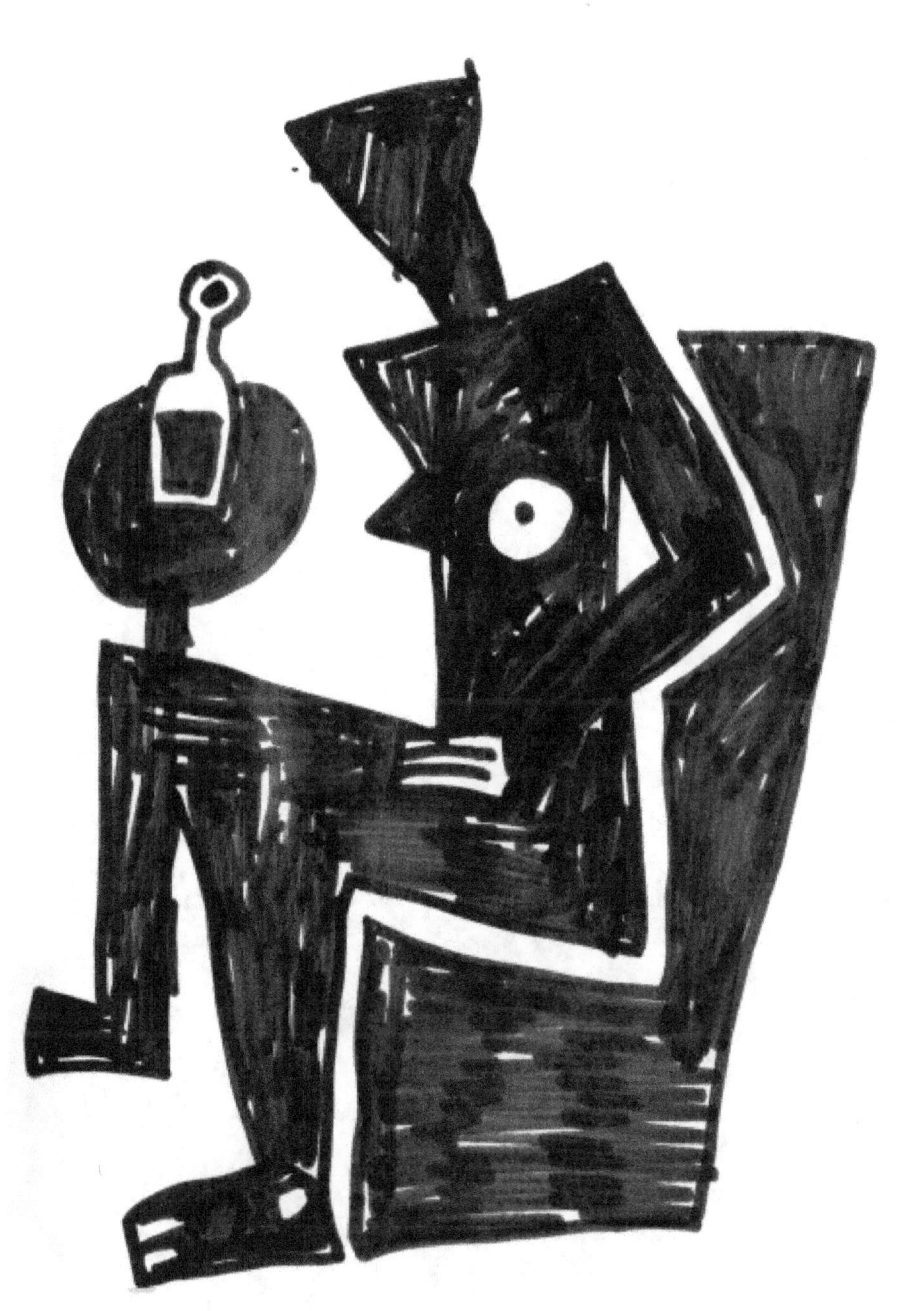

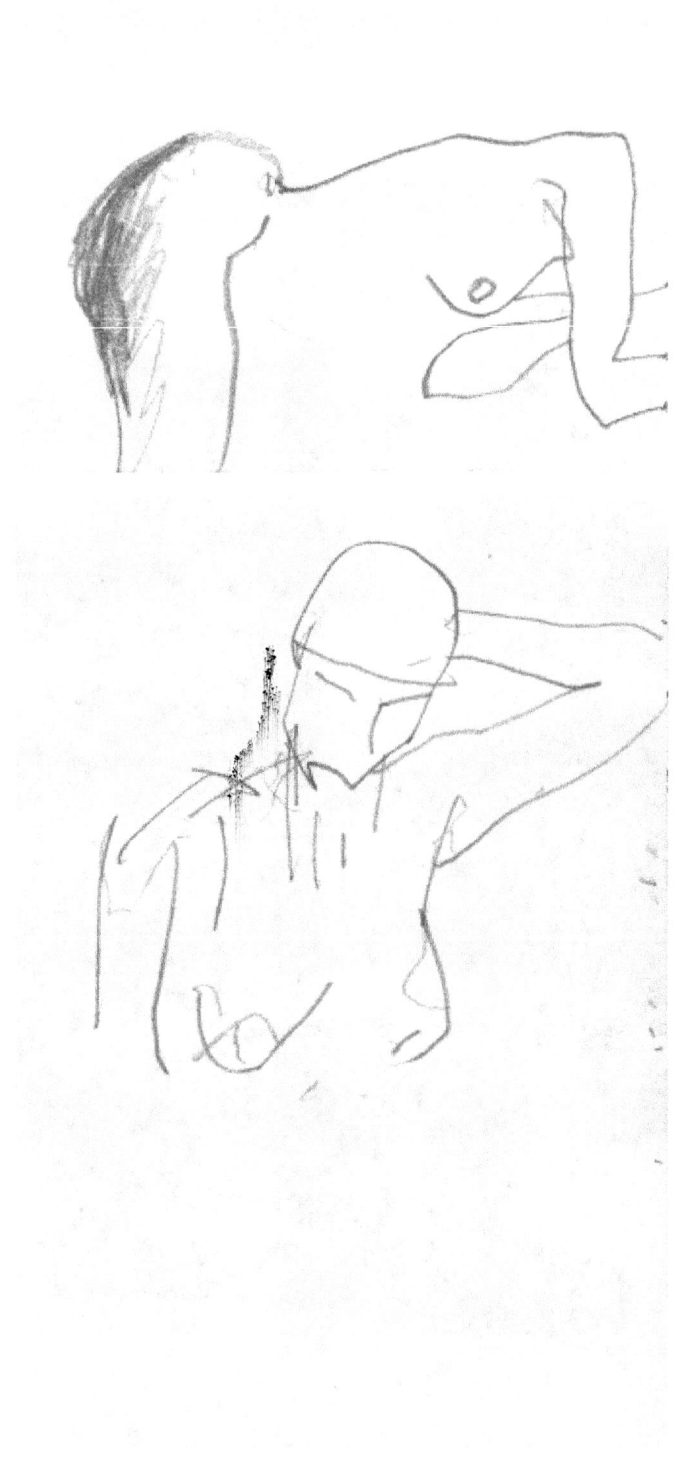

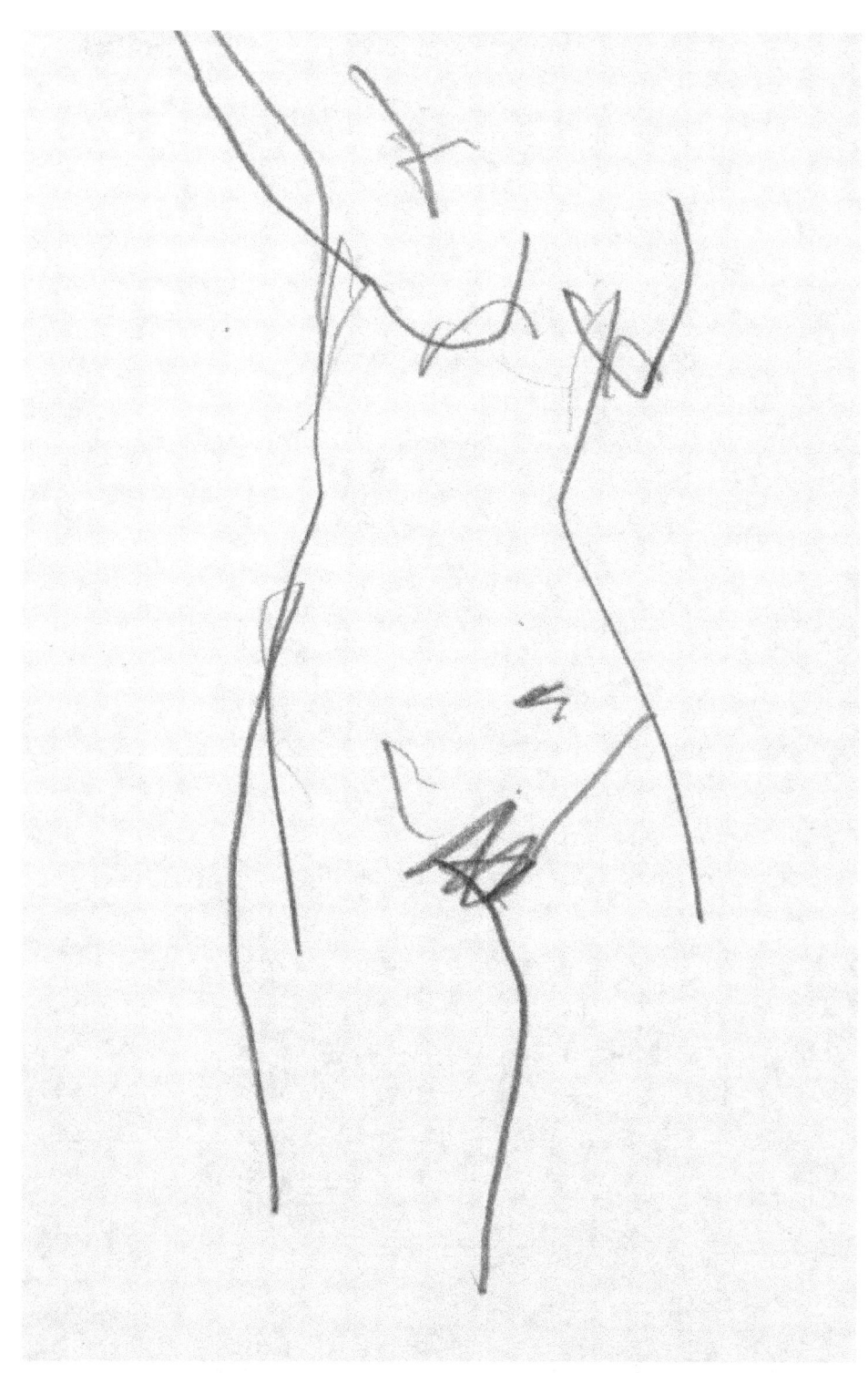

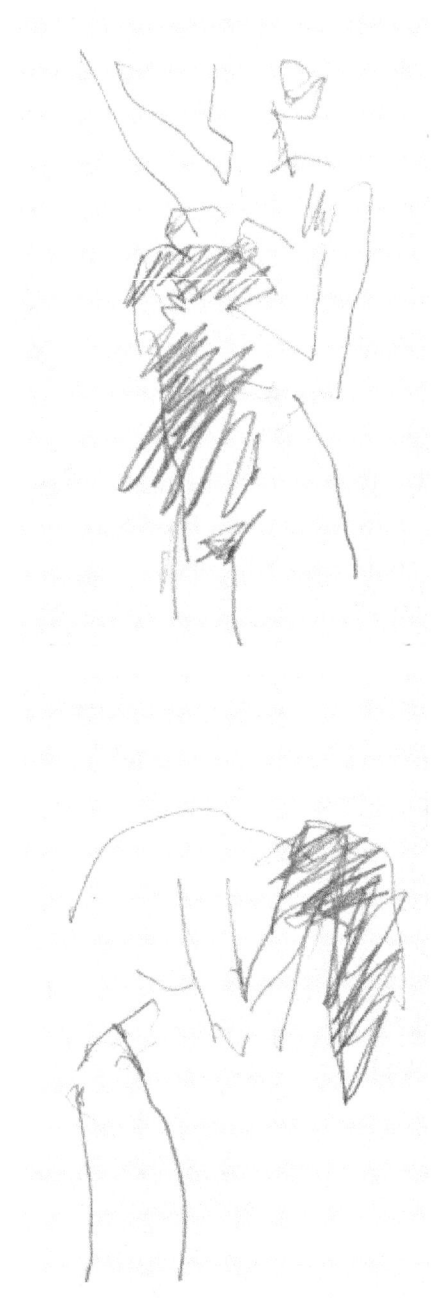

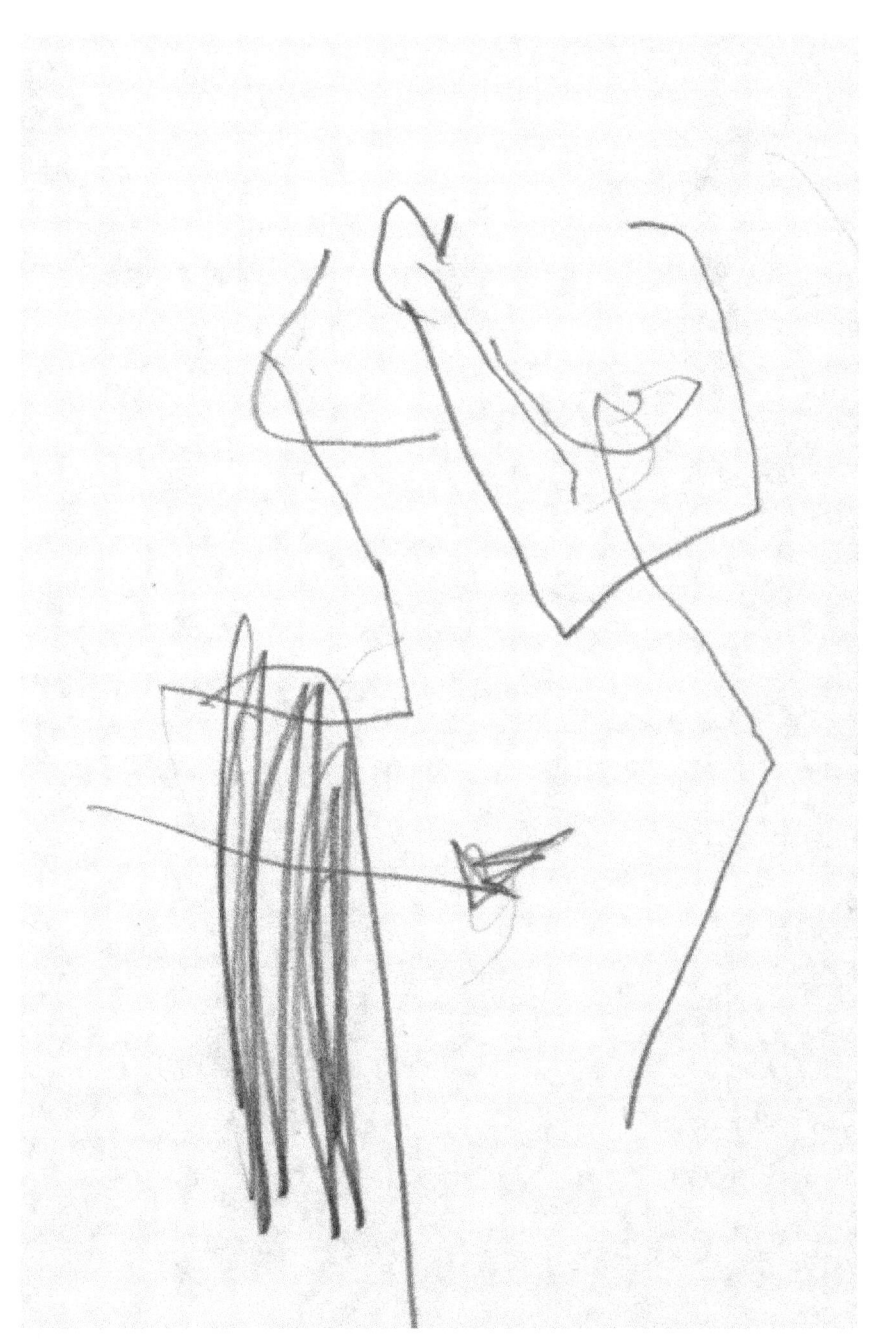

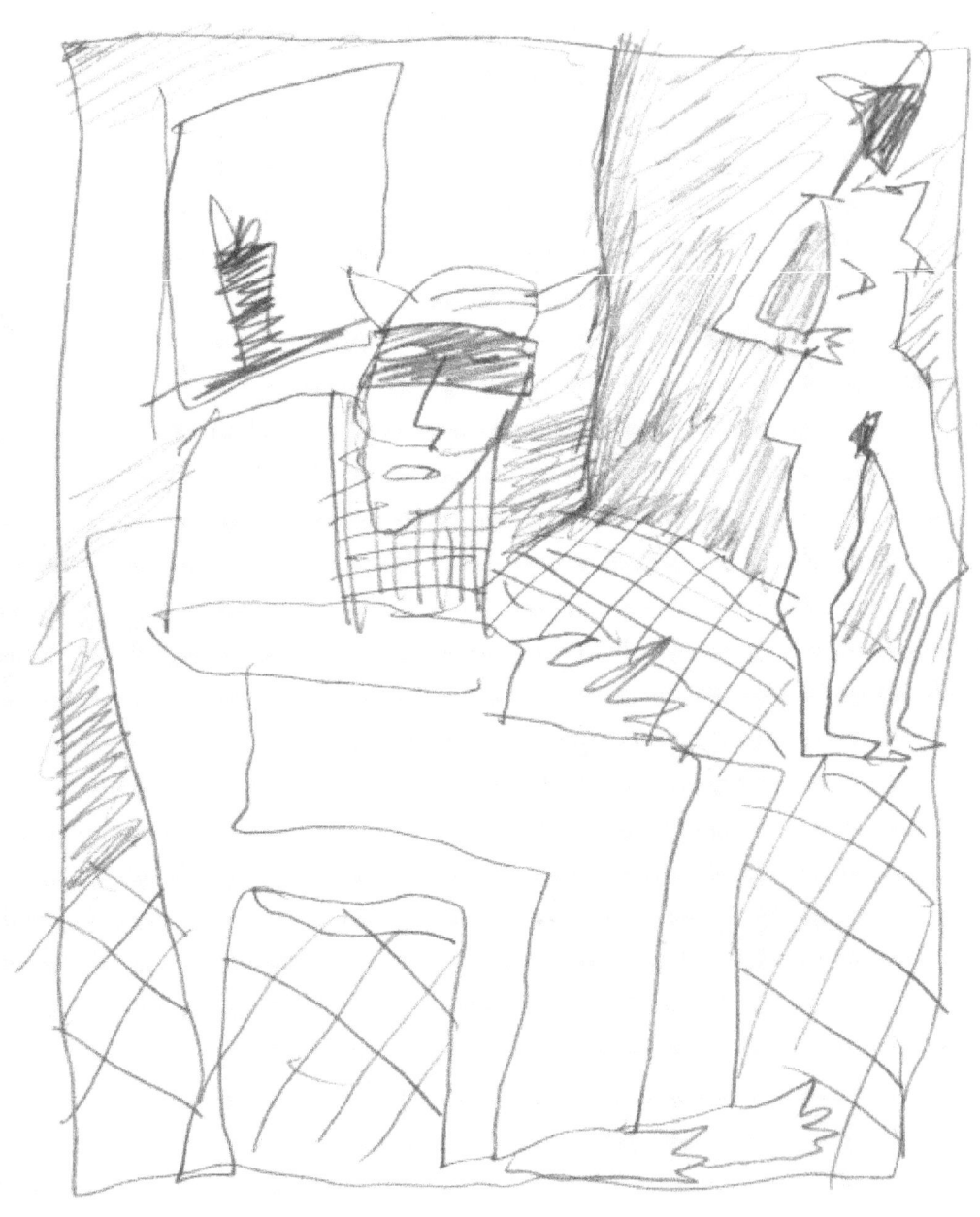

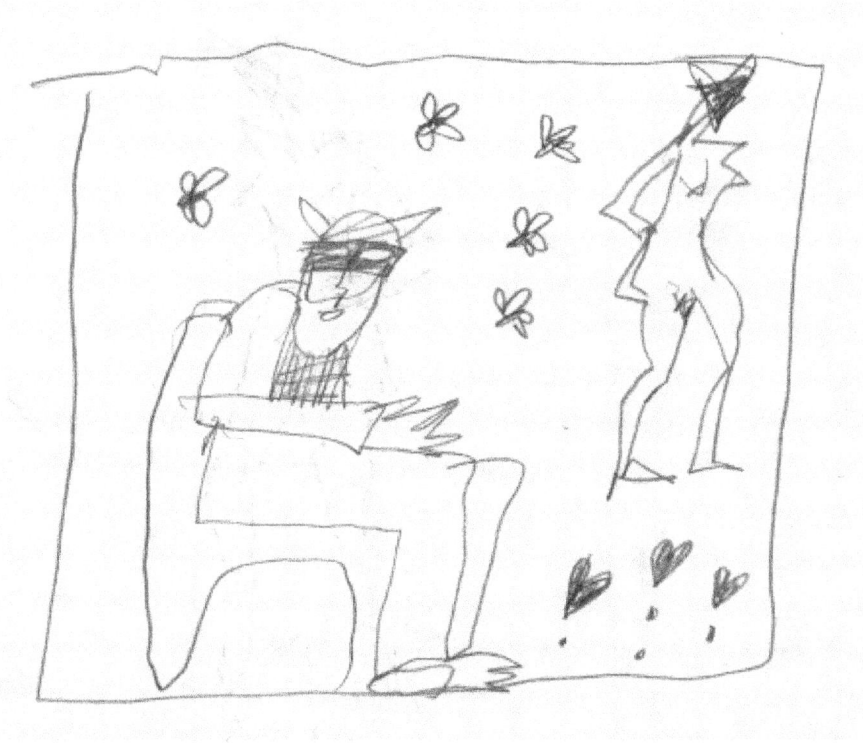

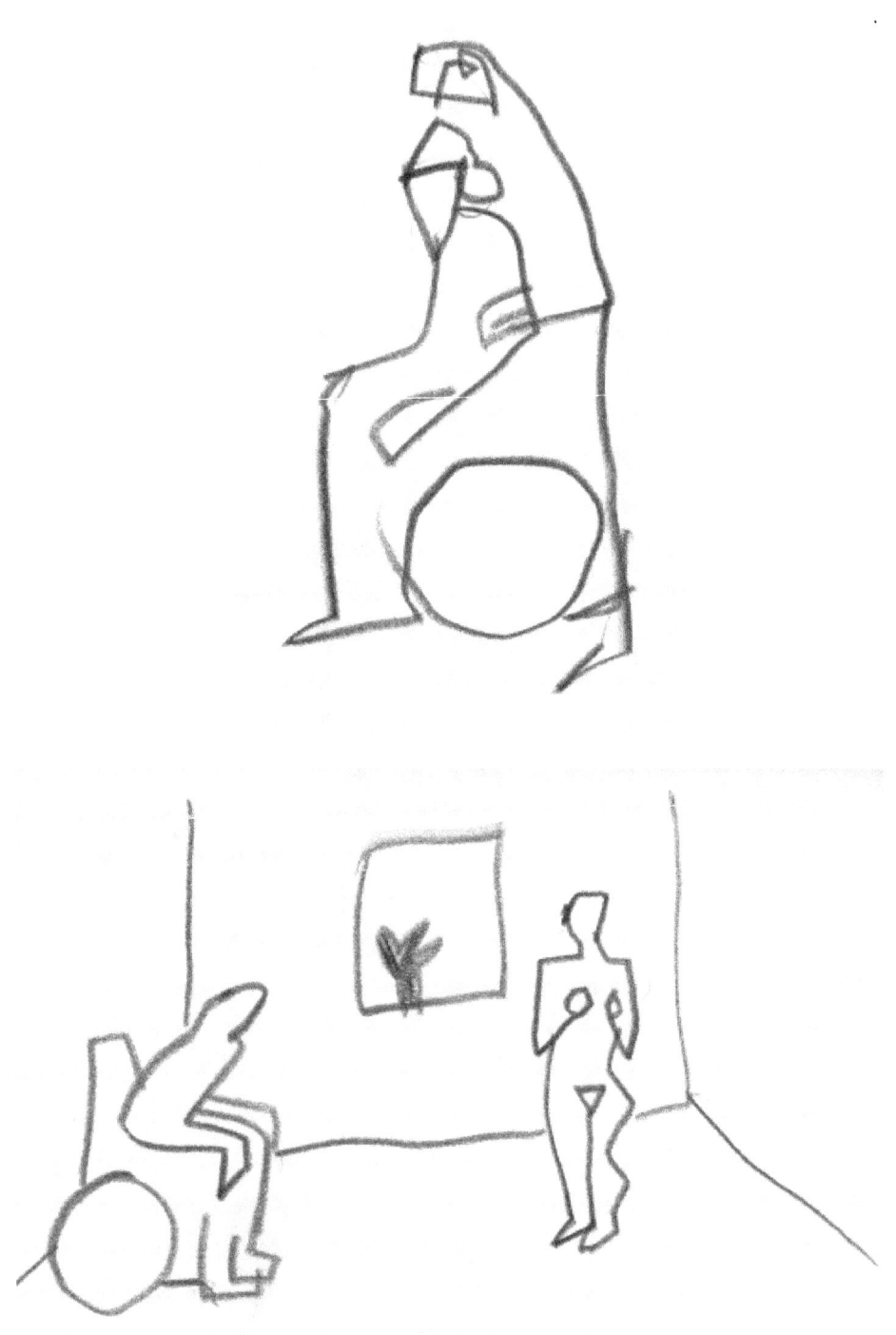

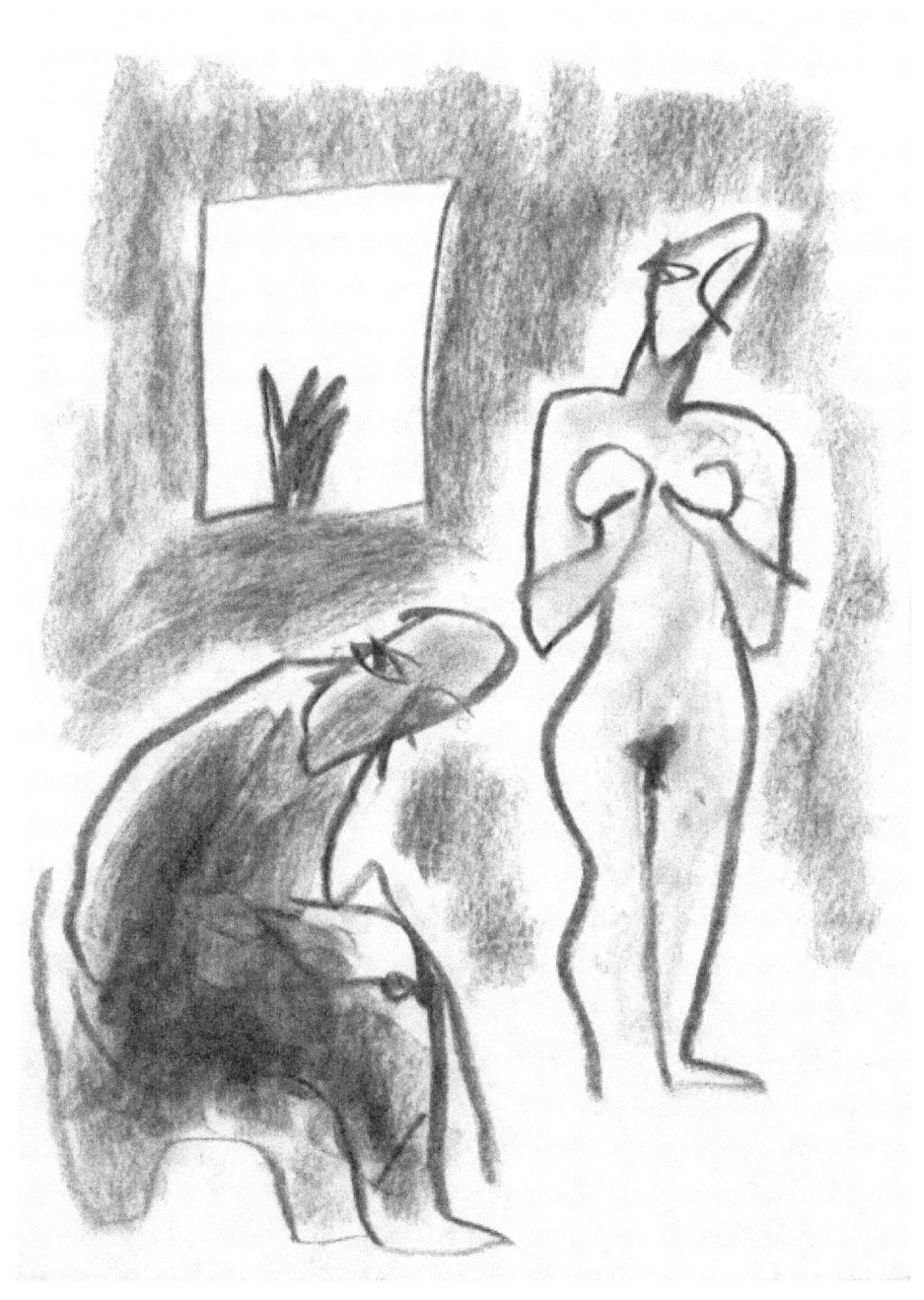

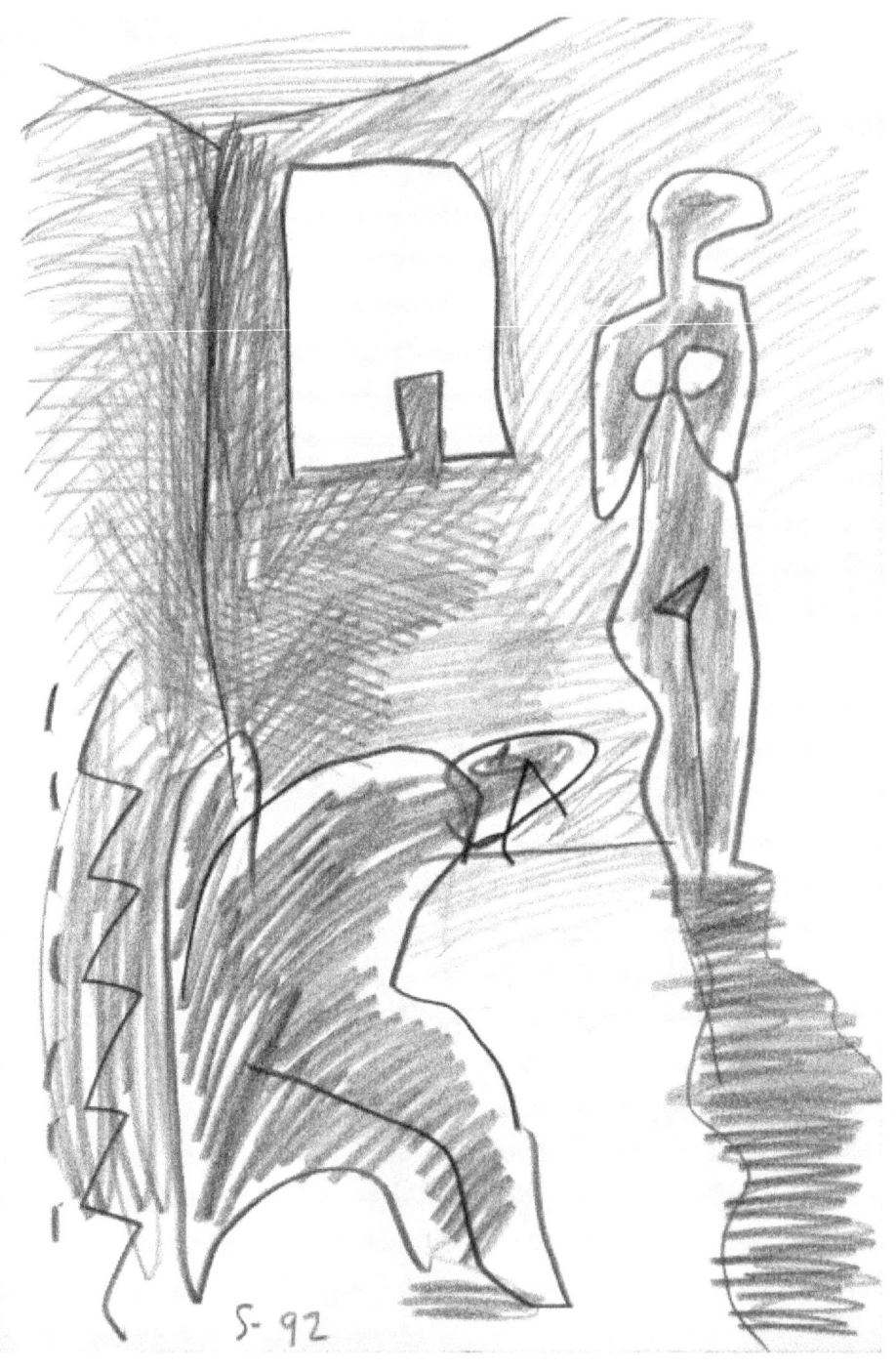

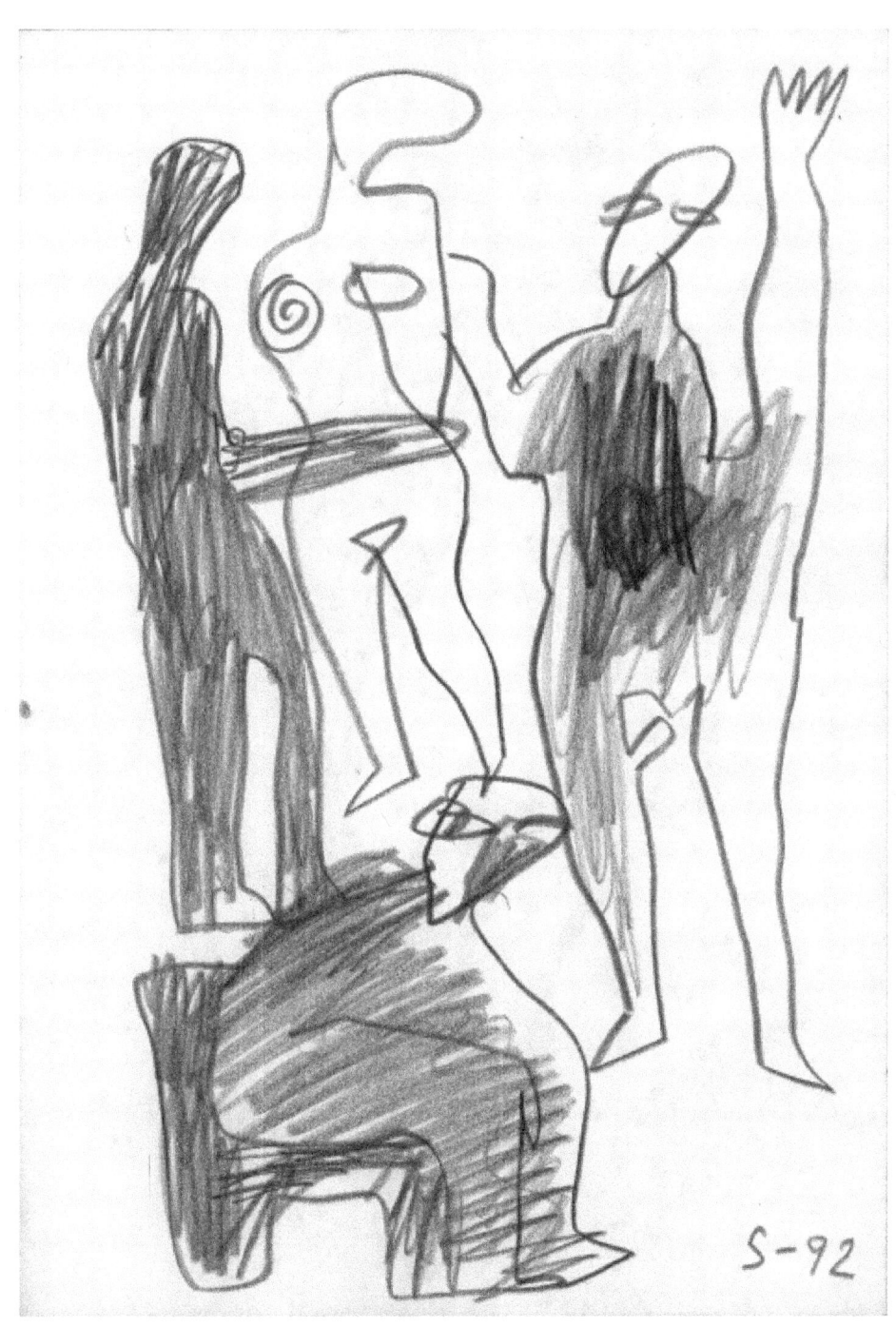

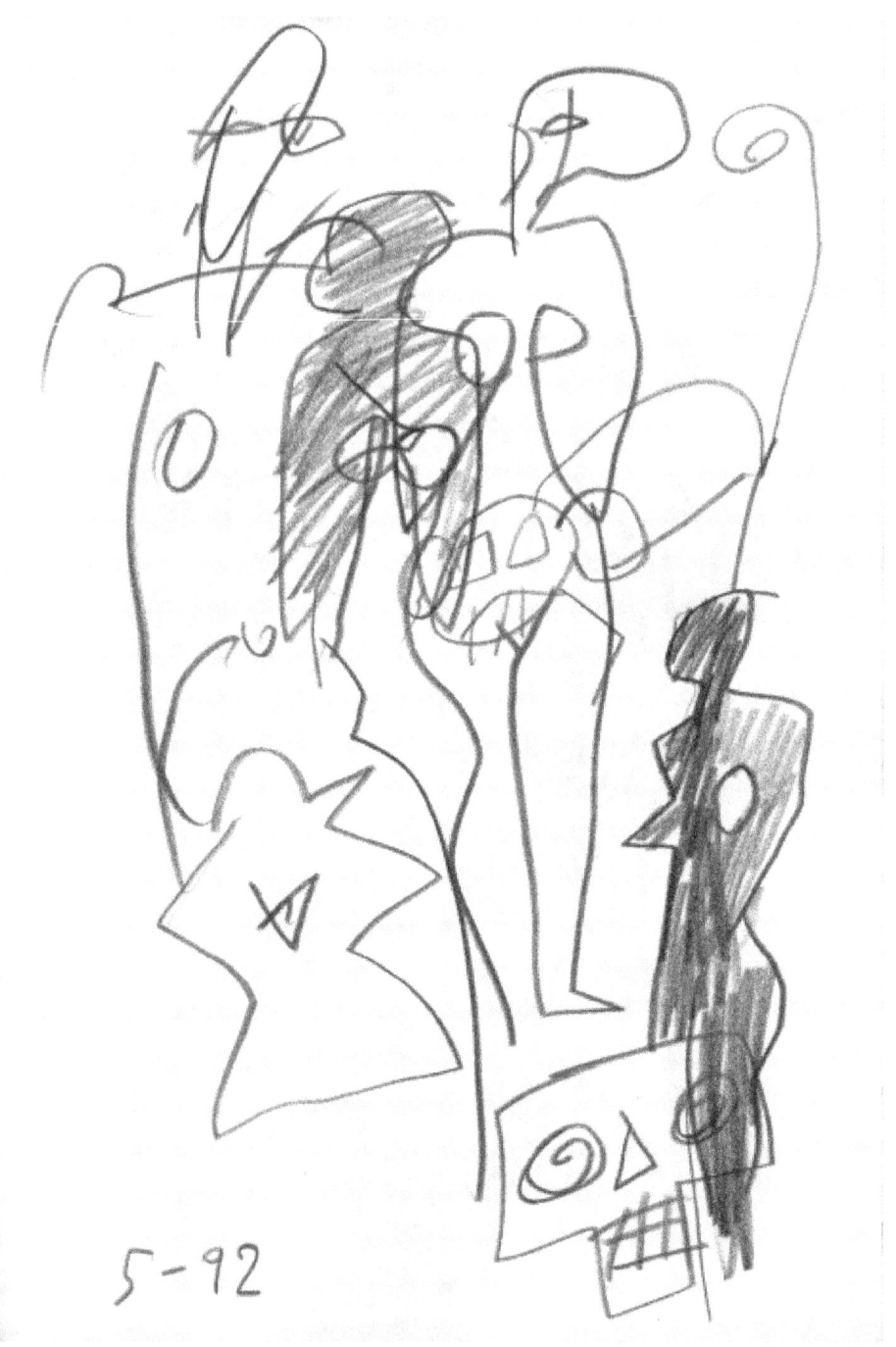

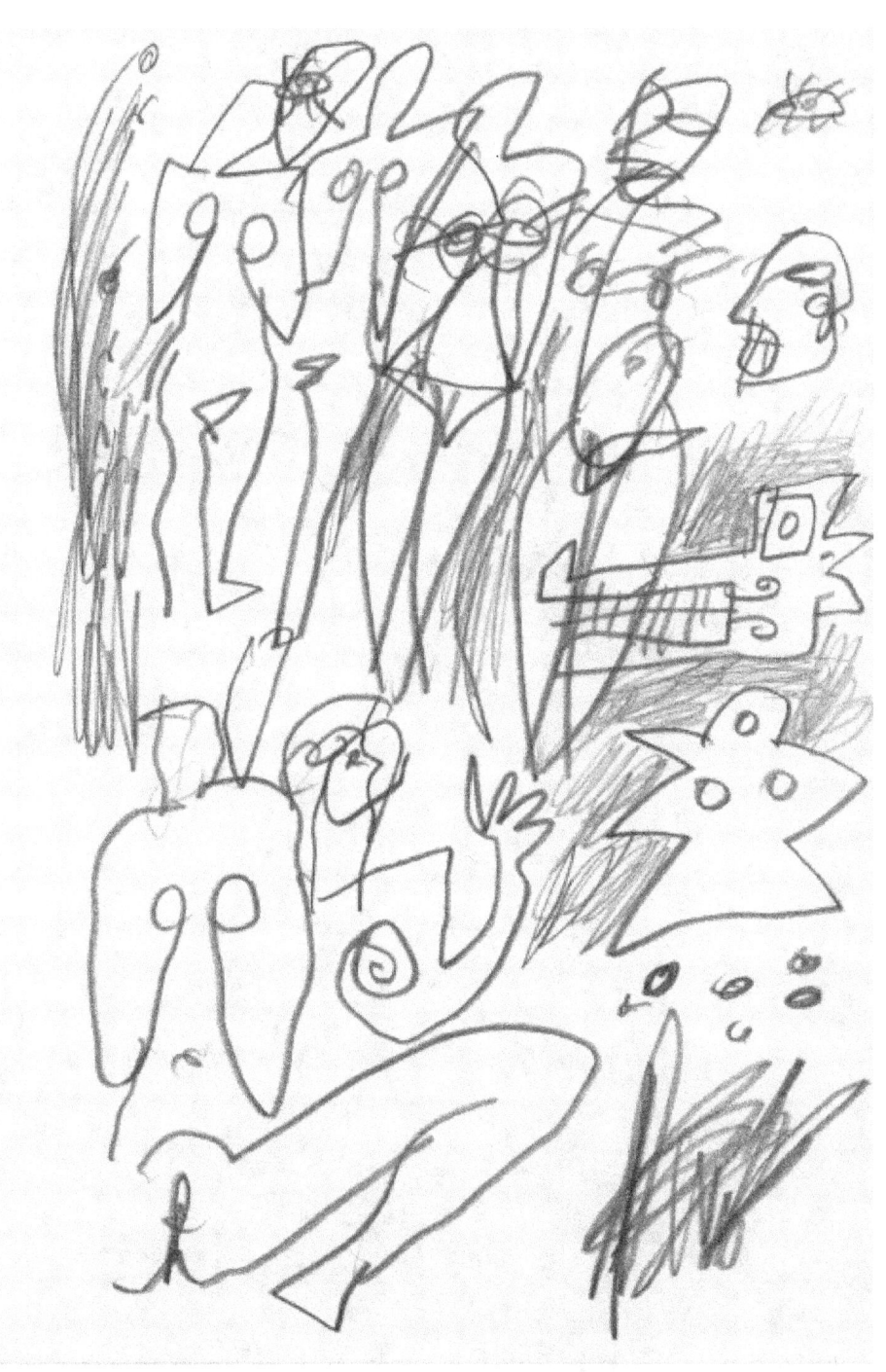

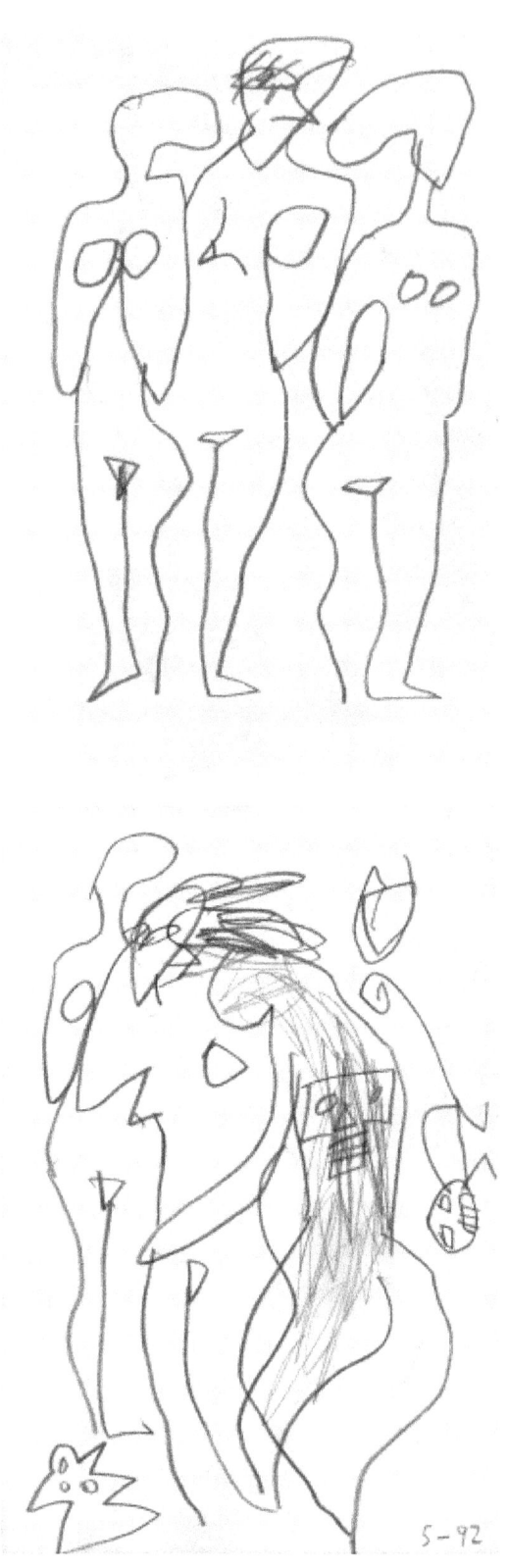

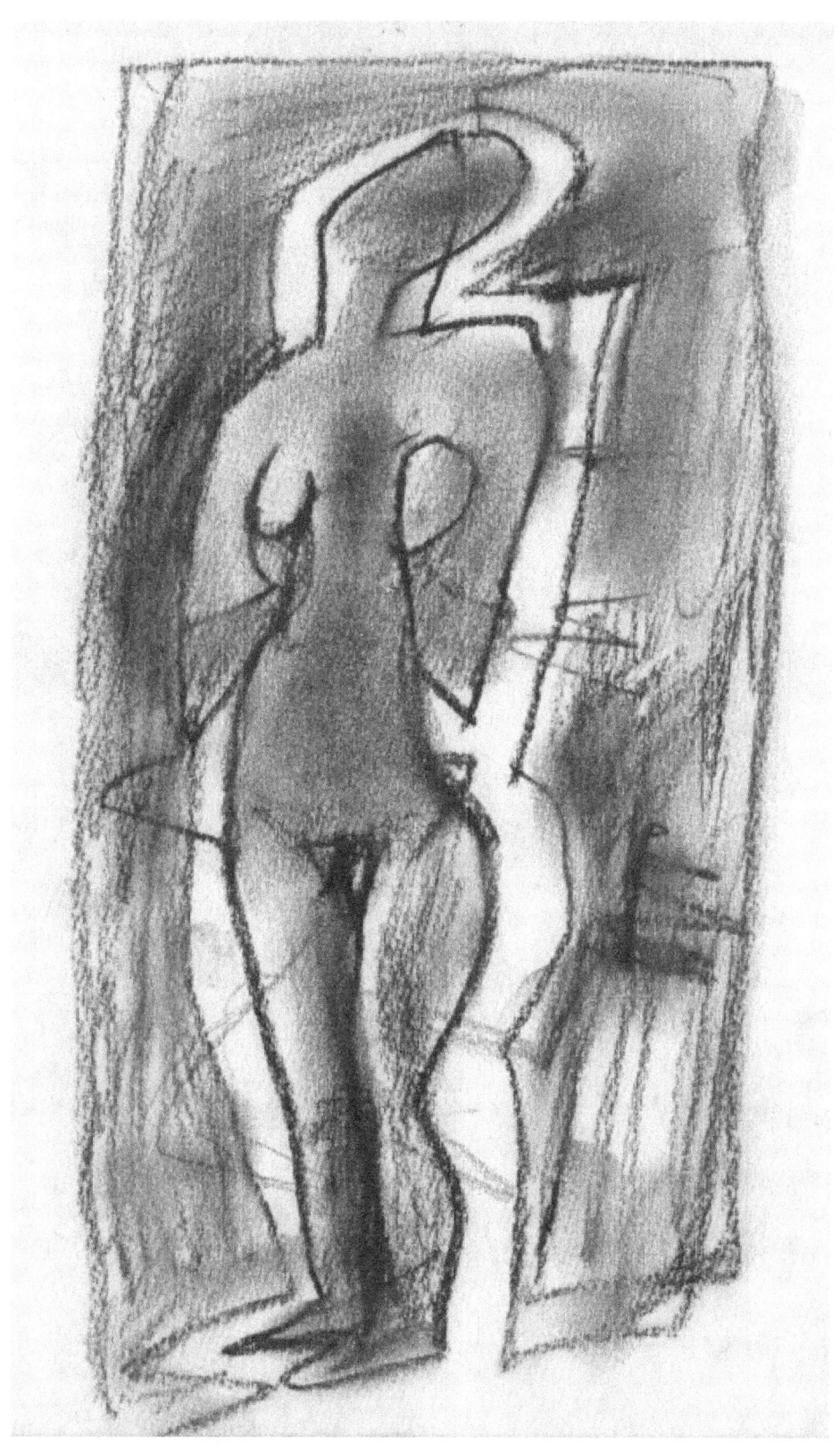

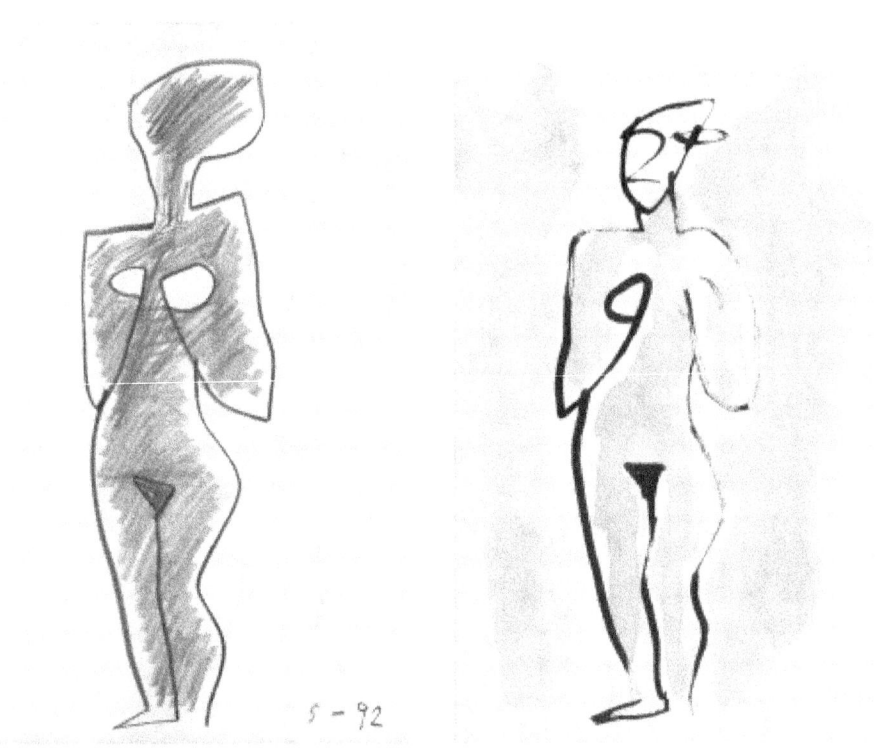

5 - 92

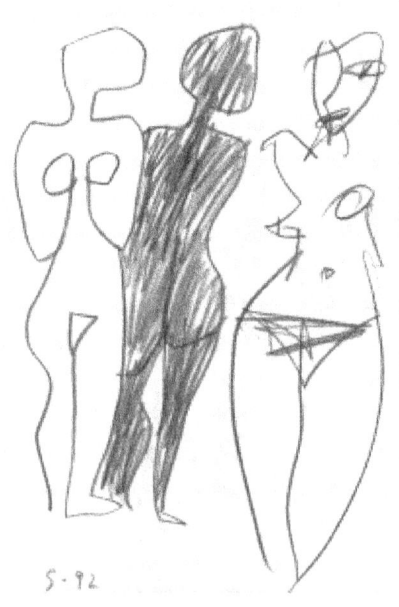

5 - 92

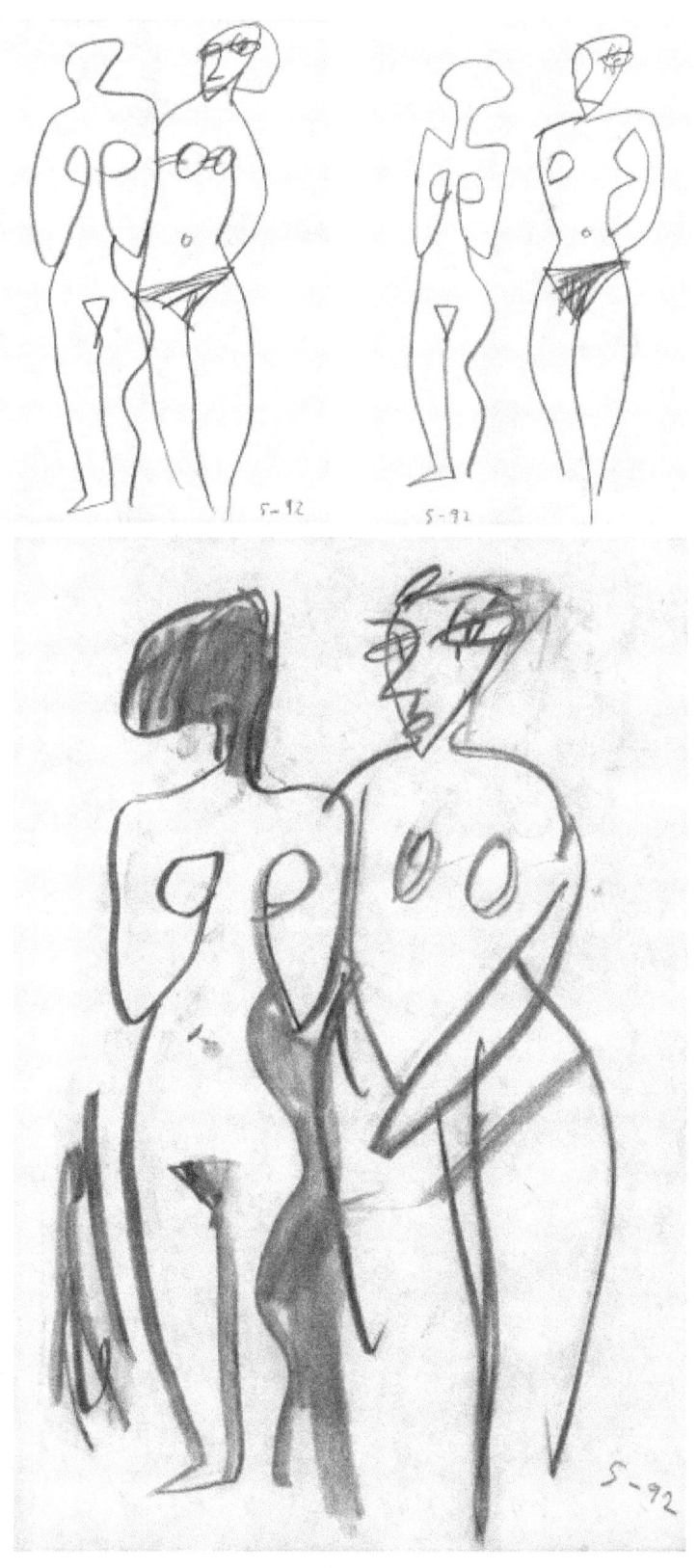

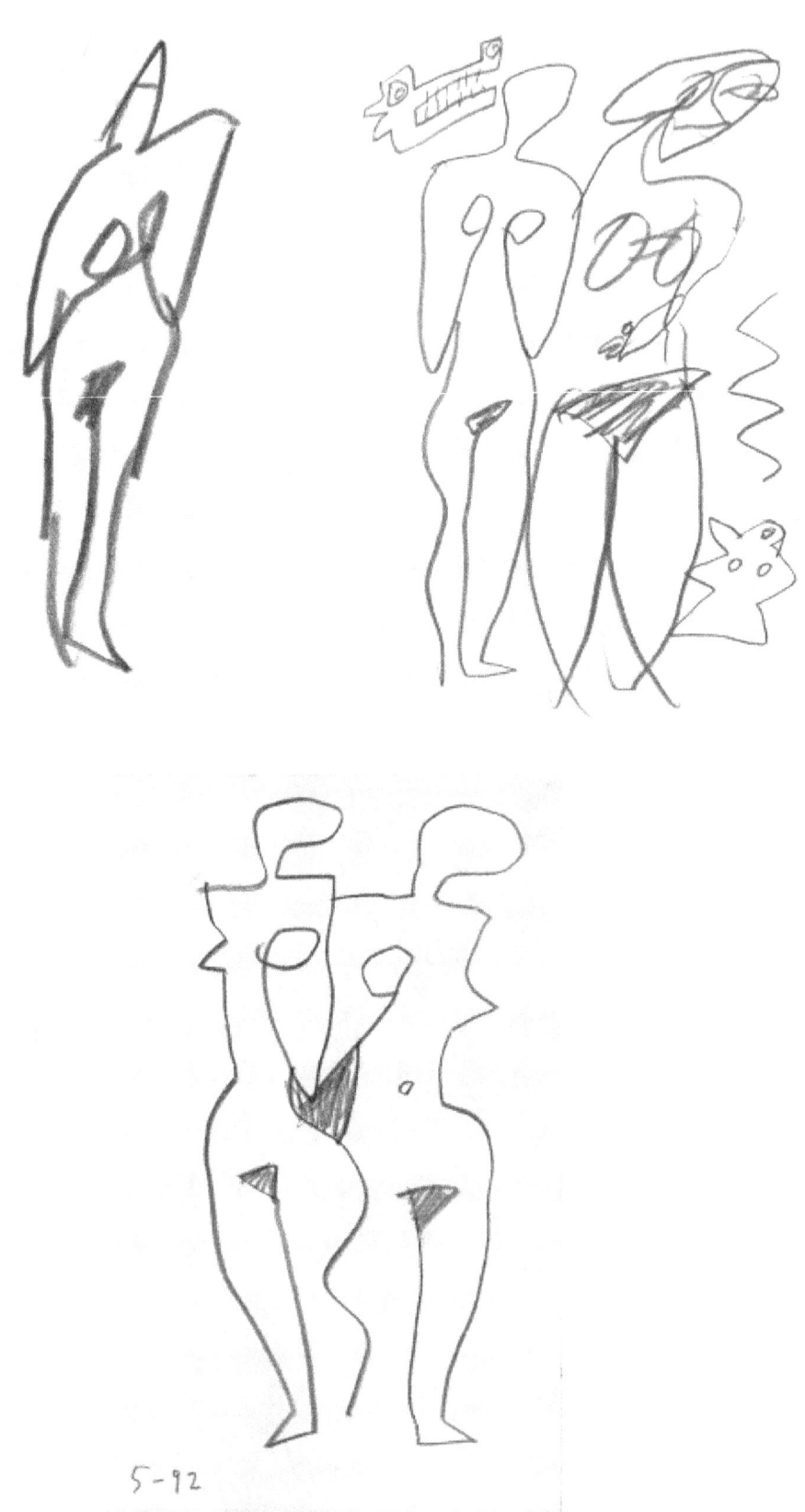

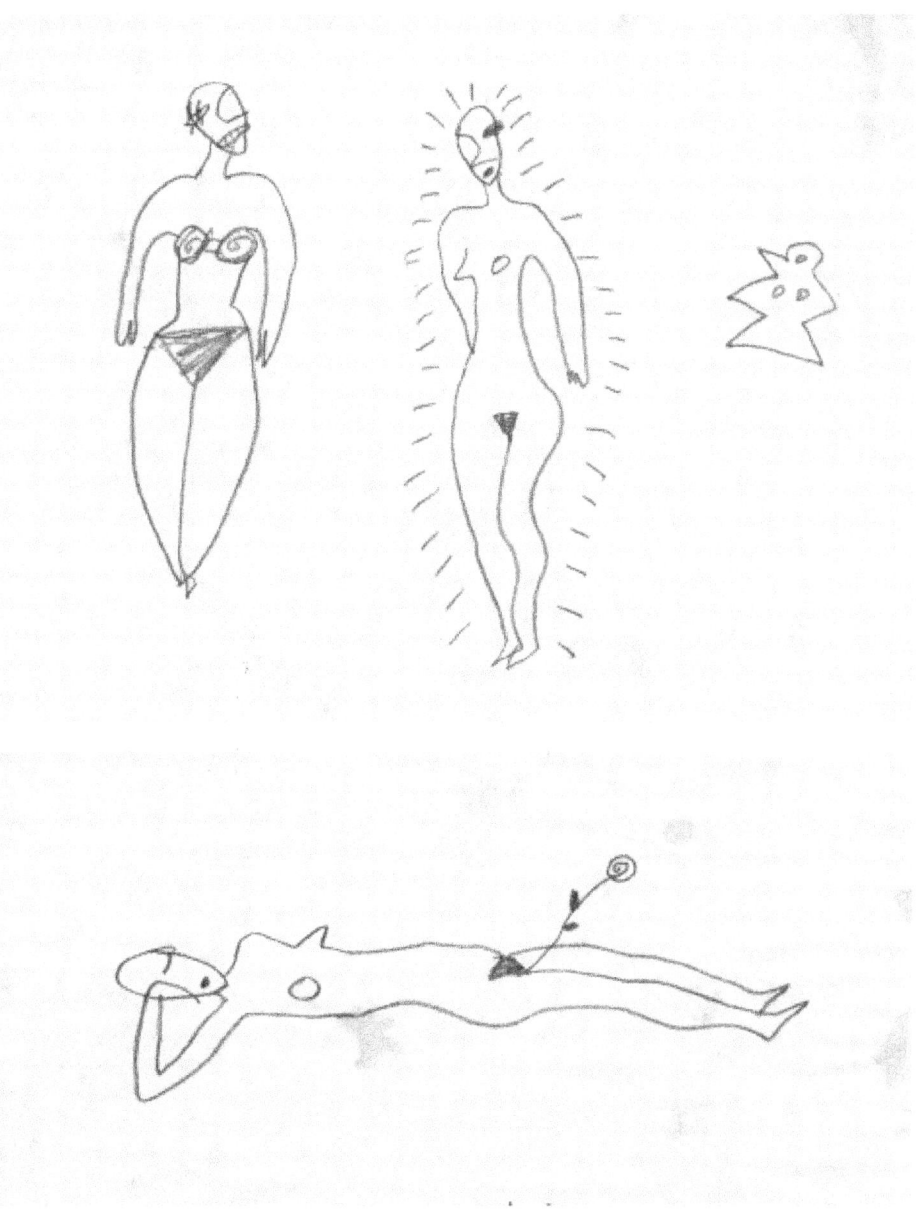

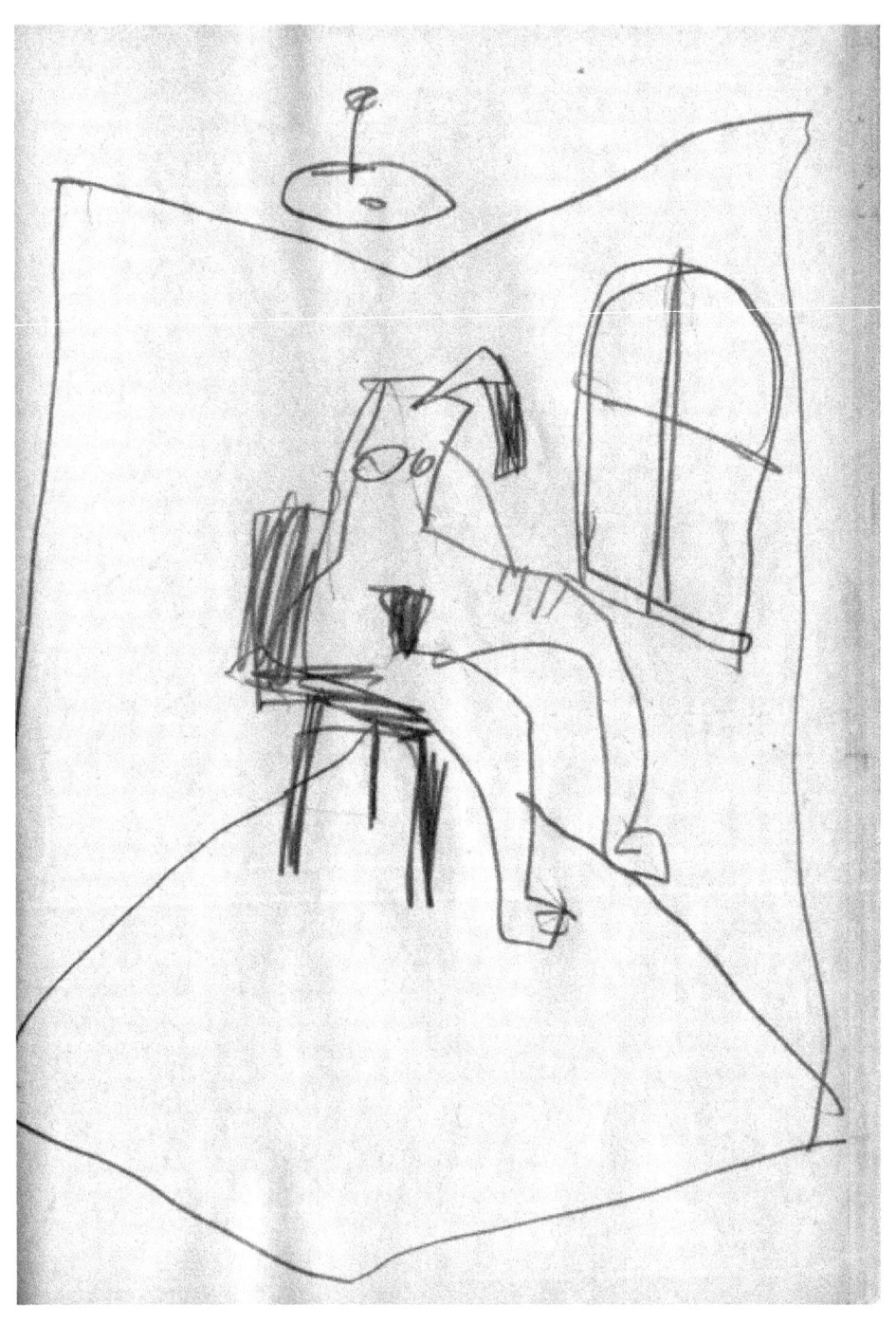

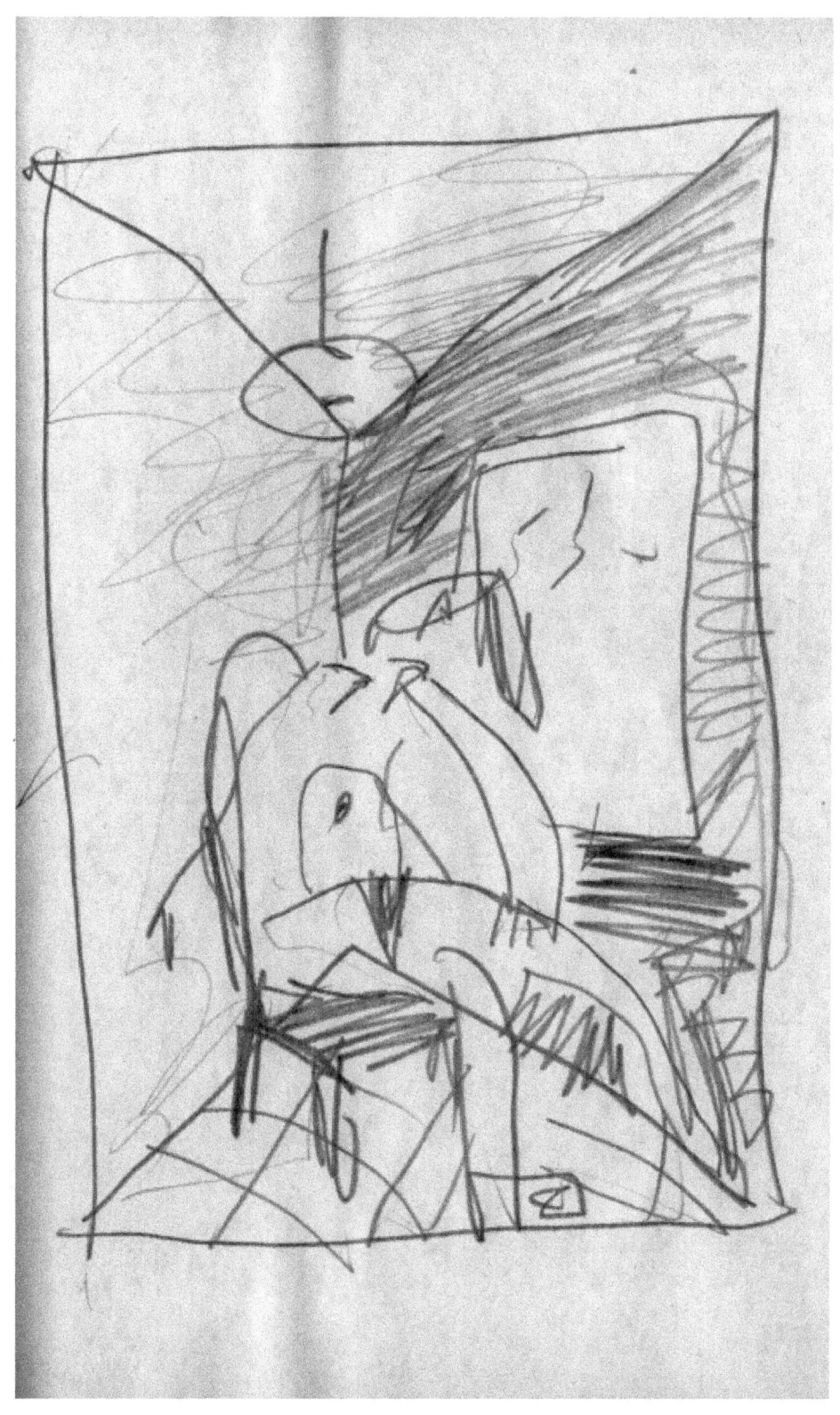

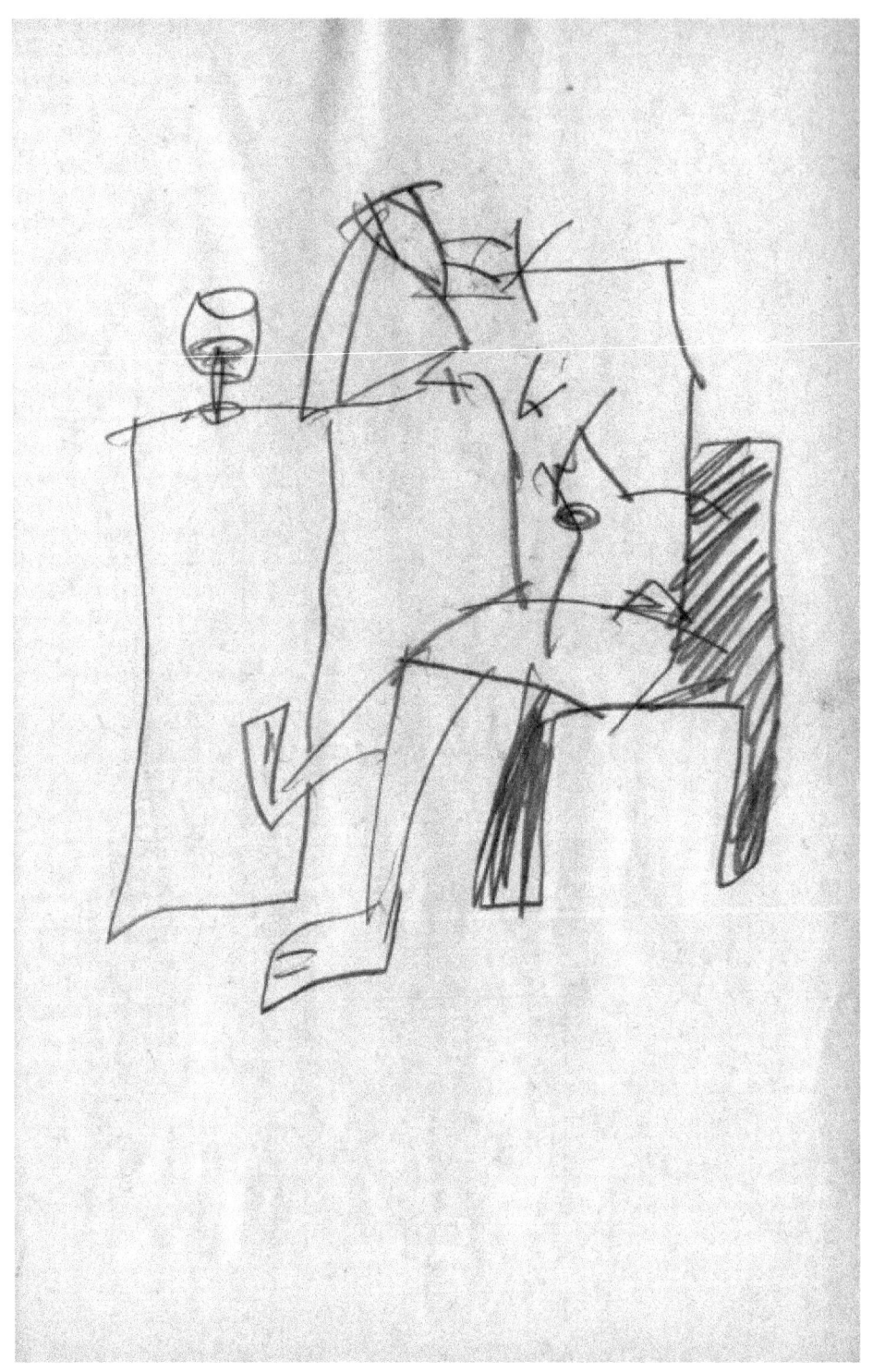

Quiero que vengas a bailar conmigo

—¿No será mejor que te vayas a tu casa a dormir? No parece que te estuvieras divirtiendo mucho.
—Quiero bailar, quiero ir a una discoteca y bailar.
No insisto y conduzco lentamente detrás de todos los taxis que avanzan entre el gentío que llena la avenida. La entrada de la discoteca está bloqueada por los taxis y por la muchedumbre, y entonces me detengo unos metros más adelante para que Karin no tenga que caminar por la calle. Ella me mira:
—Quiero que me acompañes.
—¿A dónde?
—A bailar, quiero que vengas a bailar conmigo.
—Lo siento, no me gustan las discotecas y detesto ese ambiente.
—¿Te parezco hermosa?
Fuera de que la pregunta tiene un tono desesperado, me agarra completamente desprevenido por el preciso hecho de no agarrarme desprevenido: yo ya he pensado que su lado débil es el aspecto físico.
—No te sentís bien, Karin, es mejor que te vayas a tu casa.
—No me contestas. ¿Te parezco hermosa?
—Sí..., sos linda.
—¿Linda? No suena muy convincente... Ven a bailar conmigo.
—No puedo, estoy trabajando.
—¿Trabajando...?! —dice en un tono que quiere ser despreciativo. Con movimientos torpes e irritados, abre su bolso y saca el dinero para pagarme:
—Toma, trabajador, obrero, esclavo..., señor chofer de taxi —y me extiende un billete de quinientas coronas.
Hay desprecio en su voz, pero no furia. Le doy el vuelto y baja lentamente. No me deja propina.

Nicaragua durante la Revolución Sandinista,1979-1990

Protagonizada por el Frente Sandinista de Liberación Nacional, la Revolución Popular Sandinista en Nicaragua se extendió desde julio de 1979 hasta febrero de 1990. Su nombre reafirmaba la continuación de la lucha de Augusto César Sandino, quien entre 1927 y 1933 lideró una rebelión contra la ocupación militar de Estados Unidos. El triunfo del Frente Sandinista terminó con la larga dictadura que mantuvo en el país durante tres generaciones la familia Somoza. Esa dictadura había comenzado con el golpe de estado del General Anastacio Somoza en 1934, luego de que la Guardia Nacional, creada por EE.UU. durante su ocupación y comandada por Somoza, asesinara a Sandino.

El Frente Sandinista introdujo reformas importantes en el país, atendiendo en especial los problemas relativos a la salud y la educación, así como organizó el reparto y la colectivización de la tierra entre los campesinos.

Poco después de que el Frente derrotara a la Guardia Nacional y el último de los Somoza huyera del país, EE.UU. comenzó a organizar y financiar una oposición armada. Conocidos como «la contra» y equipados por sus organizadores con armamento y pertrechos de guerra modernos, los destacamentos de la contra no solo realizaban ataques de sabotaje contra objetivos de infraestructura como centrales eléctricas o represas, sino que también quemaban policlínicas y escuelas, asesinaban maestros rurales, miembros de cooperativas agrarias, líderes sindicales, etc. La táctica de los estrategas de la C.I.A. que dirigían a estas bandas armadas fue la de sembrar el terror entre los sectores de la población donde la revolución tenía su sustento como forma de neutralizar su apoyo. Los ataques desde sus bases cercanas a la frontera de Honduras llevaron a Nicaragua a una sangrienta guerra civil y lograron, como pretendían, desestabilizar el país. Con enormes problemas económicos y sociales, en 1990 el Frente Sandinista perdió las elecciones nacionales frente a la Unión Nacional Opositora, presidida por Violeta Chamorro y apoyada por Estados Unidos.

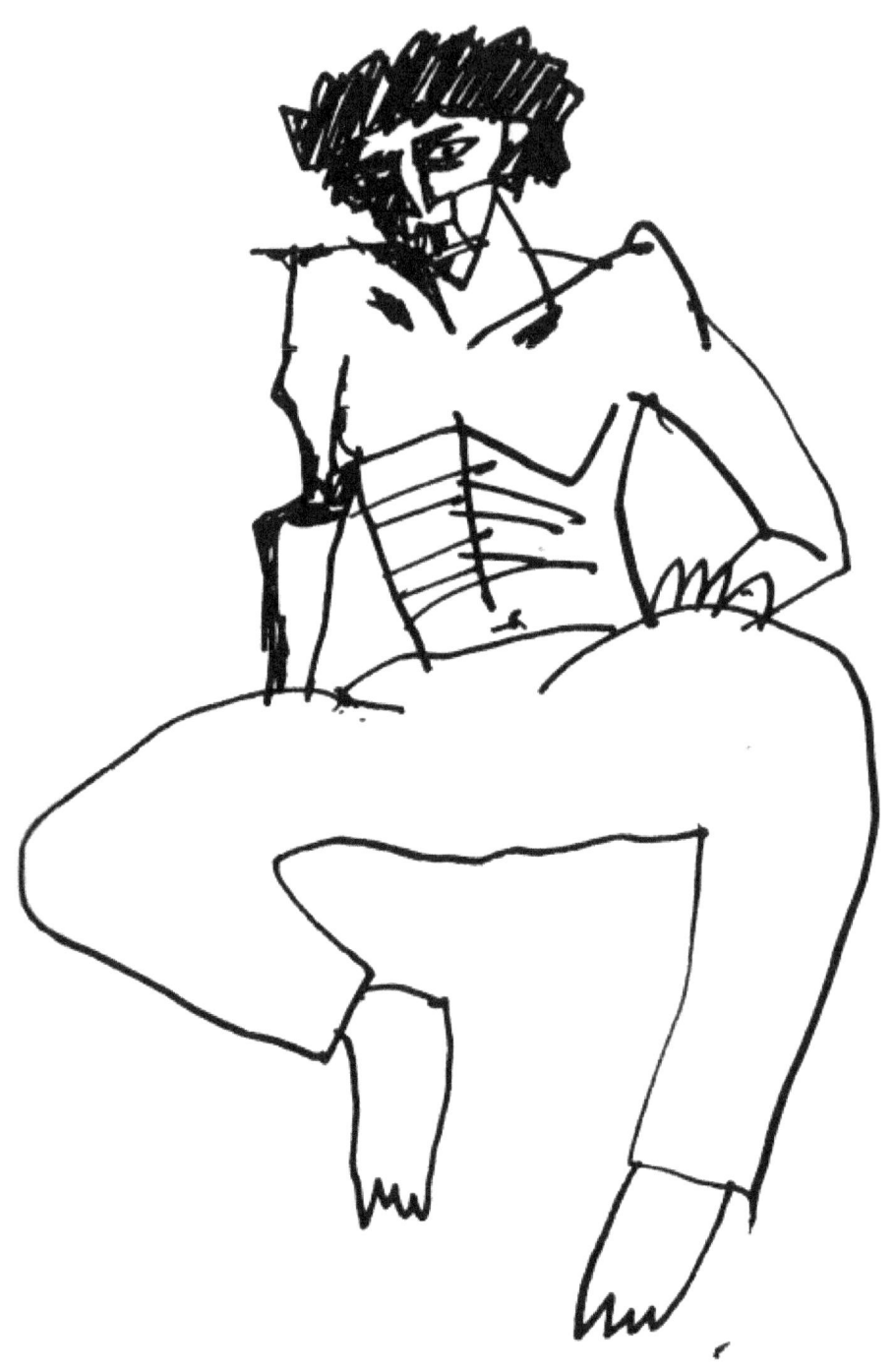

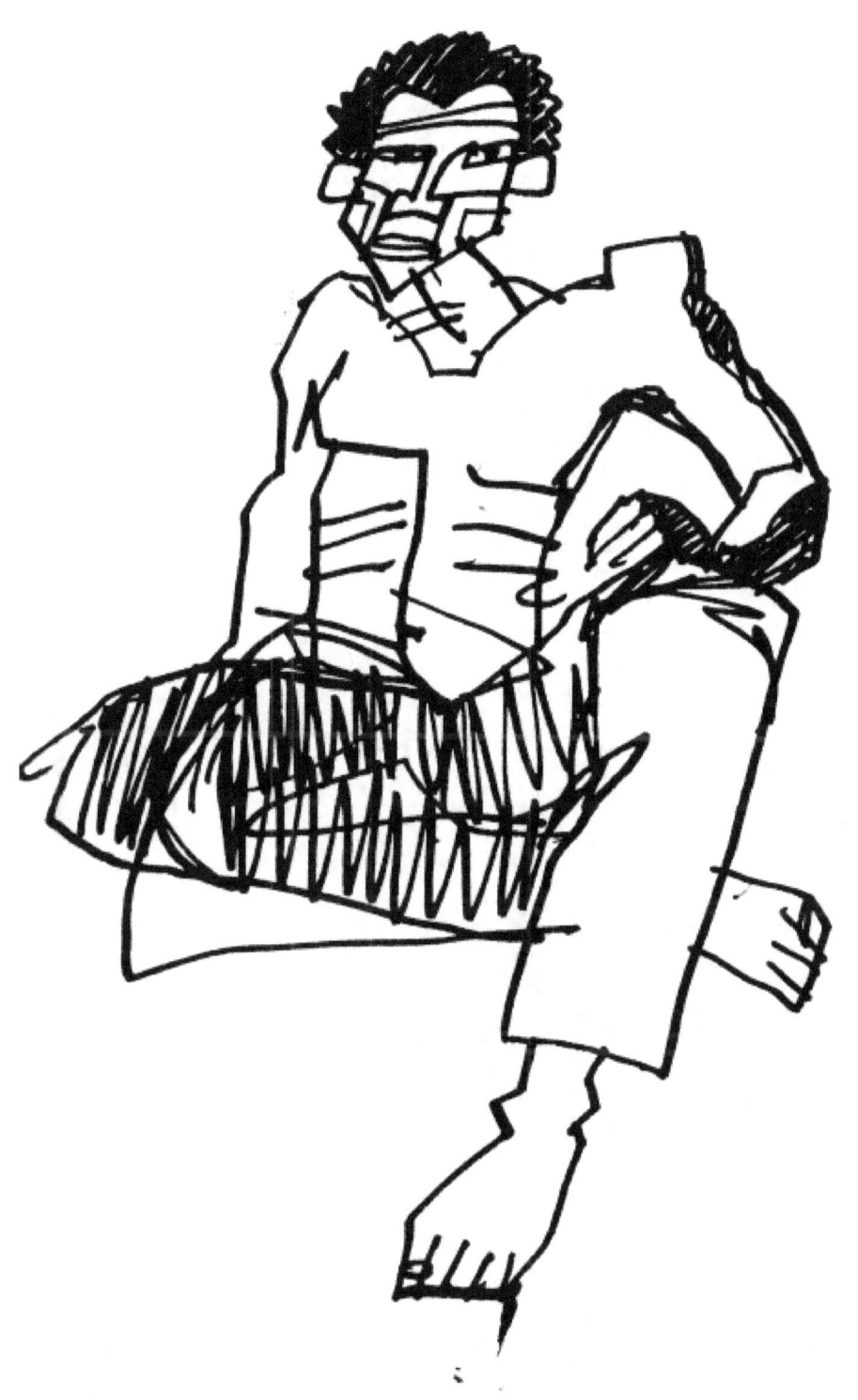

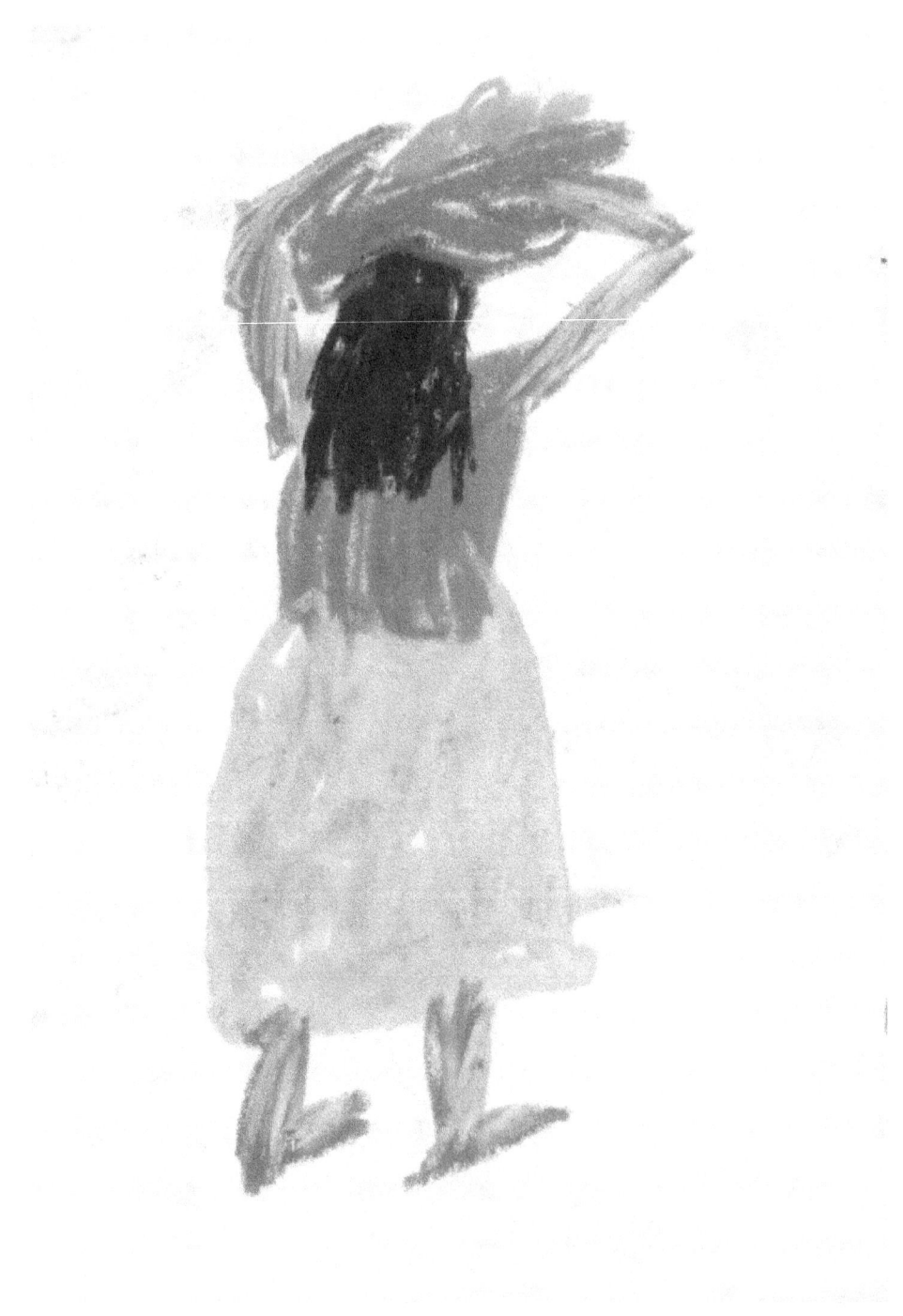

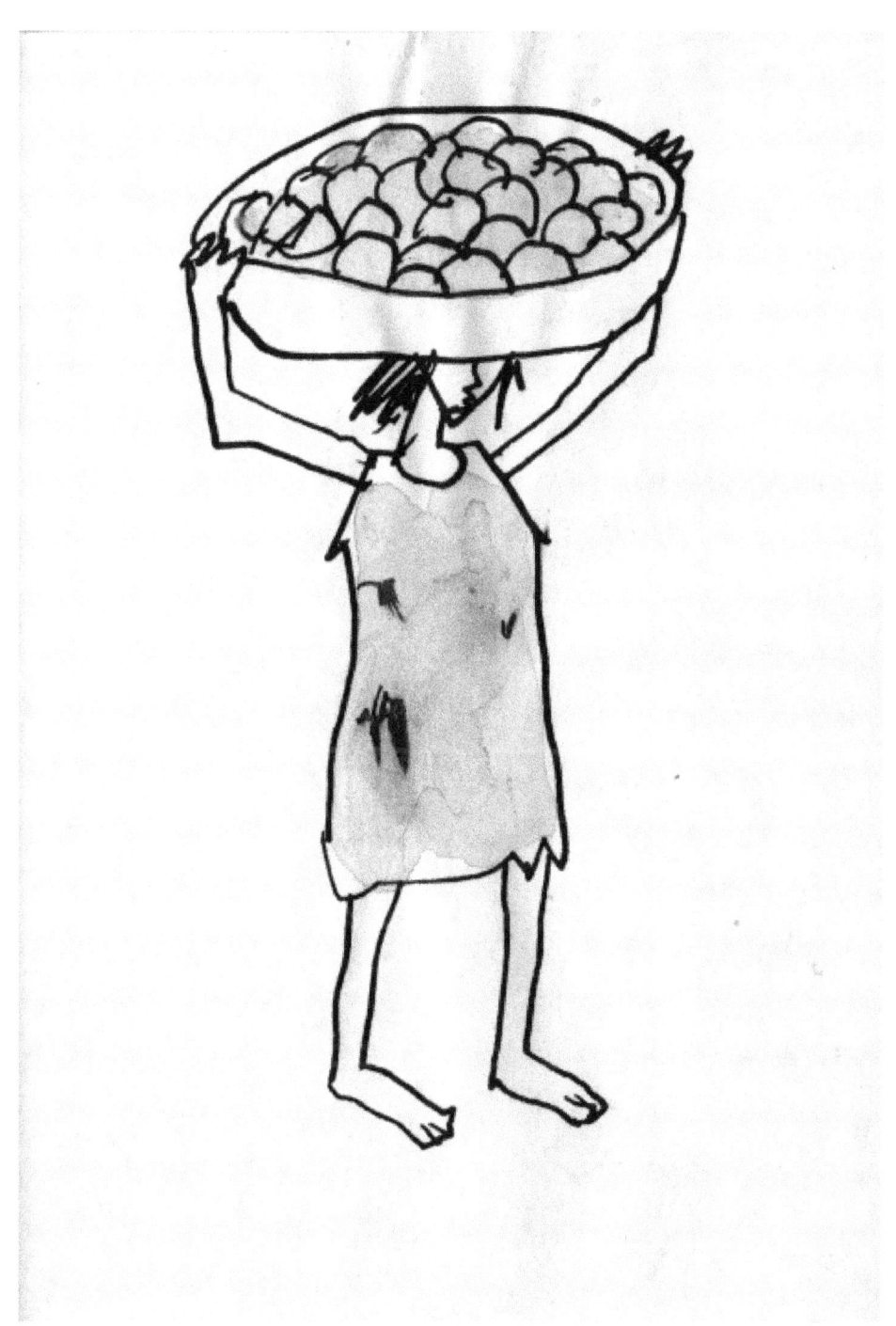

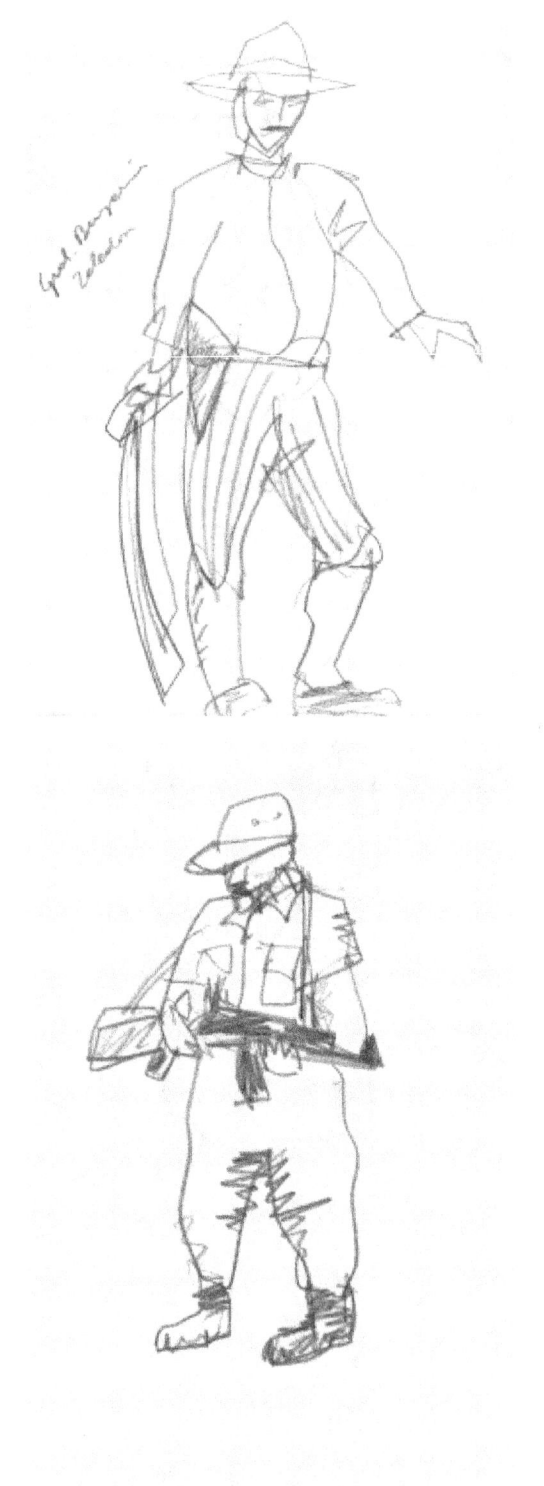

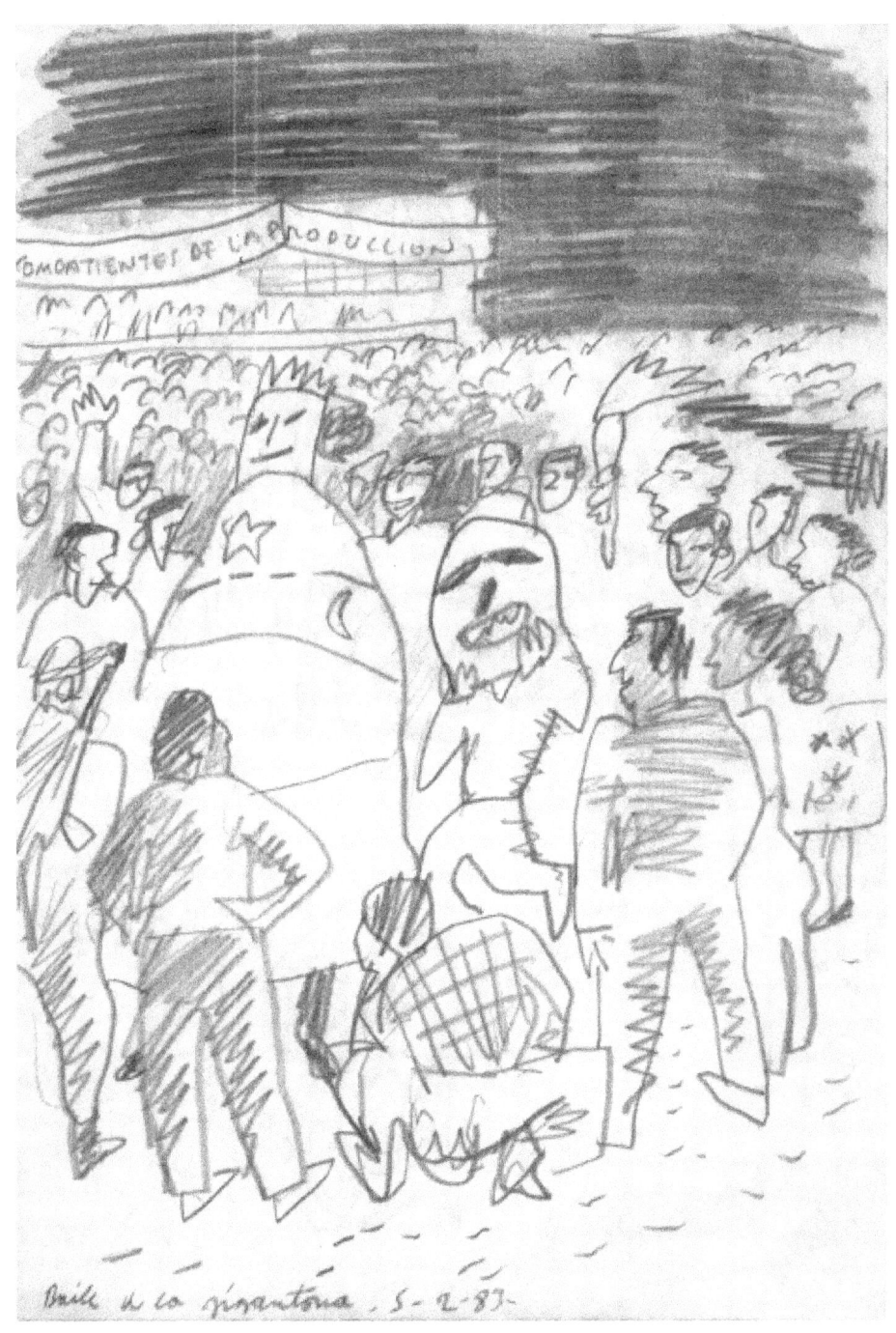

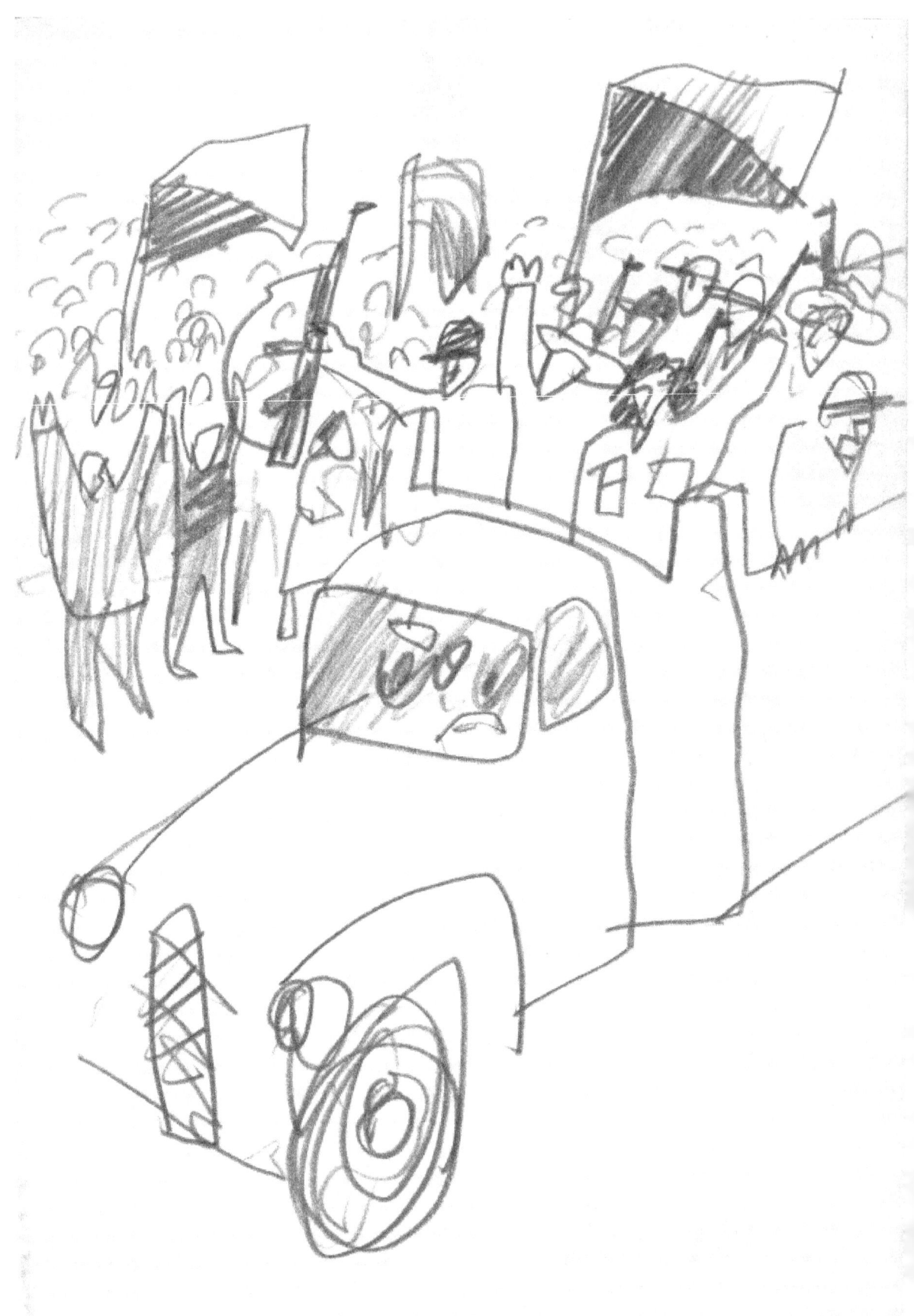

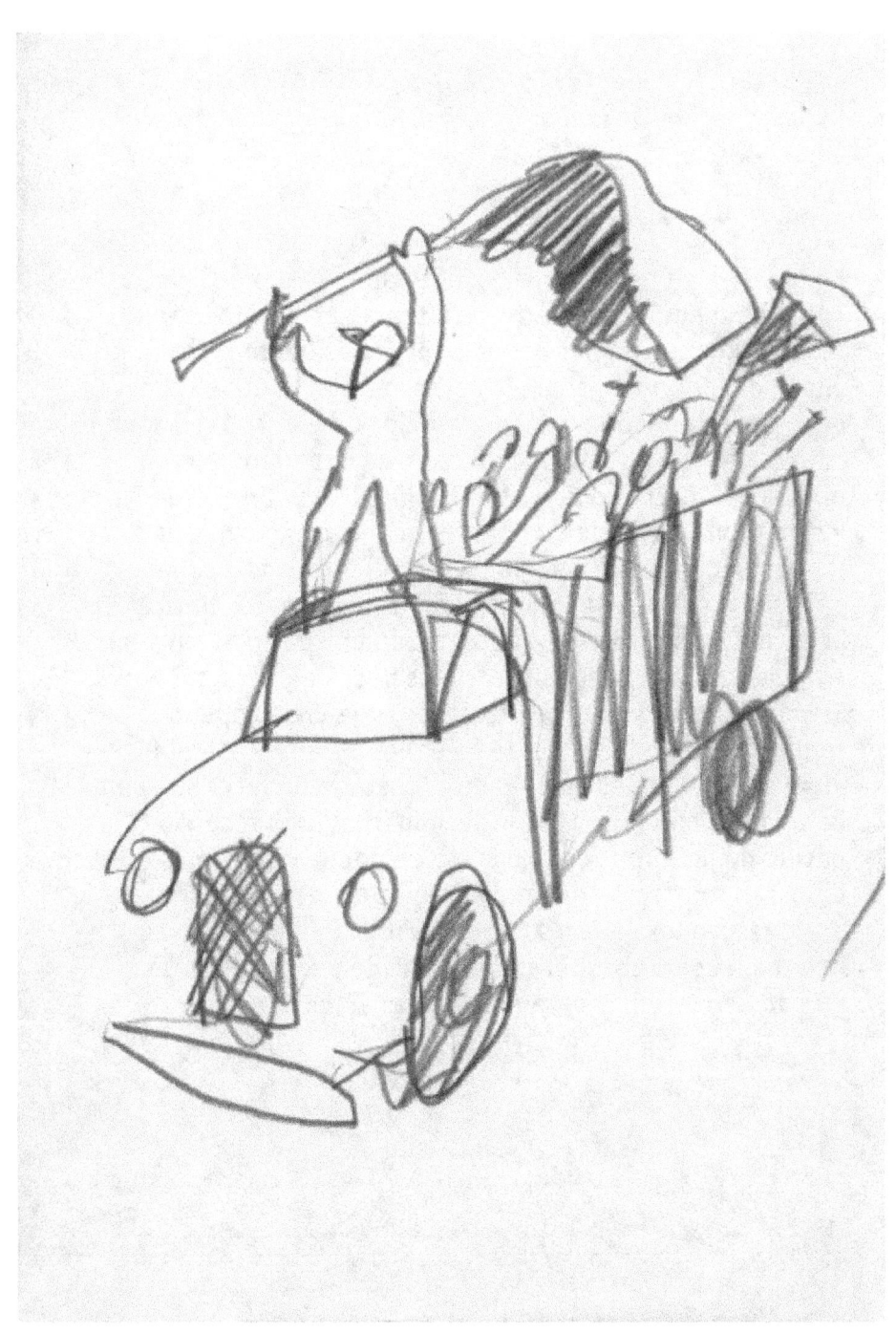

El mendigo ciego de León

En la terminal de autobuses, junto al mercado de León, había un mendigo ciego. Su cara tenía el color de la tierra reseca, un amasijo por donde habían pasado negros, indios, y muy en el fondo, españoles blancos. Con la edad borroneada por la miseria, podía ser viejo o joven. Andaba con un palo a manera de cayado o bastón, acompañado por un niño que le hacía de lazarillo. El niño lo ayudaba a subir a los ómnibus antes de que partieran y el ciego cantaba para los pasajeros una canción de amor mientras golpeaba el palo contra el piso de manera monótona y nada musical. De la cavidad negra de su boca saltaban chispas de saliva que empujaba con la lengua contra los pocos dientes que tenía. Siempre cantaba la misma canción, una vieja copla o romance español acriollado en donde se mezclaban la virgen de la Merced con el amor frustado de un campesino pobre por una mujer rica. Al terminar, el niño recorría el pasillo del ómnibus con una lata en donde recogía las limosnas mientras el mendigo recitaba una oración que protegería a los viajeros por el camino. Con el motor en marcha, el chofer esperaba con un silencio respetuoso a que descendieran para empezar el viaje.

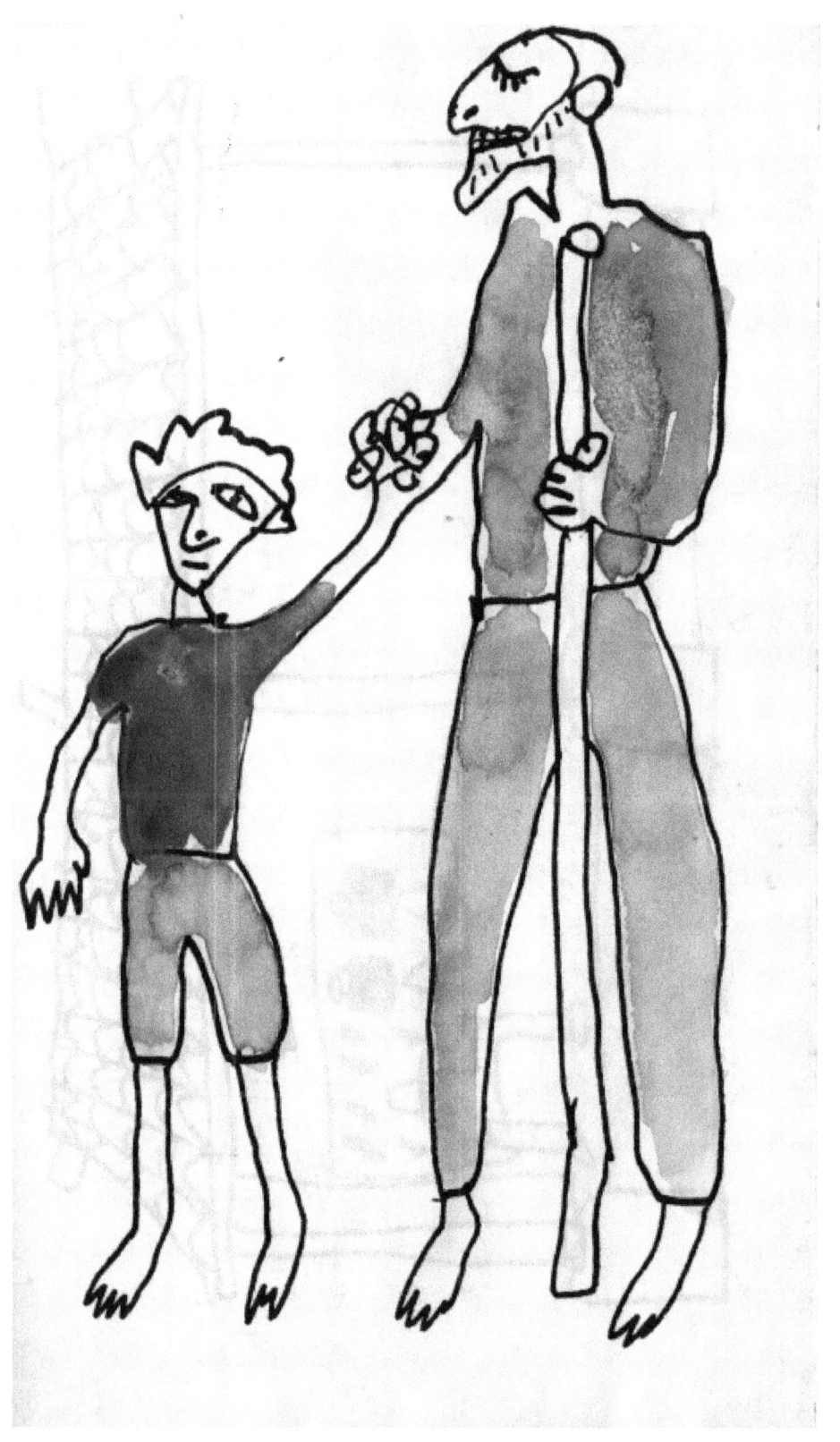

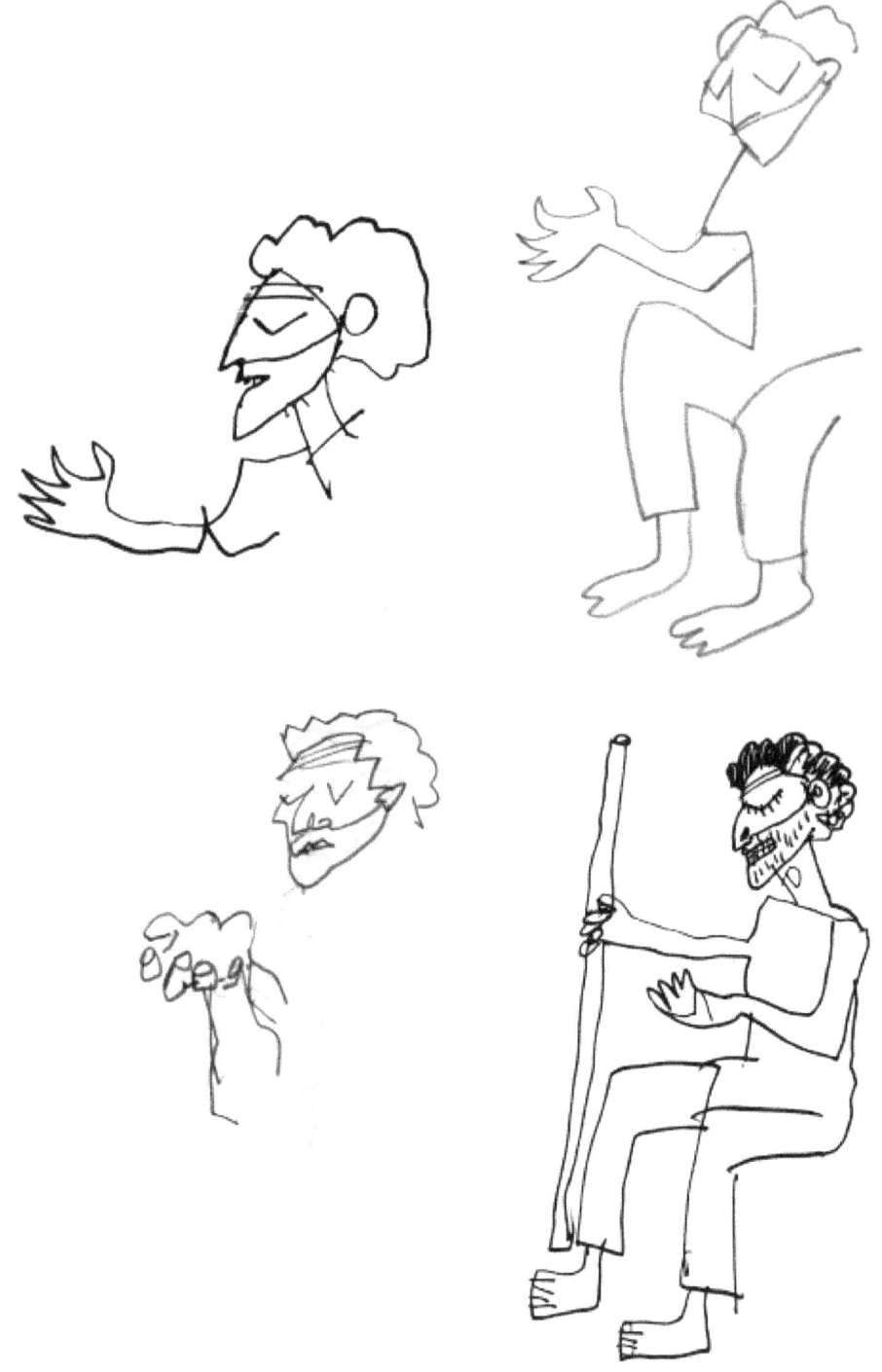

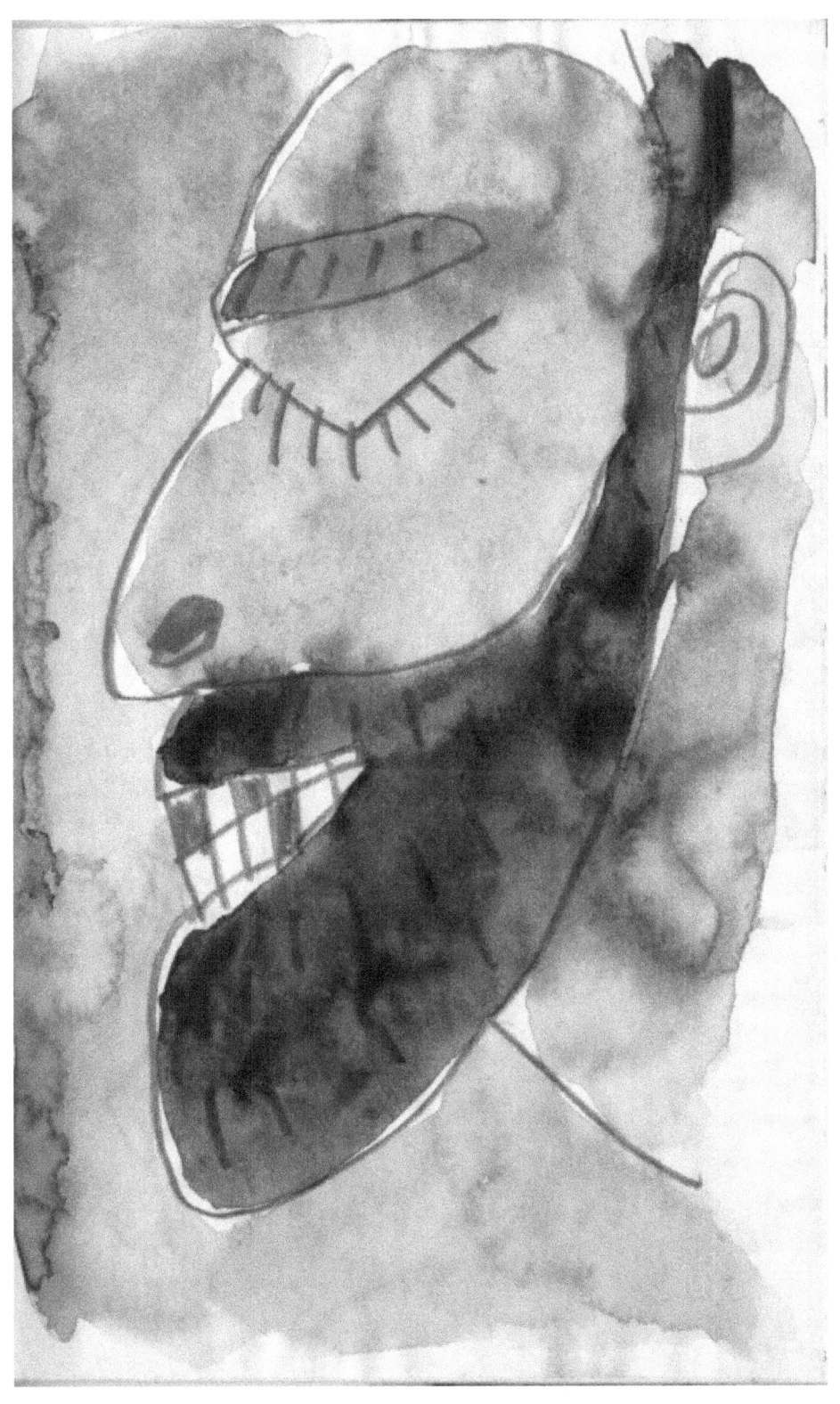

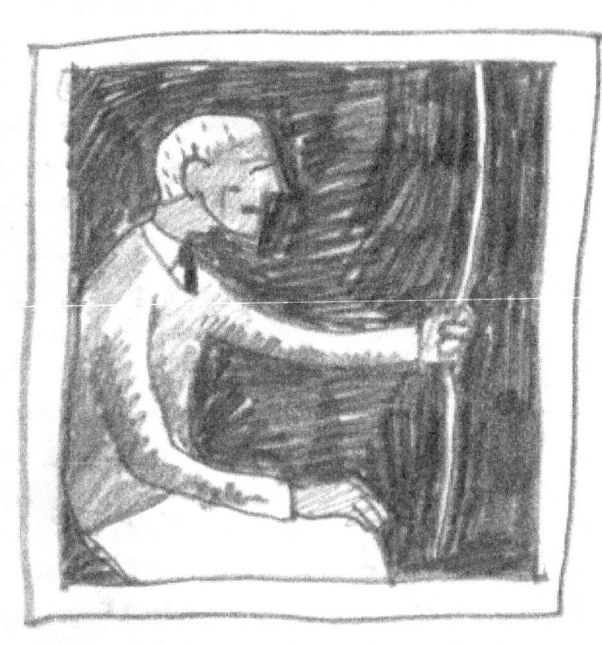

campanero de la iglesia morana

FAUNA - COSTA ATLÁNTICA

1 - Perezoso de tres garfios, Cucala
2 - Tucán de pico acuchillado, pico hueso
3 - Paca, guardatinaja
4 - Zahino (especie de jabalí)

5 - Rabadilla tinta

HABITAT

1 - Grandes bosques de las llanuras húmedas
2 - Bosques húmedos
3 - lindero de bosques, cerca de ríos
4 - Montes cerrados, pantanos
5 - Bosques húmedos, matorrales, lugares pantanosos

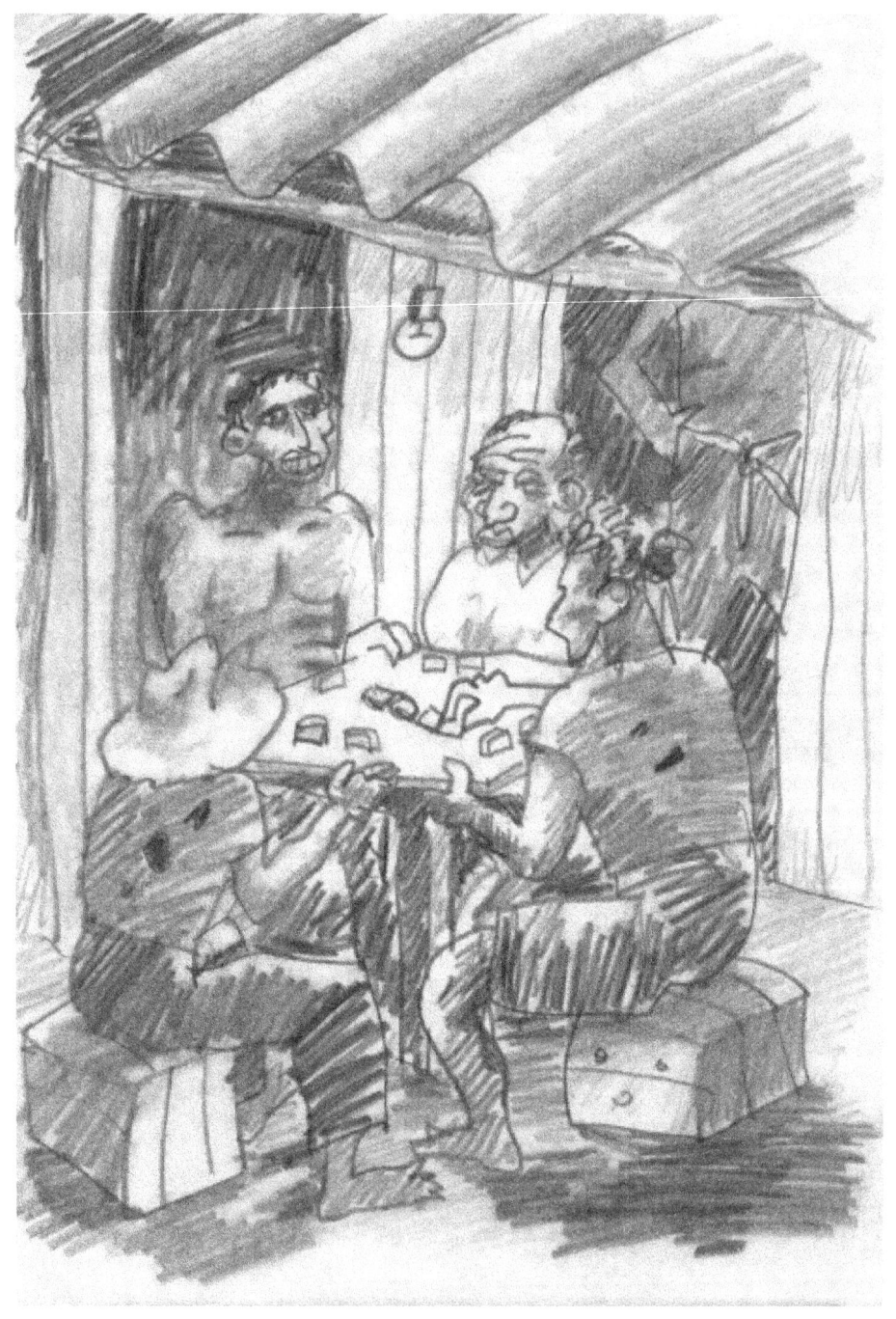

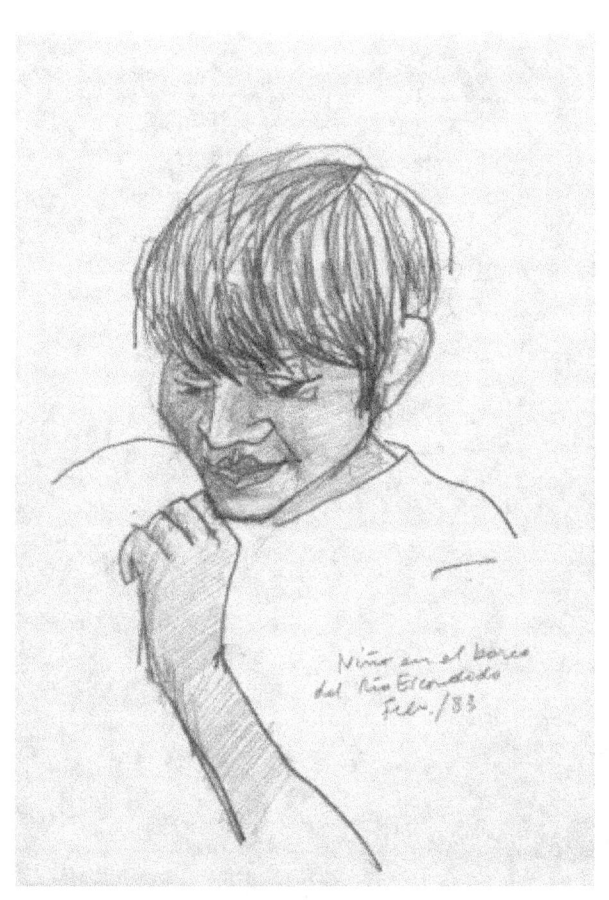

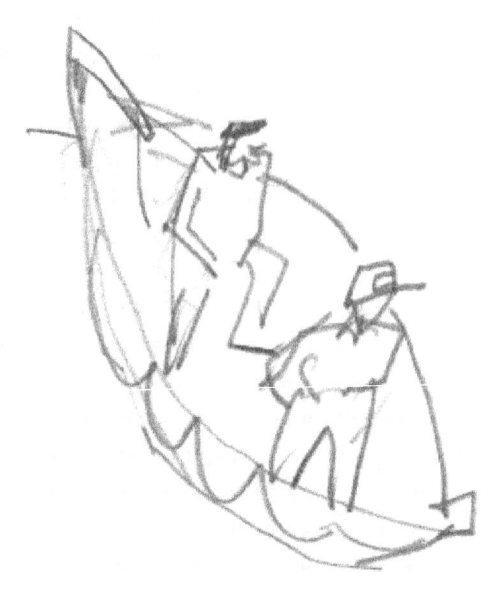

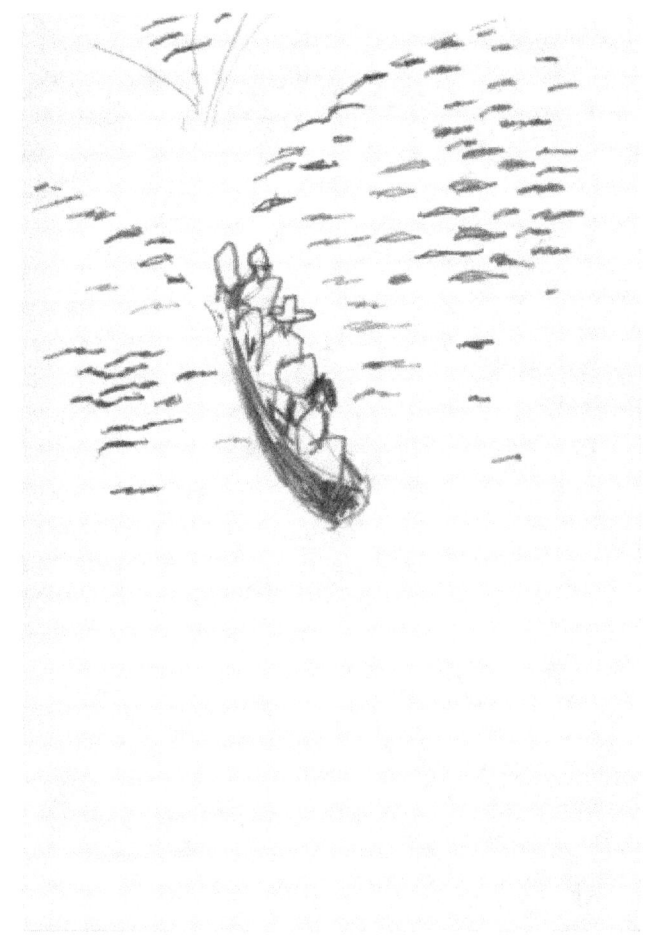

Manglares y bohíos

Observó que la población de manglares en las riberas del río iba en aumento a medida que se acercaban a la costa. Sus larguísimas raíces se dejaban llevar por la corriente como oscuras cabelleras vegetales. Más adelante, donde el Escondido parecía querer abrirse como en una ensenada, se extendía de improviso un pantano de mangle frecuentado por garzas y flamencos. A veces, solitario en la ribera, veía algún bohío construido sobre pilotes de madera a causa de las inundaciones que se producían en la época de las lluvias. Alrededor del bohío sus moradores cultivaban bananos y cocoteros, y desde el balcón frontal descendía una escalerilla hasta el pequeño embarcadero donde una o dos pangas se encontraban amarradas. Otras veces se cruzaban con alguna embarcación, pangas talladas y excavadas en troncos de caobas o ceibas, como en la prehistoria de la humanidad, pero con un pequeño motor fuera de borda. Iban tripuladas por criollos silenciosos, de tez oscura, que miraban imperturbables hacia adelante.

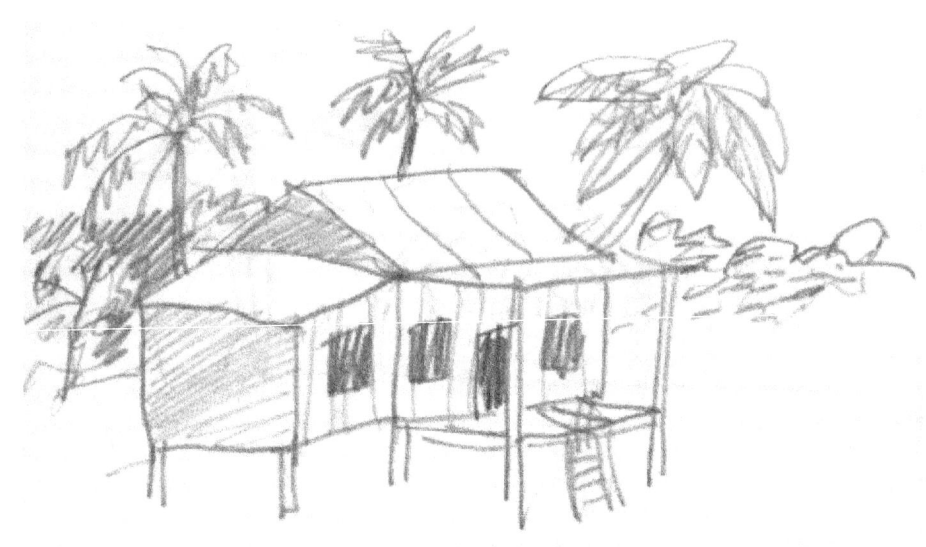

"Río Escondido" Nicaragua
Feb./83

En la noche el calor disminuyó un poco y salimos a recorrer nuevamente el pueblo. Entonces nos encontramos con la sorpresa de que era un pueblo diferente. Durante el día es lento, silencio, desierto. Despierta por la noche. Los niños salen a la calle y juegan. Los vecinos se sientan a la puerta y conversan en voz alta. Hay fiestas y bailes, funciona el cine, dos o tres restaurantes y una pequeña plazita que se llena de niños, viejos y enamorados.

Ahora navegamos por el río Escondido rumbo a Bluefields. Estuvimos haciendo cola desde las nueve para poder ocupar un asiento en el barco al mediodía, cuando llegó.

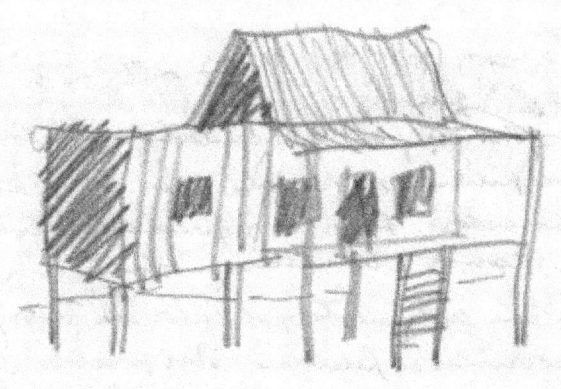

Los amantes

Los amantes se habían bebido mutuamente hasta quedar saciados y retozaban como dos lactantes en el sabor y en el olor del otro, al borde de un precipicio que parecía infinito, girando lentamente como lunas gemelas en el binomio de su propio universo hasta el momento en que sonó el despertador.

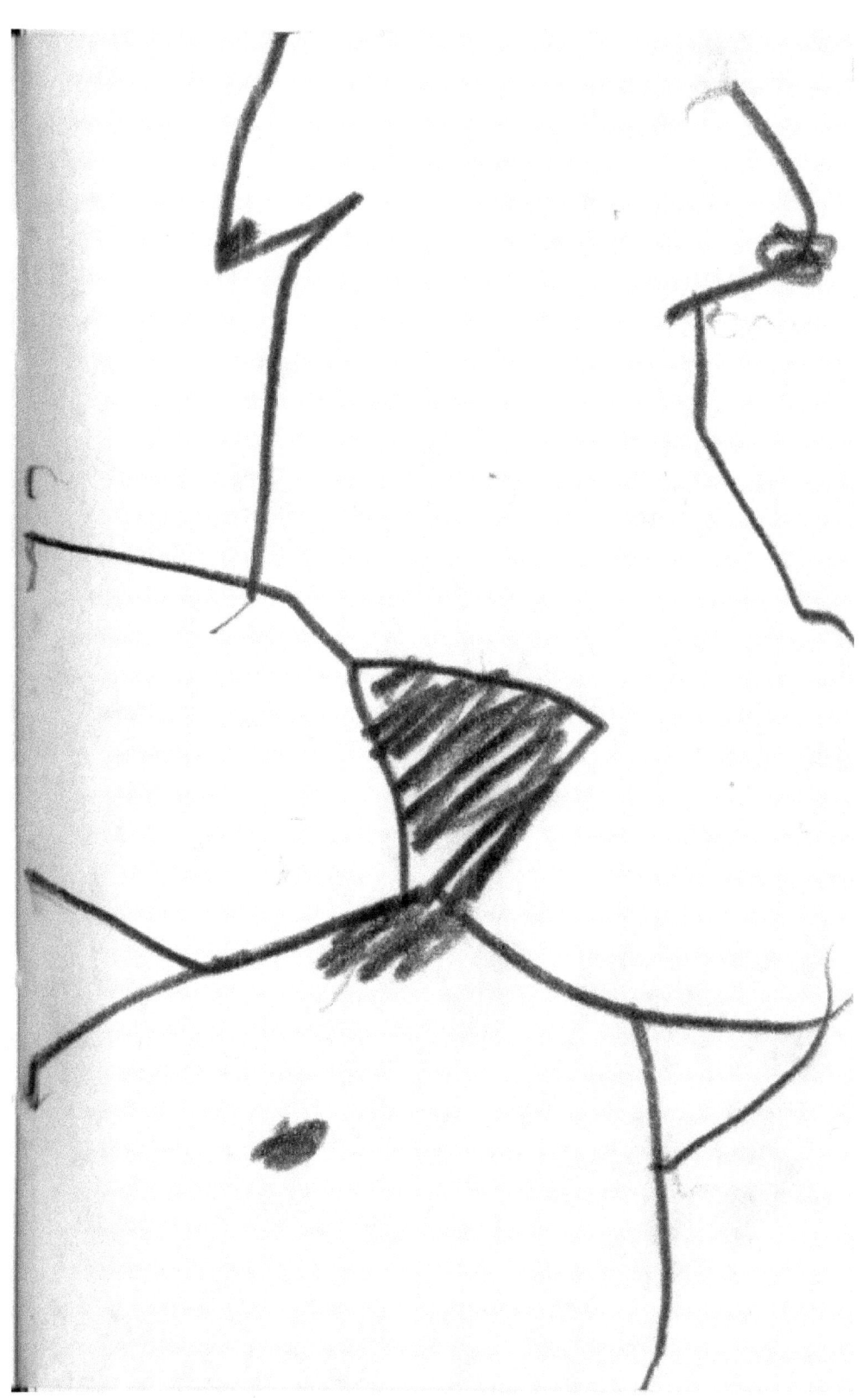

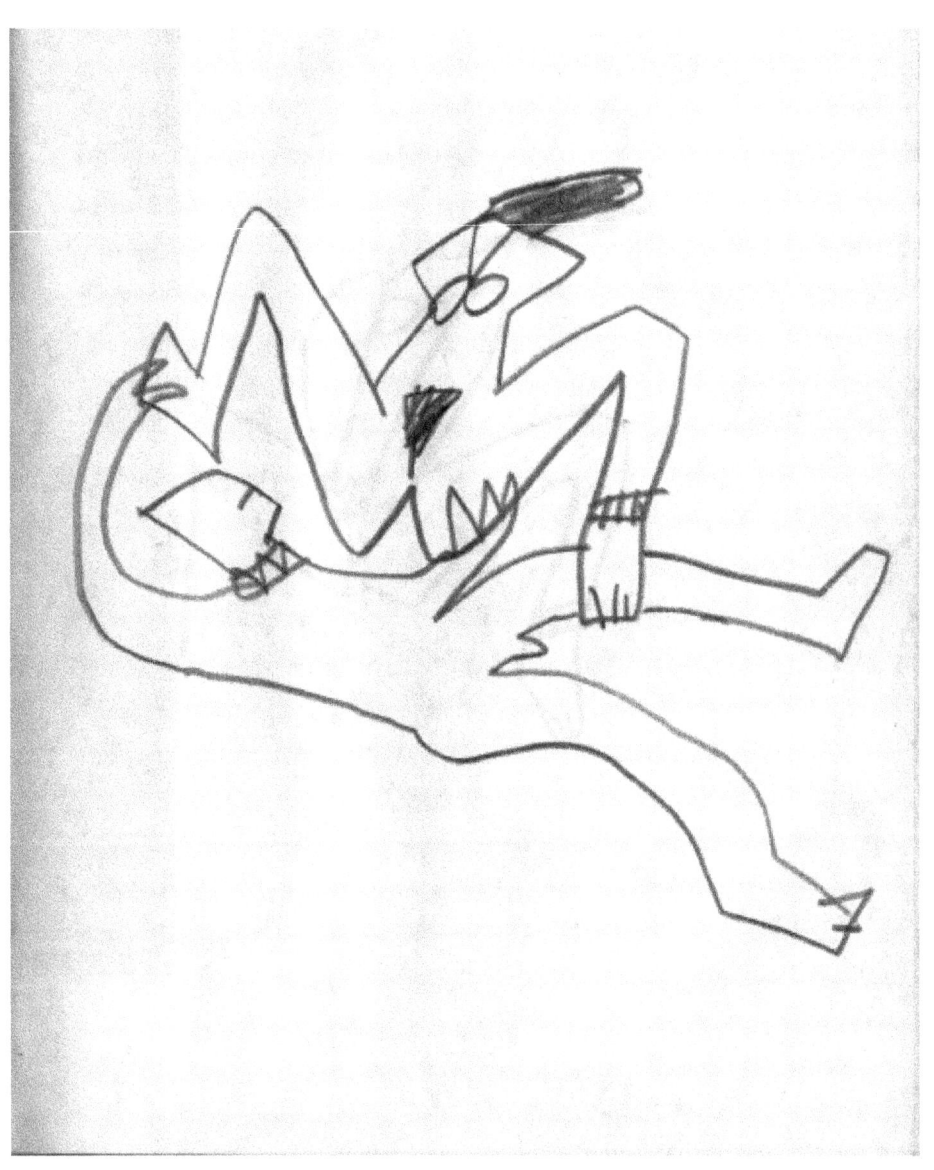

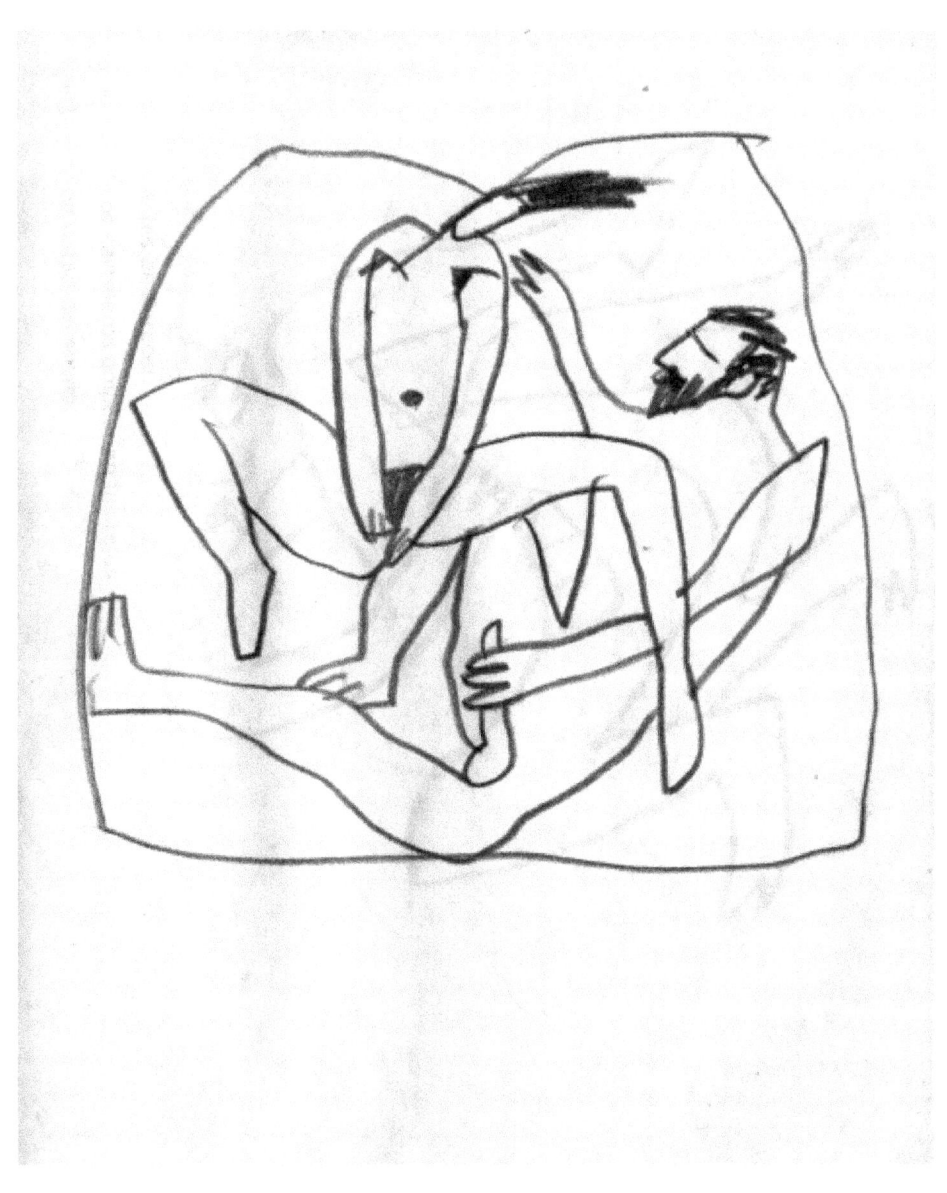

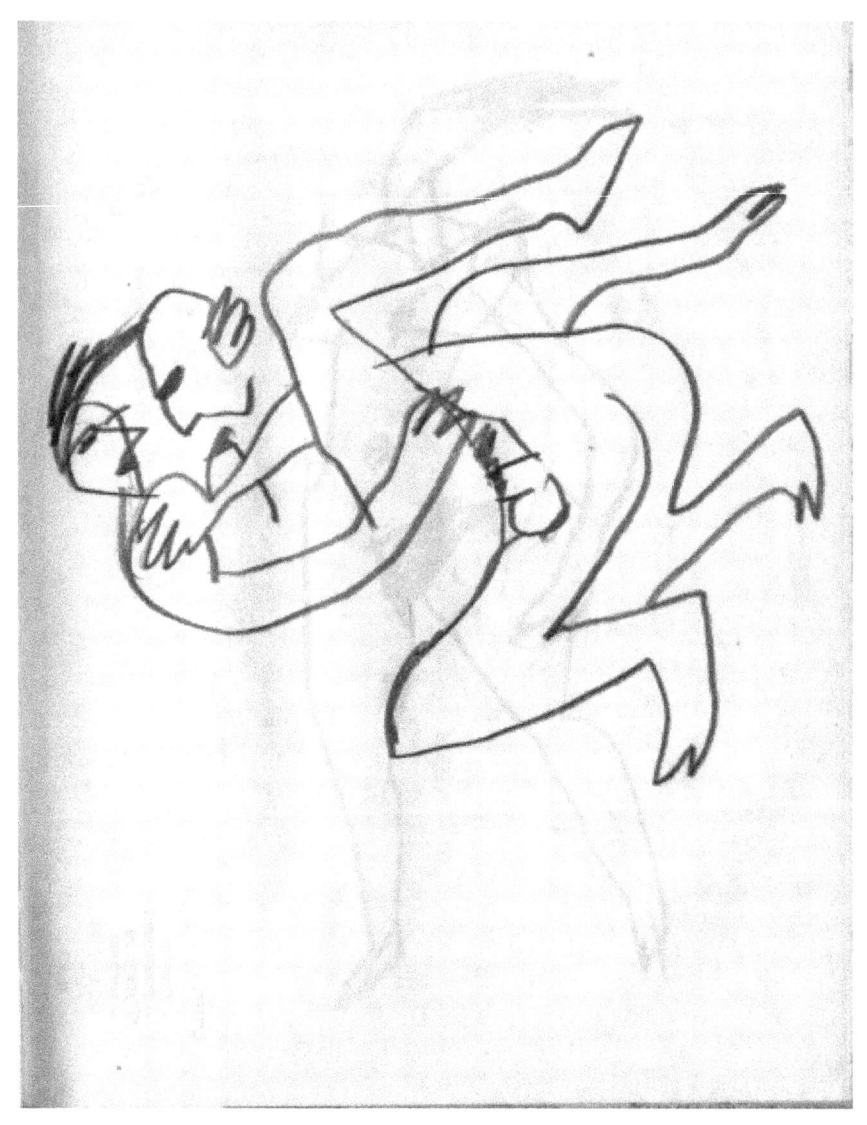

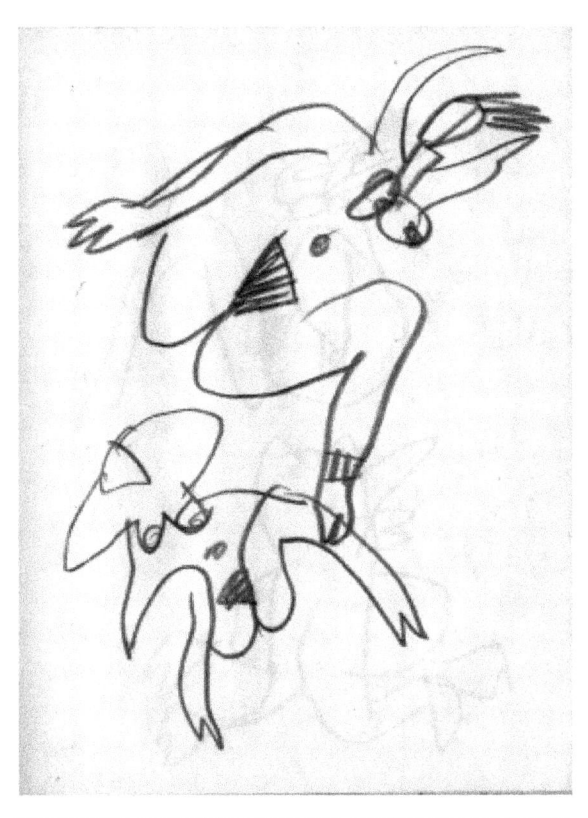
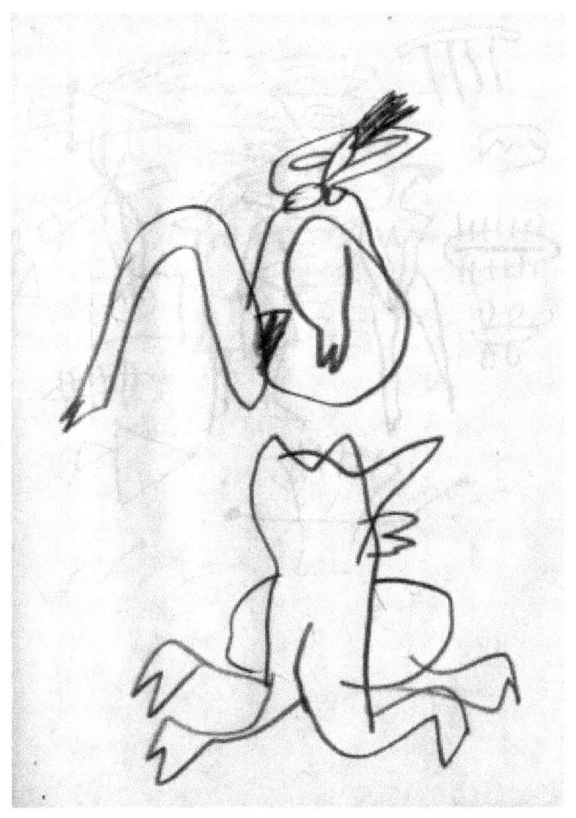

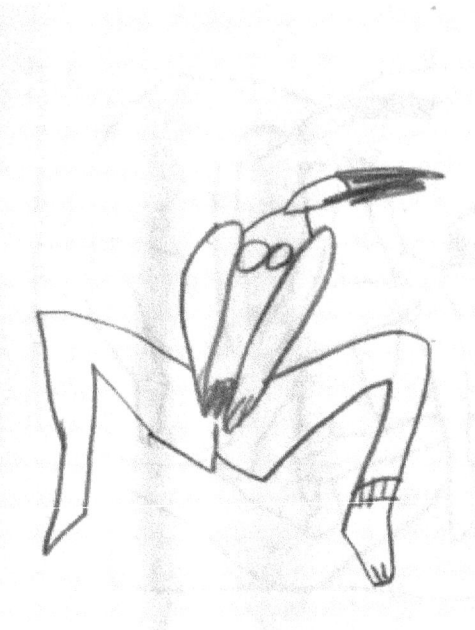

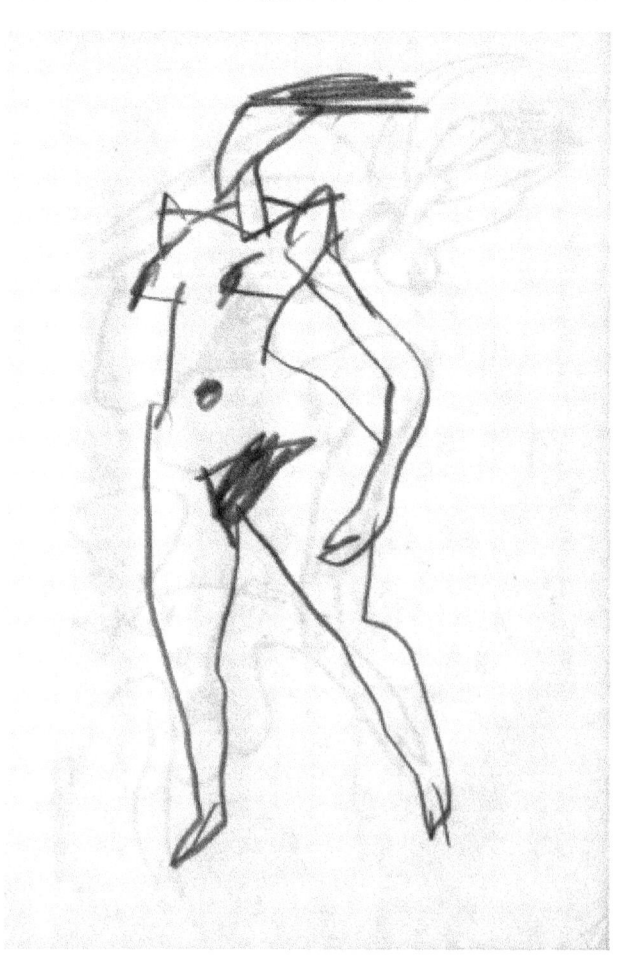

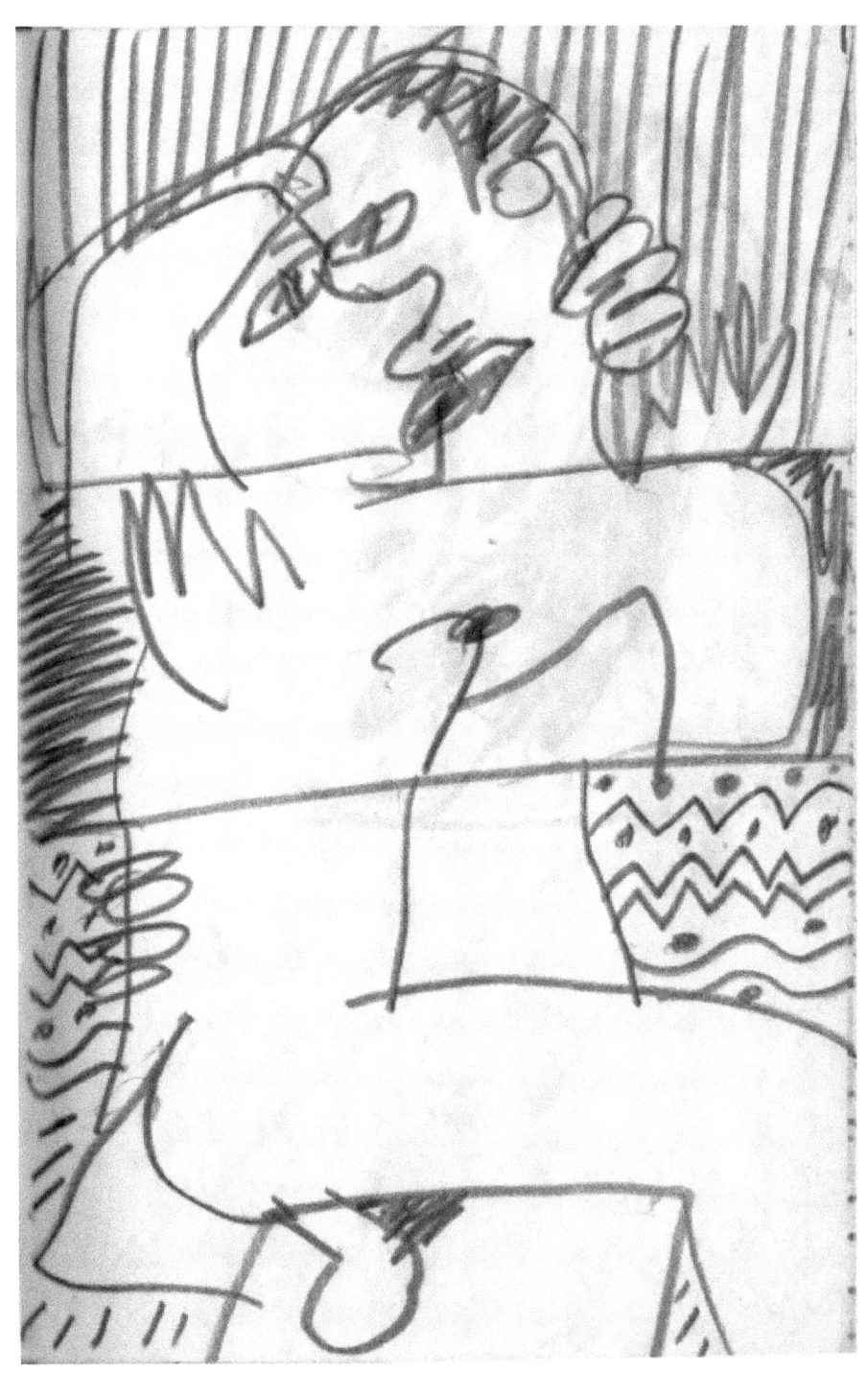

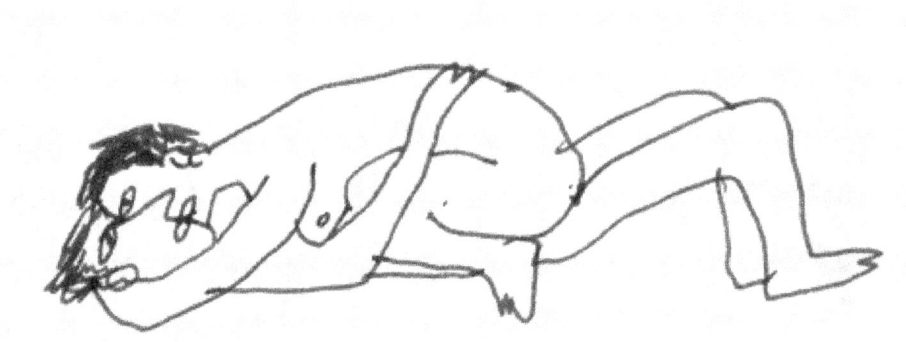

Eje del archipiélago

Cuando estoy en tu boca
giran las islas alrededor de mí.
Cuando estoy en tu boca soy el eje del mundo
y todo el archipiélago y sus barcos
y los pájaros posados en sus bosques
se desplazan lentamente al principio
para después girar girar girar
alrededor de mí
hasta que la velocidad se torna cósmica
con el desplazamiento de las masas terrestres
alrededor del eje que vos creás en mí.

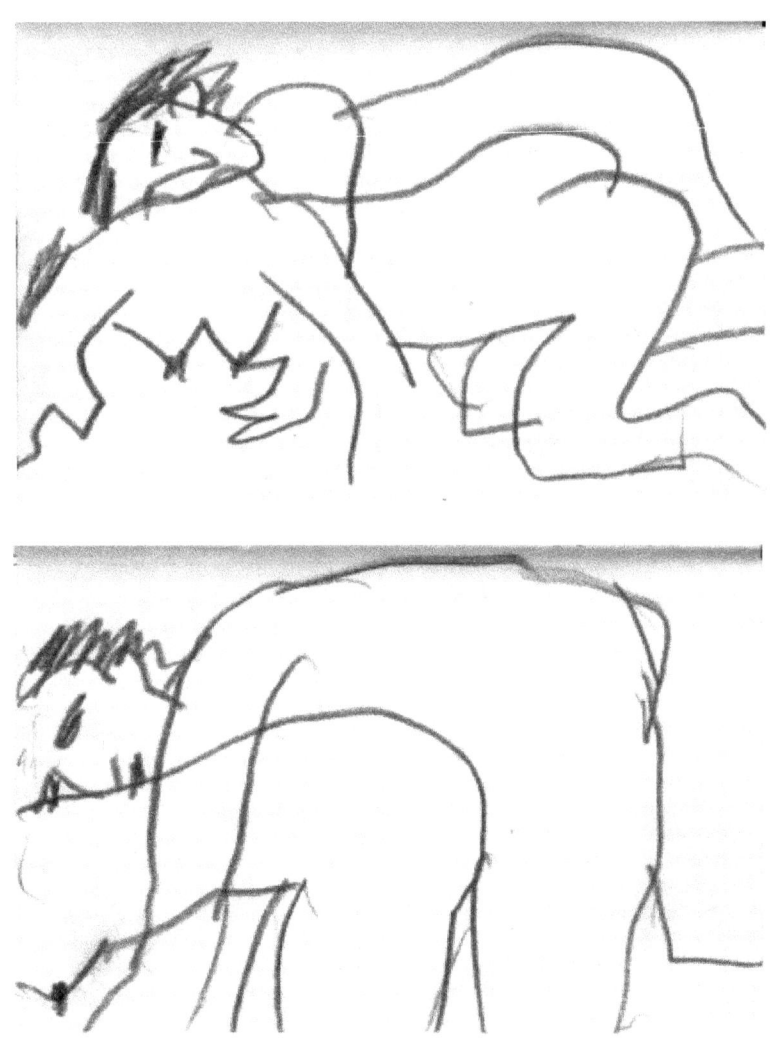

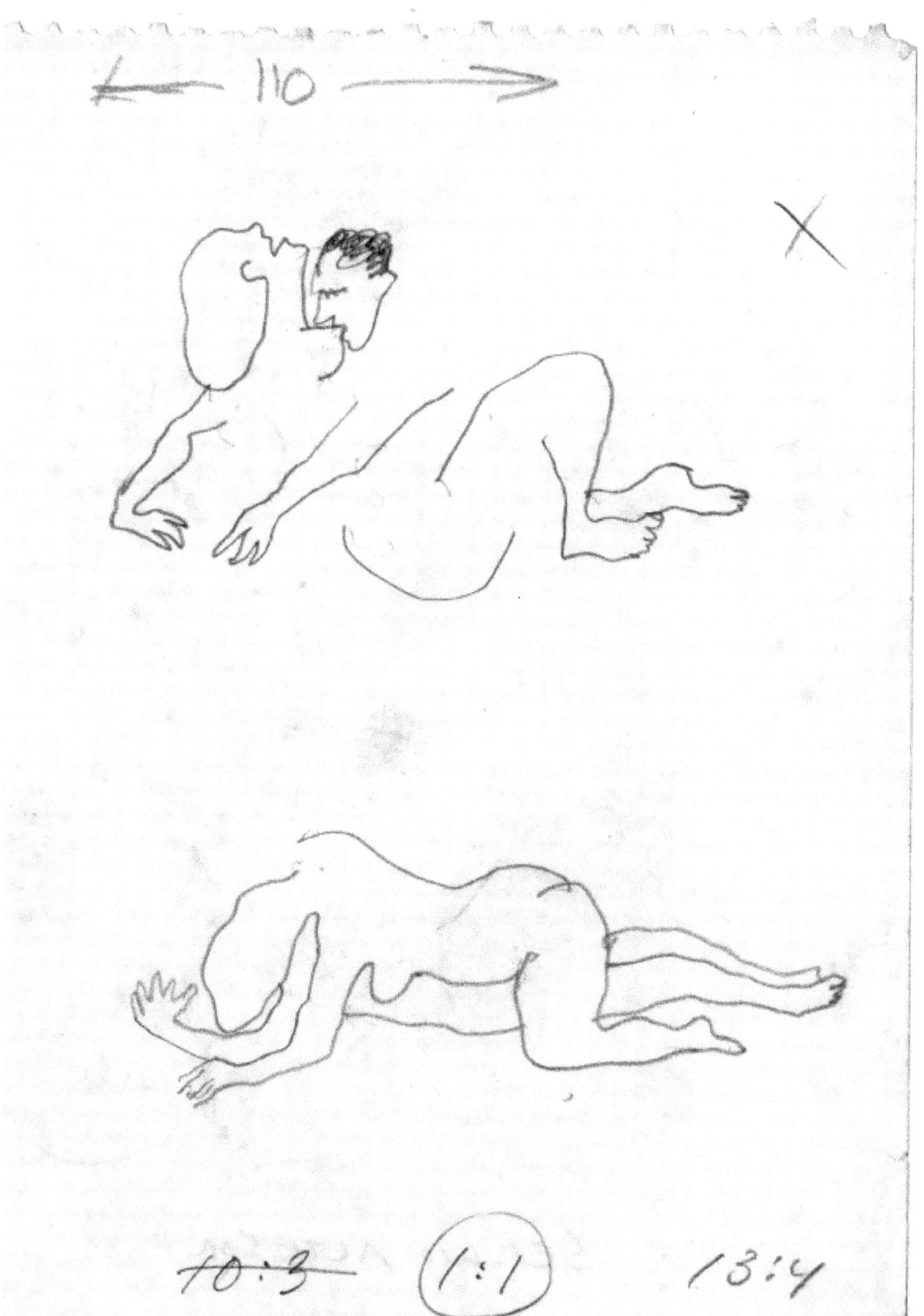

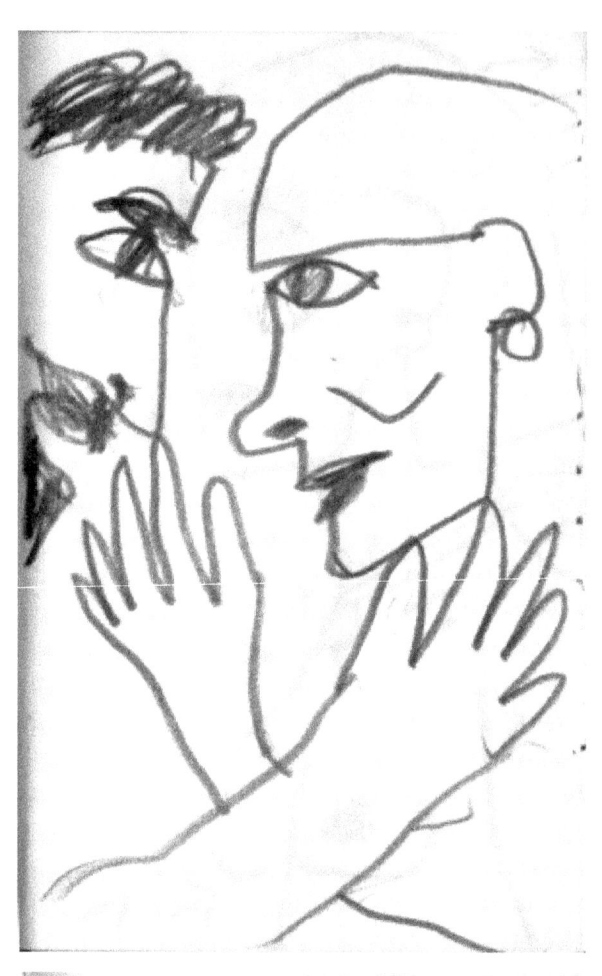
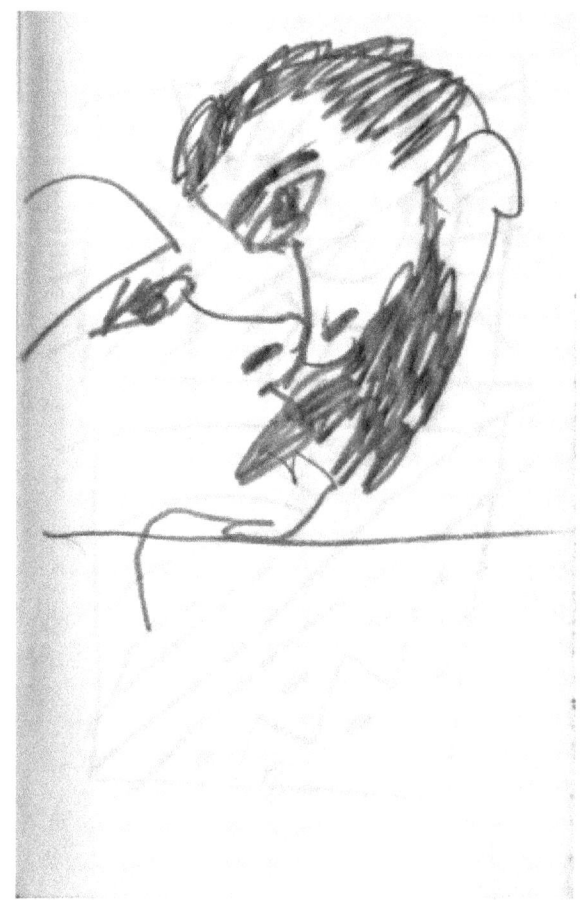

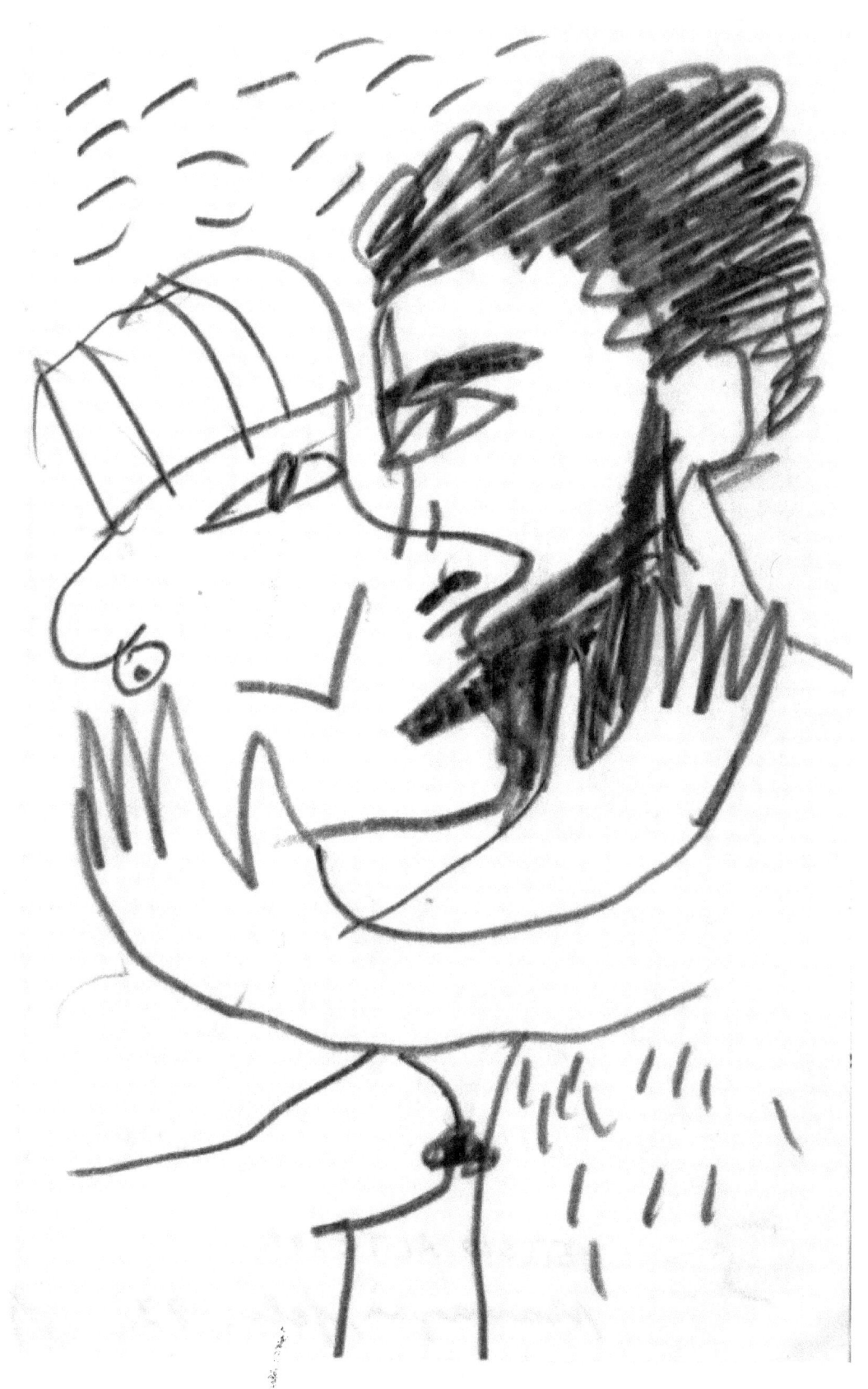

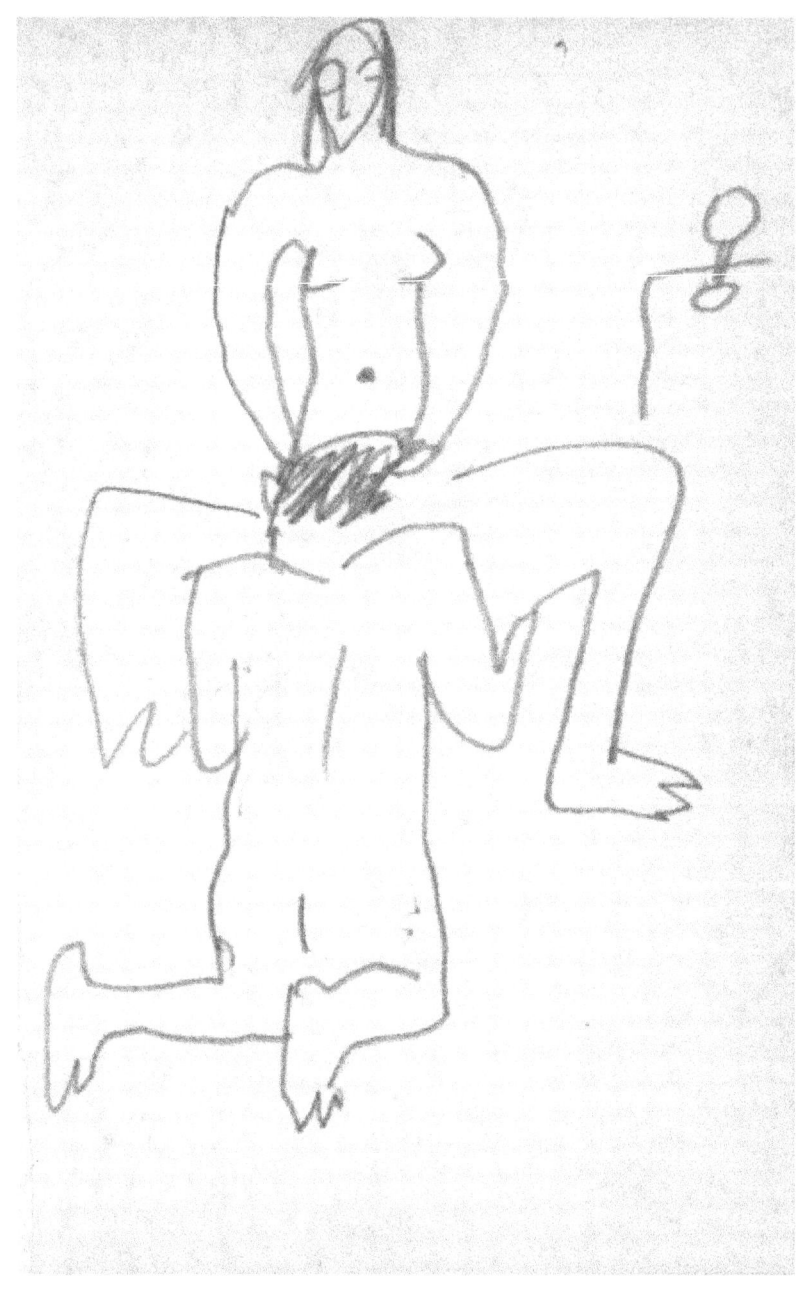

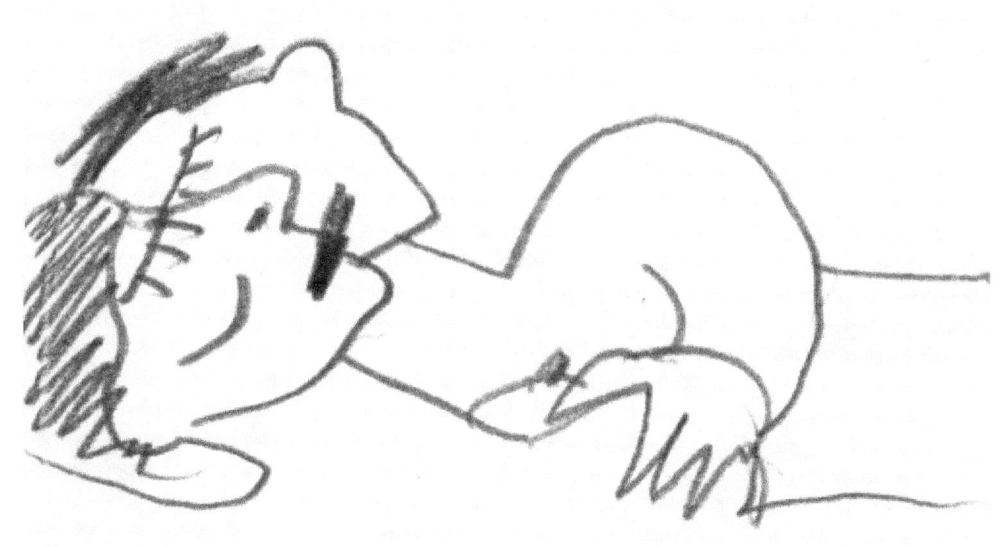

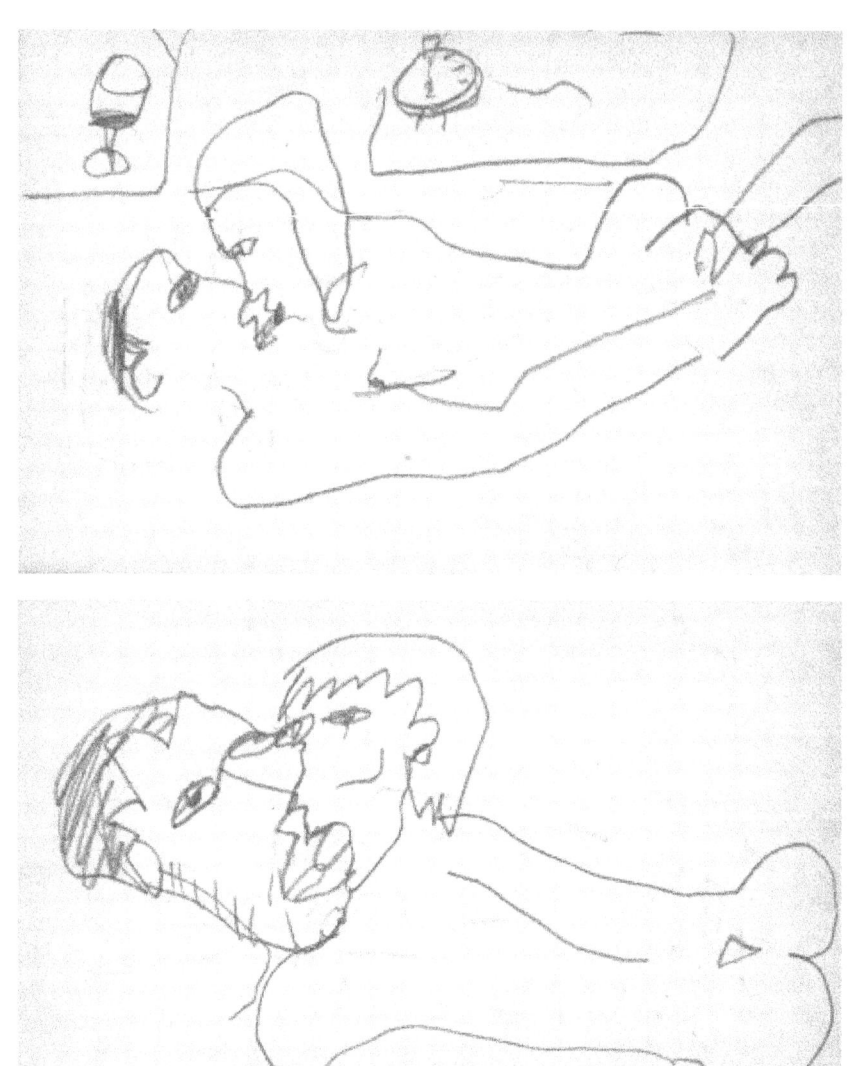

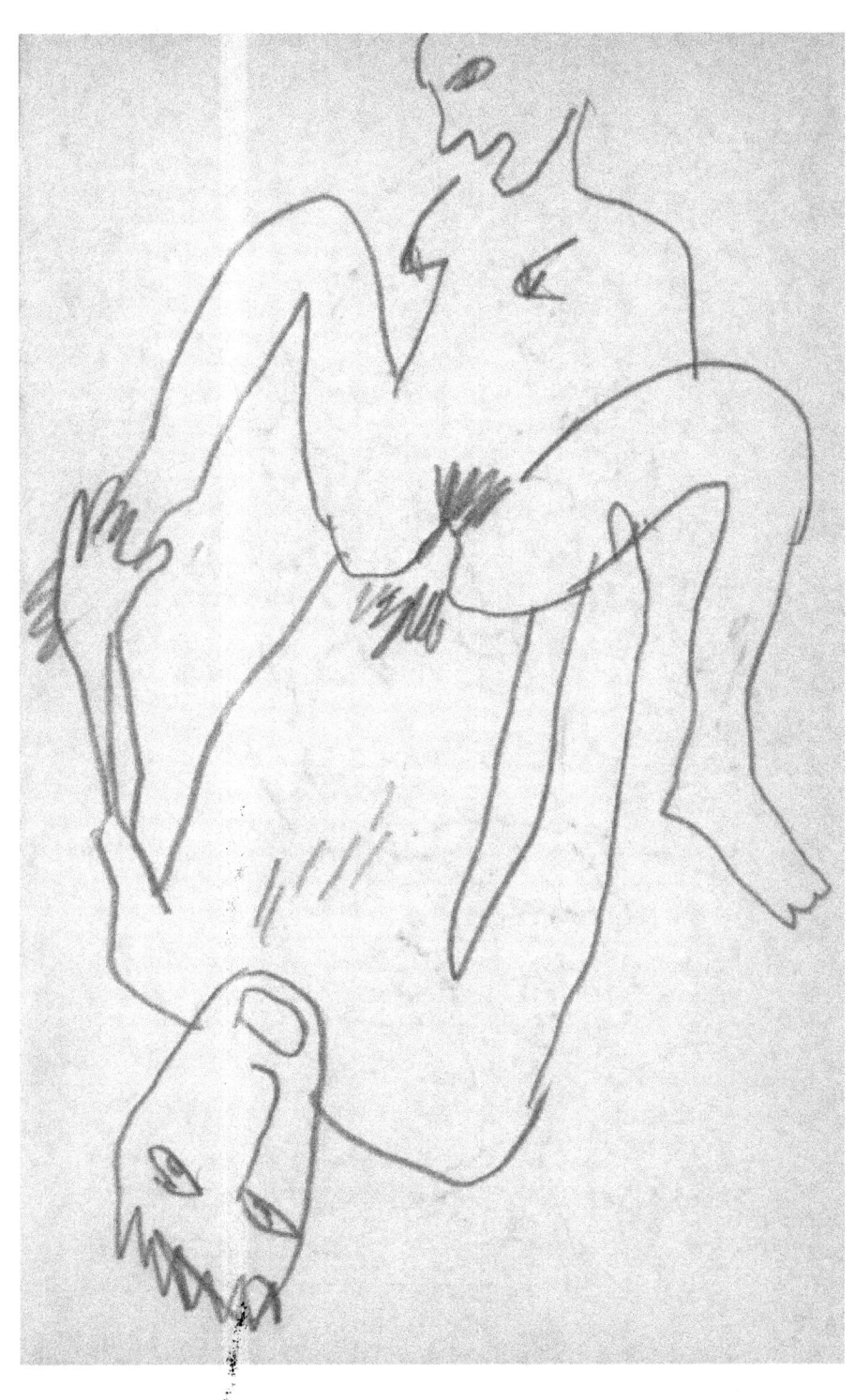

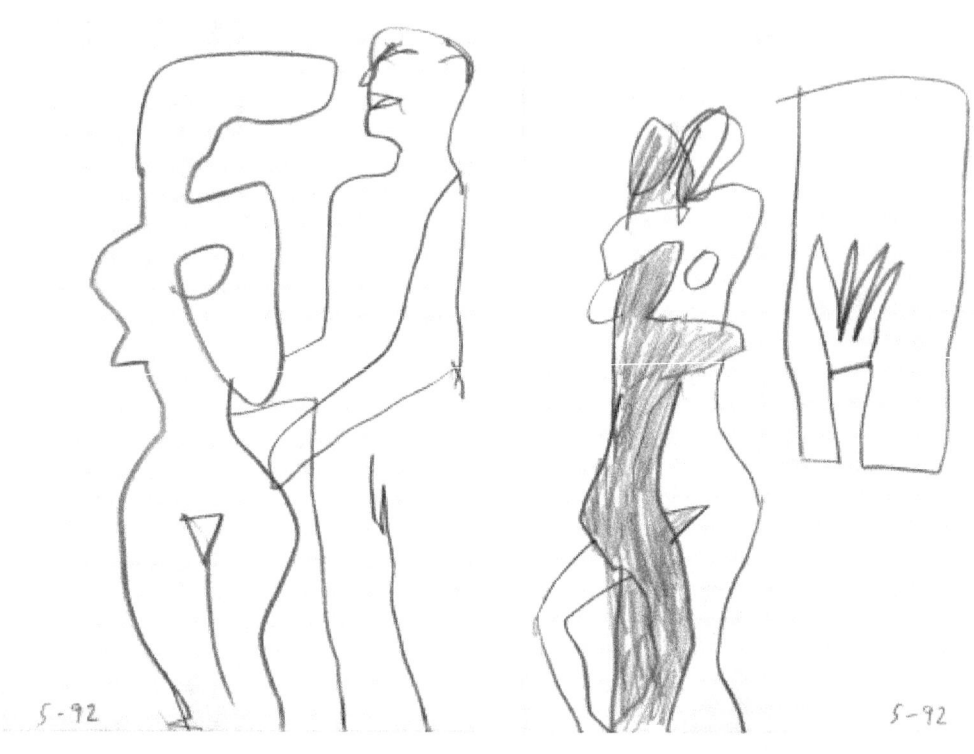

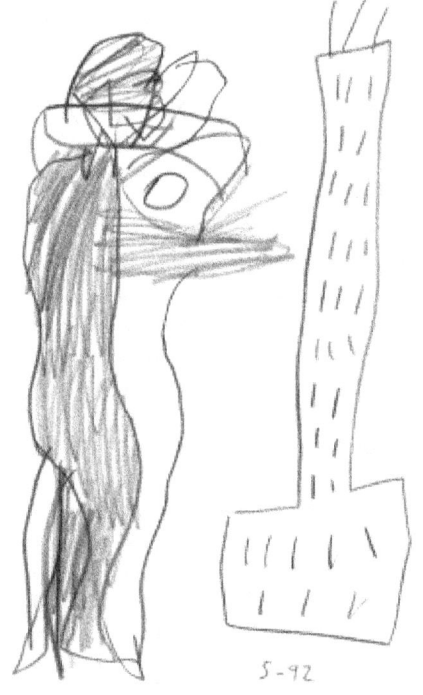

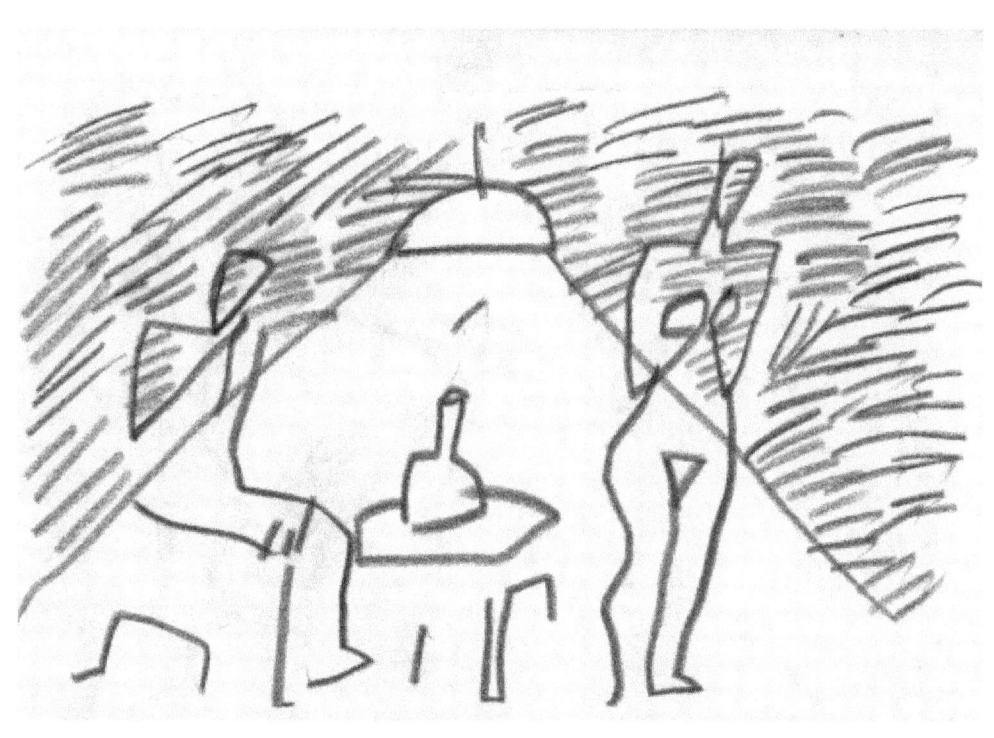

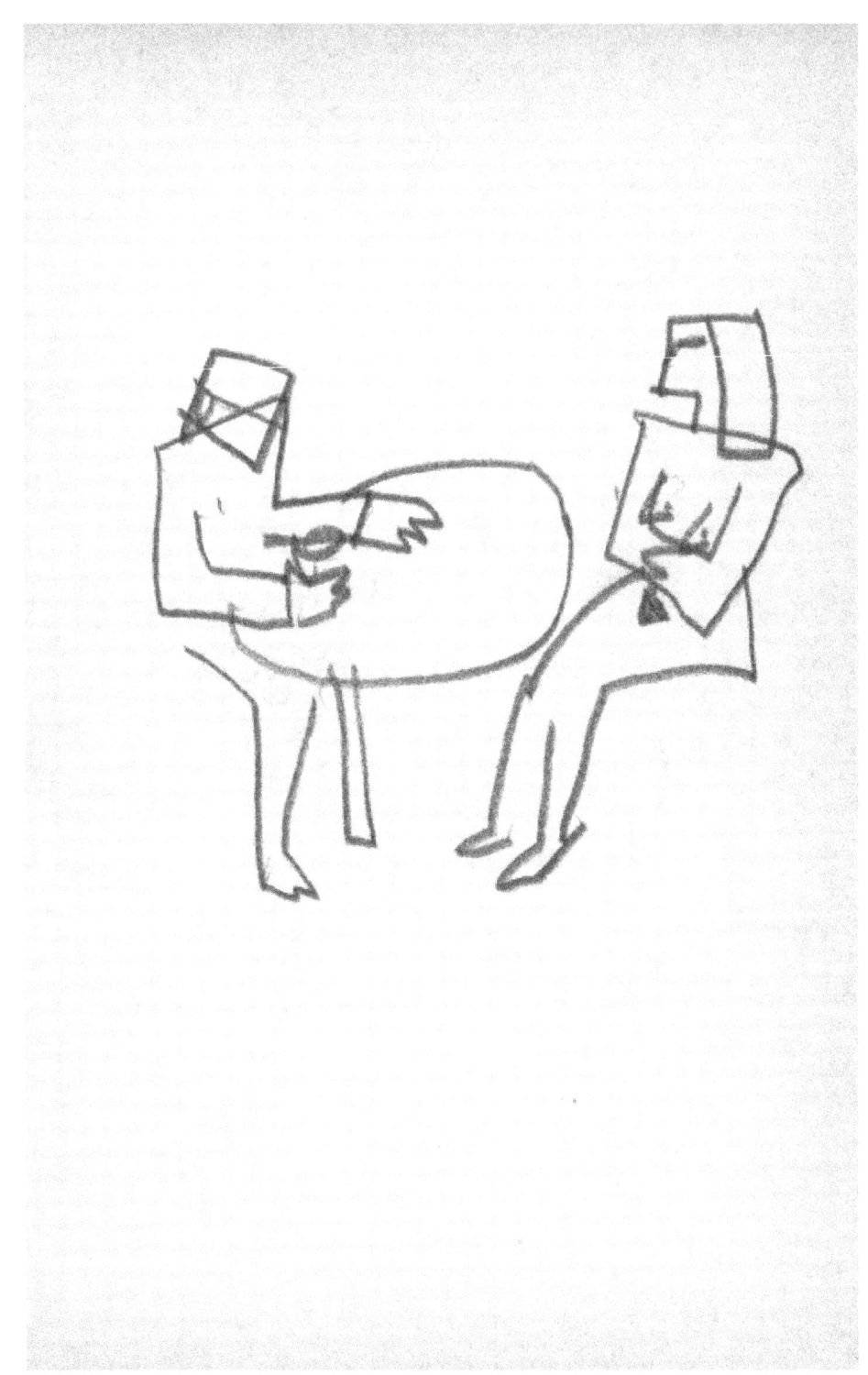

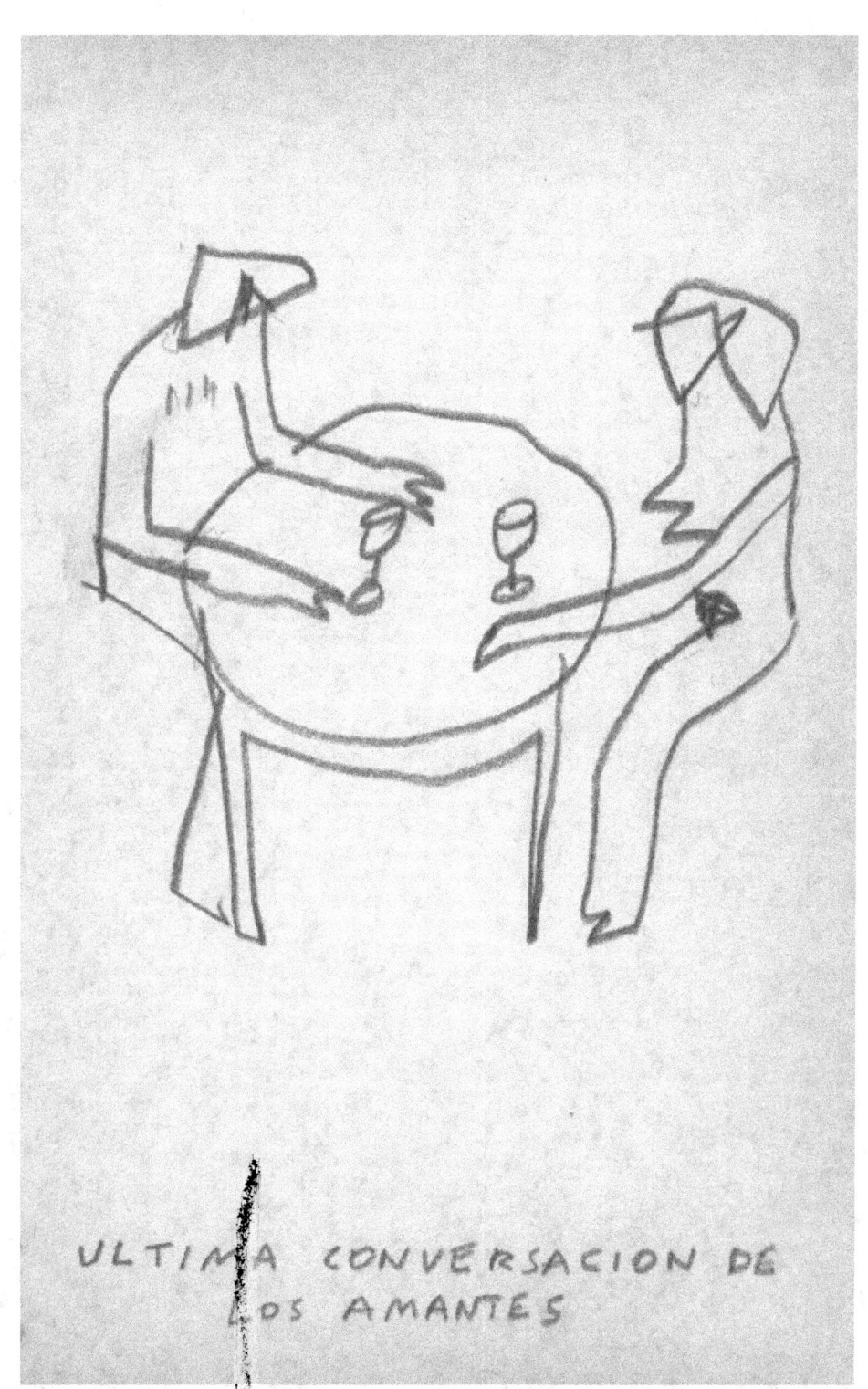

ULTIMA CONVERSACION DE
LOS AMANTES

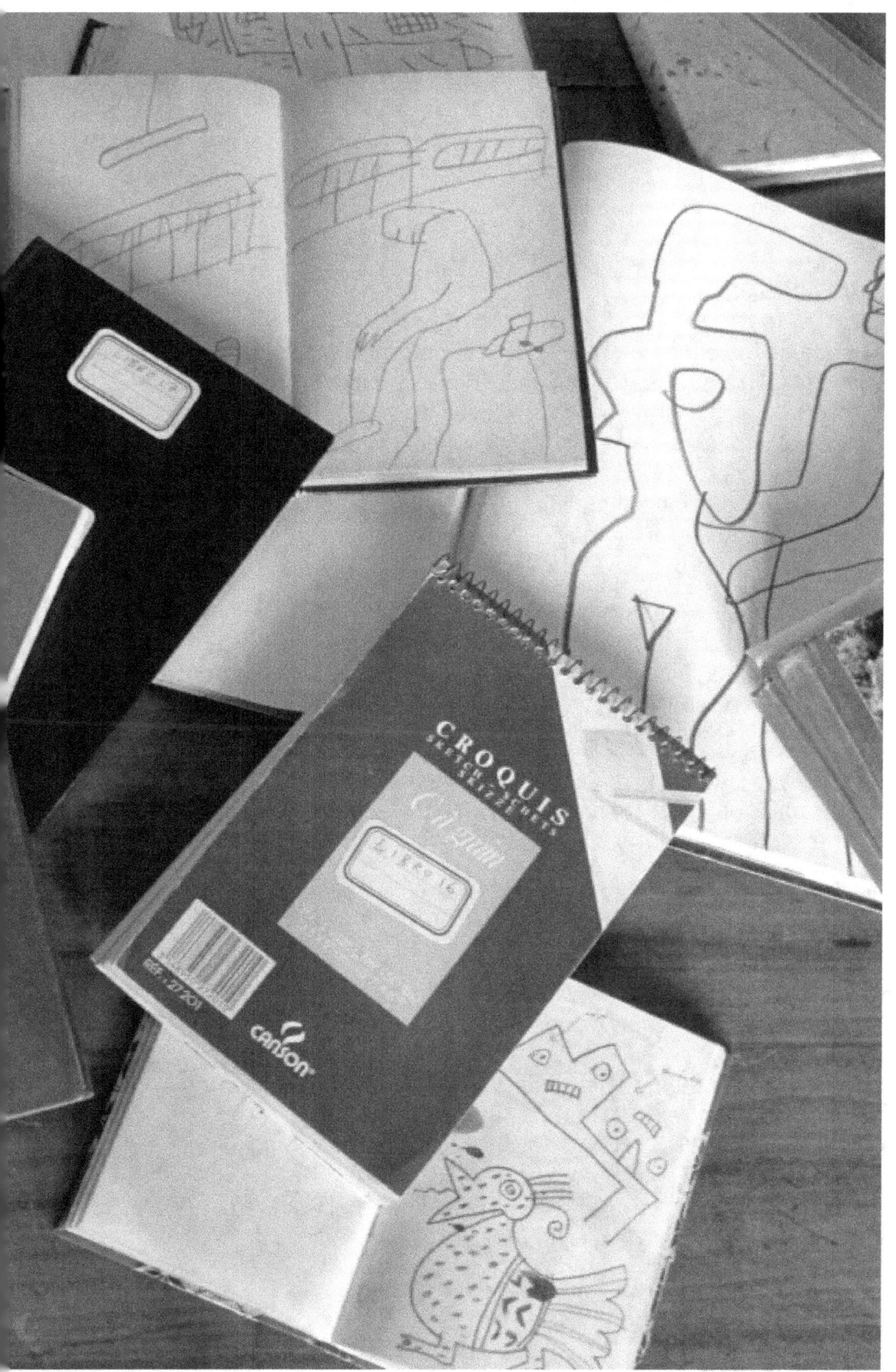

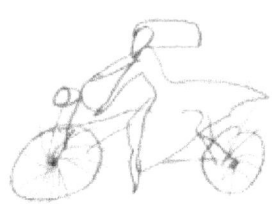

Acerca de los textos

«A modo de introducción. Los cuadernos de otro» (pág. 5), «Gatos» (pág. 11), «Bosques y ciudades, dos entidades míticas» (pág. 72), «Tras la Virgen María en helicóptero» (pág. 214), «Julius Fučík» (pág. 239), «La tortura en Uruguay» (pág. 243), «Pulsión asesina del homínido ilustrado» (pág. 259), «Nicaragua durante la Revolución Sandinista, 1979-1990» (pág. 302) y «El mendigo ciego de León» (pág. 312) fueron escritos especialmente para este libro.

«Los cuadernos de dibujo según Pedro Fontana» (pág. 9), «Fontana dibuja la estructura del caos» (pág. 31), «Manglares» (pág. 49), «París y las ciudades» (pág. 141), «Gismonti toca en el piano el sonido del silencio» (pág. 147) y «Manglares y bohíos» (pág. 321) son fragmentos de la novela *Río Escondido* (2000).

«La selva y la ciudad» (pág. 36), escrito originalmente en sueco, es la traducción del texto de un pequeño afiche para mi exposición de pinturas en Nationalgalleriet, Estocolmo, en el año 1990.

«Mirando el crecimiento de mis uñas» (pág. 244) y «Mirando caminar a una mujer desnuda» (pág. 272) son versiones corregidas de poemas publicados en *Trenes en la noche* (1982).

«Luces de México» (pág. 174) y «Eje del archipiélago» (pág. 333) son versiones corregidas de poemas publicados en *Archipiélago* (1984).

«La ciudad» (pág. 103) y «Los amantes» (pág. 324) son poemas en prosa de *Serpiente* (1999).

«Calabozo» (pág. 251) y «Quiero que vengas a bailar conmigo» (pág. 301) son fragmentos de la novela *TAXI* (2016).

«Retratos» (pág. 157) es un fragmento de la novela *El café del griego. Un estudio de la luz* (2018).

www.ingramcontent.com/pod-product-compliance
Lightning Source LLC
Chambersburg PA
CBHW082104220526
45472CB00009B/2031